HSK 7~9급
해설집
최강적중
모의고사

다락원

최근 중국의 영향력이 전 세계적으로 퍼지면서 글로벌 경제 무역과 문화 교류 등의 과정에서 중국어의 역할이 부각되고 있습니다. 또한 중국어의 문화적 가치와 실용적 가치가 끊임없이 높아지면서 세계 각국은 중국의 발전 전망을 긍정적으로 바라보고 있습니다. 이러한 배경 아래에서 중국어 학습에 대한 국제 사회의 수요가 점점 커지고 있고, 전례 없던 '중국 열풍'과 '중국어 열풍'이 일어나게 되었습니다.

중국어는 세계 다른 언어에 비해 복잡하고 심오한 언어 체계를 갖추고 있습니다. 외국인에게 있어 중국어를 배우는 것은 큰 도전입니다. 중국어 능력 시험 HSK 7~9급에서는 주로 중국어를 제2외국어로 하는 수험생들이 중국어를 이용하여 사회 생활, 학술 연구 등 분야의 복잡한 주제에 대한 적절한 의사소통을 할 수 있는지를 체크합니다. 이 교재는 바로 이러한 목적을 위해 만들어진 것으로 듣기, 말하기, 읽기, 쓰기, 번역 등 다섯 가지 언어의 기본 능력을 향상시켜 학습자의 중국어 실력을 전반적으로 높이는 것을 목표로 합니다. 이를 위해 9개월 동안 많은 문헌 자료 검토와 기출 문제 분석, 나아가 반복적인 검토를 거쳐 최종본을 완성하게 되었습니다.

한 권의 좋은 책은 저자가 심혈을 기울여 만들어낸 산물로, 저자의 풍부한 지도 경험과 노력을 통해 학생들에게 중국어의 매력을 느낄 수 있게 할 것입니다. 3세트의 모의고사로 구성된 본 교재가 수험생 여러분과 중국어를 사랑하는 모든 분들에게 도움이 되기를 간절히 바랍니다. 감사합니다!

왕러

HSK 7~9급은 응시자가 중국어를 사용하여 사회 생활, 학술 연구 및 기타 분야의 복잡한 주제에 대하여 적절하게 소통하는 능력을 중점적으로 평가한다. HSK 7~9급 응시자는 다양한 주제와 장르의 어려운 언어 자료를 이해하고 심도 있는 소통과 토론을 할 수 있다.

I. 응시 대상

HSK 7~9급은 중국어를 제2외국어로 사용하고 고급 수준으로 구사하는 중국 내 석박사 유학생, 각각의 중국어 전공 학생 및 중국어 학술 연구자, 경제문화 과학기술 교류 업무에 종사하는 자 등의 학습자들을 대상으로 한다.

II. 시험 규정

HSK 7~9급은 '시험과 교육을 연계한다'는 원칙을 준수하며 응시자의 전면적인 발전을 촉진하며 중국의 언어 및 문화를 강조하고자 하는 목적을 가지고 있다. 이에 대한 풍부한 주제와 종합적인 평가를 통하여 학술에 대한 중국어 능력을 강화하고 실천과 학습에 중점을 둔다.

III. 시험 내용

HSK 7~9급은 중국어 듣기, 말하기, 독해, 쓰기, 번역 능력과 해당 주제 및 과제, 문법과 단어 11,000여 개 및 중화 문화와 중국 정세에 대하여 중점적으로 평가한다.

IV. 시험 구성

HSK 7~9급은 모두 98문항으로, 듣기, 독해, 쓰기, 번역, 말하기 다섯 부분으로 나뉜다. 또한, 오전과 오후로 나누어 필기시험과 구술시험을 실시한다. 총 시험 시간은 약 210분이다.

시험 구성		시험 내용	문항 수			시험 시간
			객관식	주관식	총	
듣기	제1부분	뉴스, 비즈니스, 토론, 인터뷰, 강연, 다큐멘터리, 회의 발언 등을 포함	10문항	–	40문항	약 30분
	제2부분		9문항	3문항		
	제3부분		15문항	3문항		

독해	제1부분	뉴스, 과학저술, 조사보고서, 학술문헌, 중국문화 및 개황 등을 포함	28문항	–	47문항	60분
	제2부분		5문항	–		
	제3부분		–	14문항		
쓰기	제1부분	도표 분석 및 묘사, 제공되는 주제에 근거하여 본인의 견해를 발표 및 논증하기	–	1문항	2문항	55분
	제2부분		–	1문항		
번역	제1부분	설명문, 서술문, 논설문 등 장르별 외국어 자료를 중국어로 번역 및 통역하기	–	2문항	4문항	41분
	제2부분		–	2문항		
말하기	제1부분	응용문, 서술문, 논설문 등의 자료를 본인의 관점으로 전달 혹은 발표하기	–	1문항	5문항	약 24분
	제2부분		–	3문항		
	제3부분		–	1문항		
총계			67문항	31문항	98문항	약 210분

V. 시험 시간

구분	시험 시간	영역
오후	14:00~17:00	듣기 / 독해 / 쓰기 / 번역 *15:30~15:40 휴식시간 10분
	17:00~17:30	휴식 및 재로그인
	17:30~18:00	통역 / 말하기

※ 고사장 입실 시간 (IBT): 13:30

※ 시험 방식: HSK IBT 또는 홈테스트

※ HSK 시험센터: www.hsk-korea.co.kr

※ 中外语言交流合作中心: www.chinese.cn

◀ 듣기

듣기 내용은 한 번만 재생된다.

- 제1부분은 총 10문항으로, 뉴스 2편으로 구성되어 있다. 뉴스마다 5개의 문장으로 구성되어 있으며 응시자는 들은 내용을 토대로 문장이 원문과 일치하는지 판단해야 한다.

- 제2부분은 총 12문항으로, 2편의 장편의 대화로 구성되어 있으며 각 대화마다 6개의 질문이 나온다. 그중 9문항은 객관식으로, 들은 내용을 토대로 보기 4개 중 알맞은 것을 선택해야 하고, 나머지 3문항은 빈칸 채우기 형식으로 들은 내용을 토대로 빈칸을 채워야 한다.

- 제3부분은 총 18문항으로, 3개 자료로 구성되어 있다. 각 자료마다 질문 5~7개가 있으며 그중 15문항은 객관식으로, 들은 내용을 토대로 보기 4개 중 알맞은 것을 선택해야 한다. 나머지 3문항은 빈칸 채우기 형식으로 들은 내용을 토대로 빈칸을 채워야 한다.

◀ 독해

- 제1부분은 총 28문항으로, 4편의 자료로 구성되어 있다. 각 자료에는 7개의 질문이 제시되며 응시자는 시험지에 주어진 보기 4개 중에서 알맞은 것을 선택해야 한다.

- 제2부분은 총 5문항으로, 1개의 자료로 구성되어 있다. 이 자료에는 6~7개의 단락이 제시되며 응시자는 방해되는 단락을 제거하고 다른 단락들을 다시 정렬하여 논리적이고 일관된 문장을 만들어야 한다.

- 제3부분은 총 14문항으로, 2개의 자료로 구성되어 있다. 각 자료에는 7개의 질문이 제시되며 응시자는 답을 작성해야 하는데, 각 질문에 대한 답의 글자 수는 10자를 초과할 수 없다.

◀ 쓰기

- 제1부분은 총 1문항이다. 시험지에는 1개의 도표가 제시되며 응시자는 도표에 대한 묘사 및 분석을 200자 정도의 문장으로 15분 내에 작성해야 한다.

- 제2부분은 총 1문항이다. 시험지에는 1개의 주제가 제시되며 응시자는 해당 주제에 대한 본인의 관점을 600자 정도의 문장으로 40분 내로 논증 및 제시해야 한다.

◀ 번역

- 제1부분은 총 2문항이다. 시험지에는 한국어 자료 2편이 제공되며 응시자는 35분 내로 중국어로 번역해야 한다.

- 제2부분은 총 2문항이다. 시험지에는 한국어 자료 2편이 제공되며 응시자는 중국어로 통역해야 한다. 각 자료마다 1분 동안 읽을 시간이 제공되며 2분 동안 통역해야 한다.

  통역은 구술시험으로, 시험 전에 다음과 같은 질문이 나오니 미리 준비했다가 정확히 대답해야 한다.

欢迎参加HSK七-九级口语考试，请听问题并回答。 • 你好！你叫什么名字？（10秒） • 你是哪国人？（10秒） • 你的序号是多少？（10秒） 大家好！欢迎参加HSK7-9级口试。HSK7-9级口试包含口译和口语两部分，共7题。请大家注意，所有题目作答都要在听到"嘀"声后开始。好，考试现在开始。	HSK 7~9급 구술시험에 참가한 것을 환영합니다. 문제를 듣고 답하세요. • 안녕하세요! 성함이 무엇입니까? (10초) • 당신은 어느 나라 사람입니까? (10초) • 당신의 수험 번호는 몇 번입니까? (10초) 여러분 안녕하세요! HSK 7~9급 구술시험에 참가한 것을 환영합니다. HSK 7~9급 구술시험은 통역과 말하기 두 부분으로 나뉘며 총 7문제가 출제됩니다. 주의하세요. 모든 문제는 '띠' 소리 후 답해야 합니다. 그럼 지금부터 시험을 시작합니다.

◀ **말하기**

각 부분에는 일정한 준비 시간과 대답 시간이 제공되므로 말하기 지시 사항에 따라 대답하면 된다.

• 제1부분은 총 1문항이다. 시험지에 여러 형태의 자료가 제공되며 응시자는 요구 사항에 따라 구술로 대답해야 한다.

• 제2부분은 총 3문항이다. 하나의 자료와 3개의 질문(한 번만 재생)을 들은 후 응시자는 자료를 바탕으로 구술로 질문에 대답해야 한다.

• 제3부분은 총 1문항이다. 하나의 자료와 1개의 질문(한 번만 재생)을 들은 후 응시자는 자료를 바탕으로 구술로 본인의 관점을 진술해야 한다.

V. 성적 발표

HSK(7~9등급) 성적 보고서는 듣기, 독해, 쓰기, 번역, 말하기 5개 영역의 점수와 등급 평가 결과를 제공한다.

• 등급 평가: 〈국제중국어교육 중국어 수준 등급 표준〉(GF0025−2021)에 의거하여 국제적 및 일반적으로 사용되는 등급 평가 방법을 채택하며 항목별 반응 이론에 따라 측정된 응시자의 역량을 시험 문제 내용과 난이도에 결합한 후 응시자 그룹을 'HSK 7급 불합격' 'HSK 7급' 'HSK 8급' 'HSK 9급'의 4등급으로 구분한다.

• 점수 발표: 답안지 채점을 통하여 산출된 응시자의 원 점수에 항목별 반응 이론 기준을 적용하여 응시자의 언어 능력을 각 기능에 점수 별로 발표한다. 이를 바탕으로 측정 기준을 통하여 각 점수의 기능 범위를 0~100의 점수로 산정한다.

이 책은 HSK 7~9급을 준비하는 학습자를 대상으로 한다.

저자 왕러 선생님이 지금까지 치러진 HSK 7~9급 시험을 철저히 분석하여

양질의 실전 모의고사 3회분 문제를 개발하고, 친절하고 꼼꼼한 해설을 붙였다.

이 책의 구성

이 책의 특징 1 실전 연습이 가능한 양질의 문제

시험을 철저히 분석해서 만든 양질의 모의고사 3회분으로 충분한 실전 연습이 가능하다.

학습자를 위한 친절하고 꼼꼼한 해설

각 문제마다 친절하고 꼼꼼한 해설뿐만 아니라 새 단어, 알아두면 좋은 구문과 예시, 수준별 모범 답안까지 학습자에게
필요한 내용을 아낌 없이 담았다.

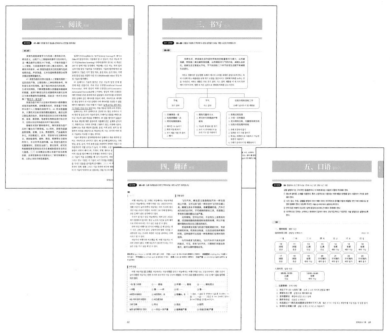

네이티브 저자가 직접 녹음한 음원

듣기와 구술시험 영역을 네이티브 저자가 직접 녹음했으며, 이 MP3 파일은 다락원
홈페이지(www.darakwon.co.kr)에서 무료로 내려받을 수 있다. 스마트폰으로 QR
코드를 스캔하면 MP3 다운로드 및 실시간 재생 가능한 페이지로 바로 연결된다.

이 책의 표기법

① 이 책에 나오는 인명, 지명은 중국어 발음을 한국어로 표기했다.

　예 小明 샤오밍　　上海 상하이

② 품사는 다음과 같은 약어로 표기했다.

품사	약자	품사	약자	품사	약자
명사/고유명사	명 / 고유	부사	부	접속사	접
대사	대	수사	수	감탄사	감
동사	동	양사	양	조사	조
조동사	조동	수량사	수량	의성사	의성
형용사	형	개사	개	성어	성

차례

모범 답안 및 해설

HSK

모의고사 1~3회

모범 답안 및 해설

7~9

听力

1 A	2 A	3 A	4 B	5 B
6 A	7 A	8 B	9 A	10 A
11 B	12 A	13 B	14 C	15 C
16 便捷	17 C	18 B	19 A	20 B
21 B	22 有机	23 A	24 好奇心 / 兴趣	25 C
26 D	27 C	28 A	29 D	30 C
31 A	32 B	33 D	34 C	35 A
36 B	37 锐减	38 A	39 工匠精神	40 B

阅读

41 C	42 B	43 C	44 B	45 D
46 D	47 D	48 C	49 400多年	50 B
51 B	52 C	53 D	54 B	55 A
56 A	57 D	58 A	59 C	60 优质生物饵料
61 B	62 A	63 锄头	64 B	65 D
66 D	67 B	68 A	69 F	70 A
71 D	72 E	73 C	74 丝织业	75 绸、绉、绢

76 棉花的普遍种植

77 叶子酷似鸡脚 or 叶子非常像鸡脚

78 棉绒短、产量低，织不了细布 or 棉绒短、产量低，只能织粗布

79 品质好、产量高 or 适应性强、应用价值广　　　80 具备长足的发展空间

81 陌生感逐渐降低　　　82 极强的综合性　　　83 是独立的

84 软体动物　　85 弹性材料　　86 科技含量高、前景良好　　　87 物理特性

书写

88   所谓"低碳生活"，就是指在生活中减低二氧化碳的排放量，最终达到净化地球、保护地球的目的。作为普通人，我们应该在生活中注重节电、节气和垃圾处理方式。

第一，从节电方面做起，夏天时，我们可以将空调调高一度，平时用完电器应立刻拔下电源。

第二，从节气方面做起，比如，当我们做饭时，尽量用大火，也要注意料理的方法和厨具的选择。

第三，垃圾分类和回收的工作非常重要：比如，不要过度包装商品，尽量少用一次性餐具。

最后一点尤其重要，即垃圾的分类，尽量分别收集各种垃圾。只有这样才能减少对环境的污染。

89   **低碳会降低生活质量吗?**

低碳生活，就是指生活作息时，所耗用的能量要尽力减少，从而减低碳，特别是二氧化碳的排放量，其目的是减轻对大气的污染，减缓生态恶化。但即便如此，还有人认为低碳生活改变了我们的日常生活方式，会降低生活质量。对此，我的看法是，低碳生活不但不会降低我们的生活质量，甚至还会是一种更好地提升我们精神境界的方式。

众所周知，目前地球的资源日渐匮乏，所以我们应该把有限的资源用于满足人们的基本需要，限制奢侈浪费。比如，在享受空调带来的舒适时，我们可以将空调的温度调高一度，一度其实不能让我们产生不适感，但可以节省电源。当我们购物时，尽量购买生活必需品，不要购买奢侈品，因为奢侈品在生产过程中，不但消耗更多的资源，还会排放出更多的二氧化碳，污染环境。因为奢侈浪费，浪费的是地球的资源，污染的是地球的环境，最终受害者还是我们人类。选择低碳生活的目的就在于在日常生活中减少排放温室气体，保护我们的家园不再受到污染。所以我们实践低碳生活，需要从点滴做起，注意节电、节水、节气。这些小小的节约行为，却能产生巨大的减碳效果，进而净化我们的地球，让我们的后代也能享受到干净的生活环境。

对于我们普通人来说，选择低碳生活是一种境界。任何节能、防治污染的行为，都是对社会的贡献，可见低碳生活是一种幸福的生活方式，它不仅不会降低我们的生活幸福指数，还会让我们有一种使命感。地球是我们人类共同生活的家园，我们必须为保护地球献出一份力量。保护环境，选择低碳生活是我们义不容辞的义务。

90　　飞行汽车，顾名思义是指既如汽车一样在陆地上行驶，又可以如飞机一样在空中飞行的交通工具。随着生活水平的提高，毋庸置疑的是，汽车已成为我们出行时，不可或缺的移动工具，但是随之带来的交通问题也日益严重。

　　众所周知，空中出行时，不会发生上述类似问题，但因航班路线和航班时刻表的束缚，所以不能随时随地出发去自己想去的地方。

　　若选择乘坐民航飞机进行短距离旅行时，考虑到候机时间、机场安全检查、以及往返机场所需的时间，这种选择可以说是一种浪费我们宝贵时间的选择。

　　与汽车或者飞机相比，飞行汽车并不具有这样的缺点，可见，若有飞行汽车，只要我们有想去的地方，就可以随时随地出发。

91　　目前，有很多处于生长发育期的孩子正饱受失眠的折磨。如果睡眠质量不佳，就会很容易导致生长发育迟缓、免疫力下降。若听之任之的话，就很容易患上抑郁症、学习障碍症和行为障碍症，并因此饱受困扰。

　　0~9岁儿童失眠症患者由2019年的193人、2020年的178人暴增到2021年的244人。今年上半年也有146人因失眠而接受了治疗。10~19岁的青少年失眠症患者同去年相比增加了7.2%。

　　儿童失眠症患者增加的原因是，睡前使用智能手机，或者睡前看电视等不良睡眠习惯造成的。据悉，夜间使用智能手机会抑制睡眠荷尔蒙褪黑激素的分泌，如果在生长发育期患上失眠症，不仅会影响青少年的生长发育，还会导致集中力下降、以及患上抑郁症。

　　患有失眠症的儿童有可能在成年后其症状持续存在。美国研究小组以502名儿童为研究对象，针对失眠症实施了调查，调查结果显示，其中43%的儿童失眠患者在成年后会继续受失眠症的困扰，而其中19%反而会是病情加重，与睡眠正常的儿童相比，平均每天睡眠时间不够七小时的儿童在成年后患有失眠症的几率要高出2.5倍。

92　　根据最新数据显示，针对成年人读书习惯的考察发现，2020年，中国有三成以上的成年人有听书习惯，有声读物不仅没有束缚我们的双手，同时解放了我们的双眼，也让我们的生活更加便利。人们在悦耳的读书声中，对书中的内容有了更深的理解，但即便如此，从有声读物的质量的角度来看，还是有待于发展和进一步规范。

93　　"丝绸之路"曾作为连接中亚、西亚、欧洲的重要通道，在中国古代史上，扮演了桥梁的角色。通过丝绸之路，中国的丝绸、陶瓷、茶等商品输向中亚和欧洲；同样的道理，中国也通过"丝绸之路"把其他国家的有特色的商品带回了自己的国家。

94   喂！小丽，我要跟你说一件事，本来我们已经说好了15日去参观北京故宫博物院，但是公司突然让我去上海出差，真可惜我不能陪你一起去。现在你仔细听我说，我告诉你怎样预约参观门票，首先登录故宫博物院网络售票网站，然后预订好15日下午1点~4点的门票，注意一定要实名订票，还要登录健康宝。除此之外，去参观时，一定要携带自己的身份证，如果体温超过37.5摄氏度或健康宝显示异常时，是不能入场参观的，还有呀，参观时必须戴口罩！好了，最后祝你玩儿得愉快！等我回来再请你吃好吃的东西。

95   这段话主要介绍的是目前在短视频平台流行播放科普知识，以及科普类短视频。这不但拓宽了人们获取科学知识的渠道，而且还能提高人们自身的整体素质和生活质量。但相比之下，更重要的是短视频的主播在传播知识时，要做到以下几点，一是知识要准确，二是讲解知识时，要简单易懂，三是讲解时，要生动有趣。

96   "趣"指的是生动活泼。

97   我觉得在我们的生活中科学是很重要的，原因是在没有人工智能机器人的时候，一些很危险的工作都由我们人类承担，这样人类的生命就会受到威胁，而现在都是通过智能机器人完成的，既排除了危险，又保证了生命安全。以前我们进屋时都是用传统的机械锁，而现在我们可以用指纹锁，这样既方便又安全。所以说，在我们的生活中，科技扮演着重要的角色，只有科技不断地进步和发展，我们的生活才能变得越来越好，这是科技进步的重要意义。

98   听完这段话以后，作为一名外国人，我现在才知道吴健雄老师是一位久居海外的中国人。当我们远离家乡时，自然就会思念自己的故乡。不管我们是穷还是富，只要一想到自己的家乡，心情就会很难平静，这种心情就是叶落归根，故土难离。故土难离是指很难离开故乡的土地，叶落归根是指那些久居在海外的人的最终归宿。在东方传统文化理念中，土地是我们生命的根源，这样的理念决定了我们最在意的就是土地与家园。有了土地，就有了家，有了家，就有了根，故乡的土地与家园就是我们的根。不管我们会走到哪里，都要讲究叶落归根，这是因为人们对于故乡的依恋，也就是对于家的依恋，谁也无法舍弃故乡的一切。当一个人身心俱疲的时候，只有家，才是他们最温馨的避风港，而家就是在故乡。因此故土难离和叶落归根就是人之常情，是可以理解的。

제1부분 **1~10** 녹음을 듣고 주어진 문장이 들은 내용과 일치하는지 판단하세요. 들은 내용과 일치할 경우 '√'를, 일치하지 않을 경우 '✕'를 선택하세요.

1~5

随着人民生活水平的提高, **1** 科技水平的提升, 冰雪活动可以打破地域、季节、人群、文化的限制, 并且具有带动全民健身、普及体育文化、产业升级等多维度的意义。在大众参与热潮的带动下, 处于起步阶段的冰雪产业更具有巨大的成长空间。

冬奥会已进入"北京周期", 随之, **2** 作为双奥之城的"北京"也带动了冰雪运动, 使越来越多的人加入了冰雪运动的行列。**3** 而北京携手张家口申办2022年冬奥会提出了三大理念——以运动员为中心、可持续发展、节俭办赛。这些都带动了冰雪运动的发展。其中滑雪运动备受瞩目。这项运动既有利于健体强魄, 也有利于防治疾病, 不管是男、女、老、幼, 都可以在滑雪中尽享滑雪的乐趣与魅力, **4** 特别是高山滑雪, 所具有的快速、壮观、惊险、多变的特点, 已被人们视为滑雪运动的精华与象征, 是大众健身及滑雪旅游的主项。**5** 每年11月左右到来年的4月, 我国北方进入冰雪季节, 也正是冰雪旅游的最佳时期, 而冰雪运动也充满着无限的生机。

사람들의 생활 수준과 **1** 과학 기술 수준이 향상됨에 따라 빙상 및 설상 스포츠는 지역, 계절, 군중, 문화 등의 한계를 극복하게 됐을 뿐 아니라 국민 체력 단련 주도, 스포츠 문화 보급, 산업 발전 촉진 등 다차원적 의미를 지니게 되었다. 대중들의 참여 열기로 초기 단계에 있던 빙상 및 설상 스포츠 산업은 더욱 커다란 발전 가능성을 지니게 되었다.

동계 올림픽은 이미 '베이징 주간'에 들어섰다. 이에 따라, **2** 더블 올림픽(동하계 올림픽) 개최 도시인 '베이징'도 빙상 및 설상 스포츠를 추진했고, 점점 더 많은 사람들이 빙상 및 설상 스포츠 행렬에 참여하게 되었다. **3** 베이징은 장자커우와 손잡고 2022년 동계 올림픽 유치에 세 가지 이념을 제시했는데, 선수 중심, 지속가능한 발전, 절약 개최가 그것이다. 이러한 것들이 빙상 및 설상 스포츠를 발전시켰고 그중 스키가 가장 각광을 받고 있다. 스키는 몸과 정신을 건강하게 해 줄 뿐만 아니라 질병 예방에도 도움이 된다. 남녀노소를 불문하고 스키를 통해 그것의 재미와 매력을 느낄 수 있다. **4** 특히 알파인 스키는 속도감, 웅장함, 스릴, 다채로움 등의 특징을 가지고 있어 스키의 정수와 상징으로 여겨지며, 대중의 체력 단련과 스키 관광의 주요 종목이다. **5** 매년 11월 즈음부터 다음해 4월까지 중국 북방 지역은 빙상 및 설상 스포츠의 계절에 들어서는데, 이때가 바로 빙상 및 설상 관광의 가장 좋은 시기이다. 또한 빙상 및 설상 스포츠 역시 무한한 생기로 가득차게 된다.

冰雪活动 bīngxuě huódòng 빙상 및 설상 스포츠 | **多维度** duōwéidù 다차원, 다각도 | **双奥之城** shuāng ào zhī chéng 더블 올림픽 개최 도시 | **携手** xiéshǒu 통 서로 손을 잡다, 서로 협력하다 | **申办** shēnbàn 통 유치하다 | **可持续发展** kě chíxù fāzhǎn 지속 가능한 발전 | **备受瞩目** bèishòu zhǔmù 각광을 받다, 많은 관심을 받다 | **健体强魄** jiàntǐ qiángpò 몸과 정신을 건강하게 하다 | **高山滑雪** gāoshān huáxuě 알파인 스키 | **惊险** jīngxiǎn 형 스릴 있다, 아슬아슬하다 | **无限生机** wúxiàn shēngjī 무한한 생기

---

1 **A** 녹음에서 '과학 기술 수준이 향상됨에 따라 빙상 및 설상 스포츠는 지역 등의 한계를 극복하게 되었다'라고 했다. 여기에서 '打破……限制'는 '~의 한계를 극복하다'라는 의미로, 보기 속 '突破……局限性(~의 한계를 돌파하다)'과 의미가 통하므로, 둘의 내용은 일치한다고 할 수 있다.

科技水平的提高突破了冰雪活动的地域局限性。	과학 기술 발전의 향상으로 빙상 및 설상 스포츠의 지역적 한계를 돌파했다.
(✓) A 对 ( ) B 错	(✓) A 맞음 ( ) B 틀림

突破……局限性 tūpò……júxiànxìng ~의 한계를 돌파하다

2 **A** 녹음에서 '베이징이 빙상 및 설상 스포츠를 추진했고 점점 더 많은 사람들이 빙상 및 설상 스포츠 행렬에 참여하게 되었다'라고 했는데, 이 말은 빙상 및 설상 스포츠가 붐을 일으켰다는 뜻이므로, '掀起了冰雪运动的高潮'와 같은 의미이다.

作为举办双奥的北京，掀起了冰雪运动的高潮。	더블 올림픽을 개최한 베이징은 빙상 및 설상 스포츠 붐을 일으켰다.
(✓) A 对 ( ) B 错	(✓) A 맞음 ( ) B 틀림

掀起……高潮 xiānqǐ……gāocháo ~의 열풍을 일으키다, ~의 붐을 일으키다

3 **A** 제시된 '세 가지 이념'은 녹음에서도 들을 수 있다. 또한 녹음 중 '베이징은 장자커우와 손잡고 2022년 동계 올림픽을 유치했다'라고 했는데, 여기서 '携手(손을 잡다)'는 '共同合作'와 같은 의미이다. '베이징'과 '장자커우'가 공동으로 동계 올림픽을 유치했기 때문에 제시한 이념도 같다고 이해할 수 있다.

与北京共同举办冬奥会的张家口也提出了"以运动员为中心、可持续发展、节俭办赛"理念。	베이징과 공동으로 동계 올림픽을 개최하는 장자커우도 '선수 중심, 지속 가능한 발전, 절약 개최'의 이념을 제시했다.
(✓) A 对 ( ) B 错	(✓) A 맞음 ( ) B 틀림

4 **B** 녹음 중 언급된 '알파인 스키는 대중의 체력 단련과 스키 관광의 주요 종목이다'에서 '대중의 체력 단련'과 '스키 관광'은 빙상 및 설상 스포츠가 대중화의 특징을 가지고 있음을 의미한다. 따라서 '전문가만 참여할 수 있다'는 내용은 틀린 말이다.

高山滑雪凝聚着滑雪运动的精华，不过动作过于惊险，专业人才可以参加。	알파인 스키는 스키의 정수를 담고 있지만, 동작이 너무 위험해서 전문가만 참여할 수 있다.
( ) A 对 (×) B 错	( ) A 맞음 (×) B 틀림

凝聚精华 níngjù jīnghuá 가장 좋은 것을 모으다, 정수를 응집하다

5 **B** 녹음 중 언급된 '매년 11월 즈음부터 다음해 4월까지가 바로 빙상 및 설상 관광의 가장 좋은 시기이다'에서 '가장 좋은 시기'는 '旺季(성수기)'이므로 보기 속 '淡季(비수기)'는 틀린 말이다.

每年的11月到来年4月是冰雪旅游的淡季。	매년 11월부터 다음해 4월까지는 빙상 및 설상 관광의 비수기이다.
(　　　)A 对 (　×　)B 错	(　　　)A 맞음 (　×　)B 틀림

旺季 wàngjì 圐 성수기, 제철 ┃ 淡季 dànjì 圐 비수기, 불경기 계절

왕쌤'S TIP!		
随着A的B	A가 B함에 따라 (B는 주로 변화를 나타내는 동사)	随着科技的进步 과학 기술의 발전에 따라 随着时代的变迁 시대의 변천에 따라 随着人们环保意识的增强 사람들의 환경 보호 의식이 강화됨에 따라
打破……限制	~의 한계를 극복하다	打破传统技术的限制 전통기술의 한계를 극복하다 打破时空的限制 시공의 한계를 극복하다
在……热潮的带动下	~의 붐이 일면서	在仿古文化作品热潮的带动下，史剧受到前所未有的关注。 고전 문학 작품의 붐이 일면서, 사극이 전례 없던 관심을 받고 있다.
可持续发展	지속 가능한 발전	可持续发展的经营模式是企业未来发展的必经之路。 지속 가능한 발전의 경영 모델은 기업이 미래 발전을 위해 반드시 거쳐야 하는 길이다.

6~10

从空中俯瞰，**6** 上海国家会展中心形似一朵幸运的"四叶草"。现在，这朵"四叶草"正在等待展客商们前来赴约第四届上海进博会。

此次上海进博会进行了巨大创新。**7** 一方面，展示题材得到创新，设立能源低碳及环保技术、生物医药、智慧出行、绿色智能家电及家居等专区；**7** 另一方面，服务得到创新，为境外优质创新资源对接国内市场需求搭建平台。

目前上海进博会各项筹备工作已基本就绪，来自127个国家和地区的近3000家参展商竞相企业展。而上海进博会的理念是绿色、便利、智慧。

绿色是本届进博会保障的"热词"。**8** 此次进博会首次支持重复使用上一届进博会人员证件，既减少了制作成本，也提高了受理办理效率。

9 4746名志愿者陆续上岗，近6万名城市文明志愿者同步服务进博会，并且围绕着展品和客商的需求，一系列"细之又细"的便利化措施被推出。

服务保障更精细的同时，本届进博会还将成为大量城市数字化转型成果的"展示地"。值得一提的是，**10** 本届进博会科技应用较往届更前沿。展

공중에서 내려다보면 **6** 상하이 국가 컨벤션 센터의 모양은 행운의 '네잎클로버'를 닮았다. 현재, 이 '네잎클로버'는 바이어들의 제4회 상하이 수입박람회 참여를 기다리고 있다.

이번 상하이 수입박람회는 큰 혁신을 이루었다. **7** 우선 전시 소재 부분의 혁신으로, 저탄소 및 친환경 기술, 바이오 의약, 스마트 외출, 친환경 스마트 가전 및 가구 등의 전시구를 설립한 것이다. **7** 다른 한편으로는 서비스 부분에서 혁신을 이루었는데, 해외 우수 혁신 자원과 국내 시장 수요의 연결을 위한 플랫폼을 구축했다는 것이다.

현재 상하이 수입박람회의 각종 준비 작업은 기본적으로 끝난 상태이며 127개 국가 및 지역에서 온 3000개에 가까운 참가 기업이 전시관에 모습을 드러냈다. 상하이 수입박람회의 이념은 친환경, 편리, 스마트이다.

친환경은 이번 수입박람회의 '핫 키워드'이다. **8** 이번 수입박람회에서는 처음으로 지난번 행사 때 사용했던 회원 증명서를 중복 사용할 수 있게 되었는데, 이는 제작비 절감뿐만 아니라 접수 처리 효율도 높였다.

9 4746명의 자원봉사자가 잇따라 업무에 참여하고 있고, 6만 명에 가까운 도시 문명 자원봉사자가 동시에 서비스를 제공한다. 또한 전시품과 바이어들의 수요에 맞는 일련의 '세분화되고 또 세분화된' 편리화 조치들을 내놓았다.

더욱 세밀해진 서비스와 함께, 이번 수입박람회는 많은 도

馆内进行了5G网络优化与扩容，特别是首次使用的无人机通信系统与应急通信基站深度结合，保障了通信质量畅通稳定，并提供数字人民币一站式消费支付体验。

시들의 디지털화 성과를 전시하는 '전시지'가 될 것이다. 주목할 만한 점은 **10** 이번 수입박람회는 과학 기술 응용 면에서 지난번보다 더욱 선진화되었다는 것이다. 전시관 내에 설치한 5G 인터넷을 최적화하고 용량을 늘렸으며, 특히 처음 사용된 무인기 통신 시스템과 비상 통신 기지국을 심도 있게 융합시킴으로써 통신의 질과 안정성을 높였다. 또한 디지털 위안화 원스톱 소비 지불 시스템이 제공되었다.

俯瞰 fǔkàn 동 굽어보다, 내려다보다 | **四叶草** sìyècǎo 네잎클로버 | **展客商** zhǎnkèshāng 명 바이어 | **赴约** fùyuē 동 약속한 장소로 가다 | **低碳** dītàn 저탄소 | **智慧出行** zhìhuì chūxíng 스마트 외출 | **绿色智能家电** lǜsè zhìnéng jiādiàn 친환경 스마트 가전 | **对接** duìjiē 동 맞물다, 마주 잇다 | **搭建** dājiàn 동 세우다, 구축하다 | **平台** píngtái 명 플랫폼 | **就绪** jiùxù 동 자리가 잡히다, 궤도에 오르다 | **亮相** liàngxiàng 동 공개적으로 모습을 드러내다 | **热词** rècí 핫 키워드, 인기어, 화제어 | **受理** shòulǐ 동 접수하여 처리하다 | **上岗** shànggǎng 동 보초를 서다, 업무를 맡다 | **同步** tóngbù 동 보조를 맞추다, 행동 통일을 하다 | **前沿** qiányán 명 최전방, 선두 | **扩容** kuòróng 동 통신 설비의 용량을 늘리다 | **基站** jīzhàn 명 기지국 | **畅通** chàngtōng 형 막힘없이 잘 통하다

6 A 녹음에서 '상하이 국가 컨벤션 센터의 모양은 행운의 '네잎클로버'를 닮았다'라고 했다. 이 구절의 핵심 포인트는 '形似'에 있다. '形似'는 '~와 닮았다, 외형이 ~와 비슷하다'는 의미이다.

上海国家会展中心的外形类似 "四叶草"。	상하이 국가 컨벤션 센터의 외형은 '네잎클로버'를 닮았다.
(✓) **A** 对	(✓) **A** 맞음
( ) **B** 错	( ) **B** 틀림

7 A 보기 중 접속사 '既A, 又B'는 A와 B가 병렬 관계임을 나타낸다. 녹음에서도 병렬 관계를 뜻하는 '一方面A, 另一方面B(한편으로는 A하고, 다른 한편으로는 B하다)'가 나온다. '우선 전시 소재 부분의 혁신으로 ~했고, 다른 한편으로는 서비스 부분에서 혁신을 이루었다'라고 언급했기 때문에 보기 내용과 일치한다.

本届上海进博会既有题材的创新，又有服务的创新。	이번 상하이 수입박람회는 소재의 혁신뿐 아니라 서비스 부분의 혁신도 있다.
(✓) **A** 对	(✓) **A** 맞음
( ) **B** 错	( ) **B** 틀림

8 B 녹음에서 '지난번 행사 때 사용했던 회원 증명서를 중복 사용하여 제작비 절감뿐만 아니라 접수 처리 효율도 높였다'라고 했다. 이로써 회원 증명서를 중복 사용한 목적은 원가 절감과 일처리 효율 증대에 있음을 알 수 있다.

上海进博会重复使用会员证件，理由在于实现环保和收益的双赢。	상하이 수입박람회에서 회원 증명서를 중복 사용한 이유는 환경 보호와 수익이라는 두 가지 측면을 실현하기 위해서이다.
( ) **A** 对	( ) **A** 맞음
(×) **B** 错	(×) **B** 틀림

双赢 shuāngyíng 동 양측 모두 이익을 얻다

9 **A** 녹음에서 '4746명의 자원봉사자가 잇따라 업무에 참여하고 있고, 6만 명에 가까운 도시 문명 자원봉사자가 동시에 서비스를 제공한다'라고 했다. 자원봉사자의 수가 64746명에 달하는 것이므로 '众多(아주 많다)'를 사용해서 인원이 많음을 나타낼 수 있다.

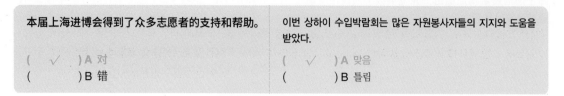

本届上海进博会得到了众多志愿者的支持和帮助。	이번 상하이 수입박람회는 많은 자원봉사자들의 지지와 도움을 받았다.
(✓) **A** 对 ( ) **B** 错	(✓) **A** 맞음 ( ) **B** 틀림

10 **A** 녹음에서 '이번 수입박람회는 과학 기술 응용 면에서 지난번보다 더욱 선진화되었다'라고 했다. 과학 기술 분야에서 '前沿'과 '先进'은 비슷한 의미로 쓰이므로 보기의 내용과 일치한다.

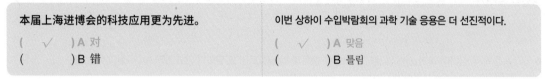

本届上海进博会的科技应用更为先进。	이번 상하이 수입박람회의 과학 기술 응용은 더 선진적이다.
(✓) **A** 对 ( ) **B** 错	(✓) **A** 맞음 ( ) **B** 틀림

先进 xiānjìn 형 선진적이다, 앞서다

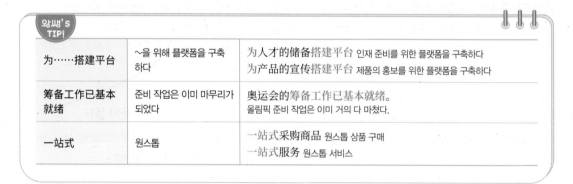

왕써's TIP!		
为……搭建平台	~을 위해 플랫폼을 구축하다	为人才的储备搭建平台 인재 준비를 위한 플랫폼을 구축하다 为产品的宣传搭建平台 제품의 홍보를 위한 플랫폼을 구축하다
筹备工作已基本就绪	준비 작업은 이미 마무리가 되었다	奥运会的筹备工作已基本就绪。 올림픽 준비 작업은 이미 거의 다 마쳤다.
一站式	원스톱	一站式采购商品 원스톱 상품 구매 一站式服务 원스톱 서비스

제2부분 **11~22** 녹음을 듣고 정답을 선택하거나 빈칸을 채우세요.

11~16

男: 我对贵公司生产的自行车很感兴趣，我想询问一下价格？

女: 没问题，**11** 我们公司生产的自行车的种类包括山地、公路、混合型以及城市通勤自行车。不知道，你对哪种类型的自行车感兴趣？

男: 那这几种类型的自行车在性能上，有什么不同吗？

남: 저는 귀사가 생산한 자전거에 관심이 있는데요. 가격에 대해 문의를 좀 하고 싶습니다.

여: 네. **11** 저희 회사가 생산하는 자전거의 종류에는 산악, 로드, 하이브리드 그리고 도시 출퇴근용 등이 포함되어 있는데요. 손님이 어떤 종류의 자전거에 관심이 있으신지 모르겠네요?

남: 그럼 그 몇 가지 종류의 성능이 어떻게 다른가요?

女: **12** 如果你想享受跳离地面的飞驰感，就请直接选择一款山地车，这款山地车还有避震效果极好的减震器。如果你的骑行路况是在普通的平路上，那你的选择就更多了，你可以选择公路、通勤车或者混合型。我们公司生产的通勤车的种类很多，有很老式的，也有很潮的，它们通常都具备城市车的特征，此外还有一个车筐，**16** 车架的设计是直立型的，非常便捷，但不能变速。

男: 您介绍得很详细，对此我们非常感谢，我想问一下，如果我们大量订购型号为20英寸的通勤车的话，那报价是多少？

女: **13** 价格为每辆368元，如果订购量2000辆的话，我们会给你85%的优惠价。

男: 我们公司很想跟贵公司建立良好的业务关系，并希望能够持续下去。如果你们这次报的价格，我们满意的话，我们还会试定一些其它产品，看看是否适合我市的市场，所以我希望你可以给我们一个有竞争力的价格。

女: 这样啊，那每辆自行车可以便宜60元。

男: 可是即使是这样，据我们对市场的观察，你们公司提供的价格还是比其他公司高很多啊！

女: 应该不会。因为你们刚才要订购的型号只有我们公司提供，**14** 很多零售商都是从我们公司拿货的，而且我们都是一视同仁的，不会给你过高的价格，这一点请你们放心。

男: **15** 但是我听说贵公司给予其他零售商的价格是298元啊，而我们现在是跟你批发，如果销售量好，我们会大量订购，所以你们给我们的价格要更加优惠才是，不是吗？

女: 好吧，看在我们开始建立业务关系的份儿上，每辆298元吧。

男: 这个价格好像还是超出了我们的预算。我们预定2000辆，295元一辆吧，这是我们能接受的最高价格了。如果可以，我希望能够跟贵公司建立长期合作关系。

女: 贵公司如此有诚意，我们接受你提出的这个价格，这也体现了我们的诚意，希望我们合作愉快。

여: **12** 만약 손님이 지면에서 뛰어오르는 질주감을 느끼고 싶다면 이 산악자전거 선택을 권해드립니다. 이 산악자전거는 진동 방지 효과가 뛰어난 완충기도 있습니다. 만약 손님이 이용하는 도로가 일반적인 평지라면 로드, 출퇴근용, 하이브리드형 등 선택의 폭이 훨씬 더 넓어집니다. 저희 회사에서 생산하는 출퇴근용 자전거는 종류가 아주 많은데 구형도 있고 요즘 유행하는 스타일도 있습니다. 이런 자전거는 일반적으로 도시형 자전거의 특징을 가지고 있는데, 자전거 앞에 바구니가 하나 달려있고 **16** 프레임은 직립형으로 설계되어 있어 매우 편리하지만 변속은 할 수가 없습니다.

남: 상세하게 소개해 주셔서 매우 감사합니다. 여쭤보고 싶은 것이 있는데요. 만약 20인치 모델의 출퇴근용 자전거를 대량 주문 구매하면 견적이 얼마 나올까요?

여: **13** 가격은 한 대당 368위안인데요. 만약 2000대를 주문 구매하시면 15% 할인해 드리겠습니다.

남: 저희 회사는 귀사와 좋은 협력 관계가 되길 희망하며, 향후 지속적인 관계를 이어가길 바랍니다. 만약 이번 견적이 만족스러우면, 다른 기타 상품도 발주해서 우리 시의 시장에 부합되는지 볼 의향이 있습니다. 그러니 저희에게 경쟁력 있는 가격을 제시해 주시길 바랍니다.

여: 그렇다면 자전거 한 대당 60위안 할인해 드리겠습니다.

남: 하지만 그렇게 한다고 해도 저희가 조사한 시장 상황을 보면 귀사가 제시한 가격이 여전히 타사보다 많이 높은 편입니다.

여: 그럴 리 없습니다. 왜냐하면 손님이 방금 주문하려고 한 모델은 저희 회사에만 있고, **14** 많은 소매상들도 저희 회사에서 물건을 가져갑니다. 게다가 저희는 모든 고객을 똑같이 대하기 때문에 손님에게만 지나치게 높은 금액을 제시할 리 없으니, 이 부분에 대해서는 안심하셔도 됩니다.

남: **15** 하지만 귀사가 다른 소매상에게는 298위안에 판매했다고 들었습니다. 그리고 저희는 지금 도매로 구입하고자 하는데, 판매가 잘되면 대량으로 구매할 예정입니다. 그러니 저희에게 좀 더 가격적인 혜택을 주셔야 하지 않을까요?

여: 좋습니다. 우리의 협력 관계가 시작됐다는 점을 감안해서 한 대에 298위안으로 하죠.

남: 가격이 아직도 저희의 예산을 초과하는 것 같습니다. 저희가 2000대를 주문할테니 295위안으로 해 주시죠. 이 가격이 저희가 받아들일 수 있는 최고가입니다. 가능하다면 저는 귀사와 장기적인 협력 관계를 맺길 바랍니다.

여: 귀사가 이렇게까지 성의를 보이시니 저희도 손님이 제시한 가격을 받아들이겠습니다. 이로써 저희들의 성의도 보여드렸습니다. 앞으로의 협력이 즐겁길 바랍니다.

山地车 shāndìchē 명 산악자전거, 마운틴바이크(MTB) | 公路车 gōnglùchē 명 로드싸이클 | 混合型 hùnhéxíng 명 혼합형, 하이브리드 | 通勤 tōngqín 통 통근하다, 출퇴근하다 | 跳离 tiàolí 통 뛰어내리다 | 飞驰感 fēichígǎn 날아오르는 느낌, 질주감 | 避震 bìzhèn 통 진동을 막다, 지진을 피하다 | 减震器 jiǎnzhènqì 명 완충기, 제동기 | 骑行 qíxíng 통 (자전거를) 타고 가다 | 路况 lùkuàng 명 도로 사정, 도로 상황 | 潮 cháo 명 추세, 시류 | 车筐 chēkuāng 명 (자전거에 매단) 광주리 | 车架 chējià 명 (자전거) 프레임, 차틀 | 直立型 zhílìxíng 직립형, 수직형 | 便捷 biànjié 형 간편하다, 편리하다 | 变速 biànsù 통 변속하다 | 英寸 yīngcùn 양 인치(inch) | 零售商 língshòushāng 명 소매상 | 一视同仁 yí shì tóng rén 성 차별하지 않다, 똑같이 대하다 | 批发 pīfā 통 도매하다 | 预算 yùsuàn 명 예산 | 诚意 chéngyì 명 성의, 진심

11 B 녹음 중 '자전거의 종류에는 산악, 로드, 하이브리드, 도시 출퇴근용 등이 포함된다'라고 했다. '아동용 전기 자전거'는 포함되어 있지 않았기 때문에 정답은 B이다.

这家供应商的自行车款式，不包括哪个？	이 공급자의 자전거 종류에 포함되지 않는 것은 무엇인가?
A 山地车	A 산악자전거
B 电动儿童车	B 아동용 전기 자전거
C 混合型自行车	C 하이브리드 자전거
D 城市通勤自行车	D 도시 출퇴근용 자전거

电动儿童车 diàndòng értóngchē 아동용 전기 자전거

12 A 녹음에서 '만약 지면에서 뛰어오르는 질주감을 느끼고 싶다면 이 산악자전거 선택을 권한다'라고 언급했다. 이 말은 산악자전거가 지면에서 뛰어오를 수 있어 질주감을 느낄 수 있다는 의미이므로 답으로 A를 선택해야 한다.

如果想离地跳跃，可以选择哪款车？	만약 지면에서 뛰어오르려면 어떤 종류의 자전거를 선택할 수 있을까？
A 山地车	A 산악자전거
B 通勤车	B 출퇴근용 자전거
C 混合型	C 하이브리드 자전거
D 直立型	D 직립형 자전거

13 B 녹음 중 '가격은 한 대당 368위안인데, 만약 2000대를 구매하면 15% 할인해 주겠다'라고 했기 때문에 정답은 B이다.

20英寸的通勤车，供应方是如何报价的？	20인치 출퇴근용 자전거에 대해 공급자는 어떤 가격을 제시했는가？
A 每辆368元，购1000辆优惠85%	A 한 대당 368위안인데, 1000대를 구매하면 15% 할인 혜택을 주겠다
B 每辆368元，购2000辆优惠85%	B 한 대당 368위안인데, 2000대를 구매하면 15% 할인 혜택을 주겠다
C 每辆368元，多购每辆优惠60元	C 한 대당 368위안인데, 많이 구매하면 한 대당 60위안 할인해 주겠다
D 每辆368元，多购每辆优惠85%	D 한 대당 368위안인데, 많이 구매하면 한 대당 15% 할인 혜택을 주겠다

14 **C** 녹음에서 '많은 소매상들이 우리 회사에서 물건을 가져간다'라고 언급했다. 이 말은 우리 회사의 가격이 합리적이기 때문에 많은 소매상들이 물건을 구매해 간다는 것을 의미하므로 C가 정답이다.

供应商认为价格合理的理由是?	판매자가 가격이 합리적이라고 여긴 이유는 무엇인가?
A 每个零售商的进货价格不同	A 모든 소매상들의 구매 가격이 다르기 때문에
B 订购价格低是因为订购量大	B 구매 가격이 낮은 것은 구매량이 많아서이기 때문에
C 很多零售商都从他们公司进货	C 많은 소매상들이 자신들에게서 물건을 사가기 때문에
D 市场假货太多，无法保证品质	D 시장에 가품이 너무 많아 품질을 보장할 수 없기 때문에

假货 jiǎhuò 몡 위조품, 가품

15 **C** 녹음에서 '귀사가 다른 소매상에게는 298위안에 판매했다고 들었다. 그리고 우리는 도매로 구입하고자 한다'라고 언급했다. 소매 가격이 298위안이고 구매자는 도매로 구입하는 것이므로, 대량 구매인 도매 가격은 소매 가격보다 낮아야 한다고 여긴 것이다. 그러므로 정답은 C이다.

订购方压价的理由是什么?	구매자가 가격을 내려달라고 한 이유는 무엇인가?
A 品质不如其他供应商	A 품질이 다른 공급자보다 좋지 않아서
B 运输费用较高增加成本	B 운송비가 비싸서 비용이 높아지므로
C 批发价格应该低于零售价格	C 도매 가격은 소매 가격보다 낮아야 하기 때문에
D 给出的价格远远高于其他零售商	D 제시한 가격이 다른 소매상의 가격보다 훨씬 높아서

压价 yājià 통 값을 깎다, 가격을 내리다

16 **便捷** 녹음 중 '프레임은 직립형으로 설계되어 있어 매우 편리하지만 변속은 할 수 없다'라고 했으므로 '便捷'를 써야 한다.

通勤车车架的设计是直立型的，非常便捷，但不能变速。	출퇴근용 자전거의 프레임은 직립형으로 설계되어 있어 매우 편리하지만 변속은 할 수 없다.

와쌤'S TIP!		
与/跟……建立良好的关系	~와 양호한 관계를 구축하다	我们想与贵公司建立良好的、长期的业务合作关系。 우리는 귀사와 양호하고 장기적인 업무 협력 관계를 맺길 바랍니다.
有竞争力的价格 / 价格上有竞争力	경쟁력 있는 가격 / 가격 면에서 경쟁력이 있다	企业要想立足于市场，关键在于价格上要有竞争力。 기업이 시장에서 입지를 다지고 싶다면, 관건은 가격 면에서 경쟁력이 있어야 한다.
从……拿货的	~로부터 물건을 가져오다	我们公司是从批发市场拿货的。 우리 회사는 도매 시장에서 물건을 가져온다.
看在……份儿上	~면을 봐서	看在我们是老朋友的份儿上，你就原谅我这一次吧。 우리가 오래된 친구라는 점을 봐서, 이번 한 번만 나를 용서해 주세요.

女: 10月13日，在珠海举行了广东"众创杯"创业创新大赛及颁奖仪式。经过激烈比拼，来自海内外的22个优秀项目获得金、银、铜奖。今天，我们有幸采访了铜奖获得者"光学与电子用高性能有机硅材料产业化应用"负责人陈循军。

男: 主持人好！大家好！

女: **17** 本次大赛吸引了众多企业高管、领军人才、高层次人才携带自己的创业项目参赛，项目涉及到新一代信息技术、生物医药、新材料、节能环保、智能制造等科技新兴领域，展示了科技创新最前沿的实力。陈老师，请问您带来了哪些高新科技项目来参赛了呢？

男: **22** 我通过了近20年的技术积累，一直专注于有机硅新材料的研究，所以我带来的就是有机硅新材料。

女: 陈老师，那您能介绍一下有机硅新材料是一种怎样的材料？

男: **18** 有机硅材料具有许多独特而宝贵的性能，如耐高低温、耐老化、电气绝缘等等，是其他的有机高分子材料所不能比拟和取代的，已经成为人们日常生活中重要的新型高分子材料。我们的团队一直专注于电子和光学复合应用领域高端有机硅材料的研发、制造及市场化。基于我们近20年的研究及应用的积累，与同类项目相比，这种新材料具有了一定的技术优势。

女: 有机硅材料主要应用于哪些领域呢？

男: **19** 从应用角度来看，有机硅不仅仅应用于传统行业像是汽车、纺织业等，也在新兴行业，像在5G领域、光伏等方面也发挥了作用。而"光学与电子用高性能有机硅材料"是一种有机硅新材料，具有光学及电子双重特性，主要应用于半导体的芯片，可以起到保护电子元器件的作用。

女: 与国际先进水平相比，中国有机硅产品的生产规模、技术、质量与品种档次、研发水平等方面仍有一定差距。那这些差距主要表现在什么方面？

男: 十多年的潜心研究，我们更清晰地看到国内市场上特殊材料、高端产品开发与应用的症结所在。**20** 目前很多国内的企业可能更注重后端的应用，没有把更多的精力放在前端的设计上，容易导致"后劲"不足。**21** 我希望可以通过对有机硅新材料的研发与制造，提升国内有机硅行

여: 10월 13일 주하이에서 광둥 '중창베이' 창업 혁신 대회 및 시상식을 진행했습니다. 치열한 경쟁을 통해 국내외 22개 우수 프로젝트가 금, 은, 동상을 받았습니다. 오늘 우리는 운 좋게 동상을 받은 '광학 및 전자 고성능 유기 실리콘 소재 산업화 응용'의 책임자 천쉰쥔 씨를 취재했습니다.

남: 사회자님 안녕하세요. 여러분 안녕하세요.

여: **17** 이번 대회에는 많은 기업의 고위층 관리자, 리더급 인재, 고급 인재들이 자신의 창업 아이템을 가지고 참석했습니다. 프로젝트는 차세대 정보 기술, 바이오 의약, 신소재, 에너지 절감 및 환경 보호, 스마트 제조 등 과학 기술 신흥 산업 분야의 것들로, 과학 기술 혁신의 가장 선진적인 실력을 보여 주었습니다. 천 선생님, 선생님은 어떤 첨단 과학 기술 프로젝트를 가지고 대회에 참석하셨나요?

남: **22** 저는 20년에 가까운 기술적 경험을 거치며 줄곧 유기 실리콘 신소재에 대한 연구에 집중해왔기 때문에 유기 실리콘 신소재를 가져왔습니다.

여: 천 선생님, 그럼 유기 실리콘 신소재가 어떤 것인지 소개해 주실 수 있을까요?

남: **18** 유기 실리콘 소재는 아주 독특하고 귀한 성능을 가지고 있습니다. 예를 들면 고온과 저온 그리고 노화에 강하고, 전기 절연 등의 기능을 가지고 있으며, 다른 유기 고분자 소재와는 비교 및 대체가 불가능해서 이미 사람들의 일상 생활 속에서 매우 중요한 신형 고분자 소재가 되었습니다. 우리 팀은 줄곧 전자 및 광학 복합 응용 분야 첨단 유기 실리콘 소재의 연구 개발과 제조 및 시장화에 전념해 왔습니다. 20년에 가까운 연구 및 응용 경험에 근거해 보면, 이 신소재는 동종 소재와 비교해 일정 부분 기술적인 우수성을 가지고 있습니다.

여: 유기 실리콘 소재는 주로 어느 분야에 응용됩니까?

남: **19** 응용 관점에서 보면, 유기 실리콘은 자동차와 방직업 등 전통 업계뿐만 아니라 5G와 태양광 발전 등과 같은 신흥 분야에서도 기능을 발휘합니다. '광학 및 전자용 고성능 실리콘 소재'는 유기 실리콘 소재로서 광학과 전자 두 가지 특성을 가지고 있어 주로 반도체 칩에 사용되며 전자 부속품을 보호하는 역할을 합니다.

여: 국제적 선진 수준과 비교하면, 중국 실리콘 제품의 생산 규모, 기술, 품질 및 품종 등급 및 연구 개발 수준 등 면에서 아직 차이가 나는데요. 이런 차이점은 어느 부분에서 나타나나요?

남: 10여 년 간의 집중적인 연구를 거치며 우리는 국내 시장의 특수 소재와 첨단 제품 개발 및 응용의 문제점이 어디에 있는지 명확히 알게 되었습니다. **20** 현재 국내의 많은 기업들이 후반의 응용만을 중시하고, 전반의 설계에 더 많은 노력

业的高新技术开发能力，让相关产品在国际市场上更具竞争优势。这既是我们出发的初衷，也是一个长期的目标。

女：请问，陈老师，你怎么看待这次大赛？

男："众创杯"既是一个参赛机会，更是一个学习与交流的平台。无论是在与评委之间的答辩交流环节，还是观看其他科研项目示演的过程，来自五湖四海的科研人才与创业者们交汇于此，不断碰撞出创新创业的新火花，这让我感到收获颇丰。

을 기울이지 못해 '뒷심'이 부족한 현상이 쉽게 일어나는 것 같습니다. **21** 희망컨대, 유기 실리콘 소재에 대한 연구개발과 제조를 통해, 국내 유기 실리콘 업계의 첨단 기술 개발 능력이 향상되고, 관련 제품이 국제 시장에서 더욱 우수한 경쟁력을 갖게 되길 바랍니다. 이것이 바로 우리의 초심이자 장기적인 목표이기도 합니다.

여: 천 선생님, 선생님은 이번 대회를 어떻게 보고 계신가요?

남: '중창베이'는 경기에 참여할 수 있는 기회이자 더 나아가 학습하고 교류할 수 있는 플랫폼입니다. 심사위원과의 답변 교류라든지, 다른 과학 연구 프로젝트의 시연 과정을 참관한다든지, 세계 여러 나라에서 온 과학 연구 인재 및 창업자들과 함께 이곳에 모여 끊임없이 혁신 창업의 불꽃을 일으키게 되는데요. 이런 것들로 인해 많은 수확을 거두었다고 생각합니다.

颁奖 bānjiǎng ⑧ 상을 주다 | 比拼 bǐpīn ⑧ 치열하게 경쟁하다 | 有机硅材料 yǒujī guī cáiliào 유기 실리콘 소재 | 涉及 shèjí ⑧ 관련되다, 미치다 | 专注 zhuānzhù ⑧ 집중하다, 전념하다 | 电气绝缘 diànqì juéyuán 전기 절연 | 有机高分子材料 yǒujī gāofēnzi cáiliào 유기 고분자 소재 | 光学复合应用领域 guāngxué fùhé yìngyòng lǐngyù 광학 복합 응용 분야 | 光伏 guāngfú ⑱ 태양광 발전 | 半导体芯片 bàndǎotǐ xīnpiàn 반도체 칩 | 档次 dàngcì ⑱ (품질 등의) 등급, 차등 | 潜心 qiánxīn ⑧ 몰두하다 | 清晰 qīngxī ⑲ 분명하다, 뚜렷하다 | 症结 zhēngjié ⑱ (일의) 문제점, 난점 | 后端 hòuduān 후반, 백엔드 | 后劲 hòujìn ⑱ 후반의 노력, 뒷심 | 初衷 chūzhōng ⑱ 초심 | 评委 píngwěi ⑱ 심사위원 | 答辩 dábiàn ⑧ 답변하다 | 交汇 jiāohuì ⑧ 합치다 | 碰撞 pèngzhuàng ⑧ 충돌하다 | 火花 huǒhuā ⑱ 불꽃, 스파크 | 颇丰 pōfēng ⑲ 풍부하다, 넉넉하다

---

17 **C** 녹음에서 '이번 대회에는 많은 기업의 고위층 관리자, 리더급 인재, 고급 인재들이 자신의 창업 아이템을 가지고 참석했다'라고 언급했다. 따라서 이번 대회는 각 분야의 인재를 끌어들였음을 알 수 있으므로 답으로 C를 선택해야 한다.

关于这次大赛，可以知道什么？	이번 대회에 대해 무엇을 알 수 있는가？
A 在威海举行	A 웨이하이에서 개최되었다
B 设立了20个项目	B 20개의 프로젝트를 설립했다
C 吸引了众多人才	C 많은 인재를 끌어들였다
D 涉及了三个领域	D 3가지 분야를 다루고 있다

18 **B** 녹음에서 '유기 실리콘 소재는 고온, 저온, 노화에 강하고 전기 절연 등의 기능을 가지고 있다'라고 업급했다. '저온에 약하다'라는 특징은 없었기 때문에 정답은 B이다.

关于新材料有机硅的特点，哪个没有提到？	신소재 유기 실리콘의 특징으로 언급되지 않은 것은 무엇인가？
A 耐高温	A 고온에 잘 견딘다
B 怕低温	B 저온에 약하다
C 耐老化	C 노화에 강하다
D 电气绝缘	D 전기 절연

19 **A** 녹음을 통해 유기 실리콘은 '자동차와 방직업 등 전통 업계뿐 아니라 신흥 업계인 5G와 태양광 발전, 반도체 칩에도 사용된다'라는 것을 알 수 있다. B, C, D는 일부 분야에 한정된 내용이므로 A를 답으로 선택해야 한다.

有机硅用于哪些领域?	유기 실리콘은 어떤 분야에 사용되는가?
A 可用于多种领域	A 다양한 분야에 사용할 수 있다
B 多用于新兴行业	B 신흥 업계에 많이 사용된다
C 只用于半导体芯片	C 반도체 칩에만 사용된다
D 多用于汽车、纺织类	D 자동차, 방직업에 많이 사용된다

20 **B** 녹음에서 '현재 국내의 많은 기업들이 후반의 응용만을 중시하고, 전반의 설계에 더 많은 노력을 기울이지 못하는 것 같다'라고 언급했다. 이를 통해 전반 설계가 부족함을 알 수 있으므로 답으로 B를 선택해야 한다.

国内的有机硅产品存在什么问题?	국내 유기 실리콘 제품에는 어떤 문제가 있는가?
A 后端应用不足	A 후반 응용 부족
B 前端设计不够	B 전반 설계 부족
C 产品开发太快	C 제품 개발이 너무 빠름
D 资金供应不足	D 자본 공급 부족

21 **B** 녹음에서 '희망컨대, 유기 실리콘 소재에 대한 연구 개발과 제조를 통해~ 이것이 바로 우리의 초심이자 장기적인 목표이기도 하다'라고 언급했다. 여기에서 알아야 할 것은 '유기 실리콘 신소재의 연구 개발'이 하나의 '장기적인 목표'라는 것이다. '장기적인 목표'는 '발전 방향'을 의미하므로 정답은 B이다.

国内有机硅的发展方向是:	국내 유기 실리콘의 발전 방향은 무엇인가?
A 提高国内产品价格	A 국내 상품의 가격을 높이는 것
B 有机硅新材料的研发	B 유기 실리콘 신소재의 연구 개발
C 加大对国内市场的投入	C 국내 시장에 대한 투자를 늘리는 것
D 短期目标是高新技术的研发	D 단기 목표는 첨단 기술의 연구 개발이다

22 **有机** 녹음 중 '저는 20년에 가까운 기술적 경험을 거치며 줄곧 유기 실리콘 신소재에 대한 연구에 집중해왔습니다'라고 했다. 여기서 '저'는 '천쉰쥔'을 가리키므로 빈칸에는 '有机'를 기입해야 한다.

陈循军一直专注于 有机 硅新材料的研究。	천쉰쥔은 줄곧 유기 실리콘 신소재에 대한 연구에 집중해왔다.

一直专注于……的研究	줄곧 ~의 연구에 집중하다	科研人员一直专注于动物生态环境的研究。 과학 연구자들은 동물 생태 환경에 대한 연구에 집중해왔다.
主要应用于……领域	주로 ~분야에 응용되다	人工智能主要应用于智慧生活和智慧医疗领域。 인공 지능은 주로 스마트 생활과 스마트 의료 분야에 응용된다.
在……方面仍有一定差距	~방면에서 여전히 어느 정도 차이가 있다	国产汽车与国际知名品牌汽车相比，在核心技术创新方面仍有一定差距。 국산 자동차와 국제 유명 브랜드 자동차를 비교해 보면, 핵심 기술, 혁신 분야에서 여전히 어느 정도 차이가 있다.
症结所在	문제의 결정적 원인, 문제점 (문장에서 주로 목적어로 쓰임)	在传统制造业方面，通过与其他国家的比较，最终找到问题的症结所在，是未能及时实现传统产品的"时代化"。 전통 제조업 방면에서, 타국과의 비교를 통해 문제의 결정적인 원인이 전통 제품의 '시대화'가 제때 실현되지 못함에 있음을 최종적으로 발견했다.
碰撞出新火花	새로운 불꽃을 일으키다	传统工业重地和现代文旅产业碰撞出"新火花"。 전통 공업의 요충지와 현대 문화 관광 산업이 '새로운 불꽃'을 일으켰다.

제3부분 **23~40** 녹음을 듣고 정답을 선택하거나 빈칸을 채우세요.

23~27

处在知识经济迅猛发展的当今社会，人的创新能力和创新品质的重要性更为显著。因此，**23** 培养孩子的创新能力，是社会发展的必然要求，更是教育发展的必然趋势。

儿童生来就有好奇心。好奇心是儿童自我表达的方式，也是儿童探索和理解世界的方式。儿童对于求知的渴望、对于探索的兴趣、对于学习的热忱……无不起源于好奇心，同时儿童每一步的发展成就也是完全依赖于他们的好奇心。

通过观察可以发现孩子的好奇心和兴趣。比如有些孩子喜欢唱歌，有些孩子喜欢数学，有些孩子喜欢搭积木、画画、运动等等。**25** 如果小孩子喜欢搭积木，那么就可以把搭积木和学习放在一起，可以在搭积木的同时，来教孩子学习数学，也可以在积木上面贴上汉字来教孩子认字，这样一来，**24** 既了解了孩子的兴趣，也满足了孩子的好奇心，更重要的是，也让孩子学到了各种知识。

好奇心是学习的重要因素——**26** 当儿童的好奇心被激发时，他们会学得更好。对短时期内的学习来说如此，对长时期的学习来说亦是如此。

지식 경제가 급속도로 발전하는 현대 사회에서 사람들의 혁신 능력과 혁신 자질의 중요성이 더욱 부각되고 있다. 그러므로 **23** 아이의 혁신 능력 양성은 사회 발전의 필연적인 조건이자 더욱이 교육 발전의 필연적인 추세이다.

아동은 태어날 때부터 호기심을 가지고 있다. 호기심은 아동의 자기표현 방식이자 세계를 탐색하고 이해하는 방식이기도 하다. 지식을 얻고자 하는 아동의 갈망과 탐색에 대한 흥미, 그리고 학습에 대한 열정 등은 호기심에서 비롯되는 것이다. 동시에 모든 단계에서 아동이 거두는 발전과 성과 역시 전적으로 그들의 호기심에서 비롯되는 것이다.

관찰을 통해 아이의 호기심과 흥미를 발견할 수 있는데, 예를 들면 어떤 아이들은 노래하는 것을 좋아하고, 어떤 아이들은 수학을 좋아하고, 어떤 아이들은 블록 쌓기, 그림 그리기, 운동 등을 좋아한다. **25** 만약 아이가 블록 쌓기를 좋아한다면, 블록 쌓기와 공부를 접목시킬 수 있다. 블록 쌓기를 하는 동시에 수학을 가르칠 수도 있고, 블록 위에 한자를 붙여 한자를 익히게 할 수도 있다. 이런 방식으로 **24** 아이의 흥미를 이해할 수도 있고 아이의 호기심도 만족시켜 줄 수 있게 되는데, 더욱 중요한 것은 아이로 하여금 다양한 지식을 배울 수 있게 한다는 것이다.

호기심은 학습의 가장 중요한 요소이다. **26** 아이들은 호기

因此，在帮助儿童理解由思想和信息所组成的复杂世界时，好奇心则是起到不可忽视的作用，换句话说，儿童对世界的理解都将受益于好奇心所带来的巨大力量。

심이 자극될 때 더욱 잘 배울 수 있다. 이는 단기적인 학습뿐 아니라 장기적인 학습에서도 그러하다. 그러므로 사상과 정보로 구성된 복잡한 세계에 대한 아이의 이해를 도와주는 데 있어 호기심은 간과할 수 없는 중요한 역할을 한다. 다시 말해, 세상에 대한 아이의 이해는 모두 호기심으로 비롯된 거대한 힘 덕분이라고 할 수 있다.

迅猛 xùnměng 匽 빠르고 맹렬하다 | 显著 xiǎnzhù 匽 현저하다, 뚜렷하다 | 好奇心 hàoqíxīn 몡 호기심 | 探索 tànsuǒ 뙝 탐색하다, 찾다 | 求知 qiúzhī 뙝 지식을 탐구하다 | 渴望 kěwàng 뙝 갈망하다 | 热忱 rèchén 匽 열성적이다 | 依赖 yīlài 뙝 의지하다, 기대다 | 搭积木 dā jīmù 블록 쌓기 | 激发 jīfā 뙝 (감정을) 불러일으키다 | 亦是 yìshì 역시, 또한

23 **A** 녹음에서 '아이의 혁신 능력 양성은 사회 발전의 필연적인 조건이자 더욱이 교육 발전의 필연적인 추세이다'라고 했기 때문에 정답은 A이다.

社会发展的必要要求是培养孩子的什么？	사회 발전의 필연적인 조건은 아이의 무엇을 키워 주는 것인가？
A 创新能力	A 혁신 능력
B 创新品质	B 혁신 자질
C 学习知识	C 지식 학습
D 兴趣爱好	D 흥미와 취미

24 好奇心 / 兴趣 녹음에서 '아이의 흥미를 이해할 수도 있고 아이의 호기심도 만족시켜 줄 수 있게 되는데, 더욱 중요한 것은 아이로 하여금 다양한 지식을 배울 수 있게 한다는 것이다'라고 했기 때문에 빈칸에는 '好奇心'과 '兴趣'가 들어가야 한다. 아이의 흥미와 호기심에 대한 이해가 기반이 되어야 아이의 능력을 길러줄 수 있기 때문이다. 여기서 중요한 것은 '学到了各种知识 (다양한 지식을 배우다)'와 '能力的培养(능력을 기르다)'이 같은 의미라는 것이다.

对于孩子能力的培养是基于了解幼儿的 好奇心 与 兴趣。	아이의 능력 배양은 유아의 호기심과 흥미를 이해하는 데 기반한다.

25 **C** 이 문제의 핵심은 사자성어 '寓教于乐'의 의미를 이해하는 것이다. '寓教于乐'는 교육과 오락을 융합시켜 놀면서 배우는 것을 말한다. 녹음에서는 아이가 좋아하는 것들을 예로 들며, 아이가 블록 쌓기를 좋아한다면 블록 쌓기를 통해 수학과 한자를 배우게 할 수 있는데, 재미있게 좋아하는 것을 하면서 지식을 배우도록 하는 것을 의미한다. 따라서 정답은 C이다.

寓教于乐的重要性在于：	놀이와 공부를 함께하며 즐거운 방식으로 가르치는 것의 중요성은 _____ 있다.
A 培养创造力	A 창의력을 기르는 데
B 培养集中力	B 집중력을 기르는 데
C 学到各种知识	C 다양한 지식을 배우는 데
D 让孩子更活泼	D 아이가 더 활발해지도록 하는 데

寓教于乐 yù jiào yú lè 젱 교육과 오락을 융합해 즐기며 배울 수 있도록 하다

26 D 녹음에서 '아이들은 호기심이 자극될 때 더욱 잘 배울 수 있다. 이는 단기적인 학습뿐 아니라 장기적인 학습에서도 그러하다'라고 했으므로 언급되지 않은 D를 답으로 선택해야 한다.

关于好奇心被激发的好处，哪个没提到？	호기심을 자극하는 것의 장점으로 언급되지 않은 것은 무엇인가?
A 能够更好地学习	A 더욱 잘 배울 수 있다
B 对短期学习有益	B 단기 학습에 도움이 된다
C 对长期学习有益	C 장기 학습에 도움이 된다
D 让孩子变得更聪明	D 아이가 더 똑똑해진다

27 C 녹음 내용을 전체적으로 종합해 보면 이 글의 주제가 '아동의 호기심은 학습의 조건'이라는 것을 알 수 있다. 이와 관련된 설명이 이어지므로 정답은 C이다.

这篇文章可能摘自哪里？	이 문장은 어느 분야에서 발췌했을 가능성이 있는가？
A 科技创新	A 과학 기술 혁신
B 大脑的研究	B 대뇌 연구
C 儿童教育学	C 아동 교육학
D 社会心理学	D 사회 심리학

왕쌤'S TIP!

既A，也B	A일 뿐만 아니라 B도 (병렬 구조를 나타냄)	树木既能绿化环境，也能制造出新鲜空气。 수목은 환경을 녹화시킬 뿐 아니라 신선한 공기도 만들어 낼 수 있다.
起到不可忽视的作用	간과할 수 없는 역할을 하다	真诚的微笑在人际交往中起到不可忽视的作用。 진정한 미소는 인간관계에서 간과할 수 없는 역할을 한다.
……所带来的巨大力量(影响/机遇)	~가 가져온 거대한 힘 (영향 / 기회)	音乐所带来的巨大力量是我们人类不可估量的。 음악이 가져오는 거대한 힘은 우리 인류가 가늠할 수 없는 것이다. 疫情的蔓延对中国制造业所带来的巨大影响，就是大量劳工无法按期返岗。 코로나19의 확산이 중국 제조업에 가져온 거대한 영향은 바로 많은 근로자들이 제때에 복직할 수 없다는 것이다. 中国市场为跨国企业所带来的巨大机遇是不可小觑的。 중국 시장이 글로벌 기업에 가져온 거대한 기회는 경시할 수 없다.

沙尘暴天气常给当地经济、社会发展和当地居民的生活造成巨大的损失。但沙尘暴作为地球上一种自然现象，**33** 并不是孤立存在的，它和其他许多自然现象有着密切的联系，**28** 在给人类带来损失的同时，沙尘暴也对地球环境和人类贡献着鲜为人知的"正能量"。

黄土高原的面积近百万平方公里，是在200多万年前第四纪冰期干燥寒冷气象条件下，由发源于西伯利亚冷高压的强大冬季风，从中亚、蒙古高原和新疆等地戈壁、沙漠中携带来的粉砂沉积而成的，**29** 是世界上面积和厚度最大的高原。而在黄土高原上，**30** 由当地人建筑的冬暖夏凉的黄土窑洞，则解决了当地四五千万农民的居住问题。也正是黄土高原疏松土壤的易耕性，气象条件的适宜性，才使中华民族的先祖择此生根繁衍至今。

31 沙尘一方面污染空气，一方面也净化空气。也许你已经发现，沙尘天气过后，尘埃落定的天空是最洁净、最晴朗的。原因就是沙尘中含有丰富的钙等碱性阳离子，沙尘在降落过程中对空气中的氮氧化物、二氧化硫等物质具有一定的中和作用，可以有效地减少酸雨。

海水中常常缺乏铁和磷，由于沙尘含有大量的矿物质，包括磷、铁、铝等，**32** 给海洋的浮游生物带来营养，加强了藻类的光合作用，**32** 继而为鱼类的生存提供了丰富的食物。沙尘暴维系了海洋生态系统的循环与稳定，被称为海洋生物的"营养剂"。假如人类有一天强大到能根除沙尘暴，那生猛海鲜恐怕就会成为历史的记忆了。

황사는 늘 현지 경제와 사회 발전 및 현지 주민들의 생활에 막대한 손실을 야기한다. 하지만 황사는 지구상에 존재하는 일종의 자연 현상으로, **33** 결코 고립적으로 존재하는 것은 아니다. 황사는 다른 많은 자연 현상과 밀접한 관련이 있는데, **28** 인류에게 손실을 야기함과 동시에 지구 환경과 인류에게 잘 알려지지 않은 '긍정적인 에너지'를 가져다주기도 한다.

면적이 100만km²에 가까운 황토고원은 200만여 년 전 제4빙하기에 한랭 건조한 기상 여건 하에서 시베리아 냉고압에서 발생한 강한 겨울바람이 중앙아시아, 몽고 고원과 신장 등 지역의 고비 사막, 그리고 사막을 지나며 지니고 온 모래가 퇴적해 만들어진 것으로, **29** 세계에서 면적과 두께가 가장 큰 고원이다. 황토고원에는 **30** 현지인들이 지은 겨울에는 따뜻하고 여름에는 시원한 토굴집이 현지 4~5천만 농민들의 거주 문제를 해결해 주었다. 또한 황토고원의 푸석푸석한 토양의 이경성과 적합한 기상 조건이 바로 중화민족의 선조들로 하여금 그곳에 뿌리를 내리고 지금까지 번영할 수 있게 한 것이다.

31 황사는 한편으로는 공기를 오염시키지만 또 다른 한편으로는 공기를 정화시키기도 한다. 아마 당신이 이미 발견했을 수도 있지만, 황사가 지나가고 먼지가 가라앉은 후의 하늘은 가장 깨끗하고 맑다. 왜냐하면 황사에는 풍부한 칼슘 등 알칼리성 양이온이 함유되어 있기 때문에 황사가 땅에 가라앉는 과정에서 공기 중의 질소 산화물과 이산화 유황 등 물질을 어느 정도 중화해서 산성비를 효과적으로 감소시키기 때문이다.

해수는 보통 철과 인이 부족한데, 황사에는 인, 철, 알루미늄 등 다량의 광물질이 함유되어 있어서 **32** 해양의 부유 생물에게 영양을 가져다주고, 조류의 광합작용을 강화시켜서 **32** 어류의 생존에 풍부한 음식물을 제공한다. 황사는 해양 생태계의 순환과 안정을 유지시켜 주어 해양 생물의 '영양제'라고 불린다. 만약 언젠가 인류가 황사를 근절시킬 정도로 강대해진다면, 싱싱한 해산물은 아마도 역사의 기억이 될 것이다.

沙尘暴 shāchénbào 명 황사, 모래바람 | **孤立** gūlì 형 고립되어 있다 | **贡献** gòngxiàn 동 공헌하다, 기여하다 | **鲜为人知** xiǎn wéi rén zhī 성 아는 사람이 아주 드물다, 사람들에게 잘 알려지지 않다 | **正能量** zhèngnéngliàng 긍정 에너지 | **第四纪冰期** dìsìjì bīngqī 제4빙하기 | **干燥** gānzào 건조하다 | **西伯利亚** Xībólìyà 명 시베리아 | **冷高压** lěnggāoyā 냉고기압 | **戈壁** gēbì 명 고비 사막 | **携带** xiédài 동 휴대하다 | **粉砂** fěnshā 모래, 먼지 | **沉积** chénjī 가라앉아 쌓이다, 침적하다 | **厚度** hòudù 명 두께 | **窑洞** yáodòng 명 토굴집, 동굴집 | **疏松** shūsōng 푸석푸석하다 | **土壤** tǔrǎng 명 토양 | **易耕性** yìgēngxìng 이경성(경운의 용이성) | **适宜性** shìyíxìng 적합성 | **择此生根** zécǐ shēnggēn 이곳을 선택해 뿌리를 내리다, 자리잡다 | **繁衍至今** fányǎn zhìjīn 지금까지 번영하다 | **净化** jìnghuà 동 정화하다, 맑게 하다 | **尘埃落定** chén āi luò dìng 수많은 혼란 끝에 일의 결말을 맺다 | **洁净** jiéjìng 형 깨끗하다, 청결하다 | **晴朗** qínglǎng 형 쾌청하다, 말끔히 개다 | **钙** gài 명 칼슘 | **碱性** jiǎnxìng 명 알칼리성, 염기성 | **阳离子** yánglízǐ 양이온 | **降落** jiàngluò 동 낙하하다, 떨어지다 | **氮氧化物** dànyǎnghuàwù 명 질소 산화물 | **二氧化硫** èryǎnghuàliú 이산화 유황(SO2) | **中和** zhōnghé 동 중화하다 | **酸雨** suānyǔ 명 산성비 | **铁** tiě 명 쇠, 철(Fe) | **磷** lín 명 인(P) | **矿物质** kuàngwùzhì 명 광물질, 무기질, 미네랄 | **铝** lǚ 명 알루미늄(Al) | **浮游生物** fúyóu shēngwù 명 부유 생물, 플랑크톤 | **藻类** zǎolèi 명 조류 | **光合作用** guānghé zuòyòng 명 광합성 | **继而** jì'ér 접 계속하여, 뒤이어 | **维系** wéixì 동 유지하다 | **海洋生态系统** hǎiyáng shēngtài xìtǒng 명 해양 생태계 | **循环** xúnhuán 명 순환, 사이클 | **根除** gēnchú 동 뿌리 뽑다, 근절하다 | **生猛** shēngměng 형 싱싱하다, 생기 있다

28 **A** 녹음에서 '인류에게 손실을 야기함과 동시에 지구 환경과 인류에게 잘 알려지지 않은 '긍정적인 에너지'를 주기도 한다'라고 했다. 여기서 '손실'은 '폐단'을 의미하고, '긍정적인 에너지'는 '이득'을 의미하기 때문에 '장단점이 있다'인 A를 답으로 선택해야 한다.

关于沙尘暴天气，可以知道什么？	황사에 관해 무엇을 알 수 있는가?
A 有利有弊	A 장단점이 있다
B 变化多端	B 변덕스럽다
C 人为造成的	C 인위적으로 생긴 것이다
D 有百害而无一利	D 백해무익하다

多端 duōduān 형 다단하다, 복잡하다

29 **D** 녹음에서 '세계에서 면적과 두께가 가장 큰 고원이다'라고 했기 때문에 D가 정답이다.

关于黄土高原，哪项正确？	황토고원에 관해 정확한 것은 무엇인가?
A 面积200多万平方公里	A 면적은 200여 만km²이다
B 由第三纪冰期下形成	B 제3빙하기에 형성되었다
C 黄土高原原本是海洋	C 황토고원은 원래 바다였다
D 世界上面积最大的高原	D 세계에서 면적이 가장 큰 고원이다

30 **C** 녹음에서 '겨울에는 따뜻하고 여름에는 시원한 토굴집' '토양의 이경성' '적합한 기상 조건' 등을 중화민족의 선조들이 황토고원을 선택한 이유로 설명하고 있다. 이 중 '넓은 토지 면적'은 언급되지 않았으므로 C가 정답이다.

中华民族的先祖选择黄土高原的理由不包括：	중화민족의 선조가 황토고원을 선택한 이유에 포함되지 않는 것은 무엇인가?
A 冬暖夏凉的建筑	A 겨울에는 따뜻하고 여름에는 시원한 건축물
B 易耕种的土壤	B 경작에 용이한 토양
C 土地面积广阔	C 넓은 토지 면적
D 适宜的气候条件	D 적합한 기후 조건

31 **A** 녹음에서 '황사는 한편으로는 공기를 오염시키지만 또 다른 한편으로는 공기를 정화시키기도 한다'라고 했다. 여기서 공기를 정화시킨다는 것은 황사가 공기를 더욱 깨끗하게 만든다는 의미이므로 정답은 A이다.

沙尘天气后，天气如何？	황사가 지나간 후 날씨는 어떠한가？
A 清澈洁净	A 맑고 깨끗하다
B 能见度低	B 가시도가 낮다
C 酸雨增加	C 산성비가 증가한다
D 污染严重	D 오염이 심각해진다

能见度 néngjiàndù 명 가시거리, 가시도

32 B 녹음에서 '해양의 부유 생물에게 영양을 가져다주고, 어류의 생존에 풍부한 음식물을 제공한다'라고 했다. 풍부한 음식물을 제공했다는 것은 '영양을 주었다"는 의미이고, '어류'는 '해양 생물'에 속하므로 정답은 B이다.

沙尘天气为海洋的生物带来什么？	황사는 해양 생물에게 무엇을 가져다주는가?
A 灾难	A 재난
B 营养	B 영양
C 鱼虾	C 물고기와 새우
D 水气	D 물기

33 D 녹음에서는 황사의 폐단뿐 아니라, 동시에 인류에게 가져다주는 장점에 대해서도 소개하고 있다. '황사는 고립적으로 존재하는 것이 아니라 다른 많은 자연 현상과 밀접한 관련이 있다'라고 했으므로 다방면으로 연구해야 함을 알 수 있다.

我们应该如何看待沙尘天气？	우리는 황사를 어떻게 바라봐야 하는가?
A 挖掘其潜力	A 잠재력을 발굴해야 한다
B 完善其缺点	B 단점을 보완해야 한다
C 关注其成分	C 성분에 관심을 가져야 한다
D 多角度研究	D 다방면으로 연구해야 한다

挖掘 wājué 동 파다, 발굴하다 | 完善 wánshàn 동 완전해지게 하다

왕쌤'S TIP!

给……造成巨大的损失	~에게 큰 손실을 야기하다	台风给沿海地区的居民造成了巨大的经济损失。 태풍은 연해 지역 주민에게 큰 경제적 손실을 야기했다.
A和B有着密切的联系	A와 B는 밀접한 연관이 있다	现代物理学的发展，和实验有着密切的联系。 현대 물리학의 발전은 실험과 밀접한 연관이 있다.
在……条件下	~한 조건 하에서	氧气在降温的条件下会变为液体或固体。 산소는 기온이 내려가는 조건 하에서 액체나 고체로 변화한다.
一方面A，一方面B	한편으로는 A하고, 한편으로는 B하다	疫情蔓延期间，一方面，企业经营受到影响，另一方面人们的生活方式也在发生改变。 코로나19 확산 기간, 한편으로는 기업 경영이 영향을 받았고, 다른 한편으로는 사람들의 생활에 변화가 발생했다.
对A具有B作用	A에 B한 작용을 한다	咖啡对人体具有改善血液流动的作用。 커피는 인체에 혈액 순환을 개선시키는 작용을 한다.
成为历史的记忆	역사의 기억이 되다	纸质书会不会成为历史的记忆，围绕此问题，学术界展开了激烈的讨论。 종이책이 역사의 기억이 될 것인가, 이 문제를 둘러싸고 학술계는 첨예한 토론을 진행했다.

34 传统手工艺承载着民族的智慧与情感，折射出民族文化的独特魅力，是传统文化的重要组成部分。随着现代化进程的加速，人们的生活、生产方式发生了巨大的改变，**35** 作为非物质文化遗产保护对象的传统手工艺却遇到了前所未有的传承危机，以及不同程度的生存考验。一方面，机器大生产的冲击、生存空间的改变、盲目追求高新技术等因素，使得与非遗相关的传统手工艺被忽视，导致手工艺品逐渐被工业产品取代；另一方面，**37** 传统手工艺对技术要求很高，制作周期长，经济效益低，使得传统手工艺从业人员锐减。当前，传统手艺人员老龄化严重，新生代人才不足，许多传统手工艺处于濒危状况。在一系列的严峻考验面前，我们需要冷静思考，如何彻底地从根本上保护传统手工艺，使其与现代社会接轨，并扩大受众范围。

事实上，中国自古以来并不缺乏工匠，但在经济高速发展的今天，工匠精神却日渐衰微。**36** 号称"三大锦"之一的传统手工艺——宋锦，纹样华丽、生动，质地坚韧、挺括，常用来装裱书画和制作高级服饰，深受民众喜爱，如今宋锦手工行业已不复存在，现存都是机制产品，其纹样已经走样，没了昔日的光彩；此外，一些地方传统手工艺日渐衰微，如北京的京绣、宫毯、灯彩、绢花，广州的彩瓷、烛花玻璃等等也面临失传的境地；一些源于民间的乡土手工艺如剪纸、绣活、竹编、民间画等，**38** 传承人的生存状态及发展前景也令人担忧。造成这些现象有诸多因素，比如传统手工艺原来的传承方式比较单一，跟不上时代的发展；服务对象发生了改变，而产品的生产理念并没有与之相应变化，与现代生活完全脱节等等。然而究其深层次的原因，还是 **39,40** 因为"工匠精神"的衰微，让传统手工艺持久创新变得异常艰难，更让许多传统手工技艺面临濒危的境地。

34 전통 수공예는 민족의 지혜와 정감이 담겨 있고, 민족 문화의 독특한 매력을 반영하는 전통문화의 중요한 구성 부분이다. 현대화의 가속화로 사람들의 생활과 생산 방식에 커다란 변화가 생겼고, **35** 무형 문화재 보호 대상인 전통 수공예는 전례 없던 계승 위기와 저마다의 생존 시련에 직면하게 되었다. 한편으로는 기계 대량 생산으로 인한 타격과 생존 공간의 변화 그리고 맹목적인 첨단 기술 추구 등의 요인들로 무형 문화재와 관련된 전통 수공예를 소홀히 대하게 되었다. 그리고 이는 점진적으로 공업 상품이 수공예품을 대체하는 결과를 야기했다. 다른 한편으로는 **37** 전통 수공예의 높은 기술적 요구와 긴 제작 주기로 경제적 효율이 낮아져 전통 수공예 종사자가 급격히 줄어들게 된 것이다. 현재 전통 수공예 종사자의 노령화가 심각하고 신세대 인재가 부족하여 많은 전통 수공예가 위기에 직면해 있다. 이러한 일련의 심각한 시련 앞에서 어떻게 해야 전통 수공예를 근본적으로 보호하고 그것을 현대 사회와 접목시켜 수용자의 범위를 넓힐 수 있을지에 대해 냉정하게 생각해 볼 필요가 있다.

사실, 중국은 예로부터 장인이 부족하지는 않았다. 그러나 경제가 빠른 속도로 발전하는 오늘날, 장인 정신이 오히려 나날이 쇠퇴하고 있다. **36** '3대 비단' 중 하나로 불리는 전통 수공예품인 송금(송대의 풍격으로 직조한 비단)은 문양이 화려하고 생동감 있으며, 재질이 단단하고 구김이 없어 주로 서화를 표구하거나 고급 의류를 만드는 데 쓰였고 대중의 사랑을 받았다. 오늘날 송금 수공업계는 더 이상 존재하지 않으며, 현존하는 것은 모두 기계 제작된 것으로, 문양이 변형되고 예전의 빛깔을 잃게 되었다. 이외에도 일부 지방의 전통 수공예가 나날이 쇠퇴하고 있는데, 예를 들면 베이징의 베이징 자수, 궁중 카페트, 초롱, 견화(비단으로 만든 조화), 그리고 광저우의 채색 도자기, 촛대 유리 등 역시 소멸될 위기에 직면해 있다. 일부 민간에서 유래한 종이 공예, 자수, 대나무 공예품, 민화 등 향토 수공예도 **38** 전승인의 생존과 발전 전망이 우려스럽다. 이런 현상이 초래된 데에는 많은 요인이 있는데, 예를 들면 전통 수공예의 계승 방식이 단일해서 시대의 발전을 따라가지 못한다거나, 서비스 대상이 변했음에도 상품의 생산 이념은 그에 맞게 변화하지 못해 현대 생활과 완전히 멀어졌다는 것 등이 있다. 하지만 더욱 심층적인 원인은 역시 **39,40** '장인 정신'의 쇠퇴에 있다. 이는 전통 수공예의 지속적인 혁신을 더욱 어렵게 만들었고, 많은 전통 수공업 기예가 위기에 직면하는 지경에 이르도록 만들었다.

承载 chéngzài 동 적재 중량을 견디다 | **折射** zhéshè 동 (사물의 표상을) 표현하다 | **非物质文化遗产** fēiwùzhì wénhuà yíchǎn 명 무형 문화재 | **前所未有** qián suǒ wèi yǒu 성 전례 없는, 공전의 | **传承** chuánchéng 동 전수하고 계승하다 | **考验** kǎoyàn 명 시험, 시련 | **冲击** chōngjī 명 충격, 쇼크 | **盲目** mángmù 형 맹목적인 | **取代** qǔdài 동 대치하다, 치환하다 | **锐减** ruìjiǎn 동 격감하다, 급격히 감소하다 | **濒危** bīnwēi 동 위기에 처하다 | **严峻** yánjùn 형 가혹하다 | **彻底** chèdǐ 형 철저하다, 투철하다 | **接轨** jiēguǐ 동 (둘 사이를) 연결하다, 접속하다 | **缺乏** quēfá 동 결핍되다, 모자라다 | **工匠精神** gōngjiàng jīngshén 장인 정신 | **衰微** shuāiwēi 쇠퇴하다, 쇠약하다 | **纹样** wényàng 명 문양, 무늬 | **质地** zhìdì 명 속성, 품질, 재질 | **坚韧** jiānrèn 형 단단하고 질기다 | **挺括** tǐngkuò 형 (의복·옷감 등이) 빳빳하고 구김이 없다 | **装裱**

zhuāngbiǎo 图 (그림, 글씨 등을) 표구하다 | **走样** zǒuyàng 图 (모양이) 망가지다, 본래 모습을 잃다 | **昔日** xīrì 图 옛날, 이전 | **光彩** guāngcǎi 图 광채, 영예 | **京绣** jīngxiù 图 베이징 자수 | **宫毯** gōngtǎn 图 궁중 카페트 | **灯彩** dēngcǎi 图 (민간 공예품인) 장식한 초롱 | **绢花** juànhuā 图 견화(비단으로 만든 조화) | **彩瓷** cǎicí 图 채색 도자기 | **烛花玻璃** zhúhuā bōli 图 촛대 유리 | **剪纸** jiǎnzhǐ 图 종이 공예 | **绣活** xiùhuó 图 자수 | **竹编** zhúbiān 图 대나무 공예품 | **民间画** mínjiānhuà 图 민화 | **担忧** dānyōu 图 걱정하다, 근심하다 | **脱节** tuōjié 图 연관성을 잃다, 어긋나다 | **层次** céngcì 图 등차, 등급 | **持久创新** chíjiǔ chuàngxīn 지속적인 혁신 | **异常** yìcháng 图 특히, 몹시 | **艰难** jiānnán 图 곤란하다, 어렵다

---

34 C 녹음에서 '전통 수공예는 민족의 지혜와 정감이 담겨 있고, 민족 문화의 독특한 매력을 반영하는 전통문화의 중요한 구성 부분이다'라고 했으므로 정답은 C이다.

关于传统手工艺, 可以知道什么?	전통 수공예에 관해 무엇을 알 수 있는가?
A 已经被人们遗忘	A 이미 사람들에게 잊혀졌다
B 体现出社会的进步	B 사회의 발전을 보여 준다
C 传统文化的组成部分	C 전통문화의 구성 부분이다
D 改变了人们的生活方式	D 사람들의 생활 방식을 변화시켰다

遗忘 yíwàng 图 잊다, 잊어버리다

---

35 A 녹음에서 '전통 수공예는 전례 없던 계승 위기와 저마다의 생존 시련에 직면하게 되었다'라고 했는데, 여기서 '전통 수공예'의 계승이 영향을 받았다는 것을 알 수 있고, 그 원인은 앞의 내용인 '현대화의 가속화'에 있음을 알 수 있다.

现代化进程对传统工艺的影响是什么?	현대화 과정이 전통 공예에 끼친 영향은 무엇인가?
A 影响传统工艺的传承	A 전통 공예의 계승에 영향을 미쳤다
B 促进传统工艺的传承	B 전통 공예의 계승을 촉진시켰다
C 提高传统工艺的水平	C 전통 공예의 수준을 향상시켰다
D 扩大传统工艺的范围	D 전통 공예의 범위를 확장시켰다

---

36 B 녹음에서 '3대 비단' 중 하나로 불리는 전통 수공예품인 '송금'을 언급했으므로 정답은 B이다.

文中提到号称"三大锦"之一的是哪个?	문장 속 '3대 비단' 중 하나로 불리는 것은 어느 것인가?
A 云锦	A 운금
B 宋锦	B 송금
C 蜀锦	C 촉금
D 苏绣	D 쑤저우 자수

---

37 锐减 녹음 중 '전통 수공예의 높은 기술적 요구와 긴 제작 주기로 경제적 효율이 낮아져 전통 수공예 종사자가 급격히 줄어들게 된 것이다'라고 했다. '높은 기술적 요구' '긴 제작 주기' '낮은 경제적 효율' 등은 모두 전통 수공예에 존재하는 문제들이다. 그러므로 빈칸에는 '锐减'을 쓰면 된다.

因传统手工艺存在的各种问题，使得传统手工艺从业人员锐减。	전통 수공예에 존재하는 여러 가지 문제로 전통 수공예 종사자가 급격히 줄어들게 된 것이다.

38 **A** 녹음에서 '전승인의 생존과 발전 전망이 우려스럽다'라고 했다. 여기서 '令人担忧'는 '令人堪忧'와 같은 의미이므로 A가 정답이다.

如今传承人的发展前景如何？	오늘날 전승인의 발전 전망은 어떠한가？
A **令人堪忧**	**A** 걱정스럽다
B 前程似锦	B 앞길이 창창하다
C 潜力巨大	C 잠재력이 매우 크다
D 平稳发展	D 안정적으로 발전하고 있다

堪忧 kānyōu 图 걱정되다 | **前程似锦** qiánchéng sìjǐn 図 전도가 양양하다, 앞길이 창창하다

39 **工匠精神** 답안 기입 전 알아야 할 것은 '전통 공예 쇠퇴'의 의미인데, 이는 전통 공예가 위기에 직면했다는 뜻이다. 녹음에서 '장인 정신의 쇠퇴 때문에 전통 수공예의 지속적인 혁신이 더욱 어려워졌고, 많은 전통 수공업 기예가 위기에 직면하는 지경에 이르렀다'라고 했다. 따라서 '전통 공예 쇠퇴'의 근본적인 원인은 '工匠精神(장인 정신)'의 쇠퇴에 있다고 할 수 있다.

传统工艺的衰微，其根源还是因为工匠精神的衰微。	전통 공예 쇠퇴의 근원은 역시 장인 정신의 쇠퇴에 있다.

40 **B** 녹음에서 '장인 정신의 쇠퇴가 전통 수공예의 지속적인 혁신을 더욱 어렵게 했고, 많은 전통 수공예 기예가 위기에 직면하는 지경에 이르렀다'라고 했다. 이를 통해 전통 수공예 기예가 위기에 직면했음을 알 수 있다.

根据本文内容，下面哪项是正确的？	본문 내용에 근거했을 때 다음 중 정확한 것은 무엇인가？
A 对手工艺传承人要求高	A 수공예 전승인에 대한 요구가 높다
B **传统手工技艺濒临危险**	**B** 전통 수공예 기예가 위기에 직면했다
C 经济发展促进手工艺进步	C 경제 발전이 수공예 발전을 촉진시켰다
D 社会的发展带动手工艺技术	D 사회 발전이 수공예 기술을 이끌어 나간다

A逐渐被B取代	A가 점차 B로 대체되다	纸质地图逐渐被网络电子地图取代。 종이 지도는 점차 인터넷 전자 지도로 대체되고 있다.
从根本上	근복적으로	从根本上说，任何一个好习惯的培养都需要时间的积累。 근복적으로, 어떠한 좋은 습관도 모두 시간의 축적이 필요하다.
与……接轨	~와 연결되다	与现实接轨的小说作品，是深受读者欢迎的作品。 현실과 연계되는 소설 작품은 독자의 사랑을 받는 작품이다.
面临……境地	~한 지경에 직면하다	曾经种群数量庞大的白鹤，如今却面临濒危的境地。 과거 개체군 수량이 방대했던 흰두루미가 오늘날 멸종 위기에 이르렀다.
跟不上时代的发展	시대 발전에 따라가지 못하다	目前很多高校学科设置跟不上时代的发展，对此专家呼吁多运用实践教学。 현재 많은 대학의 학과 개설이 시대 발전에 따라가지 못하고 있는데, 이에 전문가들은 실질적인 교육 운용을 호소한다.
与……脱节	~와 분리되다, 괴리가 생기다	随时学习新知识，可避免与社会的发展脱节。 수시로 새로운 지식을 학습함으로써 사회 발전과 멀어지는 것을 피할 수 있다.

제1부분 **41~68** 지문을 읽고 정답을 선택하거나 빈칸을 채우세요.

41~47

深度伪造是深度学习与伪造二者的组合词，顾名思义，出现于人工智能和机器学习技术时代。这一概念最早出现在2017年底，一开始专指基于人工智能，尤其是深度学习的人像合成技术。随着技术的进步，**42** 深度伪造技术已经发展为包括视频伪造、声音伪造、文本伪造和微表情合成等多模态视频欺骗技术。

41 深度伪造技术的兴起是人工智能发展到一定阶段的产物，主要依赖人工神经网络参考，特别是生成对抗网络。基于每次判决迭代的结果，生成对抗网络，不断调整参数以创建越来越逼真的数据，直到不断优化的生成器使判决器无法再区分真实数据和伪造数据。因此这一技术生动诠释了"眼见不一定为实"。

深度伪造不同于以往相对简单的PS图像篡改或是其他的视频、音频篡改技术，而是基于训练样本进行人工智能的深度学习。**44** 样本数据越多，计算机对目标对象的模拟越真实，最后达到以假乱真的地步。深度伪造还结合目标对象的脸型、语音、微表情、笔迹等生物特征进行综合学习，这是以往任何伪造技术所不能比拟的。

随着技术的扩散和程序化，制作深度伪造产品的门槛也在不断降低。**45** 同时，深度伪造涵盖假视频、音频、文本、微表情等，产品逼真而多元，识别难度大。此外，很容易与社交媒体结合，借助脸谱网、推特、微信、微博等社交媒体的效力，在全世界迅速传播。**46** 深度伪造技术初露雏形时，国家安全部门、著名智库、研究机构就敏锐察觉到该技术存在着威胁国家安全的巨大隐患，因而 自该概念出现以来就开始在政策层面、法律层面和技术层面加大了研究和限制力度，以防止该技术被恶意滥用。

딥페이크(Deepfake)는 딥러닝(deep learing)과 페이크(fake)의 합성어이다. 이름에서 알 수 있듯이, 인공 지능과 머신 러닝(Machine Learning) 시대에 출연한 것으로, 이 개념은 2017년 말에 처음 등장했다. 처음에는 인공 지능, 특히 딥러닝의 인물 합성 기술만을 가리켰다. 기술의 발전에 따라 **42** 딥페이크 기술은 이미 영상 위조, 음성 위조, 문서 위조, 미세 표정 합성 등을 포함한 다중 모드(Multimodal video) 영상 속 임 기술로 발전했다.

41 딥페이크 기술의 발전은 인공 지능의 일정 단계 발전에 따른 산물이다. 주로 인공 신경망(Artificial Neural Networks), 특히 생성적 적대 신경망[GAN(Generative Adversarial Networks)]에 근거한다. 생성적 적대 신경망은 매번 반복된 판결 결과에 따라 끊임없이 파라미터를 조정하여 점점 실제와 같은 데이터를 만들어 내며, 지속적으로 최적화된 생성 장치가 더 이상 실제와 가짜 데이터를 구분할 수 없을 때까지 계속된다. 이로 인해 이 기술은 '눈에 보이는 것이 반드시 사실은 아닐 수도 있다'라는 것을 생동감 있게 보여 주었다.

딥페이크는 과거 상대적으로 간단한 PS 영상 조작이나 기타 영상 및 음성 조작 기술과 달리, 트레이닝 샘플을 바탕으로 인공 지능의 심층 학습을 진행한다. **44** 샘플 데이터가 많을수록 목표 대상에 대한 컴퓨터의 시뮬레이션은 실제와 같아지고, 최종적으로 가짜와 진짜를 구별하기 힘든 지경에 이른다. 딥페이크는 목표 대상의 얼굴형, 음성, 미세 표정, 필적 등 생물학적 특징을 종합적으로 학습하는데, 이는 과거의 어떤 위조 기술과도 비교할 수 없는 것이다.

기술이 확장되고 절차화됨에 따라 딥페이크 제품 제작의 문턱도 지속적으로 낮아지고 있다. **45** 동시에 딥페이크는 가짜 영상, 음성, 문서, 미세 표정 등을 포괄하여 진짜와 가깝고 다차원적이며 식별 난이도가 높다. 이 외에도 소셜 미디어와의 융합이 쉬워서 페이스북, 트위터, 위챗, 웨이보 등 소셜 미디어의 성능을 빌려 빠르게 전세계로 전파되고 있다. **46** 딥페이크 기술이 처음 등장했을 때 국가 안보부서, 저명 싱크탱크, 그리고 연구 기관은 이 기술이 국가 안전을 위협할 큰 위험성을 가지고 있음을 날카롭게 감지했다. 그래서 이 개념의 등장 후부터 정책, 법률 그리고 기술 측면의 연구와 제제를 강화하여 이 기술이 악의적으로 남용되는 것을 막고자 했다.

深度伪造 shēndù wěizào 딥페이크(Deepfake) | 顾名思义 gù míng sī yì 셍 이름 그대로, 말 그대로 | 人工智能 réngōng zhìnéng 몡 인공 지능 | 专指 zhuānzhǐ 됭 전문적으로 가리키다 | 合成 héchéng 됭 합성하다, 합쳐서 ~가 되다 | 多模态 duō mótài 다중 모드, 멀티 모드 | 迭代 diédài 됭 번갈다, 교대하다 | 欺骗 qīpiàn 됭 기만하다, 속이다 | 逼真 bīzhēn 휑 마치 진짜 같다 | 诠释 quánshì 됭 설명하다, 해석하다, 표현하다 | 眼见不一定为实 yǎnjiàn bù yídìng wéi shí 눈에 보이는 것이 반드시 사실은 아닐 수도 있다 | 篡改 cuàngǎi 됭 (이론·정책 등을) 속임수로 고치거나 곡해(曲解)하다 | 以假乱真 yǐ jiǎ luàn zhēn 셍 거짓으로 진실을 숨기다, 속임수를 써서 진상을 은폐하다 | 比拟 bǐnǐ 됭 비교하다, 비유하다 | 扩散 kuòsàn 됭 확산하다, 만연하다 | 门槛 ménkǎn 몡 문턱, 조건 | 涵盖 hángài 됭 포괄하다, 포함하다 | 社交媒体 shèjiāo méitǐ 소셜 미디어(SNS) | 脸谱网 liǎnpǔwǎng 페이스북(Facebook) | 推特 tuītè 트위터(Twitter) | 微信 wēixìn 위챗(WeChat) | 微博 wēibó 웨이보(미니 블로그, 마이크로 블로그)의 준말 | 初露雏形 chūlù chúxíng 처음 모습을 드러내다 | 智库 zhìkù 싱크탱크, 두뇌 위원회, (정부의) 전문 고문단 | 敏锐 mǐnruì 휑 예민하다, 날카롭다 | 察觉 chájué 됭 발견하다, 느끼다 | 威胁 wēixié 위협하다 | 隐患 yǐnhuàn 몡 잠복해 있는 위험 | 恶意 èyì 몡 악의 | 滥用 lànyòng 됭 남용하다, 낭비하다

---

41 C 두 번째 단락에서 '딥페이크 기술의 발전은 인공 지능의 일정 단계 발전에 따른 산물이다'라고 했다. 즉, '인공 지능'의 발전은 '딥페이크 기술의 발전'으로 나타난 것이므로 답으로 C를 선택해야 한다.

深度伪造技术的兴起体现了什么？	딥페이크 기술의 발전은 무엇을 나타내는가?
A 爱学习的体现	A 배움을 좋아하는 것
B 人类社会的进步	B 인류 사회의 발전
C 人工智能的发展	C 인공 지능의 발전
D 骗人的现象增多	D 속임 현상의 증가

42 B 첫 단락에서 '딥페이크 기술은 이미 영상 위조, 음성 위조, 문서 위조, 미세 표정 합성 등을 포함한 다중 모드 영상 속임 기술로 발전했다'라고 했다. 여기서 언급된 4가지에 포함되지 않는 '컬러 위조'가 포함된 것은 오답이므로 B가 정답이다.

深度伪造技术包括哪些方面？	딥페이크 기술은 어떤 분야를 포함하는가?
① 视频伪造　　② 颜色伪造	① 영상 위조　　② 컬러 위조
③ 微表情合成　④ 声音伪造	③ 미세 표정 합성　④ 음성 위조
A ①②	A ①②
B ①③	B ①③
C ②③	C ②③
D ②④	D ②④

43 C 중국에서 자주 사용되는 속담인 '耳听为虚，眼见为实'는 '들은 것은 믿을 수 없고, 눈으로 직접 본 것이 진짜다'라는 뜻이다. 문장 중 나온 '眼见不一定为实'는 이 속담에서 파생된 것으로, '직접 눈으로 본 것도 진실이 아닐 수 있다'라는 의미이다.

画线句子"眼见不一定为实"是什么意思？	밑줄 친 '眼见不一定为实'는 무슨 의미인가?
A 看到的事物都是假的	A 보이는 사물 모두 가짜다
B 不能相信没看到的事物	B 보지 못한 사물은 믿을 수 없다
C 眼睛看到的不一定是真的	C 눈으로 본 것이 진짜가 아닐 수도 있다
D 只有亲眼看到的才是真的	D 직접 눈으로 본 것만이 진짜다

44 **B** 세 번째 단락에서 '샘플 데이터가 많을수록 목표 대상에 대한 컴퓨터의 시뮬레이션은 실제와 같아지고, 최종적으로 가짜와 진짜를 구별하기 힘든 지경에 이른다'라고 했기 때문에 B가 정답이다.

如何使深度伪造技术更好地达到以假乱真的地步?	어떻게 하면 딥페이크 기술로 하여금 진짜와 가짜를 구분할 수 없을 정도가 되도록 할 수 있는가?
A PS的对象简单	A PS 대상이 간단하면
B 样本数据够多	B 샘플 데이터가 충분히 많으면
C 提高计算机速度	C 컴퓨터 속도를 높이면
D 操作人员更专业	D 조작하는 사람이 더 전문적이면

45 **D** 네 번째 단락에서 '딥페이크는 가짜 영상, 음성, 문서, 미세 표정 등을 포괄하여 진짜와 가깝고 다차원적이며 식별 난이도가 크다'라고 했는데, 여기서 '逼真(진짜와 같다)'의 유의어는 '传神(생동감 있다)'이므로 답으로 D를 선택해야 한다.

如今深度伪造的产品有何特点?	현재 딥페이크 제품은 어떤 특징을 가지고 있는가?
A 前景广阔	A 전망이 좋다
B 价格低廉	B 가격이 저렴하다
C 大受欢迎	C 각광을 받고 있다
D 传神而多元	D 생동감 있고 다차원적이다

46 **D** 네 번째 단락에서 '딥페이크 기술이 처음 등장했을 때 국가 안보부서, 저명 싱크탱크, 그리고 연구 기관은 이 기술이 국가 안전을 위협할 큰 위험성을 가지고 있음을 날카롭게 감지했다'라고 했으므로 정답은 D이다.

如今深度伪造技术面临什么问题?	현재 딥페이크 기술에는 어떤 문제가 있는가?
A 监管力度不够	A 관리 감독 강도가 약하다
B 技术还不够成熟	B 기술이 아직 충분히 성숙되지 않았다
C 缺乏国家相关的法律	C 국가의 관련 법률이 부족하다
D 给国家带来安全隐患	D 국가 안전에 위험성을 가져온다

47 **D** 답안을 잘 선택하려면 반드시 문장의 논리 구조를 이해해야 한다. 구조를 보면, '딥페이크 기술이 처음 등장했을 때 국가 기관은 이 기술이 잠재적으로 갖고 있는 위험성을 감지했다'라는 말은 원인을 설명하고 있는 것인데, 그렇다면 그 결과는 무엇인가? 바로 '연구와 제제를 강화시켜 이 기술이 악의적으로 남용되는 것을 방지한다'라는 것이다. 그러므로 이 문장의 논리 관계는 인과 관계임을 알 수 있고, 인과 관계를 나타내는 단어에는 '因而' '因此' '所以' 등이 있다.

根据上下文，最后一段的空白处最适合填入的词语是什么?	앞뒤 문장에 따르면, 마지막 단락의 빈칸에 들어갈 가장 알맞은 단어는 무엇인가?
A 同时	A 동시에
B 而且	B 게다가
C 尽管	C 비록
D 因而	D 그래서

黄宗羲先生曾为天一阁作《藏书记》，其开篇感叹："读书难，藏书尤难，藏之久而不散，则难之难矣。"要说能躲过重重厄运，至今完好的藏书楼，就不能不提明代藏书家宁波范钦的"天一阁"了。作为中国历史最悠久的私人藏书楼，也是亚洲最大的私人图书馆，更是世界最早的三大家族图书馆之一。天一阁是一座以"藏书文化"为核心，集藏书保护、研究、陈列、教育及旅游参观为一体的专题性博物馆，且是国家一级博物馆，其规模也是十分庞大，占地约26000平方米。

天一阁坐落在宁波市海曙区，为全国重点文物保护单位、全国古籍重点保护单位、国家5A级旅游景区。**49** 天一阁的历史非常悠久，最早可追溯至明嘉靖年间，至今已有400多年历史，为当时隐退的明朝兵部侍郎范钦主持建造的藏书楼，并命名为"天一阁"。范钦是个爱书之人，其程度可以说达到了痴迷，他四处收集名书古典，在当时藏书总量达到7万余册。**50** 明代文献独步天下。其中包括二百七十一种明代方志、科举时代各科进士的履历、四百六十余种明代科举录。其中五十四种明代政书在明代的学籍、漕运、土地、赋税、户口管理等方面做出了详细地说明。这些古籍都是世界上独一无二的，换句话说，如果没有天一阁的收藏，世人就无缘得见。

私人藏书，无论收藏如何之富，管理如何之严，"久"则有之，"不散"则难。范钦一生对丰氏万卷楼失火一直铭刻于心。好友丰坊回家秉烛上万卷楼临摹古人书法，酒性渐发，忘吹蜡烛导致万卷楼失火。因此，**53** 为了能把收集的藏书保存下来，范钦想出了诸多办法。**51** 天一阁的名字来源于《易经》，意为天一生水，而火是藏书最大的威胁，以水克火，天一阁由此而来，并在楼外筑水池以防火，"以水制火"。同时，采用各种防蛀、驱虫措施保护书籍。**52,53** 天一阁还有着非常严格的藏书管理制度，如"代不分书，书不出阁"，钥匙由各房共同掌管，非各房齐集不得开锁，外姓人不得入阁，不得私自领亲友入阁，不得无故入阁，不得借书与外房他姓，女性不能入阁等，违反者将受到严厉的处罚。

范钦去世前，将家产分为藏书和其他家产两部分。长子范大冲自愿放弃其他家产的继承权，而继承了父亲收藏的7万余卷藏书，这也形成了天一阁"代不分书，书不出阁"的祖训。**54** 正是有这些严苛的家规，才使得天一阁能历经风雨，保留至今。

황종희 선생은 과거 천일각을 위해 『장서기』라는 책을 썼는데, 서두에서 '독서는 어렵고, 장서는 더욱 어려우며, 오랫동안 손상되지 않게 잘 보존하는 것은 더더욱 어렵다'라고 감탄했다. 많은 역경을 딛고 오늘날까지 온전히 보전된 장서루를 논하자면, 명나라 장서가인 닝보 판친의 '천일각'을 언급하지 않을 수 없다. 중국 역사상 가장 오래된 개인 장서루일 뿐 아니라 아시아에서 가장 큰 개인 도서관이자, 더욱이 세계에서 가장 오래된 3대 가족 도서관 중 하나이다. 천일각은 '장서 문화'의 핵심으로 장서 보호, 연구, 진열, 교육 및 관광 참관을 모두 아우르는 전문적인 테마를 갖춘 박물관이다. 또한 국가 1급 박물관으로 규모도 매우 방대한데 부지 면적이 약 26000㎡에 달한다.

천일각은 닝보시 하이수구에 위치하며, 국가 중점 문물 보호 구역, 국가 고적 중점 보호 구역, 국가 5A급 관광 명소로 지정되어 있다. **49** 천일각의 역사는 매우 유구한데, 명나라 가정 연간까지 거슬러 올라가 이미 400여 년의 역사를 가지고 있다. 당시 은퇴한 명나라 병부시랑 판친이 주도해서 지은 장서루로, '천일각'이라 이름지었다. 판친은 애서가로, 책을 좋아하는 정도가 헤어나지 못할 정도였다. 그는 여러 곳에서 명서와 고전을 수집했는데 당시 수집량이 7만여 권에 달했다. **50** 명나라 문헌이 독보적이었는데, 그중에는 271종의 명나라 지방지, 과거 시대 각 과의 진사 이력, 460여 종의 명나라 과거 명제록이 포함되어 있다. 그중 54종의 명나라 정서(政书)에는 명나라의 학적, 조운(배 운송), 토지, 세금, 호구 관리 등 분야에 대해 상세히 설명되어 있다. 이러한 고적들은 세계에서 유일무이한 것으로, 다시 말하면, 만약 천일각의 소장이 없었다면 세상 사람들이 볼 수 있는 기회는 없었을 것이다.

개인의 책 소장은 소장량이 얼마나 많고 관리가 얼마나 엄격한지와 관계 없이, '오랫동안'은 가능해도 '손상되지 않게' 잘 보존하는 것이 어렵다. 판친은 풍씨의 만권루가 불에 타버린 것을 평생 동안 마음에 새기고 있었다. 친구 풍방이 집으로 돌아가 촛불을 들고 만권루에 올라가서 옛 사람들의 서예를 모사하다 술기운이 올라 촛불 끄는 것을 잊어서 만권루에 불이 났다. 그래서 **53** 판친은 수집한 책들을 보존할 수 있는 많은 방법을 생각해 냈다. **51** 천일각의 이름은 『이경(易经)』에서 기원한 것으로, 천일생수(天一生水)의 의미를 가지고 있다. 불은 책을 소장함에 있어 가장 큰 위협이므로 물로 불을 막고자 한 것이다. 천일각은 이렇게 탄생됐다. 또한 누각 밖에는 방화를 위한 저수지를 만들어 '물로써 불을 통제'했다. 동시에 충해를 방지하고 기생충을 없애기 위한 여러 조치를 취하여 서적을 보호했다. **52, 53** 천일각은 또 아주 엄격한 장서 관리 제도가 있었는데, 예를 들면 '대를 이을 때 책은 나누어 상속하지 않고, 책은 누각을 벗어나지 않는다', 열쇠는 모든 아들이 공동 관리한다, 모두 모이지 않으면 열쇠를 열 수 없다, 성이 다른 사람은 천일각에 들어올 수 없다, 사적으로 친구를 데려올 수 없다, 이유 없이 들어갈 수 없다, 성이 다른 사람에게 책을 빌려줄 수 없다, 여성은 들어올 수 없다 등의 규정이 있었고 위반하는 자는 엄중한 처벌을 받았다.

　관친은 사망하기 전에 가산을 장서와 그 외의 것 두 분류로 나누었다. 큰아들 관다충은 자발적으로 기타 가산의 상속권을 포기하고, 부친이 소장한 7만여 권의 장서를 상속받았다. 이로써 천일각의 '대를 이을 때 책은 나누어 상속하지 않고, 책은 누각을 벗어나지 않는다'라는 가훈이 생겼다. **54** 바로 이러한 엄격한 가법들이 있었기 때문에 천일각은 많은 풍파를 이겨내고 오늘날까지 보존된 것이다.

开篇 kāipiān 圆 서두, 첫머리 | 感叹 gǎntàn 통 감탄하다 | 厄运 èyùn 圆 액운, 재난 | 陈列 chénliè 통 진열하다, 전시하다 | 庞大 pángdà 휑 방대하다, 거대하다 | 占地 zhàndì 圆 점령지 | 坐落 zuòluò 통 건물이 ~에 자리 잡다 | 古籍 gǔjí 圆 고서, 고적 | 追溯 zhuīsù 통 거슬러 올라가다 | 隐退 yǐntuì 통 은퇴하다 | 兵部侍郎 bīngbù shìláng 병부시랑[중국 고대의 일종 관직] | 痴迷 chīmí 통 사로잡히다, 매혹되다 | 文献 wénxiàn 圆 문헌 | 独步天下 dúbù tiānxià 휑 독보적이다, 세상에서 가장 우수하다 | 方志 fāngzhì 圆 지방지[지방의 지리·역사·풍속 등을 기록한 책] | 科举 kējǔ 圆 과거[관리 등용 시험] | 履历 lǚlì 圆 이력, 경력 | 漕运 cáoyùn 통 조운하다, (배로) 운송하다 | 赋税 fùshuì 圆 농지세·조세 등 각종 세금의 총칭 | 无缘得见 wúyuán déjiàn 볼 기회가 없다 | 失火 shīhuǒ 통 불이 나다 | 铭刻于心 míngkè yúxīn 마음속에 깊이 새기다 | 秉烛 bǐngzhú 손에 촛불을 들다 | 临摹 línmó 통 (글씨나 그림 등을) 모사하다 | 以水克火 yǐ shuǐ kè huǒ 물로 불을 막다 | 水池 shuǐchí 圆 저수지, 웅덩이 | 防蛀 fángzhù 통 좀먹는 것을 방지하다 | 驱虫 qūchóng 통 기생충을 없애다 | 掌管 zhǎngguǎn 통 관리하다, 맡아보다 | 齐集 qíjí 통 모두 모이다 | 祖训 zǔxùn 圆 가훈 | 严苛 yánkē 휑 가혹하다, 냉혹하다 | 历经风雨 lìjīng fēngyǔ 풍파를 겪다, 고초를 겪다

48　**C**　현대 한어에서 '散'은 '분산되다'의 의미이다. 하지만 고대 한어에서 '散'은 동사로 많은 의미를 갖는데 그중 '损坏(손상되다)'의 뜻이 있다. 앞뒤 문맥상 '藏之久而不散'은 소장 시간이 오래되어도 손상되지 않는 것을 의미하므로 정답은 C이다.

《藏书记》，其开篇感叹："读书难，藏书尤难，藏之久而不散，则难之难矣。"这里的"散"是什么意思？	『장서기』의 서두에서 '독서는 어렵고, 장서는 더욱 어려우며, 오랫동안 손상되지 않게 잘 보존하는 것은 더더욱 어렵다'라고 했다. 여기서 '散'은 무슨 의미인가?
A　散开	A　흩어지다
B　离去	B　떠나가다
C　损坏	C　손상되다
D　分散	D　분산되다

49　**400多年**　두 번째 단락에서 '천일각의 역사는 매우 유구한데, 명나라 가정 연간까지 거슬러 올라가 이미 400여 년의 역사를 가지고 있다'라고 했다. 그러므로 빈칸에는 '400多年'을 써야 한다.

天一阁迄今为止已经有400多年的历史了。	천일각은 현재까지 이미 400여 년의 역사를 가지고 있다.

50　**B**　'独步天下'는 사자성어로, '남보다 뛰어나다, 견줄 사람이 없다(无人可比)'라는 의미이다. '无人可比'는 '유일무이하다(独一无二)'와 같은 의미이다.

“明代文献独步天下”中的“独步天下”是什么意思?	‘명나라 문헌이 독보적이다’에서 ‘独步天下’의 의미는 무엇인가?
A 锦上添花	A 금상첨화이다
B 独一无二	B 유일무이하다
C 数量众多	C 양이 아주 많다
D 凝聚精华	D 정화가 응집되다

独步天下 dúbù tiānxià 정 세상에서 가장 우수한 사람을 이르는 말

51 **B** 세 번째 단락에서 ‘천일각의 이름은 『이경(易经)』에서 기원한 것으로, 천일생수(天一生水)의 의미를 가지고 있다. 불은 책을 소장함에 있어 가장 큰 위협이므로 물로 불을 막고자 한 것이다’라고 했다. 여기서 알 수 있는 것은 우선 ‘천일각’이라는 이름의 유래이고, 둘째는 서적의 가장 큰 위협은 불이며 천일각의 의미는 물이라는 것이다. 이로써 ‘천일각’의 이름은 ‘물로 불을 막다’라는 의미임을 알 수 있다.

天一阁的名字寓意是什么?	천일각의 이름이 갖는 의미는 무엇인가?
A 楼阁庭院	A 누각 정원
B 以水克火	B 이수극화(물로써 불을 막다)
C 大家族制	C 대가족제
D 皇帝钦定	D 황제흠정(황제의 명으로 제정하다)

52 **C** 천일각의 장서 관리 제도는 문장의 세 번째 단락에서 찾아볼 수 있다. 그중 ‘열쇠는 모든 아들이 공동 관리한다’와 ‘이유 없이 누각에 들어갈 수 없다’가 포함되어 있으므로 정답은 C이다.

天一阁有哪些管理藏书的制度?	천일각에는 어떤 장서 관리 제도들이 있는가?
① 建筑三层楼阁	① 3층짜리 누각을 짓는다
② 无故入阁不可	② 이유 없이 들어가서는 안 된다
③ 各房共同管理钥匙	③ 모든 아들이 공동으로 열쇠를 관리한다
④ 外姓借书需申报	④ 성이 다른 사람이 책을 빌릴 때는 보고를 해야 한다
A ①②	A ①②
B ①③	B ①③
C ②③	C ②③
D ②④	D ②④

53 **D** 세 번째 단락에서 ‘판친은 수집한 책들을 보존할 수 있는 많은 방법을 생각해 냈다’라고 하며 여러 예를 들었고, 또한 ‘천일각은 또 아주 엄격한 장서 관리 제도가 있었다’라고 했다. 여기에서 이 단락에서는 주로 장서 보존 방법에 대한 소개를 하고 있음을 알 수 있다.

第三段的主要内容是什么?	세 번째 단락의 주요 내용은 무엇인가?
A 范钦的治家方法	A 판친이 집안을 다스리는 방법
B 范钦好友的遭遇	B 판친의 친구가 겪은 일
C 藏书阁名字的起源	C 장서각 이름의 기원
D 藏书阁保存藏书的办法	D 장서각의 장서 보존 방법

54 B 네 번째 단락에서 '바로 이러한 엄격한 가법들이 있었기 때문에 천일각은 많은 풍파를 이겨내고 오늘날까지 보존된 것이다'라고 했다. 여기서 '正是A，才B'는 '正因为A，所以B'의 의미로, 즉, '바로 엄격한 가법이 있었기 때문에 천일각이 오늘까지 보존된 것이다'라는 의미이므로 정답은 B이다.

藏书阁"天一阁"保留至今的重要原因是什么?	장서각인 '천일각'이 오늘날까지 보존될 수 있었던 주요 원인은 무엇인가?
A 历史久远	A 유구한 역사
B 严格的家规	B 엄격한 가법
C 国家给予资助	C 국가의 경제적 보조
D 各界人士的努力	D 각계 인사의 노력

55~61

在中国的内陆，由于地理环境多样，在很多是干旱和半干旱的地区，会因为当地的风貌，显现出自然环境中有一类罕见的湖泊，它的湖面上远远看去是粉红色的。与以往我们印象中的青绿色以及蔚蓝色不同，**55** 在高处往下看，仿佛是大地上的一颗粉钻，而这种湖泊亲切地被大家称为"玫瑰湖"。**56** 它生存的地理环境是干旱半干旱地区。玫瑰湖是盐湖的一种，在地理上是500毫米的降水量，小于500毫米的地区容易出现这样的现象。

巴丹吉林沙漠是我国的八大沙漠之一，位于内蒙古自治区西部的银额盆地底部，总面积约为4.9万平方千米，这里由于深居内陆，距海遥远，年降水量不足40毫米，是一个极度干旱的地区。但是，在干旱的巴丹吉林沙漠中却分布着大大小小100多个湖泊，大多数都是盐水湖。气候如此干旱，这些沙漠中的湖泊是怎样得到补给水源的呢？原来，巴丹吉林沙漠所在的盆地底部分布着多条东西走向的断裂带，断层的存在，使得地下水顺着断裂带出露到地表，在低洼处汇聚形成湖泊。由于气候干旱，湖水不断蒸发，而盐分留在湖泊内，从而形成盐水湖，达格图湖就是一个这样形成的盐水湖。

중국 내륙은 지리 환경의 다양성으로 많은 가뭄 지역과 반가뭄 지역이 있다. 현지의 풍광으로 인해 자연 환경 속에서 매우 보기 드문 호수가 나타나는데, 멀리서 보면 호수면이 분홍빛을 띠고 있다. 예전 우리가 기억하는 청록색이나 짙푸른 색과 달리, **55** 높은 곳에서 내려다 보면 마치 대지 위에 분홍빛 다이아몬드가 한 알 있는 것 같다. 그래서 사람들은 이런 호수를 친근하게 '장미 호수'라고 부른다. **56** 그것이 존재하는 지리적 환경은 가뭄 및 반가뭄 지역이다. 장미 호수는 염수호의 일종으로, 지리적으로 강수량이 500mm 또는 500mm 이하인 지역에서 이런 현상이 쉽게 나타난다.

바단지린 사막은 중국의 8대 사막 중 하나로, 네이멍구 자치구 서부의 인어 분지 아래에 위치한다. 총면적은 약 4.9만km²이다. 이곳은 내륙 깊은 곳에 위치해 바다와 멀리 떨어져 있고, 연 강수량이 40mm 이하인 극도로 건조한 지역이다. 하지만 가뭄 지역인 바단지린 사막에는 크고 작은 100여 개의 호수가 분포되어 있는데, 대부분 모두 염수호이다. 기후가 이렇게 건조한데 이런 사막의 호수는 어떻게 수원을 보충할 수 있었을까? 사실, 바단지린 사막이 위치한 분지 아래에는 동서 방향의 여러 단열대가 분포해 있고, 이 단열대가 있어서 지하수가 단열대를 따라 지표까지 흘러 움푹 패인 곳에 모여 호수가 형성된 것이다. 기후가 건조하기 때문에 호수의 물은 계속 증발하고 염분은 호수 내에 남아 염수호가 형성된 것이다. 다거투 호수가 바로 이렇게 형성된 염수호이다.

达格图湖位于巴丹吉林沙漠深处，是一个湖水呈粉红色的盐水湖，当地人称为"红海子"。58 达格图湖之所以呈粉红色，与湖泊中含有红色色素的卤虫大量生长有关。59 卤虫以盐沼为食，能够忍耐高盐度，随着水体盐度的升高，卤虫体内的虾青素也不断增多，体色就会变成红色，从而使得整个湖泊呈现粉红色。

每年夏季季节，由于气温升高，湖水的蒸发更加旺盛，湖水盐度升高，促使盐藻大量繁殖，为卤虫的生长提供了丰富的饵料。大量卤虫的生长，使得夏季湖水颜色更深。60 卤虫是水产养殖业的优质生物饵料，被称为"金沙子"和"软黄金"。然而随着捕捞加剧，卤虫资源面临枯竭。61 为了能够看到美丽的"玫瑰湖"，应该制定法律法规，打击非法捕捞，加强宣传，提高民众的保护意识，也可以利用特色景观资源，发展旅游业加以保护。

다거투 호수는 바단지린 사막의 깊숙한 곳에 위치한, 호수의 물이 분홍빛을 띠는 함수호로 현지 사람들은 '홍하이쯔'라고 부른다. 58 다거투 호수가 분홍빛을 띠는 원인은 호수 안에 있는 붉은 색소를 지닌 아르테미아의 대량 생장과 관련이 있다. 59 아르테미아는 염습지를 먹이로 하며, 고염도에서도 잘 견딘다. 물의 온도가 높아짐에 따라 아르테미아 체내의 아스타크산틴도 계속 증가하여 몸의 색이 붉은색으로 변하고 그로 인해 온 호수가 분홍빛을 띠게 되는 것이다.

매년 여름이 되면 기온 상승으로 인해 호수의 증발이 더욱 많아지고, 염도가 높아져 두나리엘라살리나가 대량으로 번식하게 되어, 아르테미아의 성장에 풍부한 미끼를 제공하게 된다. 아르테미아의 대량 생장은 여름철 호수의 색을 더욱 짙어지게 한다. 60 아르테미아는 수상 양식업의 양질의 생물 미끼로, '금모래'와 '연황금'이라고 불린다. 하지만 어획이 심해짐에 따라 아르테미아는 고갈에 직면해 있다. 61 아름다운 '장미 호수'를 보기 위해서는 법률 법규를 제정해서 불법 어획을 강력히 단속해야 하며, 홍보를 강화해서 사람들의 자연 보호 의식을 높여야 한다. 특색 있는 자연 경관 자원을 이용해 관광업을 발전시킴으로써 보호를 강화하는 것도 가능하다.

干旱 gānhàn 혱 가물다 | 风貌 fēngmào 圆 풍광, 경치 | 罕见 hǎnjiàn 혱 보기 드물다, 희한하다 | 蔚蓝色 yùlánsè 쪽빛, 짙은 남색 | 盐湖 yánhú 圆 염수호, 함수호 | 盆地 péndì 圆 분지 | 遥远 yáoyuǎn 혱 아득히 멀다, 요원하다 | 补给 bǔjǐ 图 보급하다 | 断裂带 duànlièdài 圆 단열대 | 断层 duàncéng 단층 | 地表 dìbiǎo 圆 지표, 지구의 표면 | 低洼 dīwā 圆 움푹 패이다, 낮은 | 汇聚 huìjù 图 한데 모이다, 모여들다 | 蒸发 zhēngfā 图 증발하다 | 卤虫 lǔchóng 아르테미아 | 盐沼 yánzhǎo 염분이 있는 습지, 염습지 | 虾青素 xiāqīngsù 아스타크산틴 | 旺盛 wàngshèng 혱 왕성하다, 무성하다 | 促使 cùshǐ 图 ~하도록 재촉하다, ~하게 하다 | 盐藻 yánzǎo 염조, 두나리엘라살리나 | 饵料 ěrliào 圆 물고기 사료, 미끼 | 水产养殖业 shuǐchǎn yǎngzhíyè 수상 양식업 | 捕捞 bǔlāo 图 물고기를 잡다, 어획하다 | 枯竭 kūjié 혱 고갈되다, 소멸하다

---

55 A 첫 단락에서 '높은 곳에서 내려다 보면 마치 대지 위에 분홍빛 다이아몬드가 한 알 있는 것 같다. 그래서 사람들은 이런 호수를 친근하게 '장미 호수'라고 부른다'라고 했다. 이 말은 호수의 색이 분홍빛이고, 분홍은 '장미색'이라고 부를 수 있으므로 '장미 호수'라고 부른다는 의미이다. 따라서 정답은 A이다.

为什么叫"玫瑰湖"？	왜 '장미 호수'라고 부르는가?
A 颜色	A 색깔
B 成分	B 성분
C 位置	C 위치
D 产物	D 산물

56 A 첫 단락에서 '그것이 존재하는 지리적 환경은 가뭄 및 반가뭄 지역이다. 장미 호수는 염수호의 일종으로, 지리적으로 강수량이 500mm 또는 500mm 이하인 지역에서 이런 현상이 쉽게 나타난다'라고 했다. 즉, '장미 호수'의 생존 환경 특징은 ① 가뭄 및 반가뭄 지역 ② 강수량이 500mm 이하인 지역이므로, 정답은 A이다.

玫瑰湖出现的条件有哪些?	장미 호수가 나타나는데 필요한 조건에는 어떤 것들이 있는가?
① 降水量小于500毫米	① 500mm 이하의 강수량
② 地处干旱半干旱地区	② 가뭄 및 반가뭄 지역
③ 风沙较大	③ 비교적 많은 황사
④ 人迹罕至	④ 인적이 드문 곳
A ①②	A ①②
B ①③	B ①③
C ②③	C ②③
D ②④	D ②④

人迹罕至 rénjì hǎnzhì ⌈성⌉ 인적이 드물다, 인적이 드문 곳

57 **D** 두 번째 단락에서는 바단지린 사막이 극도로 가문 지역임에도 100여 개의 크고 작은 호수가 분포되어 있고, 이 호수가 수원을 보충하는 방법에 대해 소개하며 이 염수호의 형성 원인을 설명하고 있다. 따라서 정답은 D이다.

第二段的主要内容是什么?	두 번째 단락의 주요 내용은 무엇인가?
A 达格图湖是盐水湖	A 다거투 호수는 염수호이다
B 巴丹吉林沙漠降水少	B 바단지린 사막의 강수량은 적다
C 巴丹吉林沙漠的成因	C 바단지린 사막이 만들어진 원인
D 巴丹吉林沙漠湖泊形成的原因	D 바단지린 사막의 호수가 만들어진 원인

58 **A** 세 번째 단락에서 '다거투 호수가 분홍빛을 띠는 원인은 호수 안에 있는 붉은 색소를 지닌 아르테미아의 대량 생장과 관련이 있다'라고 했기 때문에 정답은 A이다.

达格图湖为什么呈粉红色?	다거투 호수는 왜 분홍빛을 띠는가?
A 与卤虫有关	A 아르테미아와 관련이 있다
B 与降水量有关	B 강수량과 관련이 있다
C 与含盐量有关	C 소금 함유량과 관련이 있다
D 与地理位置有关	D 지리적 위치와 관련이 있다

59 **C** 세 번째 단락에서 아르테미아의 다음과 같은 특징을 알 수 있다. ① 염습지를 먹이로 한다. ② 고염도에서도 잘 견딘다. ③ 아르테미아 체내에서 아스타크산틴을 생성해 낸다. ④ 아스타크산틴의 증가로 몸의 색이 붉은색으로 변한다. 따라서 여기에 포함되지 않는 C가 정답이다.

关于卤虫，下列哪项错误?	아르테미아에 관해 다음 중 틀린 것은 무엇인가?
A 耐高盐	A 고염에 강하다
B 产虾青素	B 아스타크산틴을 생성한다
C 产量逐减	C 생산량이 점차 줄어들고 있다
D 以盐沼为食	D 염습지를 먹이로 한다

60 **优质生物饵料** 네 번째 단락에서 '아르테미아는 수상 양식업의 양질의 생물 미끼로, '금모래'와 '연황금'이라고 불린다'라고 했으므로 빈칸에는 '优质生物饵料'를 써야 한다.

卤虫是水产养殖业的<u>优质生物饵料</u>，被称为"金沙子"和"软黄金"。	아르테미아는 수상 양식업의 <u>양질의 생물 미끼</u>로, '금모래'와 '연황금'이라고 불린다.

61 **B** 마지막 단락에서 소개하는 내용은 다음의 3가지를 포함한다. ① 아르테미아는 수상 양식업의 양질의 생물 미끼이다. ② 아르테미아 자원이 고갈에 직면해 있다. ③ 여러 조치를 취해 '장미 호수'를 보호해야 한다. 그러므로 정답은 B이다.

最后一段，告诉我们什么？ A 气候影响湖水 B 如何保护玫瑰湖 C 玫瑰湖的经济价值 D 水产养殖业的重要性	마지막 단락이 우리에게 알려주는 것은 무엇인가？ A 기후가 호수에 영향을 미친다 B 장미 호수를 어떻게 보호할 것인가 C 장미 호수의 경제적 가치 D 수상 양식업의 중요성

62~68

68 三星堆文明遗址位于四川广汉市南兴镇，总面积约十二平方公里，文明形态从新石器晚期延续发展至商末周初，曾为古蜀国都邑。**62** 迄今为止三星堆文明遗址是四川发现范围最大，延续时间最长，出土文物最精美，文明内涵最丰富的古蜀文化遗址。而发现这文化遗址的却是民国时期当地一位姓燕的农民，**63** 他用一把普通的锄头打开了这一宝藏，无意之中他手中的锄头成为了打开文明大门的钥匙，一个辉煌文明在消失和尘封千年之后，终于重现于世。在历经二十世纪二十年代末期的发现，三十年代的调查发掘，八十年代之后规范化的考古勘探之后，现代学者基本上把握了该遗址的纵向演变过程，并提出了三星堆文明的命名。

作为20世纪中国乃至世界伟大考古发现之一，三星堆遗址是一个拥有青铜器、城市建筑、文字符号和大型礼仪设施的灿烂古代文明汇聚地。它昭示长江流域与黄河流域一样同属中华文明的母体，**64** 古蜀文明既有自己悠久而独立的始源，又受到中华文明不同地域文化，乃至东方文明不同区域文化直接或间接的影响。**65** 三星堆文化的青铜铸造技术和玉石工艺，就是中原夏商文化与蜀文化交往交流、互补互融的产物。不过，古蜀人在文化的互通融汇中又有自己的独到创造，如在接受中原礼器、酒器等铸造技艺的同

68 싼싱두이 문명 유적지는 쓰촨성 광한시 난싱진에 위치해 있다. 총 면적은 약 12km²이고, 문명의 발전은 신석기 말기부터 상나라 말·주나라 초까지 지속적으로 이어졌으며 고대 촉나라의 도읍이었다. **62** 싼싱두이 문명 유적지는 지금까지 쓰촨에서 발견된 범위가 가장 넓고, 지속 기간도 가장 길며, 출토 유물도 가장 정교하고 아름다운, 문명적 함의가 가장 풍부한 고촉 문화 유적지이다. 이 문화 유적지를 발견한 사람은 민국 시기 현지의 옌씨 성을 가진 한 농민이었다. **63** 그는 평범한 호미 한 자루로 이 보물을 발견했는데, 그가 들고 있던 호미가 뜻하지 않게 문명의 대문을 연 열쇠가 된 것이다. 찬란했던 한 문명이 소실되어 먼지 속에 방치된 지 천 년이 지난 후에 드디어 다시 세상에 모습을 드러내게 된 것이다. 20세기 20년대 말기에 발견되어 30년대에는 조사 및 발굴이 진행됐고, 80년대 이후 규범화된 고고학 연구를 통해 현대 학자들은 이 유적지의 기본적인 변천 과정을 파악할 수 있게 되었고, 싼싱두이 문명이라는 이름으로 부를 것을 제안했다.

20세기 중국뿐만 아니라 더 나아가 세계의 위대한 고고학 발견 중 하나로, 싼싱두이 유적지는 청동기, 도시 건축, 문자 부호 그리고 대형 의례 시설을 보유한 찬란한 고대 문명의 집합지였다. 싼싱두이는 창장 유역도 황허 유역과 마찬가지로 중화 문명의 모체에 속한다는 것을 분명히 보여 주었다. **64** 고촉 문명은 자신만의 유구하고 독립적인 기원이 있을 뿐 아니라, 중화 문명의 다른 지역 문화, 더 나아가 동방 문명 각 지역 문화의 직간접적인 영향을 받았다. **65** 싼싱두이 문화의 청동 주조 기술과 옥공예가 바로 중원 하상 문화와 촉나라

时，又生产出自身独特造型的祭祀神器，在一定程度上堪称具有鲜明个性特色的文化形态。

66 随着发觉和研究的深入，三星堆文明的面纱在被揭开的同时，更多的神秘与未知也不断出现。地球的北纬30度的神奇和文化遗存的富集历来为世人和学者所关注，三星堆文化的辉煌除去纬度这一影响因素外，也得益于其独特的自然地理环境。河流在文明和文化发源、发展过程中有着极其重要的作用。**67** 身处平原之中的古代蜀地先民在取得文明加速发展之际，也要面对一个新的问题，那就是——河流与水患。在当时条件下生活的延续和文明的发展都离不开河流，水患对高原地区的威胁并不十分明显。**67** 但在平原地区水患的威胁不可小觑，同时河流也是孕育文明的不可获取的自然因素。因此，当时的古蜀先民选择了三星堆这一水资源丰富、河流纵横但同时水患并不突出的地区建立国都并通过长久的文化积淀而成为当时地区文明的中心。三星堆文明的长期存在也充分地证明这一自然因素的长期存在以及古蜀先民的智慧。三星堆文明的存在时间约公元前2800年—约公元前800年。甚至在今天相关专家仍然没有发现洪水对文明消亡的威胁证据。不得不说三星堆的先民用智慧处理好了人与自然的关系，也使得文化得以长久地存在与发展并逐渐走向繁荣，这或许有助于我们理解三星堆文明为何能够形成如此高度的文明形态。这一文明特征在世界文明和文化的发展进程中是非常少见的，其同时也影响和决定了三星堆文明的特征和高度以及时间的跨度。

문화 간의 교류와 상호 보완 및 상호 융합의 산물이다. 하지만 고대 촉나라 사람들은 문화를 서로 교류하고 융합하면서도 자신만의 독특한 창조성을 가지고 있었는데, 예를 들면, 중원의 예기(礼器)와 주기(酒器) 등 주조 기술 공예를 받아들임과 동시에 자신만의 독특한 모양의 제사 신기(神器)를 생산해 내어 일정 부분 자신만의 뚜렷한 개성과 특색을 지닌 문화 형태라고 말할 수 있다.

66 발견과 연구가 심화되면서 싼싱두이 문명의 베일이 벗겨짐과 동시에 더 많은 신비로운 미지의 것들 역시 끊임없이 나타났다. 지구 북위 30도의 신기함과 문화유산의 응집은 지금까지 세상 사람들과 학자들의 관심을 받아왔다. 싼싱두이 문화의 찬란함은 위도라는 이 요인 외에도 독특한 자연 지리적 환경 덕분이기도 했다. 하류는 문명과 문화의 발원 및 발전 과정에 있어 아주 중요한 역할을 한다. **67** 평원에서 살던 고대 촉나라 선조들은 빠른 문명 발전을 이루던 시기에 새로운 문제에 직면하게 되었는데, 그것은 바로 하류와 수해였다. 그 당시의 여건 하에서 생활의 지속과 문명의 발전은 하류와 뗄 수 없었다. 고원 지역에 대한 수해의 위험은 결코 뚜렷하게 나타나지 않았지만, **67** 평원 지역에서의 수해 위험은 간과할 수 없는 것이었고, 동시에 하류는 문명을 키우는 데 있어 대체할 수 없는 자연 요소였다. 그렇기 때문에 당시 고대 촉나라 선조들은 싼싱두이라는 이런 수자원이 풍부하고 하류가 사방으로 뻗어있는, 그러나 수해는 그다지 두드러지지 않는 지역에 수도를 세우고, 장기간에 걸친 문화 축적을 통해 당시의 지역 문명 중심이 된 것이다. 싼싱두이 문명의 장기적인 존재 역시 이 자연 요소가 오랫동안 지속됐음과 고대 촉나라 선조들의 지혜를 증명해 준다. 싼싱두이 문명은 기원전 약 2800년부터 기원전 약 800년 사이에 존재했다. 관련 전문가들은 심지어 오늘날까지도 홍수로 인한 문명 소멸 위협의 증거를 찾지 못했다. 싼싱두이의 선조들이 지혜로써 인간과 자연의 관계를 잘 처리하여, 문화가 장기적으로 존재하고 발전하여 번영을 이루게 한 것이라고 말하지 않을 수 없다. 어쩌면 이것이 싼싱두이 문명이 어떻게 이렇게 고도의 문명 형태를 이룰 수 있었는가에 대한 우리의 이해를 도울 수 있을 것이다. 이 문명의 특징은 세계 문명과 문화의 발전 과정에서도 극히 보기 드문 것으로, 동시에 싼싱두이 문명의 특징과 수준 그리고 시간적 초월에 영향을 미쳤다.

三星堆 sānxīngduī 몡 싼싱두이[쓰촨성 광한시에 위치한 문화 유적지] | **新石器** xīnshíqì 몡 신석기 | **延续** yánxù 됭 연장하다, 계속하다 | **都邑** dūyì 몡 도읍 | **迄今为止** qìjīn wéizhǐ 솅 지금까지 | **内涵** nèihán 몡 내포 | **锄头** chútou 몡 호미 | **宝藏** bǎozàng 몡 수장하고 있는 보물 | **辉煌** huīhuáng 혱 휘황찬란하다, 눈부시다 | **尘封** chénfēng 됭 먼지로 꽉 차다, 온통 먼지투성이가 되다 | **发掘** fājué 됭 발굴하다, 캐내다 | **勘探** kāntàn 됭 (지하자원을) 탐사하다 | **纵向** zòngxiàng 혱 상하 방향의 | **命名** mìngmíng 됭 명명하다, 이름 짓다 | **青铜器** qīngtóngqì 몡 청동기 | **礼仪设施** lǐyí shèshī 의례 시설 | **昭示** zhāoshì 됭 명시하다, 공시하다, 선포하다 | **母体** mǔtǐ 몡 모체 | **始源** shǐyuán 기원 | **铸造技术** zhùzào jìshù 주조 기술 | **玉石工艺** yùshí gōngyì 옥공예 | **互补互融** hùbǔ hùróng 상호 보완하고 상호 융합하다 | **互通融汇** hùtōng rónghuì 서로 교환하고 융합하다 | **礼器** lǐqì 몡 제사 의식 등에 쓰이는 그릇 | **祭祀** jìsì 됭 제사지내다 | **神器** shénqì 몡 신물, 제위 | **堪称** kānchēng 됭 ~라고 할 만하다 | **面纱** miànshā 몡 면사포, 베일 | **揭开** jiēkāi 됭 (붙은 것을) 떼다, 벗기다 | **富集** fùjí 됭 농축되다 | **纬度** wěidù 몡 위도 | **得益于** déyìyú ~의 덕을 받다, ~덕분이다 | **水患** shuǐhuàn 몡 수해, 수재 | **不可小觑** bùkě xiǎoqù 얕보아서는 안 된다, 무

시해서는 안 된다 | **孕育文明** yùnyù wénmíng 문명을 키우다 | **不可获取** bùkě huòqǔ 없어서는 안 된다 | **河流纵横** héliú zònghéng 하류가 사면팔방으로 뻗어있다 | **文化积淀** wénhuà jīdiàn 문화 축적 | **消亡** xiāowáng 图 없어지다, 소멸하다 | **证据** zhèngjù 图 증거, 근거 | **跨度** kuàdù 图 경간, 간극

62 **A** 첫 번째 단락에서 싼싱두이 문명 유적지는 ① 지금까지 쓰촨에서 발견된 범위가 가장 넓고 ② 지속 기간도 가장 길며 ③ 출토 유물도 가장 정교하고 아름다운 ④ 문명적 함의가 가장 풍부한 고촉 문화 유적지라고 했다. 따라서 정답은 A이다. B, C, D에는 각각 '채굴' '국내' '고대' 등의 한정어가 있으므로 답이 될 수 없다.

下列哪项是对三星堆文明遗址的评价?	다음 보기 중 싼싱두이 문명 유적지에 대한 평가는 무엇인가?
A 古蜀文化遗址最大	A 가장 큰 고촉 문화 유적지이다
B 开采持续时间最长	B 채굴이 지속된 시간이 가장 길다
C 国内出土文物最美	C 국내 출토 유물 중 가장 아름답다
D 古代文明内涵最丰富	D 고대 문명 함의가 가장 풍부하다

63 **锄头** 첫 번째 단락에서 '그는 평범한 호미 한 자루로 이 보물을 발견했다'라고 언급했으므로 빈칸에는 '锄头'를 써야 한다.

发现这文化遗址的是民国时期当地一位姓燕的农民，他用锄头打开了这一宝藏。	이 문화 유적지를 발견한 사람은 민국 시기 현지의 옌씨 성을 가진 한 농민이었다. 그는 호미로 이 보물을 발견했다.

64 **B** 두 번째 단락에서 '고촉 문명은 자신만의 유구하고 독립적인 기원이 있을 뿐 아니라, 중화 문명의 다른 지역 문화, 더 나아가 동방 문명 각 지역 문화의 직간접적인 영향을 받았다'라고 했으므로 정답은 B이다.

三星堆遗址受到什么文化的影响?	싼싱두이 유적지는 어느 문화의 영향을 받았는가?
① 中华文明　　② 亚洲文明	① 중화 문명　　② 아시아 문명
③ 东方文明　　④ 西方文明	③ 동방 문명　　④ 서방 문명
A ①②	A ①②
B ①③	B ①③
C ②③	C ②③
D ①④	D ①④

65 **D** 두 번째 단락에서 '싼싱두이 문화의 청동 주조 기술과 옥공예가 바로 중원 하상 문화와 촉나라 문화 간의 교류와 상호 보완 및 상호 융합의 산물이다'라고 했으므로 정답은 D이다.

三星堆文化的青铜铸造技术和玉石工艺是什么的产物?	싼싱두이 문화의 청동 주조 기술과 옥공예는 무엇의 산물인가?
A 古蜀文明自身独创	A 고촉 문명 자신만의 독창성
B 中华文明与世界文明	B 중화 문명과 세계 문명
C 东方文明与西方文明	C 동방 문명과 서방 문명
D 中原夏商文化与蜀文化	D 중원 하상 문화와 촉나라 문화

66 **D** 이 문제를 풀 수 있는 포인트는 '揭开面纱'의 의미이다. '揭开面纱'는 '진상을 드러내다'라는 의미로, 진실된 상황이 드러남을 말한다. 그러므로 정답은 D이다.

随着发觉和研究的深入，三星堆文明的面纱在被揭开……，这里的"揭开面纱"是什么意思？	발견과 연구가 심화됨에 따라 싼싱두이 문명의 베일이 벗겨졌다, 여기서 '揭开面纱'는 무슨 의미인가?
A 掀开新娘的头巾	A 신부의 면사포를 걷다
B 拉上家里的窗帘	B 집안의 커튼을 걷다
C 围上脸上的纱巾	C 얼굴의 스카프를 두르다
D 发现真实的情况	D 진짜 상황을 발견하다

掀开 xiānkāi 图 벗기다, 젖히다, 열다 | 头巾 tóujīn 명 두건, 스카프 | 窗帘 chuānglián 명 커튼, 블라인드 | 纱巾 shājīn 명 실크 스카프

67 **B** 세 번째 단락에서 '평원에서 살던 고대 촉나라 선조들은 빠른 문명 발전을 이루던 시기에 새로운 문제에 직면하게 되었는데, 그것은 바로 하류와 수해였다'라고 했다. 또한 '평원 지역에서의 수해 위협은 간과할 수 없는 것'이라고 했으므로 정답은 B이다.

对于平原文明来说，什么威胁更大？	평원 문명에 대한 가장 큰 위협은 무엇인가？
A 火灾	A 화재
B 水患	B 수해
C 疾病	C 질병
D 地震	D 지진

68 **A** 첫 번째 단락에서 '싼싱두이 문명 유적지는 쓰촨 광한시 난싱진에 위치해 있다'라고 했다. 잘 알려져 있듯 파촉은 중국 진한 시기 쓰촨에 대한 호칭으로, 현재의 쓰촨도 파촉대지(巴蜀大地)로 불린다. 그러므로 정답은 A이다.

关于三星堆文明遗址，哪项正确？	싼싱두이 문명 유적지에 관해 정확한 것은 무엇인가？
A 位于中国巴蜀地区	A 중국의 파촉 지역에 위치한다
B 起源于新石器早期	B 신석기 초기에 기원한다
C 地处地球北纬40度	C 지구 위도 40도에 위치한다
D 是21世纪最重要的考古发现	D 21세기의 가장 중요한 고고학 발견이다

69~73

A 所谓鲸落(Whale Fall)是指鲸鱼死去后沉入海底的现象。当鲸在海洋中死去，它的尸体最终会沉入海底，生物学家赋予这个过程以鲸落的名字。一座鲸的尸体可以供养一套以分解者为主的循环系统长达百年。

B 其实，远洋深海并不是很多人想象中的富饶乐土，相反，由于海水的阻隔，海面下几百米深的地方漆黑一片，没有一丝阳光。这种情况下，一条重达十几吨、甚至几十吨的鲸落所带来的营养物质和能量，其重要性不言而喻。

C 第三阶段是大量厌氧细菌进入鲸骨和其它组织，分解其中的脂类，使用溶解在海水中的硫酸盐作为氧化剂，产生硫化氢，而与化能自养细菌共生的生物也因此有了能量补充。

D 在鲸尸下沉至海底过程中，盲鳗、鲨鱼、一些甲壳类生物等以鲸尸中的柔软组织为食。这一过程可以持续4至24个月。

E 鲸落进入到第二阶段后，一些无脊椎动物特别是多毛类和甲壳类动物，能够以残余鲸尸作为栖居环境，一边生活在此，又一边啃食残余鲸尸，不断改变它们自己的所在环境。

F 如果说海底是一片没有阳光眷顾的荒漠，那么"鲸落"便是深海的绿洲。鲸落用其温柔而强大的力量，滋养着在黑暗中艰难维生的生物。于是便有了这句话："一鲸落，万物生。"

G 当残余鲸落当中的有机物质被消耗殆尽后，鲸骨的矿物遗骸就会作为礁岩成为生物们的聚居地。不知又过了多久，鲸鱼的躯体已经不复存在，留下的是一具冰冷的白骨。直到最后白骨也不复存在，无人能证明这个鲸鱼曾经存在过。可即便如此，它的逝去还是给万物带来了新生。

H 由于鲸鱼的皮肤能够承受很大的压力，因此这些气体会在鲸鱼的体内逐渐积累，而随着鲸鱼身体的腐败，最终这些气体会冲破鲸鱼尸体，发生"鲸爆"。如果在海边遇到鲸鱼尸体搁浅，一定要远离，等待专业人员进行妥善处理，处理不当可能会引起爆炸。

A 웨일폴이란 고래가 죽은 후 해저 깊숙이 가라앉는 현상을 가리킨다. 고래가 바다에서 죽으면 그 사체가 최종적으로 해저 깊숙한 곳에 가라앉게 되는데, 생물학자들은 이 과정을 웨일폴이라고 명명했다. 고래 한 마리의 사체는 분해자(고래 사체를 먹는 수생물)를 위주로 하는 일련의 순환 시스템을 100년 동안 유지시킬 수 있다.

B 사실, 심해는 많은 사람들이 상상하는 것처럼 결코 풍요롭지 않다. 반대로, 해수에 가로막혀 해수면 아래 몇 백 미터의 깊은 곳은 암흑으로 아주 조금의 빛도 없다. 이런 상황에서 무게가 십 몇 톤, 심지어 몇 십 톤에 달하는 웨일폴이 가져오는 영양물질과 에너지의 중요성은 말하지 않아도 알 수 있다.

C 세 번째 단계에서는 대량의 혐기성 세균이 고래 뼈와 기타 조직에 들어가 그 안의 지질을 분해시키고, 해수에 용해되어 있는 황산염을 산화제로 사용해 황화 수소를 생산해 낸다. 그래서 화학적 자가 영양 박테리아와 공생하는 생물도 이로써 에너지를 보충하게 된다.

D 고래 사체가 바다 속으로 가라 앉는 과정에서 먹장어, 상어, 일부 갑각류 생물 등은 고래 사체 중 부드럽고 연한 조직을 먹이로 삼는다. 이 과정은 4개월에서 24개월까지 지속될 수 있다.

E 웨일폴이 두 번째 단계에 들어서면 일부 무척추동물, 특히 다모류와 갑각류 동물은 고래의 잔여 사체를 거주지로 사용할 수 있는데, 그곳에서 생활하며 고래의 잔여 사체를 갉아먹으면서 자신들의 환경을 끊임없이 바꾼다.

F 만약 해저가 약간의 빛도 비치지 않는 황막한 곳이라면, 그럼 '웨일폴'은 바로 심해의 오아시스이다. 웨일폴은 부드럽지만 강력한 힘으로 암흑 속에서 어렵게 생명을 유지하고 있는 생물에게 자양분을 공급한다. 그래서 '고래 한 마리가 죽으면 만물이 산다'라는 말이 생겼다.

G 웨일폴의 잔여물 중에 있는 유기 물질이 완전히 소모되면, 고래 뼈의 광물 유해는 암초가 되어 생물들의 거주지가 된다. 그 후로 얼마나 많은 시간이 지난 후인지 알 수 없지만, 고래의 몸은 이미 더 이상 존재하지 않고, 차가운 백골만 남는다. 최후에 백골도 더 이상 존재하지 않게 되면, 누구도 이 고래가 존재했었음을 증명할 수 없다. 하지만 그렇다고 해도 그의 죽음은 여전히 많은 생물들에게 새 생명을 가져다주었다.

H 고래의 피부는 큰 압력에도 잘 견딜 수 있기 때문에 이런 가스가 체내에 점차 쌓이게 된다. 그리고 고래의 몸이 부패 됨에 따라 이런 가스가 최종적으로 고래의 사체를 뚫고 나 오게 되어 '고래 폭발'을 일으킨다. 만약 해변에서 좌초되 어 있는 고래 사체를 보게 된다면 반드시 멀리해야 하고, 전문가가 적절한 처리를 할 때까지 기다려야 한다. 적합하 지 못한 처리는 폭발을 일으킬 수도 있다.

鲸鱼 jīngyú 몡 고래 | 沉入 chénrù 잠기다 | 尸体 shītǐ 몡 시체 | 赋予 fùyǔ 부여하다, 주다 | 供养 gòngyǎng 통 공양하다, 공물을 바쳐 제사지내다 | 富饶乐土 fùráo lètǔ 풍요롭고 행복한 땅 | 阻隔 zǔgé 통 가로막혀 격리되다 | 漆黑 qīhēi 혱 칠흑 같다, 매우 어둡다 | 不言而喻 bù yán ér yù 솅 말하지 않아도 안다 | 厌氧细菌 yànyǎng xìjūn 혐기성 세균 | 脂类 zhīlèi 지질, 지방질 | 溶解 róngjiě 통 용해하다 | 硫酸 盐 liúsuānyán 몡 황산염 | 氧化剂 yǎnghuàjì 몡 산화제 | 硫化氢 liúhuàqīng 몡 황화 수소 | 化能自养细菌 huànéng zìyǎng xìjūn 화학 적 자가 영양 세균 | 下沉 xiàchén 통 가라앉다 | 盲鳗 mángmán 몡 먹장어 | 鲨鱼 shāyú 몡 상어 | 甲壳类生物 jiǎkélèi shēngwù 갑각류 생물 | 无脊椎动物 wújǐzhuī dòngwù 몡 무척추동물 | 多毛类 duōmáolèi 다모류 | 栖居 qījū 통 거주하다, 은거하다 | 啃食 kěnshí 갉아먹 다, 베어먹다 | 眷顾 juàngù 통 돌보다, 관심갖다 | 荒漠 huāngmò 혱 황량하고 끝이 없다 | 绿洲 lǜzhōu 오아시스 | 滋养 zīyǎng 자양하 다, 영양을 공급하다 | 维生 wéishēng 통 생계를 유지하다, 생활을 지탱하다 | 有机物质 yǒujī wùzhì 유기 물질 | 消耗 xiāohào 소모하다, 소 비하다 | 殆尽 dàijìn 통 거의 다하다 | 遗骸 yíhái 몡 유해, 유체 | 礁岩 jiāoyán 암초 | 躯体 qūtǐ 몡 신체, 체구 | 白骨 báigǔ 몡 백골 | 逝去 shìqù 통 모습을 감추다 | 腐败 fǔbài 통 부패하다, 썩다 | 冲破 chōngpò 통 돌파하다, 타파하다 | 搁浅 gēqiǎn 통 좌초하다 | 妥善 tuǒshàn 혱 알맞다, 적절하다 | 爆炸 bàozhà 통 폭발하다

$$69 \quad 70 \quad 71 \quad 72 \quad 73$$
F → B → A → D → E → C → G

모범 답안

69

F 如果说海底是一片没有阳光眷顾的荒漠，那 么"鲸落"便是深海的绿洲。鲸落用其温柔而强 大的力量，滋养着在黑暗中艰难维生的生物。 于是便有了这句话："一鲸落，万物生。"

B 其实，远洋深海并不是很多人想象中的富饶 乐土，相反，由于海水的阻隔，海面下几百米 深的地方漆黑一片，没有一丝阳光。这种情况 下，一条重达十几吨、甚至几十吨的鲸落所带 来的营养物质和能量，其重要性不言而喻。

70

A 所谓鲸落是指鲸鱼死去后沉入海底的现象。 当鲸在海洋中死去，它的尸体最终会沉入海 底，生物学家赋予这个过程以鲸落的名字。一 座鲸的尸体可以供养一套以分解者为主的循环 系统长达百年。

71

D 在鲸尸下沉至海底过程中，盲鳗、鲨鱼、一 些甲壳类生物等以鲸尸中的柔软组织为食。这 一过程可以持续4至24个月。

해설

(1) 밑줄 친 단락인 B와 G는 고정된 위치라고 했으므로 이 내용을 토대로 나머지 단락들의 순서를 결정하면 된다.
(□ → B → □ → □ → □ → G → □)

(2) 먼저 고정된 내용인 B를 보면, 이 단락의 첫 단어는 '사실은(其实)'이다. 여기에는 '확실하다' '진짜 그러하다' 등의 의미가 있다. 즉, 앞서 서술된 상황을 다시 확인하는 것으로, 앞의 내용과 비슷한 이야기가 나오게 된다. F의 내용은 B와 유사한데, 둘 다 웨일폴이 해양 생물에게 영양을 제공한다는 설명이므로 F가 B의 앞에 와야 한다.
(F → B → □ → □ → □ → G → □)

(3) 또 다른 고정 단락인 G를 보면, '웨일폴의 잔여물 중에 있는 유기물질이 완전히 소모되면'이라는 내용이 있다. 여기서 '消耗 殆尽'은 '완전히 소모되다'라는 뜻으로, 이것이 마지막 단계임을 알 수 있다. 따라서 G는 마지막 순서가 되어야 한다.
(F → B → □ → □ → □ → □ → G)

(4) 다음으로 C의 첫 문장은 '세 번째 단계에서는'이다. 그렇다면 이어지는 내용은 '네 번째 단계'여야 하지만 문장 중에는 네 번째 단계가 없고 마지막 단계인 G만 있다. 때문에 C는 G의 앞에 위치해야 한다.
(F → B → □ → □ → □ → C → G)

72

E 鲸落进入到第二阶段后，一些无脊椎动物特别是多毛类和甲壳类动物，能够以残余鲸尸作为栖居环境，一边生活在此，又一边啃食残余鲸尸，不断改变它们自己的所在环境。

73

C 第三阶段是大量厌氧细菌进入鲸骨和其它组织，分解其中的脂类，使用溶解在海水中的硫酸盐作为氧化剂，产生硫化氢，而与化能自养细菌共生的生物也因此有了能量补充。

G 当残余鲸落当中的有机物质被消耗殆尽后，鲸骨的矿物遗骸就会作为礁岩成为生物们的聚居地。不知又过了多久，鲸鱼的躯体已经不复存在，留下的是一具冰冷的白骨。直到最后白骨也不复存在，无人能证明这个鲸鱼曾经存在过。可即便如此，它的逝去还是给万物带来了新生。

(5) C가 '세 번째 단계'이므로 C의 앞에는 '두 번째 단계'에 대한 내용이 와야 한다. 이는 E의 첫 문장과 동일하기 때문에 E가 C의 앞에 와야 한다.

(F → B → □ → □ → **E** → **C** → G)

(6) 또한, E의 앞 부분은 '첫 번째 단계'에 대한 내용이어야 하는데 문장 속에는 언급되지 않았다. 다만 D의 첫 문장에서 '고래 사체가 바다속으로 가라앉는 과정에서'라고 언급했는데 이 부분이 바로 시작 단계가 된다. 때문에 D가 E의 앞에 오면서 최종적으로 A와 H가 남게 된다.

(F → B → □ → □ → **D** → E → C → G)

(7) H는 '고래 폭발'에 관한 내용이다. '웨일폴'은 바다 속 생물에게 영양을 공급하는 과정이지만 '고래 폭발'은 인류의 생명과 안전을 위협하는 것이다. 따라서 개념이 동일하지 않고 문맥에 맞지 않는 내용인 '고래 폭발'은 제외되어야 한다.

(F → B → □ → **D** → E → C → G)

(8) 마지막으로 D, E, C, G, 이 네 단락은 웨이폴의 과정을 설명했고 A는 웨일폴의 개념에 대해 설명했다. 먼저 개념을 설명하고 그 다음 과정을 설명하는 것이 자연스러우므로 A는 이 네 단락의 앞에 위치해야 한다.

(F → B → **A** → D → E → C → G)

제3부분 **74~87** 다음 문제에 답하세요. 단, 답안은 10자를 초과하지 않아야 합니다.

74~80

74 中国江南地区的手工业历来较为发达，江南手工业的突出优势在于丝织业，尤其是嘉靖隆庆年间至万历年间的一百年是江南丝织业增长最快速的一段时期。**75** 明代后期，江南逐渐成为全国丝织业中心，各府县基本都有代表性丝织品类出产，其主要原料为绸、绉、绢，而作为这些原料桑蚕的成本也是昂贵的。

其实在明代，丝织业已呈现大面积衰退局势的，造成这一局势的原因，**76** 是另外一项主要经济作物棉花的普遍种植。由于种植棉花利润要高于桑蚕，很多原本种桑的地区都改种棉花，桑蚕在全国的种植呈现一片衰退之势。

而棉花种类之一的鸡脚棉，则是中国内地棉花中最优秀的品种。100多年前，张謇兴办大生纱厂，在沿海地区种植鸡脚棉作为其工厂的纺织原材料，而鸡脚棉也在历史上赢得过力韧丝长、冠

74 중국 장난 지역의 수공업은 예로부터 발달한 편이었는데, 장난 수공업의 특출난 우수성은 견직업에 있었다. 특히 가정년과 융경년부터 만력년까지의 100년은 장난 견직업의 성장이 가장 빠른 시기였다. **75** 명나라 후기, 장난 지역은 점차 전국 견직업의 중심이 되었고 각 부와 현에서 대표적인 견직물 종류를 생산했는데, 주요 소재는 비단, 크레이프, 명주였다. 하지만 이러한 소재의 원료인 누에의 원가가 매우 비쌌다.

사실 명나라 때, 견직업은 이미 대규모 쇠퇴 국면이 나타났는데, 이를 야기한 원인은 **76** 또 다른 주요 경제 작물인 목화의 보편적인 재배에 있었다. 목화 재배의 이윤이 누에에 비해 높았기 때문에 원래 뽕나무를 심던 많은 지역들이 목화로 바꾸면서 전국적으로 누에 재배가 쇠퇴하는 현상이 나타난 것이다.

목화의 한 종류인 지자오몐은 중국 내륙 목화 중 가장 우수한 품종이다. 100여 년 전 장젠이라는 사람이 다성 방직 공장을 창립하고, 연안 지역에서 지자오몐을 재배해서 공장의 방직

居亚洲的美誉。鸡脚棉非常适合地方土机(=土织布机)织造粗纱，其生产出来的棉布则是畅销国内市场。77 鸡脚棉腰身(棉花杆)细，叶子酷似鸡脚而得名。鸡脚棉的叶面小、透光性强，有较强的抗病虫害能力。鸡脚棉的棉绒短适合做棉花絮，保暖性能好，也适合做药水棉花等工业用棉。78 但是鸡脚棉棉绒短、产量低，织不了细布，只能织粗布，这是它的缺点，也是当年被逐步淘汰的原因。后来，纺织业向精纺细纱生产发展，鸡脚棉逐渐退出历史舞台。

机缘巧合的是，近日，在通州区三余镇的棉花田里，发现了一株鸡脚棉。经专家鉴定，这株棉花的确为销声匿迹多年的鸡脚棉。79 鸡脚棉作为一种比较原始的棉花基因，其品质好、产量高、适应性强、应用价值广，可以与现在的棉花品种进行杂交，改良现有的棉花品种，因此有较高的科普价值，80 并具备长足的发展空间。

원자재로 사용했다. 지자오몐은 질기고 뽑아내는 실이 긴, 아시아의 일등이라는 명성을 얻은 바 있다. 지자오몐은 지방의 재래식 베틀을 사용하여 조방사를 직조하는데 적합했고, 그것으로 생산해 낸 면직물은 국내 시장에서 매우 잘 팔렸다. 77 지자오몐은 면화 줄기가 가늘고 잎이 닭발과 비슷하여 붙여진 이름이다. 지자오몐은 잎 면이 작고 투광성이 강해 병충해에 강하다. 지자오몐은 무명 린터가 짧아 목화솜을 만들기에 적합하고 보온성도 좋았으며, 약용 면화 등 공업용에도 적합하다. 78 하지만 지자오몐은 무명 린터가 짧고 생산량이 낮아 옥양목은 짤 수 없고, 광목만 짤 수 있었다. 이것은 지자오몐의 단점이자 그 당시 점진적으로 도태된 원인이기도 하다. 후에 방직업이 소모사를 생산하는 방향으로 발전하면서 지자오몐은 점차 역사의 무대에서 사라지게 되었다.

우연하게도 최근 퉁저우구 싼위현의 목화밭에서 지자오몐 한 그루가 발견되었다. 전문가는 감정을 거쳐 이 목화가 종적을 감춘 지 오래된 지자오몐임을 확인했다. 79 지자오몐은 비교적 원시적인 목화 유전자로, 품질이 좋고 생산량도 높으며 적응력이 강하고 응용 가치도 넓어, 현재의 목화 품종과 교배해 현존하는 목화 품종을 개량함으로써 과학적 보급 가치를 높일 수 있으며, 80 또한 장족의 발전 가능성을 가지고 있다.

纺织业 fǎngzhīyè 방직업 | 丝织业 sīzhīyè 견직업 | 绸 chóu 몡 견직물의 총칭, 비단 | 绉 zhòu 몡 크레이프 | 绢 juàn 몡 명주, 얇은 비단 | 桑蚕 sāngcán 몡 누에 | 衰退 shuāituì 통 쇠퇴하다, 감퇴하다 | 鸡脚棉 jījiǎomián 지자오몐, 계각면(아욱과에 속함) | 兴办 xīngbàn 통 창설하다, 일으키다 | 韧 rèn 질기다 | 粗纱 cūshā 몡 굵은 방사, 조사 | 腰身 yāoshēn 몡 허리 품둘레 | 病虫害 bìngchónghài 몡 병충해 | 棉绒 miánróng 몡 무명 린터, 면비로드 | 棉花絮 miánhuāxù 목화솜 | 细布 xìbù 몡 옥양목, 발이 가는 평직의 무명 천 | 粗布 cūbù 몡 무명, 광목, 평직의 질이 거친 천 | 淘汰 táotài 통 도태하다 | 精纺细纱 jīngfǎng xìshā 소모사(Worsted yarn) | 机缘巧合 jīyuán qiǎohé 기회와 인연이 딱 들어맞다 | 销声匿迹 xiāoshēng nìjì 졍 소리 없이 자취를 감추다, 종적을 감추다 | 基因 jīyīn 몡 유전자 | 杂交 zájiāo 통 교배하다

74 丝织业 문제를 먼저 읽고 문제와 같은 구절을 제시문에서 빠르게 찾는 것이 가장 중요하다. 제시문의 첫 번째 단락의 첫 마디에서 답이 '丝织业'임을 알 수 있다.

中国江南地区的手工业历来较为发达，其突出优势在于什么行业？	중국 장난 지역의 수공업은 예로부터 발달한 편이었는데, 그중 우수성이 가장 뛰어난 것은 어느 업종이었는가?
答: 丝织业	정답: 견직업

75 绸、绉、绢 첫 번째 단락 두 번째 문장에서 명나라 후기 장난 지역의 대표 견직물의 종류가 '绸、绉、绢'이었음을 알 수 있다.

明代后期，江南代表性丝织品品类，其主要原料是什么？	명나라 후기, 장난 지역의 대표적인 견직물 종류의 주요 소재는 무엇인가?
答: 绸、绉、绢	정답: 비단, 크레이프, 명주

76 棉花的普遍种植　문제에서 핵심 단어를 찾아 제시문에서 같은 단어를 찾는 것도 방법인데, 여기서는 '衰退'를 핵심 단어로 볼 수 있다. 제시문의 두 번째 단락의 첫 부분에서 '쇠퇴'의 원인이 나오는데, '棉花的普遍种植'가 그것이다.

明代时丝织业呈现大面积衰退局势的原因除了原料昂贵，另一个原因是什么？ 答: 棉花的普遍种植	명나라 때 견직업이 대규모로 쇠퇴하는 국면이 나타난 원인으로 비싼 원료 이외의 다른 하나는 무엇인가？ 정답: 목화의 보편적인 재배

77 叶子酷似鸡脚 or 叶子非常像鸡脚　세 번째 단락 네 번째 문장에서 '잎이 닭발과 매우 비슷해서' 이런 이름을 얻게 되었음을 알 수 있다. '酷似'는 '非常像'과 같은 의미이므로 답은 '叶子酷似鸡脚' 또는 '叶子非常像鸡脚'라고 쓰면 된다.

鸡脚棉得名的原因是什么？ 答: 叶子酷似鸡脚 or 叶子非常像鸡脚	지자오몐이라는 이름을 얻게 된 이유는 무엇인가？ 정답: 잎이 닭발과 매우 비슷해서

78 棉绒短、产量低，织不了细布 or 棉绒短、产量低，只能织粗布　핵심 단어인 '淘汰'를 제시문에서 찾으면 되는데, 세 번째 단락의 일곱 번째 문장에서 언급되었다. 여기서 주의할 점은 '옥양목을 짤 수 없다'와 '무명만 짤 수 있다' 이 두 가지는 같은 의미이므로 하나만 기입해도 된다는 것이다. 따라서 '棉绒短、产量低，织不了细布' 또는 '棉绒短、产量低，只能织粗布'를 답으로 쓰면 된다.

鸡脚棉当年为什么被逐步淘汰？ 答: 棉绒短、产量低，织不了细布 　　 or 棉绒短、产量低，只能织粗布	지자오몐은 그 당시에 왜 점차 도태되었는가？ 정답: 무명 린터가 짧고 생산량이 낮으며 옥양목을 짤 수 없다 or 무명 린터가 짧고 생산량이 낮으며 무명만 짤 수 있다

79 品质好、产量高 or 适应性强、应用价值广　지자오몐의 장점은 네 번째 단락의 두 번째 문장에서 알 수 있듯 '品质好、产量高、适应性强、应用价值广'이다. 답안은 10자를 초과하지 않아야 하므로 4가지 장점을 모두 쓰지 않고 그중 일부만 써도 무방하다.

鸡脚棉的优点是什么？ 答: 品质好、产量高 or 适应性强、应用价值广	지자오몐의 장점은 무엇인가？ 정답: 품질이 좋고 생산량도 높다 or 적응력이 강하고 응용 가치가 넓다

80 具备长足的发展空间　지자오몐의 발전 전망은 마지막 단락, 마지막 문장에서 언급된 '具备长足的发展空间'이다.

鸡脚棉的发展前景如何？ 答: 具备长足的发展空间	지자오몐의 발전 전망은 어떠한가？ 정답: 장족의 발전 가능성을 가지고 있다

对于机器人，我们都已不再陌生。不管是成果迭出的机器人比赛，还是形形色色的以机器人为主角的文艺作品，**81** 我们对机器人的陌生感逐渐降低。随着科技的发展，机器人也不断推陈出新，出现了不少有意思、有创新的种类。

目前问世的一种身段柔软灵活的机器人，它的个子虽小，仅有2厘米长、0.3克重，但是其功能却让人大开眼界，能在人们的指示下前往既定目标，以小小的身躯承担重物，翻越陡坡，无论是在严寒还是酷暑中都能正常使用。

82 这种迷你的软体机器人以其极强的综合性能受到广泛关注，人们期盼着未来它可以在废墟狭缝、生物体内完成各种复杂作业，它的面世也唤起了人们对软体机器人的好奇，它与传统的刚性机器人之间有着怎样的区别呢？

83 机器人是指有独立的自动控制系统、可以改变工作程序和编程、模仿人体某些器官的功能，并能完成某些操作或移动作业的机器。它们的出现可以代替人们的工作，在恶劣的自然环境或枯燥的重复性劳作中发挥作用。但是，**84** 很多时候，传统的刚性机器人的应用情景有限，因此科学家们将目光转向软体动物，从它们的运动特性上获得灵感，制造出具有更大自由度和变形能力的软体机器人。制造软体机器人首先以自然界的软体动物为原型，模仿自然界中的生物软体结构设计，章鱼、象鼻、尺蠖、水蛭等动物的仿生软体机器人先后被成功研制出来。其次就是制作材料，**85** 软体机器人由弹性材料制成，并依靠自身形状在空间上的连续变化来实现运动。

目前，人们还在探寻更多关于软体机器人的应用可能，如在太空中的运用，科学家们希望依靠软体机器人实现针对空间碎片、废弃卫星等空间目标的捕获，发挥其在狭窄空间操作的长处，在航天器内部设备维护、空间站舱内操作等任务中解决难题，利用大尺寸软体机器人实现空间设施的长距离搬运。

总的来说，**86** 软体机器人是一种科技含量高、前景良好的创新型机器人，它以材料科学、机构学和控制科学为基础，**87** 利用软体材料的物理特性使机器人进行更简单的高效运动。近年来，软体机器人研究与开发作为一个新兴的领域，也越来越受到关注，也许未来我们在生活中的方方面面都可以看到软体机器人的作用。

로봇에 대해 우리는 더 이상 낯설지 않다. 성과가 끊이지 않는 로봇 대회라든지, 로봇을 주인공으로 하는 형형색색의 문예 작품이라든지, **81** 로봇에 대한 우리의 이질감은 점차 낮아지고 있다. 과학 기술의 발전으로 로봇도 끊임없이 새로워지고 있으며, 재미있고 혁신적인 종류의 로봇이 많이 등장했다.

현재 세상에 나온 몸이 유연하고 민첩한 종류의 로봇이 있는데, 비록 키는 작아서 2cm밖에 안 되고 무게는 0.3g이지만, 그 기능은 사람들의 시야를 넓혀 주었다. 인간의 지시에 따라 정해진 목표로 가서 작은 몸으로 무거운 물건을 들고 가파른 고개를 넘으며, 엄동설한이나 폭염에도 모두 정상적으로 사용이 가능하다.

82 이런 미니 연체 로봇은 극강의 종합성으로 폭넓은 관심을 받고 있다. 사람들은 미래에 이것이 폐허의 좁은 구멍 또는 생물 체내에서 각종 복장한 작업을 완성해 내기를 기대하고 있다. 이것의 등장은 연체 로봇에 대한 사람들의 호기심도 불러일으켰는데, 그럼 연체 로봇과 전통적인 강체 로봇에는 어떤 차이점이 있을까?

83 로봇은 독립적인 자동 제어 시스템이 있고, 작업 루틴과 프로그래밍을 변화시킬 수 있으며, 인체 일부 기관의 기능을 모방할 수 있고, 일부 조작과 이동 작업을 완성할 수 있는 기계를 가리킨다. 이들의 출현으로 사람들의 일을 대체할 수 있게 되었는데, 열악한 자연환경 또는 따분한 중복 노동에서 그 역할을 발휘한다. 하지만 **84** 많은 경우, 전통적인 강체 로봇은 응용상 제한이 있었기 때문에, 과학자들은 연체동물로 시야를 돌렸고, 그들의 운동 특성에서 영감을 얻어 더욱 큰 자유성과 변형 능력을 지닌 연체 로봇을 만든 것이다. 연체 로봇 제작은 우선 자연계의 연체동물을 원형으로 삼아 자연 생물의 연체 구조 설계를 모방한 것으로 문어, 코끼리 코, 자벌레, 거머리 등의 동물을 모방한 연체 로봇이 연이어 성공적으로 연구 및 제작되었다. 다음은 제작 소재인데, **85** 연체 로봇은 탄성이 있는 소재로 만들어지며, 자신의 형태에 의지해서 공간에서의 연속적인 변화를 통해 움직인다.

현재, 사람들은 연체 로봇에 대한 더 많은 응용 가능성을 탐구하고 있는데, 예를 들면 우주에서의 운용이다. 과학자들은 연체 로봇을 통해 우주 폐기물, 폐기 위성 등 공간 목표에 대한 포획을 실현하고, 협소한 공간에서 조작이 가능하다는 장점을 활용해 우주선 내부 설비 보수와 우주 정류장 내 조작 등 임무의 어려움을 해결하며, 대형 연체 로봇을 이용하여 공간 설비의 장거리 운송이 실현되길 희망한다.

종합해서 말하면, **86** 연체 로봇은 과학 기술 함량이 높고 전망이 좋은 혁신형 로봇으로 소재 과학, 기구학, 제어 과학을 기초로 하며, **87** 연체 소재가 갖는 물리적 특성을 이용해서 로봇으로 하여금 더욱 간단한 고효율 작업을 하도록 한다. 최근, 연체 로봇의 연구 개발은 신흥 산업 분야로 점점 더 각광받고 있는데, 어쩌면 미래의 우리 생활 속 곳곳에서 연체 로봇의 역할을 볼 수 있을 것이다.

机器人 jīqìrén 명 로봇 | 成果迭出 chéngguǒ diéchū 잇달아 성과를 내다 | 形形色色 xíngxíng sèsè 형 형형색색의, 가지각색의 | 推陈出新 tuīchén chūxīn 낡은 것을 없애고 새 것을 창조하다 | 身段 shēnduàn 명 몸놀림, 몸동작 | 柔软 róuruǎn 형 유연하다 | 灵活 línghuó 형 민첩하다, 재빠르다 | 大开眼界 dàkāi yǎnjiè 성 시야를 크게 넓히다 | 既定 jìdìng 동 이미 정하다, 기정하다 | 身躯 shēnqū 명 몸집, 체구 | 翻越 fānyuè 동 뛰어넘다, 타고 넘다 | 陡坡 dǒupō 명 험한 비탈길, 가파른 고개 | 迷你 mínǐ 형 소형의, 미니 | 期盼 qīpàn 동 고대하다, 바라다 | 废墟 fèixū 명 폐허 | 狭缝 xiáfèng 슬롯(가늘고 긴 구멍) | 面世 miànshì 동 세상에 나타나다 | 唤起 huànqǐ 동 불러일으키다, 환기하다 | 编程 biānchéng 동 (컴퓨터의) 프로그램을 작성하다 | 恶劣 èliè 형 열악하다, 아주 나쁘다 | 枯燥 kūzào 형 바싹 마르다 | 灵感 línggǎn 명 영감 | 章鱼 zhāngyú 명 문어 | 象鼻 xiàngbí 명 코끼리의 코 | 尺蠖 chǐhuò 명 자벌레 | 水蛭 shuǐzhì 명 거머리 | 仿生 fǎngshēng 동 생체를 모방하다 | 探寻 tànxún 명 탐구하다, 찾다 | 空间碎片 kōngjiān suìpiàn 우주 폐기물 | 废弃卫星 fèiqì wèixīng 폐기 위성 | 捕获 bǔhuò 동 포획하다, 붙잡다 | 狭窄 xiázhǎi 형 비좁다 | 维护 wéihù 동 지키다, 유지하고 보호하다 | 空间站舱 kōngjiān zhàncāng 우주 정거장

---

81 **陌生感逐渐降低** 로봇에 대한 우리의 인식은 첫 번째 단락의 두 번째 문장에 나와 있듯이 '陌生感逐渐降低'이다.

我们对机器人的感觉有了怎样的变化?	로봇에 대한 우리의 인식에 어떠한 변화가 생겼는가?
答: 陌生感逐渐降低	정답: 이질감이 점차 낮아지고 있다

---

82 **极强的综合性** 문제에 나온 핵심 단어인 '这种迷你的软体机器人'과 같은 내용이 세 번째 단락 첫 문장에 있으므로 답은 '极强的综合性'임을 알 수 있다.

这种迷你的软体机器人因什么而受到广泛关注?	이런 미니 연체 로봇은 무엇 때문에 폭넓은 관심을 받았는가?
答: 极强的综合性	정답: 극강의 종합성

---

83 **是独立的** 문제의 '自动控制系统'은 네 번째 단락 첫 문장에서 찾을 수 있다. 로봇의 자동 제어 시스템은 '是独立的'라고 했다.

机器人的自动控制系统是怎样的?	로봇의 자동 제어 시스템은 어떠한 것인가?
答: 是独立的	정답: 독립적인 것

---

84 **软体动物** 핵심 단어인 '传统的刚性机器人的应用'은 네 번째 단락의 세 번째 문장에 나오므로 답은 '软体动物'이다.

传统的刚性机器人的应用情景有限，所以科学家们将目光转向了哪儿?	전통적인 강체 로봇은 응용상 제한이 있었기 때문에 과학자들은 어디로 시야를 돌렸는가?
答: 软体动物	정답: 연체동물

85 **弹性材料** 연체 로봇의 소재에 대한 내용은 네 번째 단락의 마지막 문장에 나오는데, 답은 '弹性材料'이다.

软体机器人由什么材料制成?	연체 로봇은 어떤 소재로 만들어졌는가?
答: 弹性材料	정답: 탄성 소재

86 **科技含量高、前景良好** 마지막 단락의 첫 문장을 보면 답이 '科技含量高、前景良好'임을 알 수 있다.

总的来说，软体机器人是一种什么样的创新型机器人?	종합해서 말하면, 연체 로봇은 어떠한 혁신형 로봇인가?
答: 科技含量高、前景良好	정답: 과학 기술 함량이 높고 전망이 좋다

87 **物理特性** 문제의 핵심 단어인 '高效运动'을 제시문에서 찾아보면, 마지막 단락의 첫 문장에서 답을 찾을 수 있다. 내용에 따르면, 연체 소재가 갖는 '物理特性'으로 고효율 작업이 가능함을 알 수 있다.

机器人能进行高效运动是利用了软体材料的什么特性?	로봇이 고효율 작업을 할 수 있는 것은 연체 소재의 어떤 특성을 이용한 것인가?
答: 物理特性	정답: 물리적 특성

三、书写 쓰기

제1~2부분 **88~89** 다음의 자료에 근거하여 두 편의 문장을 쓰세요. 제한 시간은 55분입니다.

88~89

> 低碳生活，就是指生活作息时所耗用的能量要尽力减少，从而减低碳，特别是二氧化碳的排放量，从而减轻对大气的污染，减缓生态恶化。低碳生活主要是从节电、节气和回收三个环节改变生活细节来减缓生态恶化。

> 저탄소 생활이란 일상생활 속에서 에너지 소비를 최대한 줄임으로써 탄소, 특히 이산화 탄소 배출량을 낮춰 대기 오염을 경감시키고 생태계 악화를 늦추는 것을 가리킨다. 저탄소 생활은 주로 전기 절약, 가스 절약, 재활용 이 세 가지 측면에서 이루어지며, 생활 속 작은 실천으로 생태계 악화를 감소시킨다.

节电	节气	垃圾分类和回收工作
전기 절약	가스 절약	쓰레기 분리수거 및 재활용

1. 空调调高一度 2. 电视屏幕暗一点 3. 用完电器拔插头	1. 做饭尽量用大火 2. 烹饪时巧用微波炉等厨具	1. 拒绝过度包装 2. 少用一次性餐具 3. 充分利用白纸，尽量使用再生纸 4. 垃圾分类处理并回收
1. 에어컨 1도 높이기 2. 화면 어둡게 하기 3. 전기 제품 사용 후 플러그 뽑기	1. 가능한 센 불로 밥 짓기 2. 조리 시 전자레인지 등 조리 기구 잘 사용하기	1. 과대 포장하지 않기 2. 일회용 식기 사용 줄이기 3. 백지는 최대한으로 사용하고 가능한 재생지 사용하기 4. 쓰레기 분리수거 및 재활용하기

低碳生活 dītàn shēnghuó 몡 저탄소(친환경적) 생활 | **作息** zuòxī 통 일하고 휴식하다 | **耗用** hàoyòng 통 쓰다, 소모하다 | **排放量** páifàngliàng 몡 (액체나 기체의) 배출량 | **减缓** jiǎnhuǎn 통 늦추다 | **屏幕** píngmù 몡 스크린 | **拔插头** bá chātóu 플러그를 뽑다 | **烹饪** pēngrèn 통 요리하다 | **微波炉** wēibōlú 몡 전자레인지 | **垃圾分类** lājī fēnlèi 쓰레기 분리수거 | **再生纸** zàishēngzhǐ 몡 재생지, 재생 종이

제1부분 88 도표에 대해 묘사하고 분석하는 글을 200자 내외로 쓰세요. 제한 시간은 15분입니다.

글을 쓸 때 먼저 도표를 자세히 분석하고, 간단히 정리하여 구조를 만들어야 한다. 이 도표의 구조는 세 부분으로 나뉘어 있다. 첫 부분에서는 저탄소 생활의 개념을 소개했고, 두 번째로 저탄소 생활을 실천하는 데 있어 중요한 방법에 대해 설명하고자 했으며, 세 번째 부분에서는 주요 실천 방법인 전기와 가스 절약 및 쓰레기 처리 방법에 대해 설명했다. 모든 부분을 조금씩 언급하며, 간단한 예를 한두 가지 들어서 써야 한다.

88

모범 답안

所谓"低碳生活"，就是指在生活中减低二氧化碳的排放量，最终达到净化地球、保护地球的目的。作为普通人，我们应该在生活中注重节电、节气和垃圾处理方式。 　　第一，从节电方面做起，夏天时，我们可以将空调调高一度，平时用完电器应立刻拔下电源。 　　第二，从节气方面做起，比如，当我们做饭时，尽量用大火，也要注意料理的方法和厨具的选择。 　　第三，垃圾分类和回收的工作非常重要：比如，不要过度包装商品，尽量少用一次性餐具。 　　最后一点尤其重要，即垃圾的分类，尽量分别收集各种垃圾。只有这样才能减少对环境的污染。	'저탄소 생활'이란, 바로 생활 속에서 이산화 탄소 배출량을 줄여 최종적으로 지구를 정화시키고 보호하는 목표에 다다르는 것을 말한다. 일반인으로써 우리는 생활 속에서 전기와 가스 절약, 그리고 쓰레기 처리 방식에 주의해야 한다. 　　첫째, 전기 절약 면에서 시작하면, 여름철 에어컨 온도는 1도 올리고 평소 전기 제품 사용 후에는 곧바로 전원을 뽑는다. 　　둘째, 가스 절약 면에서는, 예를 들어 밥을 지을 때 가능한 센 불을 사용하고 조리 방법과 취사도구의 선택에 있어서도 주의를 기울여야 한다. 　　셋째, 쓰레기 분리수거와 재활용이 매우 중요하다. 예를 들면, 상품은 과대 포장하지 않고, 되도록 일회용 젓가락 사용을 줄여야 한다. 　　마지막이 특히 중요한데, 바로 쓰레기 분리수거이다. 쓰레기는 가능한 분리해서 모아야 한다. 이렇게 해야만 환경 오염을 줄일 수 있다.

达到……目的 dádào……mùdì ~목적을 이루다, ~목적에 달성하다 | 净化 jìnghuà 图 정화하다, 맑게 하다 | 垃圾处理方式 lājī chǔlǐ fāngshì 쓰레기 처리 방식 | 从……方面做起 cóng……fāngmiàn zuòqǐ ~측면에서 시작하다 | 拔下电源 báxià diànyuán 전원을 뽑다

제2부분 89 주제를 보고 작문하세요. 제한 시간은 40분입니다.

주제 보고 작문하기는 어떤 주제에 대한 자신의 관점을 표명하는 작문이다. 주제 작문은 3가지 요소를 포함하는데 논점, 논거, 논증이 그것이다.

논점	논점이란 바로 자신의 관점으로, 문장의 중심 생각이다. 하나의 논점을 쓰는 것이 가장 좋으며, 그렇지 않으면 논리성이 떨어지게 된다.
논거	논거란 자신이 알고 있는 예를 드는 것을 말한다. 이러한 예를 드는 것은 자신의 관점이 정확하다는 것을 증명하기 위해서이다.
논증	논증이란 바로 자신의 관점을 증명하는 작문 방법이다. 주로 다음의 3가지 방법이 있다. ① 예를 들어 논증하기: 현실 사례를 들어 자신의 관점을 증명한다. ② 인용하여 입증하기: 사람들이 모두 알고 있는 이야기나 명언 등을 인용하여 자신의 관점을 증명한다. ③ 인과 관계로 입증하기: 사실의 원인을 분석해서 자신의 관점을 증명한다.

89

주제

有人认为，践行低碳生活将会影响生活质量，让生活感到不便，你认为这句话有道理吗？请给出理由。文章不少于600字。	어떤 사람들은 저탄소 생활 실천이 삶의 질에 영향을 미치고 생활을 불편하게 만든다고 여기는데, 당신은 이것이 일리가 있다고 생각하는가? 그 이유를 600자 이상으로 쓰시오.

모범 답안

低碳会降低生活质量吗?

低碳生活，就是指生活作息时，所耗用的能量要尽力减少，从而减低碳，特别是二氧化碳的排放量，其目的是减轻对大气的污染，减缓生态恶化。但即便如此，还有人认为低碳生活改变了我们的日常生活方式，会降低生活质量。对此，我的看法是，低碳生活不但不会降低我们的生活质量，甚至还会是一种更好地提升我们精神境界的方式。

众所周知，目前地球的资源日渐匮乏，所以我们应该把有限的资源用于满足人们的基本需要，限制奢侈浪费。比如，在享受空调带来的舒适时，我们可以将空调的温度调高一度，一度其实不能让我们产生不适感，但可以节省电源。当我们购物时，尽量购买生活必需品，不要购买奢侈品，因为奢侈品在生产过程中，不但消耗更多的资源，还会排放出更多的二氧化碳，污染环境。因为奢侈浪费，浪费的是地球的资源，污染的是地球的环境，最终受害者还是我们人类。选择低碳生活的目的就在于在日常生活中减少排放温室气体，保护我们的家园不再受到污染。所以我们实践低碳生活，需要从点滴做起，注意节电、节水、节气。这些小小的节约行为，却能产生巨大的减碳效果，进而净化我们的地球，让我们的后代也能享受到干净的生活环境。

对于我们普通人来说，选择低碳生活是一种境界。任何节能、防治污染的行为，都是对社会的贡献，可见低碳生活是一种幸福的生活方式，它不仅不会降低我们的生活幸福指数，还会让我们有一种使命感。地球是我们人类共同生活的家园，我们必须为保护地球献出一份

저탄소 생활이 삶의 질을 떨어뜨릴까?

저탄소 생활이란 바로 일상생활 속에서 소모하는 에너지를 최대한 줄임으로써 탄소량, 특히 이산화 탄소 배출량을 줄이는 것을 말하며, 그 목표는 대기 오염과 생태 환경 악화를 늦추는 것이다. 하지만 어떤 사람들은 저탄소 생활이 우리의 일상생활 방식을 바꾸었고 삶의 질을 낮출 것이라고 여긴다. 이에 대해 나는 저탄소 생활은 우리 삶의 질을 떨어뜨리지 않을 뿐만 아니라, 심지어 우리의 정신적 세계를 더욱 향상시키는 방식이라고 생각한다.

모두가 알고 있듯, 현재 지구의 자원은 나날이 부족해지고 있다. 그렇기 때문에 우리는 유한한 자원을 사람들의 기본적인 수요를 만족시키는 데 사용해야 하며, 사치와 낭비는 제한해야 한다. 예를 들면, 에어컨으로 인한 편리함을 누릴 때, 에어컨 온도를 1도 높이는 것이다. 1도는 사실 우리에게 불편함을 가져다주지 않지만 전기는 절약할 수 있다. 쇼핑을 할 때는 가능한 생활필수품을 구매하고 사치품은 구매하지 않도록 한다. 왜냐하면 사치품은 생산 과정에서 더 많은 자원을 소모할 뿐만 아니라 더 많은 이산화 탄소를 배출해서 지구 환경을 오염시키기 때문이다. 사치 때문에 낭비되는 것은 지구의 자원이고, 오염되는 것은 지구의 환경이며, 결국 피해자는 바로 우리 인류이다. 저탄소 생활을 선택하는 목적은 바로 일상생활 속에서 온실가스 배출을 줄여, 우리의 터전이 더 이상 오염되지 않도록 하는 데 있다. 그러므로 우리는 저탄소 생활을 작은 부분에서부터 시작해서 전기 절약, 수자원 절약, 가스 절약 등에 주의해야 한다. 이러한 작은 절약 행동은 커다란 탄소 감축 효과를 가져오며, 나아가 지구를 정화시켜서 우리의 후대로 하여금 깨끗한 생활 환경을 누릴 수 있게 해 준다.

우리와 같은 일반인들에게 있어서, 저탄소 생활을 선택하는 것은 일종의 경지에 이르는 것이다. 모든 에너지 절약과 오염 예방을 위한 행위는 사회에 대한 공헌이다. 그러므로 저탄소 생활은 일종의 행복한 생활 방식으로, 우리의 행복지수를 낮추지 않을 뿐 아니라, 우리로 하여금 일종의 사

力量。保护环境，选择低碳生活是我们义不容辞的义务。

명감을 갖게 한다. 지구는 인류 공동의 생활 터전이므로 우리는 반드시 지구 보호를 위해 힘을 보태야 한다. 환경을 보호하고 저탄소 생활을 선택하는 것은 우리가 마땅히 해야 할 의무이다.

践行 jiànxíng ⑧ 이행하다, 실행하다 │ **降低** jiàngdī ⑧ 낮추다, 낮아지다 │ **耗用能量** hàoyòng néngliàng 에너지를 소모하다 │ **众所周知** zhòng suǒ zhōu zhī ⑳ 모든 사람이 다 알고 있다 │ **匮乏** kuìfá ⑲ (물자가) 결핍하다, 부족하다 │ **奢侈** shēchǐ ⑲ 사치하다 │ **温室气体** wēnshì qìtǐ 온실가스 │ **从点滴做起** cóng diǎndī zuòqǐ 사소한 것에서부터 시작하다 │ **贡献** gòngxiàn ⑧ 공헌하다, 기여하다 │ **幸福指数** xìngfú zhǐshù 행복지수 │ **义不容辞** yì bù róng cí ⑳ 의리상 거절할 수 없다, 마땅히 해야 한다

작문 비법

低碳生活，就是指生活作息时，所耗用的能量要尽力减少，从而减低碳，特别是二氧化碳的排放量，其目的是减轻对大气的污染，减缓生态恶化。但即便如此，还有人认为低碳生活改变了我们的日常生活方式，会降低生活质量。对此，我的看法是，低碳生活不但不会降低我们的生活质量，甚至还会是一种更好地提升我们精神境界的方式。	• 먼저 주제가 무엇인지 본다. • 주제: 어떤 사람들은 저탄소 생활의 실천이 삶의 질에 영향을 미치고 생활에 불편을 가져올 것이라고 여긴다. • 위의 주제에 대한 자신의 생각을 제시한다. 저탄소는 우리의 삶의 질을 떨어뜨리지 않을 뿐만 아니라, 우리의 정신적 세계를 더욱 향상시키는 방식이라고 생각한다.
众所周知，目前地球的资源日渐匮乏，所以我们应该把有限的资源用于满足人们的基本需要，限制奢侈浪费。比如，在享受空调带来的舒适时，我们可以将空调的温度调高一度，一度其实不能让我们产生不适感，但可以节省电源。当我们购物时，尽量购买生活必需品，不要购买奢侈品，因为奢侈品在生产过程中，不但消耗更多的资源，还会排放出更多的二氧化碳，污染环境。因为奢侈浪费，浪费的是地球的资源，污染的是地球的环境，最终受害者还是我们人类。选择低碳生活的目的就在于在日常生活中减少排放温室气体，保护我们的家园不再受到污染。所以我们实践低碳生活，需要从点滴做起，注意节电、节水、节气。这些小小的节约行为，却能产生巨大的减碳效果，进而净化我们的地球，让我们的后代也能享受到干净的生活环境。	• 자신의 관점이 맞다는 것을 논증한다. ① 예를 들어 논증하기: 지구의 자원은 부족하기 때문에 자원을 낭비해서는 안 된다. 몇 가지 절약 행동을 예로 들었는데 에어컨 온도 높이기, 사치품 구매하지 않기 등 이런 사소한 행동이 지구의 오염을 막을 수 있다. ② 인과 관계로 입증하기: 제시한 예시들은 지구 오염을 피할 수 있게 해 주기 때문에 마땅히 저탄소 생활을 선택해야 한다. 또한 저탄소 생활 선택의 의의는 우리의 후대가 깨끗한 생활 환경을 누릴 수 있다는 데 있다.
对于我们普通人来说，选择低碳生活是一种境界。任何节能、防治污染的行为，都是对社会的贡献，可见低碳生活是一种幸福的生活方式，它不仅不会降低我们的生活幸福指数，还会让我们有一种使命感。地球是我们人类共同生活的家园，我们必须为保护地球献出一份力量。保护环境，选择低碳生活是我们义不容辞的义务。	• 전체 문장을 정리하고 마지막으로 자신의 관점을 다시 한 번 더 설명한다.

四、翻译 번역

제1부분 **90~91** 다음 자료를 중국어로 번역하세요. 제한 시간은 35분입니다.

90

제시문	모범 답안
비행 자동차는 말 그대로 지상에서는 자동차처럼 달리고 하늘에서는 비행기처럼 나는 교통수단이다. 생활 수준이 높아지면서 자동차는 이미 우리의 필수적인 이동 수단이 되었다. 하지만 그로 인해 발생하는 교통 문제가 날로 심각해지고 있다. 우리가 잘 알고 있듯 하늘에서는 위와 같은 교통문제가 발생하지 않지만, 항공 노선과 시간표 등의 제약으로 언제 어디서든 가고 싶은 곳을 갈 수 없다. 만약 민간 비행기로 단거리 여행을 갈 때 걸리는 대기 시간, 공항 안전 검사, 공항까지의 왕복 시간을 고려한다면 이는 우리의 귀중한 시간을 낭비하는 선택이라고 할 수 있다. 자동차나 비행기와 비교했을 때, 비행 자동차는 이러한 단점이 없다. 비행 자동차가 있다면 우리는 가고 싶은 곳을 가고 싶을 때 갈 수 있다.	飞行汽车，顾名思义是指既如汽车一样在陆地上行驶，又可以如飞机一样在空中飞行的交通工具。随着生活水平的提高，毋庸置疑的是，汽车已成为我们出行时，不可或缺的移动工具，但是随之带来的交通问题也日益严重。 众所周知，空中出行时，不会发生上述类似问题，但因航班路线和航班时刻表的束缚，所以不能随时随地出发去自己想去的地方。 若选择乘坐民航飞机进行短距离旅行时，考虑到候机时间、机场安全检查、以及往返机场所需的时间，这种选择可以说是一种浪费我们宝贵时间的选择。 与汽车或者飞机相比，飞行汽车并不具有这样的缺点，可见，若有飞行汽车，只要我们有想去的地方，就可以随时随地出发。

顾名思义 gù míng sī yì ⑱ 이름대로, 글자 그대로 | **行驶** xíngshǐ ⑧ (차나 배 등이) 통행하다, 운항하다 | **毋庸置疑** wúyōng zhìyí 의심할 나위가 없다 | **不可或缺** bù kě huò quē ⑱ 없어서는 안 되다 | **束缚** shùfù ⑧ 속박하다, 제한하다 | **日益严重** rìyì yánzhòng 나날이 심해지다, 날로 심각하다

번역 비법

비행 자동차는 말 그대로 지상에서는 자동차처럼 달리고 하늘에서는 비행기처럼 나는 교통수단이다. 생활 수준이 높아지면서 자동차는 이미 우리의 필수적인 이동 수단이 되었다. 하지만 그로 인해 발생하는 교통 문제가 날로 심각해지고 있다.

~는 말 그대로	① ……是指	② 所谓……，是指	③ ……，顾名思义
~처럼	① 像……一样	② 如……	③ 像……
A하면서 B하다	① A的同时，B	② 随着A，B	
A는 이미 B가 되었다	① A已成为B		
그로 인해	① 所以	② 因此	③ 因而
날로 심각해지고 있다	① 一天比一天严重	② 越来越严重	③ 日益(日渐)严重

> '一边A，一边B'로 번역하지 않도록 주의한다. '一边……，一边……' 구문은 두 가지 구체적인 동작이 동시에 진행됨을 강조할 때 쓰인다.

우리가 잘 알고 있듯 하늘에서는 위와 같은 교통문제가 발생하지 않지만, 항공 노선과 시간표 등의 제약으로 언제 어디서든 가고 싶은 곳을 갈 수 없다.

우리가 잘 알고 있듯	① 我们深知	② 众所周知	③ 正如我们所熟知的那样
위와 같은 문제	① 上述提到的问题	② 上述类似(相似)问题	
언제 어디서든	① 随时随地		

만약 민간 비행기로 단거리 여행을 갈 때 걸리는 대기 시간, 공항 안전 검사, 공항까지의 왕복 시간을 고려한다면 이는 우리의 귀중한 시간을 낭비하는 선택이라고 할 수 있다.

만약 ~한다면	① 如果……	② 倘若……	③ 若……
~라고 할 수 있다	① 可以说是……		

자동차나 비행기와 비교했을 때, 비행 자동차는 이러한 단점이 없다. 비행 자동차가 있다면 우리는 가고 싶은 곳을 가고 싶을 때 갈 수 있다.

~와 비교했을 때	① 和……比较起来	② 与……相比
가고 싶은 곳을 가고 싶을 때 가다	① 想去哪儿就去哪儿, 想什么时候去就什么时候去 ② 想去什么地方就去什么地方, 想什么时候去就什么时候去 ③ 随时随地出发	

◆ 수준별 모범 답안

초급	飞行汽车, 是指像汽车在陆地上行驶, 也像飞机在空中飞行的交通工具。生活水平提高的同时, 汽车已成为我们必需的交通工具, 但是带来的交通问题越来越严重。 　我们深知, 在空中不会发生上述的问题, 但因为航班路线和航班时刻表的制约, 所以不能随时随地想去哪儿就去哪儿。 　要想坐民航飞机去短距离旅行, 想到候机时间、机场安全检查、和往返机场所需要的时间, 这种选择可能是浪费时间的选择。 　与汽车或者飞机比起来, 飞行汽车没有这样的缺点, 如果有飞行汽车, 我们就能想去哪儿就去哪儿, 想什么时候去就什么时候去。
중급	所谓飞行汽车, 是指既可以像汽车一样在陆地上行驶, 又可以像飞机一样在空中飞行的交通工具。生活水平提高的同时, 汽车已成为我们不可或缺的交通工具。但是带来的交通问题也日益严重。 　正如我们所知的那样, 在空中不会有上述提到的问题, 但因航班路线和航班时刻表的束缚, 所以不能随时随地去自己想去的地方。 　如果选择乘坐民航飞机去短距离旅行时, 考虑到候机时间、机场安全检查、以及往返机场所需的时间, 这种选择也许是一种浪费时间的行为。 　与汽车或者飞机相比, 飞行汽车没有这样的缺点, 若有飞行汽车, 我们就能想去什么地方就去什么地方, 想什么时候去就什么时候去。

飞行汽车，顾名思义是指既如汽车一样在陆地上行驶，又可以如飞机一样在空中飞行的交通工具。随着生活水平的提高，毋庸置疑的是，汽车已成为我们出行时，不可或缺的移动工具，但是随之带来的交通问题也日益严重。

众所周知，空中出行时，不会发生上述类似问题，但因航班路线和航班时刻表的束缚，所以不能随时随地出发去自己想去的地方。

若选择乘坐民航飞机进行短距离旅行时，考虑到候机时间、机场安全检查、以及往返机场所需的时间，这种选择可以说是一种浪费我们宝贵时间的选择。

与汽车或者飞机相比，飞行汽车并不具有这样的缺点，可见，若有飞行汽车，只要我们有想去的地方，就可以随时随地出发。

91

요즘, 한창 자랄 나이의 어린이들이 불면증에 시달리고 있다. 잠을 제대로 자지 못하면 성장 발육이 더뎌지고 면역력이 약해지기 쉽다. 더 방치하면 우울증이 생기고 학습 장애와 행동 장애에도 시달릴 수 있다.

0~9세 어린이 불면증 환자는 2019년 193명, 2020년 178명에서 2021년 244명으로 급격히 늘어났다. 올 상반기에도 146명이 불면증으로 진료를 받았다. 10~19세 청소년도 지난해보다 7.2% 늘었다.

어린이 불면증 환자가 증가한 이유로는 잠들기 전 스마트폰을 사용하거나 TV를 시청하는 등 잘못된 수면 환경이 꼽혔다. 야간 스마트폰 사용은 수면 호르몬인 멜라토닌 분비를 저해하는 것으로 알려져 있다. 성장기에 불면증에 걸리면 성장 저하는 물론 집중력 저하, 우울증을 야기할 수 있다.

어릴 때 불면증을 겪었던 어린이는 성인이 된 후에도 불면증에 시달릴 가능성이 크다. 미국 연구팀이 어린이 502명을 대상으로 실시한 불면증 조사에 따르면, 불면증 증상이 있던 어린이의 43%는 성인이 되어서도 불면증을 겪었으며 이들의 19%는 오히려 병세가 악화되기도 했다. 정상적으로 잠을 잔 어린이와 비교했을 때, 하루 평균 수면 시간이 7시간 이하인 어린이는 성인이 된 후 불면증에 걸릴 확률이 2.5배 이상 높았다.

目前，有很多处于生长发育期的孩子正饱受失眠的折磨。如果睡眠质量不佳，就会很容易导致生长发育迟缓、免疫力下降。若听之任之的话，就很容易患上抑郁症、学习障碍症和行为障碍症，并因此饱受困扰。

0~9岁儿童失眠症患者由2019年的193人、2020年的178人暴增到2021年的244人。今年上半年也有146人因失眠而接受了治疗。10~19岁的青少年失眠症患者同去年相比增加了7.2%。

儿童失眠症患者增加的原因是，睡前使用智能手机，或者睡前看电视等不良睡眠习惯造成的。据悉，夜间使用智能手机会抑制睡眠荷尔蒙褪黑激素的分泌，如果在生长发育期患上失眠症，不仅会影响青少年的生长发育，还会导致集中力下降、以及患上抑郁症。

患有失眠症的儿童有可能在成年后其症状持续存在。美国研究小组以502名儿童为研究对象，针对失眠症实施了调查，调查结果显示，其中43%的儿童失眠患者在成年后会继续受失眠症的困扰，而其中19%反而会是病情加重，与睡眠正常的儿童相比，平均每天睡眠时间不够七小时的儿童在成年后患有失眠症的几率要高出2.5倍。

饱受 bǎoshòu 图 (고통 등을) 많이 받다 | 失眠 shīmián 图 불면증 | 折磨 zhémó 图 고통스럽게 하다, 괴롭히다 | 不佳 bùjiā 图 좋지 않다 | 迟缓 chíhuǎn 图 느리다, 완만하다 | 免疫力 miǎnyìlì 图 면역력 | 听之任之 tīng zhī rèn zhī 图 방임하다, 그대로 내버려두다 | 抑郁症 yìyùzhèng 图 우울증 | 学习障碍症 xuéxí zhàng'àizhèng 학습 장애 | 行为障碍症 xíngwéi zhàng'àizhèng 행동 장애 | 困扰 kùnrǎo 图 귀찮게 굴다, 괴롭히다 | 暴增 bàozēng 图 폭증하다 | 抑制 yìzhì 图 억제하다, 억누르다 | 睡眠荷尔蒙 shuìmián hé'ěrméng 수면 호르몬 | 褪黑激素 tuìhēijīsù 멜라토닌 | 分泌 fēnmì 图 분비하다 | 以……为研究对象 yǐ……wéi yánjiū duìxiàng ~을 연구 대상으로 하다 | 病情加重 bìngqíng jiāzhòng 병세가 악화되다 | 几率 jīlù 图 확률

요즘, 한창 자랄 나이의 어린이들이 불면증에 시달리고 있다. 잠을 제대로 자지 못하면 성장 발육이 더뎌지고 면역력이 약해지기 쉽다. 더 방치하면 우울증이 생기고 학습 장애와 행동 장애에도 시달릴 수 있다.

한창 자랄 나이	① 在生长发育期	② (处于)生长发育期	
시달리고 있다	① 正受到折磨	② 正遭受痛苦	③ 正饱受折磨
잠을 제대로 자지 못하면	① 如果睡不好觉	② 如果没有睡好觉	③ 如果睡眠质量不佳
면역력이 약해지기 쉽다	① 很容易造成免疫力下降	② 很容易导致免疫力低下	③ 易于降低免疫力
더 방치하면	① 如果不加以重视	② 如果听之任之	
우울증이 생기다	① 得抑郁症	② 患上抑郁症	

0~9세 어린이 불면증 환자는 2019년 193명, 2020년 178명에서 2021년 244명으로 급격히 늘어났다. 올 상반기에도 146명이 불면증으로 진료를 받았다. 10~19세 청소년도 지난해보다 7.2% 늘었다.

A에서 B로 급격히 늘어나다	① 从A快速增加到B	② 从A急剧增加到B
	③ 从A暴增到B	④ 从A飙升到B

어린이 불면증 환자가 증가한 이유로는 잠들기 전 스마트폰을 사용하거나 TV를 시청하는 등 잘못된 수면 환경이 꼽혔다. 야간 스마트폰 사용은 수면 호르몬인 멜라토닌 분비를 저해하는 것으로 알려져 있다. 성장기에 불면증에 걸리면 성장 저하는 물론 집중력 저하, 우울증을 야기할 수 있다.

A의 이유로 B가 꼽혔다	① A的原因是，B造成的
~로 알려져 있다	① 据悉，……

어릴 때 불면증을 겪었던 어린이는 성인이 된 후에도 불면증에 시달릴 가능성이 크다. 미국 연구팀이 어린이 502명을 대상으로 실시한 불면증 조사에 따르면, 불면증 증상이 있던 어린이의 43%는 성인이 되어서도 불면증을 겪었으며 이들의 19%는 오히려 병세가 악화되기도 했다. 정상적으로 잠을 잔 어린이와 비교했을 때, 하루 평균 수면 시간이 7시간 이하인 어린이는 성인이 된 후 불면증에 걸릴 확률이 2.5배 이상 높았다.

~를 대상으로 실시한 조사에 따르면	① 以……为研究对象进行的调查	② 针对……进行的调查

◈ 수준별 모범 답안

초급	现在，很多孩子在生长发育时，正受到失眠的折磨。如果没有睡好觉，就会很容易造成生长发育迟缓、免疫力下降。如果不重视的话，就很容易得抑郁症、学习障碍症和行为障碍症，因此会很痛苦。 2019年，0~9岁儿童失眠症患者是193人，2020年是178人，2021年快速增加到244人。今年上半年也有146人因失眠而接受了治疗。10~19岁的青少年失眠症患者也比去年增加了7.2%。 儿童失眠症患者越来越多的原因是一些不好的睡眠习惯造成的，比如，睡前使用智能手机或者睡前看电视。据悉，夜间使用智能手机会使睡眠荷尔蒙褪黑激素分泌减少，如果在生长发育期患上失眠症，会影响青少年的生长发育，也会导致集中力下降和患上抑郁症。

儿童失眠症患者有可能在长大后还是失眠症患者。美国研究小组把502名儿童作为研究对象，对失眠症进行了调查，调查后发现，其中43%的儿童失眠患者在长大后还是失眠症患者，其中19%的儿童患者长大后病情会更加严重，和睡眠正常的儿童相比，平均每天睡眠时间不到七小时的儿童长大后患有失眠症的几率要高2.5倍。

중급	目前，很多孩子在生长发育的过程中，正遭受失眠的痛苦。如果睡不好觉，就会很容易导致生长发育迟缓、免疫力低下。若不加以重视的话，就很容易患上抑郁症、学习障碍症和行为障碍症，遭受其带来的痛苦。 0~9岁儿童失眠症患者从2019年的193人、2020年的178人急剧增加到2021年的244人。今年上半年也有146人因为失眠，接受了治疗。10~19岁的青少年失眠症患者也比去年增加了7.2%。 因为很多儿童有睡前使用智能手机，或者睡前看电视等不良睡眠习惯，所以导致儿童失眠症患者越来越多。据悉，夜间使用智能手机会减少睡眠荷尔蒙褪黑激素的分泌，如果在生长发育期患上失眠症，除了会影响青少年的生长发育，还会导致集中力下降和患上抑郁症。 有失眠症的儿童在长大后，其症状会一直存在。美国研究小组以502名儿童为研究对象，进行了有关失眠的调查，调查结果发现，其中43%的儿童失眠症患者在成年后还是失眠症患者，其中19%患者成年后病情会加重，与睡眠正常的儿童相比，平均每天睡眠时间不够七小时的儿童在成年后患有失眠症的几率要高出2.5倍。
고급	目前，有很多处于生长发育期的孩子正饱受失眠的折磨。如果睡眠质量不佳，就会很容易导致生长发育迟缓、免疫力下降。若听之任之的话，就很容易患上抑郁症、学习障碍症和行为障碍症，并因此饱受困扰。 0~9岁儿童失眠症患者由2019年的193人、2020年的178人暴增到2021年的244人。今年上半年也有146人因失眠而接受了治疗。10~19岁的青少年失眠症患者同去年相比增加了7.2%。 儿童失眠症患者增加的原因是，睡前使用智能手机，或者睡前看电视等不良睡眠习惯造成的。据悉，夜间使用智能手机会抑制睡眠荷尔蒙褪黑激素的分泌，如果在生长发育期患上失眠症，不仅会影响青少年的生长发育，还会导致集中力下降、以及患上抑郁症。 患有失眠症的儿童有可能在成年后其症状持续存在。美国研究小组以502名儿童为研究对象，针对失眠症实施了调查，调查结果显示，其中43%的儿童失眠患者在成年后会继续受失眠症的困扰，而其中19%反而会是病情加重，与睡眠正常的儿童相比，平均每天睡眠时间不够七小时的儿童在成年后患有失眠症的几率要高出2.5倍。

제2부분 **92~93** 통역 (읽는 시간 1분, 통역 시간 2분)

92

제시문	모범 답안
최근 성인의 독서 습관에 대한 조사에 따르면, 2020년 중국 성인 10명 중 3명 이상이 듣는 독서 습관을 가지고 있는 것으로 밝혀졌다. 오디오북은 우리의 두 손을 구속하지 않을 뿐만 아니라, 동시에 사람의 두 눈을 해방시켜 우리의 생활을 더욱 편리하게 해 주었으며, 듣기 좋은 소리를 통해 책의 내용에 대해서도 한층 더 잘 이해할 수 있게 되었다. 그러나 오디오북의 질적인 측면에서 봤을 때 여전히 발전과 추가적인 규범이 필요하다.	根据最新数据显示，针对成年人读书习惯的考察发现，2020年，中国有三成以上的成年人有听书习惯，有声读物不仅没有束缚我们的双手，同时解放了我们的双眼，也让我们的生活更加便利。人们在悦耳的读书声中，对书中的内容有了更深的理解，但即便如此，从有声读物的质量的角度来看，还是有待于发展和进一步规范。

有声读物 yǒushēng dúwù 몡 오디오북 | **数据** shùjù 몡 데이터, 통계 수치 | **束缚** shùfù 동 구속하다, 속박하다 | **不仅没有……，同时也……** bùjǐn méiyǒu……, tóngshí yě…… ~하지 않을 뿐만 아니라, 동시에 ~도 하다 | **悦耳** yuè'ěr 혱 듣기 좋다 | **即便如此** jíbiàn rúcǐ 그렇다고 해도 | **有待** yǒudài 동 기대하다, ~이 요구되다, ~할 필요가 있다

통역 비법

최근 성인의 독서 습관에 대한 조사에 따르면, 2020년 중국 성인 10명 중 3명 이상이 듣는 독서 습관을 가지고 있는 것으로 밝혀졌다. 오디오북은 우리의 두 손을 구속하지 않을 뿐만 아니라, 동시에 사람의 두 눈을 해방시켜 우리의 생활을 더욱 편리하게 해 주었으며, 듣기 좋은 소리를 통해 책의 내용에 대해서도 한층 더 잘 이해할 수 있게 되었다. 그러나 오디오북의 질적인 측면에서 봤을 때 여전히 발전과 추가적인 규범이 필요하다.

10명 중 3명	① 三成	② 百分之三十(30%)	
한층 더 잘 이해할 수 있게 되었다	① 更好的理解	② 更深的理解	③ 进一步的了解
~의 측면에서 봤을 때	① (站在/从)……角度来看	② 从……视角来看	③ 从……层面来看

◆ 수준별 모범 답안

초중급	根据最新有关成年人读书习惯的调查显示，2020年，中国30%以上的成年人有听书习惯，听书习惯解放了我们的双手和我们的双眼，让我们的生活更加方便。动听的读书声让我们对书中的内容有了更好的理解，但有声读物的质量还需要发展和进一步规范。
고급	根据最新数据显示，针对成年人读书习惯的考察发现，2020年，中国有三成以上的成年人有听书习惯，有声读物不仅没有束缚我们的双手，同时解放了我们的双眼，也让我们的生活更加便利。人们在悦耳的读书声中，对书中的内容有了更深的理解，但即便如此，从有声读物的质量的角度来看，还是有待于发展和进一步规范。

제시문	모범 답안

‘실크로드’는 중앙아시아, 서아시아, 유럽을 연결하는 중요한 통로로써 중국 고대사에서 다리와 같은 역할을 했다. 실크로드를 통해 중국의 비단, 도자기, 차 등이 중앙아시아와 유럽으로 수출되었으며, 이와 마찬가지로 중국 또한 ‘실크로드’를 통해 타국의 특색 있는 상품을 자국으로 가져왔다.

"丝绸之路"曾作为连接中亚、西亚、欧洲的重要通道，在中国古代史上，扮演了桥梁的角色。通过丝绸之路，中国的丝绸、陶瓷、茶等商品输向中亚和欧洲；同样的道理，中国也通过"丝绸之路"把其他国家的有特色的商品带回了自己的国家。

통역 비법

‘실크로드’는 중앙아시아, 서아시아, 유럽을 연결하는 중요한 통로로써 중국 고대사에서 다리와 같은 역할을 했다. 실크로드를 통해 중국의 비단, 도자기, 차 등이 중앙아시아와 유럽으로 수출되었으며, 이와 마찬가지로 중국 또한 ‘실크로드’를 통해 타국의 특색 있는 상품을 자국으로 가져왔다.

~의 역할을 하다	① 起到了……作用	② 发挥了……作用	③ 扮演了……角色
~로 수출되다	① 销往……	② 出口到……	
이와 마찬가지로	① 同样	② 同样的道理	③ 与此同时

◆ **수준별 모범 답안**

초중급	作为重要通道的"丝绸之路"，是连接中亚、西亚、欧洲的一座桥梁，在中国历史上，发挥了作用，丝绸之路把中国的丝绸、陶瓷、茶等商品出口到中亚和欧洲，同样中国也通过这条路，把其他国家的有特色的商品带回了中国。
고급	"丝绸之路"曾作为连接中亚、西亚、欧洲的重要通道，在中国古代史上，扮演了桥梁的角色。通过丝绸之路，中国的丝绸、陶瓷、茶等商品输向中亚和欧洲；同样的道理，中国也通过"丝绸之路"把其他国家的有特色的商品带回了自己的国家。

五、口语 말하기

제1부분 **94** 응용해서 읽고 말하세요. (준비 시간 3분, 대답 시간 3분)

상황 설명하기는 구어적인 응용문이다. 이 파트에서는 다음의 사항에 주의해야 한다.

① 평소에 쌓아둔 소재를 이용한다. 특히 고정적으로 사용되는 어휘 배합과 문형을 많이 사용하여 구어로 표현해야 한다.

② 시간, 장소, 인칭, 상황을 분명히 이야기해야 하며, 마지막으로 문제를 어떻게 해결할 것인가에 대해서도 분명히 말해야 한다. 되도록 주어진 서술 순서에 따라 설명하도록 한다.

③ 만약 잊은 부분이 있다면, 앞뒤 문장의 논리에 근거해서 추측해야 한다.

④ 마지막으로 언어는 소박하고 화려하지 않아야 하며, 단도직입적이고 직접적인 서술 방법으로 설명하도록 한다.

94

一、预约时段 예약 시간

选择参观日期 관람일 선택하기   2022. 10

一 월	二 화	三 수	四 목	五 금	六 토	日 일
10 闭馆 휴관	11 闭馆 휴관	12 已满 만료	13 已满 만료	14 有票 예약 가능	15 有票 예약 가능	16 有票 예약 가능
17 闭馆 휴관	18 闭馆 휴관	19 有票 예약 가능	20 不可预约 예약 불가	21 不可预约 예약 불가	22 不可预约 예약 불가	23 不可预约 예약 불가

入馆时段 입장 시간

09:00~12:00 已满 만료	13:00~16:00 有票 예약 가능

二、注意事项: 주의 사항:

1. 预定下午1点~4点的门票 오후 1~4시 사이의 관람표 예약
2. 需要实名订票 실명으로 예약해야 함
3. 登录健康宝 젠캉마(건강 코드) 등록
4. 携带身份证 신분증 소지하기
5. 体温超过37.5摄氏度或健康宝异常时不可入场 체온 37.5℃ 이상 또는 젠캉마에 이상 있을 시 입장 불가
6. 参观时必须戴口罩 관람 시 반드시 마스크 착용하기

朋友14日将来北京游玩儿，15日计划去参观北京故宫博物院。但15日我却没空陪朋友。首先向朋友说明自己不能陪同的原因，其次告诉朋友如何预约参观门票。最后向朋友说明参观博物院时，要注意的事项。

친구가 14일에 베이징에 놀러 와서 15일에 베이징 고궁 박물관을 관람할 계획이다. 하지만 나는 15일에 친구와 함께 할 시간이 없다. 우선 친구에게 함께 갈 수 없는 이유에 대해 설명하고, 그 다음 친구에게 어떻게 관람표를 예약하는지 알려 준다. 그리고 마지막으로 친구에게 박물관 참관 시 주의해야 할 사항에 대해 설명해 준다.

94

▌ 모범 답안

喂！小丽，我要跟你说一件事，本来我们已经说好了15日去参观北京故宫博物院，但是公司突然让我去上海出差，真可惜我不能陪你一起去。现在你仔细听我说，我告诉你怎样预约参观门票，首先登录故宫博物院网络售票网站，然后预订好15日下午1点~4点的门票，注意一定要实名订票，还要登录健康宝。除此之外，去参观时，一定要携带自己的身份证，如果体温超过37.5摄氏度或健康宝显示异常时，是不能入场参观的，还有呀，参观时必须戴口罩！好了，最后祝你玩儿得愉快！等我回来再请你吃好吃的东西。

여보세요? 샤오리, 너에게 할 말이 있는데, 원래 우리 15일에 함께 베이징 고궁 박물관을 관람하기로 했잖아. 그런데 회사에서 갑자기 상하이 출장이 잡혀서 안타깝게도 너랑 함께 갈 수 없게 됐어. 지금부터 내가 하는 말 잘 들어. 내가 관람표 예약 방법을 알려 줄게. 먼저 고궁 박물관 홈페이지에 들어간 후에, 15일 오후 1~4시 표를 예약해. 꼭 실명으로 예약해야 하는 것에 주의하고, 젠캉마(건강 코드)도 등록해야 해. 이외에 관람하러 갈 때는 반드시 신분증을 가지고 가야 하고, 만약 체온이 37.5도 이상이거나 젠캉마에 이상 있음이 뜨면 입장할 수 없어. 그리고 관람할 때는 꼭 마스크를 써야 해! 됐어, 마지막으로 네가 재미있게 놀기를 바라고, 상하이에서 돌아오면 내가 맛있는 거 사 줄게.

网络售票网站 wǎngluò shòupiào wǎngzhàn 인터넷 매표 사이트 │ **实名** shímíng 명 실명 │ **健康宝** jiànkāngbǎo 젠캉마(건강 코드) │ **口罩** kǒuzhào 명 마스크

제2부분 **95~97** 자료를 듣고 문제에 답하세요.

듣고 대답하기 문제는 일반적으로 두 가지로 나뉘는데, 하나는 제시된 내용을 바탕으로 말하는 것이고, 다른 하나는 자신의 관점을 말하는 것이다. 이런 유형의 문제에 답할 때는 생각나는 대로 말하지 말고 이야기의 뼈대를 만들어 자신이 말하고자 하는 내용을 정리하고, 단계적으로 분명히 표현해야 한다.

95~97

一段时间以来, 各大短视频平台掀起一股科普热, 不少专家、学者化身科普主播, 以短视频为媒介, 激发网友探索科学的热情, 科普类短视频正迅速走红。

科普类短视频的走红反映了几个趋势。首先, 信息传播从文字扩大到视频, 拓宽了追求更多新知识的道路。其次, 人们看视频也从追求娱乐转为追求知识, 说明相当多的人希望提升自我, 学会一些有用的知识和技能, 既提升自己的综合素质, 也有助于提高生活质量。

面对这种情况, 传播知识的人其重要性是不言而喻的。正如翻译作品需要"信、达、雅"一样, 科学传播也需要"准、易、趣"。"准"就是对科学知识的解读和诠释要准确, 至少是符合目前主流科学界的认知和观点; "易"就是让人们更容易理解深奥的科学知识, 更容易能听明白; "趣"就是在诠释科学知识时, 要生动活泼, 同时还要有文学性、高雅性, 这样才能吸引更多用户的关注。

한동안 각종 쇼트 클립 플랫폼에서 과학 보급 붐이 일었다. 많은 전문가와 학자들은 과학 지식 전달 캐스터로 변신해 쇼트 클립을 매개로 네티즌들의 과학 탐구 열기를 불러일으켜서, 과학 보급 부류의 쇼트 클립이 빠르게 인기를 끌고 있다.

과학 보급 부류 쇼트 클립의 인기는 몇 가지 추세를 반영하고 있다. 우선, 정보 전달 방식이 문자에서 영상으로 확장되면서 더 많은 새로운 지식을 습득할 수 있는 루트가 넓어졌다는 것이다. 다음은, 사람들의 영상 시청 역시 오락 추구에서 지식 추구를 위함으로 바뀐 것인데, 이는 많은 사람들이 자신의 자아 향상을 바라고, 유용한 지식과 기능을 배워서 자신의 종합적인 소양과 생활의 질을 높이는 데 도움이 될 바라고 있음을 보여 준다.

이러한 상황에서 지식을 전달하는 사람의 중요성은 말하지 않아도 알 수 있다. 번역에서 '정확함, 통달함, 고아함'이 필요한 것처럼, 과학 전달에 있어서도 '정확함, 용이함, 흥미로움'이 필요하다. '정확함'이란 과학 지식의 해설과 설명이 정확해야 한다는 것으로, 최소한 현재 주류 과학계의 인식과 관점에 부합해야 한다. '용이함'이란 바로 사람들이 심오한 과학 지식을 더 쉽게 이해하고 알아들을 수 있도록 하는 것이다. '흥미로움'이란 과학 지식을 설명할 때 생동감 있고 재미있으면서도 문학성과 고아함을 지녀야 한다는 것이다. 그래야만 더 많은 사용자의 관심을 끌 수 있다.

短视频平台 duǎnshìpín píngtái 쇼트 클립 플랫폼, 짧은 동영상 플랫폼 | **掀起一股……热(潮)** xiānqǐ yìgǔ……rè(cháo) ~신드롬을 야기하다, ~열풍이 불다 | **科普** kēpǔ 图 과학을 보급하다 | **化身** huàshēn 몡 화신, 분신 | **主播** zhǔbō 몡 메인 아나운서 | **以……为媒介** yǐ……wéi méijiè ~을 매개로 하다 | **拓宽** tuòkuān 图 넓히다, 확장하다 | **提升综合素质** tíshēng zōnghé sùzhì 종합적 소양을 높이다 | **不言而喻** bù yán ér yù 젱 말하지 않아도 안다, 말할 필요도 없다 | **诠释** quánshì 图 설명하다, 해석하다 | **深奥** shēn'ào 匓 심오하다 | **文学性** wénxuéxìng 몡 문학성 | **高雅性** gāoyǎxìng 고아성 | **吸引……的关注** xīyǐn……de guānzhù ~의 관심을 모으다, ~의 관심을 끌다 | **用户** yònghù 몡 사용자, 가입자

95

질문

请问这段话主要介绍什么?	이 글에서 소개하고자 하는 것은 무엇인가?

모범 답안

这段话主要介绍的是目前在短视频平台流行播放科普知识, 以及科普类短视频。这不但	이 글에서는 현재 쇼트 클립 플랫폼에서 과학 보급 관련 방송이 유행하고 있고, 과학 보급 부류의 쇼트 클립이 사람

拓宽了人们获取科学知识的渠道，而且还能提高人们自身的整体素质和生活质量。但相比之下，更重要的是短视频的主播在传播知识时，要做到以下几点，一是知识要准确，二是讲解知识时，要简单易懂，三是讲解时，要生动有趣。

들의 과학 지식 습득 루트를 넓혔을 뿐만 아니라 사람들의 전반적인 소양과 삶의 질을 높였음에 대해 이야기하고 있다. 그러나 더욱 중요한 것은 쇼트 클립의 진행자가 지식을 전달할 때 다음의 몇 가지를 만족시켜야 한다는 것이다. 첫째, 지식은 정확해야 하고, 둘째, 설명은 간단하고 이해하기 쉬워야 하며, 셋째, 생동감 있고 재미있어야 한다.

扩宽渠道 kuòkuān qúdào 루트를 넓히다 | **整体素质** zhěngtǐ sùzhì 전체적인 소양 | **简单易懂** jiǎndān yìdǒng 간단하고 이해하기 쉽다 | **生动有趣** shēngdòng yǒuqù 생동감 있고 재미있다

96

▌질문

请问科学传播需要"准、易、趣"，其中"趣"指的是什么？	과학을 전달할 때 '정확함, 용이함, 흥미로움'이 필요한데, 그중 '흥미로움'이 가리키는 것은 무엇인가?

▌모범 답안

"趣"指的是生动活泼。	'흥미로움'은 생동감 있고 재미있는 것을 가리킨다.

97

▌질문

你觉得在我们的生活中科学重要吗？	당신은 우리의 삶에서 과학이 중요하다고 생각하는가?

▌모범 답안

我觉得在我们的生活中科学是很重要的，原因是在没有人工智能机器人的时候，一些很危险的工作都由我们人类承担，这样人类的生命就会受到威胁，而现在都是通过智能机器人完成的，既排除了危险，又保证了生命安全。以前我们进屋时都是用传统的机械锁，而现在我们可以用指纹锁，这样既方便又安全。所以说，在我们的生活中，科技扮演着重要的角色，只有科技不断地进步和发展，我们的生活才能变得越来越好，这是科技进步的重要意义。

나는 우리의 생활에 있어서 과학이 매우 중요하다고 생각한다. 왜냐하면 인공 지능 로봇이 없었을 때, 일부 매우 위험한 일들을 모두 우리 인류가 담당했어야 했는데 이로써 인류의 생명은 위협받을 수 있었다. 하지만 지금은 모두 지능 로봇이 하고 있어서 위험에서 벗어났을 뿐 아니라 생명 안전을 보장할 수 있게 되었다. 과거 우리가 집에 들어갈 때는 모두 전통적인 기계식 자물쇠를 사용했지만 지금은 지문 인식 자물쇠를 사용하게 되어 편리하고 안전해졌다. 그렇기 때문에 우리 생활에서 과학 기술은 중요한 역할을 담당하고 있고, 과학 기술이 끊임없이 발전해야만 우리의 생활도 점점 더 좋아질 수 있다. 이것이 과학 기술 발전의 중요한 의의이다.

人工智能机器人 réngōng zhìnéng jīqìrén 인공 지능 로봇 | **威胁** wēixié 동 위협하다 | **排除危险** páichú wēixiǎn 위험을 제거하다 | **机械锁** jīxiè suǒ 기계식 자물쇠 | **指纹锁** zhǐwén suǒ 지문 인식 자물쇠

제3부분 **98** 자료를 듣고 문제에 답하세요.

자신의 관점을 말하는 문제는 사실 아주 어려워서 자신의 관점을 잘 표현하려면 시험 전 준비가 가장 중요하다. 평소에 관점을 표현하는 여러 가지 상용 어휘나 문형을 많이 공부해 두어야 한다. 시험을 볼 때는 우선 자신의 관점을 간단하게 말한 후, 일부 실제 예문과 상황을 사용하거나 모두가 알고 있는 이야기나 사회 상식으로 자신의 생각을 보충 설명할 수 있다. 또한, 말하는 속도와 발음에 주의해야 한다.

98

有很多科学家为社会甚至为世界的科研做出巨大贡献，在苏州泰昌市一个墓园有这样一个人，在墓碑下方，刻着吴健雄三个字，她被誉为东方居里夫人，是著名的核弹女王。

吴健雄在求学期间特别喜欢数学和物理，随后，吴健雄获得去美国学习的机会。虽然美国在当时拥有世界上最前沿的科技力量，但是想要制作出原子弹，也是一件非常具有挑战性的事情，而作为唯一的华人女性吴健雄，参与到原子弹的制作过程中。美国原子弹成功爆炸，"原子弹之母"是世人给吴健雄最高的评价。吴健雄在物理界取得了辉煌成就。

吴健雄，她是中国华夏文明史上影响重大的女性科学家，她的成就世人有目共睹，吴健雄在学术上获得了卓越的成就，且一生都保持坚韧的品性。身在国外，心怀中国，并在自己的墓碑上留下了千古绝唱，在墓碑上题名"一个永远的中国人"实在令人可敬。叶落归根，故土难离，即使身在异地他乡，也阻挡不了心的向往，也掩盖不了心的行动。吴健雄，值得被更多人知道。

많은 과학자들은 사회를 위해, 심지어 세계의 과학 연구를 위해 큰 공헌을 한다. 쑤저우 타이창시의 한 공원묘지에는 묘비 아래쪽에 우젠슝이라는 세 글자가 새겨져 있는 사람이 있는데, 그녀는 동방의 퀴리부인이라고 불리는 유명한 핵폭탄의 여왕이다.

우젠슝은 학창 시절 수학과 물리를 아주 좋아했고 후에 미국으로 공부하러 갈 기회를 얻었다. 비록 당시 미국은 세계에서 가장 선진적인 과학 기술 역량을 가지고 있었지만, 원자 폭탄을 만드는 것은 매우 도전적인 일이었는데, 유일한 중국계 여성이었던 우젠슝이 원자 폭탄 제작 과정에 참여했다. 미국의 원자 폭탄이 성공적으로 폭발했고, 세상 사람들은 우젠슝에게 '원자 폭탄의 어머니'라는 최고의 평가를 했다. 우젠슝은 물리학계에서 눈부신 성과를 거두었다.

우젠슝은 중화 문명 역사상 가장 큰 영향력을 지닌 여성 과학자로, 그녀의 성취는 세상 사람들이 모두 알고 있다. 우젠슝은 학술에서 뛰어난 성과를 얻었을 뿐 아니라 일생 동안 강인한 품성을 유지했다. 비록 몸은 국외에 있었지만 마음 속에는 중국을 품고 있었고, 자신의 묘비에 천고의 절창을 남겼는데, 묘비에 '영원한 중국인'이라는 문구를 남긴 것이다. 실로 존경할 만하다. '엽낙귀근, 고토난리'는 비록 몸은 타향에 있지만 마음 속 그리움은 막을 수 없고 마음이 가는 것을 숨길 수 없다는 것이다. 우젠슝은 더 많은 사람들에게 알려질 가치가 있다.

贡献 gòngxiàn 동 공헌하다, 기여하다 | 墓园 mùyuán 명 공원묘지 | 墓碑 mùbēi 명 묘비 | 誉为…… yùwéi…… 동 ~라고 칭송 받다 | 居里夫人 Jūlǐ fūrén 명 퀴리부인 | 核弹 hédàn 명 핵폭탄 | 前沿 qiányán 명 진지의 최전방 | 原子弹 yuánzǐdàn 명 원자 폭탄 | 取得辉煌成就 qǔdé huīhuáng chéngjiù 눈부신 성과를 얻다 | 中国华夏文明史 Zhōngguó huáxià wénmíngshǐ 중국 화하 문명사, 중화 문명 역사 | 有目共睹 yǒumù gòngdǔ 성 세상이 다 알고 있다, 명백하다 | 卓越的成就 zhuóyuè de chéngjiù 탁월한 성과 | 坚韧的品性 jiānrèn de pǐnxìng 강인한 품성 | 心怀 xīn huái 마음에 품다 | 千古绝唱 qiāngǔ juéchàng 천고의 절창, 아주 드문 빼어난 작품 | 可敬 kějìng 형 존경할 만하다 | 叶落归根 yèluò guīgēn 성 잎이 떨어져서 뿌리로 돌아가다, 고향을 떠난 사람은 결국 고향으로 돌아가게 된다 | 故土难离 gùtǔ nánlí 성 고향은 떠나기가 어렵다 | 异地 yìdì 명 타향, 이향 | 阻挡 zǔdǎng 동 저지하다, 가로막다 | 掩盖 yǎngài 동 덮어씌우다

질문

听完中国居里夫人吴健雄的故事后，请问你对故事中出现的词汇"叶落归根，故土难离"有何感想？

중국의 퀴리부인 우젠슝의 이야기를 듣고, 이야기 속 '엽낙귀근, 고토난리'에 대해 어떻게 생각하는가?

모범 답안

听完这段话以后，作为一名外国人，我现在才知道吴健雄老师是一位久居海外的中国人。当我们远离家乡时，自然就会思念自己的故乡。不管我们是穷还是富，只要一想到自己的家乡，心情就会很难平静，这种心情就是叶落归根，故土难离。故土难离是指很难离开故乡的土地，叶落归根是指那些久居在海外的人的最终归宿。在东方传统文化理念中，土地是我们生命的根源，这样的理念决定了我们最在意的就是土地与家园。有了土地，就有了家，有了家，就有了根，故乡的土地与家园就是我们的根。不管我们会走到哪里，都要讲究叶落归根，这是因为人们对于故乡的依恋，也就是对于家的依恋，谁也无法舍弃故乡的一切。当一个人身心俱疲的时候，只有家，才是他们最温馨的避风港，而家就是在故乡。因此故土难离和叶落归根就是人之常情，是可以理解的。

이 글을 듣고, 외국인인 나는 이제서야 우젠슝 선생님이 해외에 오랫동안 머문 중국인이라는 것을 알게 되었다. 고향을 멀리 떠나면 우리는 자연스럽게 자신의 고향을 그리워한다. 가난하든 부유하든 자신의 고향을 생각하면 마음의 평정을 찾기 어려운데, 이런 마음이 바로 '엽낙귀근, 고토난리'이다. 고토난리란 고향의 땅을 떠나기 어렵다는 뜻이고, 엽낙귀근이란 해외에 오래 머문 사람이 결국 고향으로 돌아옴을 가리킨다. 동양의 전통문화 이념에서 토지는 우리 생명의 근원이다. 이런 이념으로 인해 우리는 토지와 터전에 가장 의미를 두게 되었다. 토지가 있어야 집이 있고, 집이 있어야 비로소 뿌리가 생기듯, 고향의 토지와 터전이 바로 우리의 뿌리인 것이다. 우리가 어디에 있든지 항상 엽낙귀근을 중요하게 여기는데, 이는 고향에 대한 그리움이자 집에 대한 그리움으로 누구도 고향의 모든 것을 버리지 못한다. 우리의 몸과 마음이 지쳤을 때 오직 집만이 가장 아늑한 안식처이며, 집은 바로 고향에 있다. 그러므로 고토난리와 엽낙귀근은 인지상정이고, 이해 가능한 것이다.

久居海外 jiǔjū hǎiwài 오랫동안 해외에 거주하다 | 思念 sīniàn 통 그리워하다 | 平静 píngjìng 형 평온하다, 차분하다 | 最终归宿 zuìzhōng guīsù 결국 고향으로 돌아가다 | 依恋 yīliàn 통 이별하기 아쉬워하다, 그리워하다 | 舍弃 shěqì 통 버리다, 포기하다 | 身心俱疲 shēnxīn jùpí 심신이 피곤하다, 몸과 마음이 지쳐있다 | 温馨 wēnxīn 형 온화하고 향기롭다, 따스하다 | 避风港 bìfēnggǎng 명 안식처, 대피소 | 人之常情 rén zhī chángqíng 인지상정, 사람이면 누구나 다 갖고 있는 감정

听力

1 B	2 A	3 A	4 B	5 A
6 A	7 A	8 B	9 B	10 B
11 D	12 D	13 A	14 C	15 C
16 非常充分	17 B	18 决策	19 A	20 D
21 智慧城市	22 D	23 D	24 交通运输	25 C
26 A	27 B	28 A	29 在视觉	30 C
31 B	32 D	33 A	34 A	35 堆放
36 C	37 A	38 C	39 D	40 再循环利用

阅读

41 A	42 D	43 D	44 B	45 C
46 C	47 B	48 B	49 C	50 D
51 C	52 A	53 D	54 B	55 A
56 C	57 A	58 D	59 C	60 A
61 B	62 B	63 B	64 D	65 C
66 C	67 C	68 A	69 C	70 A
71 G	72 F	73 E	74 出现了无人超市 or 无人超市出现了	

75 饮料和零食　　　　76 人脸识别　　　　77 通过摄像头记录

78 无线射频识别技术　　79 名称及价格　　　80 更为高效与合理

81 为了通风避潮和防止野兽　　82 暗含聚财之意　　　83 采光

84 拥有丰富的林木资源　　85 依靠制陶业　　86 桐油　　87 桐油和陶器

88　　　一家公司做了一项调查，结果显示微笑具有感染力。在接受调查者中，认为陌生人对自己的一个微笑像一天被表扬3次那么开心的人占总人数的68%，认为别人的微笑会让他们更有自信的人，占比为60%，认为亲朋好友的微笑会让他们感到更快乐的人，占比为52%，认为收到笑容比收到礼物更有意义的人，占比为28%，认为微笑比表扬还重要的人，占比为26%。由此可见，正能量始于我们最微小的动作，一个微笑很重要，因为微笑可以将正能量传递给其他人。

89　▌모범 답안 1

善意的谎言

　　生活中，有着这样一种谎言，它无处不在。但如果在这种谎言前面加上"善意的"，那么谎言的本质也就发生了根本性的改变。这种善意的谎言会让很多人在面临困难时充满信心。善意的谎言是美丽的，当我们为了他人的幸福和希望适当地说了一个谎言时，谎言便可以让他人拥有希望，以及战胜困难的勇气，可以说"善意的谎言"具有神奇的力量。

　　面对一位身患绝症的病人，病人的亲友总是会用善意的谎言将病人的病情说得很轻，更是会用善意的谎言促使病人对治疗充满希望，同时还鼓励病人配合医生的治疗。所以说，善意的谎言是建立在内心善良的基础上，这种谎言对于病人来说就是一种真诚的关心，是为了让病人拥有一个平和的心态，而治疗疾病最需要的就是心态的稳定。可见，善意的谎言是为了让病人更好地接受治疗，这种谎言难道不美丽吗？

　　当一个不懂世事的孩子，失去了自己的亲人，该怎样向孩子说明自己的亲人去了哪里呢？人们往往采取的方法是，先不要告诉孩子真实的情况，只是告诉他亲人去很远的地方出差了，等到孩子懂事，再告诉他实情，他会理解亲人的做法，因为这样善意的谎言为他营造了安心无忧的生长环境，也会让孩子拥有良好的心理素质，即使将来知道了事实情况，也会从容不迫地接受现实。难道这种谎言不具有神奇的力量吗？

　　总之，出于美好愿望的谎言会让人重新充满信心，善意的谎言能使身处逆境中的人重拾希望，使这些人能与困难进行不屈的斗争。由此可见，善意的谎言是美丽的，是具有神奇的力量的。

善意的谎言

　　谎言，之所以成为"谎言"，是因为它是虚假的、不真实的、骗人的话。一个人如果经常说谎，经常用谎言去哄骗别人，久而久之，就会失去人们对他的信任。古希腊寓言故事《狼来了》是人人皆知的故事。故事中的那个小男孩，每天都喊"狼来了"以寻求刺激、开心，而当狼真的来时，没有人再信任他。小男孩只能一个人去面对狼的攻击，再怎么喊叫也无济于事，更不会有人再来帮助他。可见，谎言的后果是有碍于诚信的。

　　善意的谎言，归根结底还是谎言，其实就是掩盖真相，说假话。比如，当一位身患绝症的病人，被医生判了死刑时，他的亲朋好友就用所谓的"善意的谎言"来欺骗他，结果会怎么样呢？病人只是暂时得到了安慰。而这种谎言一旦被揭穿，对对方的伤害会更深。假设如果病人知道了自己的病情，病人的绝望不仅来自于自己的绝症，更来自于亲人的背叛。这种所谓的"善意的谎言"就是一种不事实求是的行为。善意的谎言也是说假话，就是一种有碍于诚信的行为。

　　事实上，我个人认为所谓的"善意的谎言"其实就是一种借口，人们使用借口的目的是什么？就是想保护自己，或者保护别人，也是一种逃避现实的行为。再进一步说，就是面对现实，因自己无能为力而找的借口，然而，大多数借口是有破坏性的。这种所谓的"善意的谎言"对诚信的破坏往往比较隐蔽，是一种慢性中毒。我认为诚信是建立在彼此的坦诚以待的基础之上，任何欺骗行为，即使是所谓的"善意的谎言"都可以说是与"诚信"完全背道而驰的，都是不可原谅的。

　　总之，善意的谎言也是说假话，就是一种有碍于诚信的行为。

90   当今社会，"焦虑"和"社恐"已经成为流行词了。焦虑是人类在适应环境的过程中形成的一种应激情绪反应，某种程度的焦虑使人在危险的处境中保持适当的警觉，而过度的焦虑反应则会形成焦虑障碍。

　　焦虑常常让人产生各种各样的回避行为，例如，当一个人感到焦虑的时候，他会不想出门，也不愿意与他人进行交流。焦虑障碍患者常常表现出控制不了自己的行为，同时还伴随着社交能力的下降。

　　克服焦虑最好的方法是，每天一定要保持心情舒畅，不要经常发脾气，要让自己多笑笑。在饮食方面，尽量多摄入一些富含营养的食物，这样也可以充分地补充身体所需的营养物质，从而增强身体的机能。同时，千万不要让自己太过于劳累，太过于劳累也会导致焦虑症的症状加剧。

91   食物凉了才能放冰箱？关于这一点，一直以来是有争议的。但是我们从食品卫生的角度来说，还是建议无论食物是热的还是凉的，都应该及时放入冰箱里冷藏。

　　因为正常的室温，其实是给细菌的繁殖创造了良好的条件，尤其是天气比较热的时候，食物晾凉的这个过程可能会让其中的细菌量翻倍！虽然热菜放入冰箱会稍微增加冰箱的负担，但都在冰箱的正常运行范围内。

　　如果当天有剩菜剩饭的话，应该及时密封以后，再放进冷藏室里保存，以后拿出来吃的时候，一定要彻底加热后再吃。

92   橙子不仅美味，而且全身都是宝。它的果皮不仅可以做成中药，还可以作为烧菜的调味配料。金黄的果汁可以做成饮品，果肉也可以为我们补充很多人体所需要的维生素。

93   交通噪声是指汽车、火车、飞机、轮船等交通工具在移动中发出的声音，对环境产生的影响最为突出。随着城市交通越来越发达，随之，城市的车辆拥有量也在不断增加，交通噪声的污染也日趋严重。

94　各位旅客朋友们:

大家好!

首先由衷地感谢各位朋友们给我们旅行社这次接待大家的机会。欢迎大家来到上海。我来做一下简单的自我介绍: 我姓李, 大家叫我小李就行了, 是我们这个旅游团的导游, 大家在上海的三天两夜由我来给大家做导游讲解。这次旅行将由我为大家全程服务, 维护各位游客朋友们的利益, 提供优质服务是我们的责任。大家如有要求, 尽管说, 我们一定尽力满足大家。

下面我给大家说一下本次旅程需要注意的事项。

第一: 不要离开团队单独活动, 如需要自由活动, 请告知我您的行踪。

第二: 请大家不要在车厢乱扔杂物, 记得归队时间, 掉队时要尽快与我联系。

第三: 保管好贵重物品。购物时要谨慎。

第四: 参加极限旅游项目时要遵守安全规则。

第五: 如果发生突发事件时, 一定要注意安全, 还要听从导游安排。

最后, 希望大家积极配合我的工作, 如有什么问题, 我将尽力解决。在这里我祝大家这次旅游玩儿得开心、吃得满意、住得舒适。谢谢大家!

95　博物馆的供需之间的矛盾是指博物馆开放时间和人们上班上学的时间几乎是一样的, 也就是说人们晚上想去博物馆, 但是晚上博物馆并不开放, 这就是供需矛盾。

96　第一: 需要克服技术上、服务成本上等困难。
　　第二: 需要社会公众的理解与包容。

▌모범 답안 1

　　公共文化机关是指面向社会公众免费开放的公共文化设施，存在的价值是为了满足公众对公共文化的需求。所以，公共文化机关的开放时间如何安排，才能更加符合群众需求，这是公共文化机关必须思考的问题。我个人认为，晚上是群众休闲的好时段，公共文化机关延时开放会为公众提供便利，也会为公众提供良好的学习文化的环境。所以说我个人是支持公共机关延时开放的。

▌모범 답안 2

　　我并不支持公共机关延时开放，其理由是，延时开放会需要更多的人力、物力，付出的成本代价会很高。白天开放时，每天的到访量也不足百人，有必要夜间延时服务吗？夜间开放，需要更多的工作人员，为了给公众提供更舒适的环境，公共机关的冷气、电力还不能中断，这些都需要资金上的支持。所以延时开放这条路是任重而道远的，需要长时间的准备。

　　听完中国书法家王羲之的故事后，我对王羲之说的那句话"我要有自己的写法，自成一体，那就非下苦工夫不可"深有感触。这句话让我想起一句名言："模仿是人类一切学习的开端，然后才是创新，最后是你的自主。"简单地讲这句话就是先模仿，后创新。

　　众所周知，语言是人们在长期的实践中形成的，是有一定规则的。所以学习语言必须是先模仿。孩子学语言就是个模仿的过程，他们每天模仿父母和周边一切可以模仿的声音，并且模仿得越来越像，最后他们停止模仿了，并且逐渐形成了有自己个性特征的语言表达方式。所以必须先模仿己有的东西，然后再创新，最后形成自己独特的风格。

제1부분 **1~10** 녹음을 듣고 주어진 문장이 들은 내용과 일치하는지 판단하세요. 들은 내용과 일치할 경우 '√'를, 일치하지 않을 경우 '✕'를 선택하세요.

1~5

到今年10月为止，专门为盲人创办的"心目影院"已经运营了十七个年头。**1** 心目影院通过加入志愿者人声解说的形式，为盲人观众播放无障碍电影。十七年来，共有超过1000部电影在这里上映，影院已服务视障群体超过4万人次。

无障碍电影指的是面向残障观众，通过重新加工，**2** 在影片中加入对环境画面、表情动作、人物情绪等要素的阐释说明，促使观众提升观影体验的一种形式。目前，**3** 中国面向盲人群体的无障碍电影主要采取讲解者现场讲述和在原片中插入音轨两种方式进行，将电影的情节和镜头语言传递给观众，让视障人士可以通过声音感受电影中的光影流动。

无障碍电影给视障人士除了带来个人娱乐外，无障碍电影的观众席还为视障人士创造了一个小型社交场景。在这里，有相同爱好的人自发地聚集起来，**4** 无论是相约前往电影院，还是与他人讨论电影内容，都让视障人士不再被困在家中，而 **5** 可以自主扩大社交圈，拓宽融入社会的路径。

올해 10월로 맹인을 위해 창설된 '씬무(마음) 영화관'이 운영된 지 17년이 되었다. **1** 씬무 영화관은 맹인 관객을 위해 자원봉사자의 음성 해설을 넣은 형식의 배리어 프리 영화를 상영한다. 17년 동안, 총 1000편이 넘는 영화가 이곳에서 상영되었고, 이미 연인원 4만 명이 넘는 시각 장애인이 서비스를 받았다.

배리어 프리 영화란 장애인 관객을 대상으로 영화를 재가공해서 **2** 환경 화면, 표정과 동작, 인물의 감정 등 요소에 대한 설명을 삽입함으로써 관중들의 영화 관람 체감을 높여주는 형식을 말한다. 현재, **3** 맹인을 대상으로 한 중국의 배리어 프리 영화는 주로 해설자가 현장에서 해설하는 것과 원본에 사운드 트랙을 삽입하는 두 가지 방식을 통해 영화 줄거리와 영상 언어를 전달함으로써 시각 장애인이 음성을 통해 영화의 흐름을 느낄 수 있게 해 준다.

배리어 프리 영화는 시각 장애인에게 개인적인 즐거움을 제공할 뿐 아니라, 영화관의 관중석을 시각 장애인을 위한 작은 사교 모임 장소로 만들어 주기도 한다. 같은 취미를 가진 사람들이 자발적으로 이곳에 모이게 되는데, **4** 약속을 해서 영화관으로 향하거나, 타인과 영화 내용에 대한 토론을 하거나, 모두 시각 장애인으로 하여금 더 이상 집에만 묶여 있지 않고 **5** 자주적으로 사교 폭을 넓혀 사회와 융합될 수 있는 루트를 확장시켜 줄 수 있다.

盲人 mángrén 몡 맹인, 장님 | **人声** rénshēng 몡 (사람의) 소리, 음성 | **解说** jiěshuō 몡 해설, 설명 | **无障碍** wúzhàng'ài 배리어 프리 [barrier free, 고령자나 장애인들도 살기 좋은 사회를 만들기 위해 물리적·제도적 장벽을 허물자는 운동] | **视障** shìzhàng 몡 시각 장애 | **残障** cánzhàng 몡 장애(인) | **阐释** chǎnshì 동 상세히 설명하다 | **插入** chārù 동 끼워 넣다, 삽입하다 | **音轨** yīnguǐ 사운드 트랙 | **镜头** jìngtóu 몡 장면, 화면 | **光影流动** guāngyǐng liúdòng 빛과 그림자의 움직임 | **社交** shèjiāo 몡 사교 | **拓宽** tuòkuān 동 넓히다, 확장하다 | **融入** róngrù 동 융합되어 들어가다, 유입되다

---

1 **B** 녹음에서 '씬무 영화관은 맹인 관객을 위해 자원봉사자의 음성 해설을 넣은 형식의 배리어 프리 영화를 상영한다'라고 했다. 여기서 말하는 '자원봉사자'와 문제 중의 '의무적'이라는 표현이 중요하다. 자원봉사자는 자신이 원해서 사회를 위해 봉사하는 것이고, '의무적'은 법률과 사회 도덕에 따라 책임을 다해야 하는 것을 가리키므로 내용이 맞지 않는다.

心目影院的电影讲解员的工作是义务性的。	씬무 영화관의 영화 해설원 업무는 의무적인 것이다.
(　　　) A 对 (✕) B 错	(　　　) A 맞음 (✕) B 틀림

2 **A** 녹음에서 '영화에 환경 화면, 표정과 동작, 인물의 감정 등 요소에 대한 설명을 삽입해'라고 했기 때문에 내용이 일치한다.

无障碍电影是对电影中的人物情绪和动作进行说明的。	배리어 프리 영화는 영화 속 인물의 감정과 행동에 대해 설명하는 것이다.
(✓) A 对 (　　　) B 错	(✓) A 맞음 (　　　) B 틀림

3 **A** 녹음에서 '맹인을 대상으로 한 중국의 배리어 프리 영화는 주로 해설자가 현장에서 해설하는 것'이라고 했으므로 내용이 일치한다.

中国的无障碍电影主要采取讲解者现场讲述方式。	중국의 배리어 프리 영화는 주로 해설자가 현장에서 서술하는 방식을 취한다.
(✓) A 对 (　　　) B 错	(✓) A 맞음 (　　　) B 틀림

4 **B** 녹음에서 '약속을 해서 영화관으로 향하거나, 타인과 영화 내용에 대한 토론을 하거나'라고 언급했는데, 교류를 통해 영화 내용을 이해하는 것이 아니라 먼저 내용을 이해해야만 토론을 할 수 있으므로 내용이 일치하지 않는다.

视障人士通过交流来了解电影内容的。	시각 장애인은 교류를 통해 영화 내용을 이해한다.
(　　　) A 对 (✕) B 错	(　　　) A 맞음 (✕) B 틀림

5 **A** 녹음에서 '자주적으로 사교 폭을 넓혀 사회와 융합될 수 있는 루트를 확장시켜 줄 수 있다'라고 했다. 여기서 '拓宽融入社会的路径'과 '融入社会的一个渠道'는 비슷한 의미이므로 맞음을 선택해야 한다.

无障碍电影院是视障人士融入社会的一个渠道。	배리어 프리 영화관은 시각 장애인이 사회와 융합되는 하나의 루트이다.
(✓) A 对 (　　　) B 错	(✓) A 맞음 (　　　) B 틀림

渠道 qúdào 몡 방법, 경로, 루트

不同的历史时期，潮流文化总是带有独特的时代印记，镌刻了一代人的成长。近年来随着年轻人逐渐成长为消费市场的主力军，**6** 他们超前的消费理念和独特的文化消费需求，为潮流产业增值带来了全新的土壤，潮玩成了年轻人的精神消费品。

如今，潮玩市场发展可谓是如火如荼。一方面，小玩具撬动大市场。从手办、积木到盲盒、棉花娃娃，**7** 凭借着这股潮玩之风，很多企业实现了华丽转身。另一方面，**8** 海量的本土元素不仅丰富潮玩产品的设计风格，也带动了国潮文化的海外传播，在满足本土青年情感消费需求的同时，也在世界范围内丰富了中国元素。

潮玩文化的风靡，同样离不开它的社交属性。一方面，社交媒体的广泛应用，为更多小众圈层打破了时空界限，网络社群的建立，让潮玩爱好者通过互联网实现结交同好、分享所爱。**9** 另一方面，电商平台、快递物流的发展为潮玩市场的二手交易提供了便利。

潮玩文化的发展是带动行业发展的核心动力，**10** 而潮流文化的核心价值就是积极创新，是与众不同标新立异的。潮流文化所涉及到的具体行业很多，随着发展慢慢也会激发出更多更优秀的艺术创造力，带来更好的商业模式。

각 역사 시기의 트렌드 문화는 항상 독특한 시대적인 특징을 가지며, 한 시대 사람들의 성장을 담고 있다. 최근 젊은이들이 소비 시장의 주력으로 성장하면서 **6** 그들의 앞선 소비 관념과 독특한 문화 소비 수요는 트렌드 산업의 부가 가치 증진에 새로운 기반을 가져왔고, 아트 토이(潮玩)는 젊은이들의 정신적인 소비품이 되었다.

오늘날 아트 토이 시장은 매우 왕성하게 발전하고 있다. 한편으로는 작은 장난감이 큰 시장을 요동치게 했는데, 피규어와 블록부터 랜덤 박스와 솜인형까지 **7** 이런 아트 토이 열풍에 힘입어 많은 기업들이 화려한 변신을 이루었다. 다른 한편으로는 **8** 많은 본토 요소들이 아트 토이 제품들의 디자인을 다채롭게 했을 뿐 아니라 자국의 트렌드 문화가 해외로 전파되도록 함으로써, 본토 청년들의 감정적인 소비 수요를 만족시킴과 동시에 세계 무대에서의 중국적인 요소 역시 풍부해지게 했다.

아트 토이 문화의 유행 역시 사회적 속성과 분리될 수 없는데, 한편으로는 소셜 미디어의 광범위한 응용으로 더 많은 비주류 커뮤니티가 시공간을 뛰어넘게 되었고, 네트워크 커뮤니티의 설립으로 아트 토이 마니아들은 인터넷을 통해 동호인과 교류하고 공유할 수 있게 되었다. **9** 다른 한편으로는, 전자 상거래 플랫폼과 택배 물류의 발전이 아트 토이 시장 중고 거래에 편리함을 제공했다.

아트 토이 문화의 발전은 업계 발전을 이끄는 핵심 동력이며, **10** 트렌드 문화의 핵심 가치는 바로 적극적인 혁신, 남다른 차별화에 있다. 트렌드 문화에 영향을 받는 구체적인 업종은 매우 많고, 그것의 발전에 따라 더 많고 더 우수한 예술 창의력이 탄생해서 더 좋은 비즈니스 모델을 가져올 것이다.

潮流文化 cháoliú wénhuà 트렌드 문화 | 印记 yìnjì 뎽 날인한 도장, 흔적 | 镌刻 juānkè 됭 새기다, 조각하다 | 主力军 zhǔlìjūn 뎽 주력 부대, 중심이 되는 세력 | 增值 zēngzhí 뎽 이익의 증가, 가치의 증가 | 土壤 tǔrǎng 뎽 토양 | 潮玩 cháowán 아트 토이 | 如火如荼 rú huǒ rú tú 셩 기세가 왕성하다, 기세등등하다 | 撬动 qiàodòng 뒤흔들다 | 手办 shǒubàn 피규어 | 积木 jīmù 뎽 블록, 목제 조립완구 | 盲盒 mánghé 랜덤 박스 | 棉花娃娃 miánhuā wáwa 솜인형 | 凭借 píngjiè 됭 ~에 의지하다, ~을 기반으로 하다 | 风靡 fēngmǐ 됭 풍미하다 | 属性 shǔxìng 뎽 속성 | 小众 xiǎozhòng 뎽 사람 수가 적은 단체, 비주류 | 圈层 quāncéng 뎽 층, 범위 | 带动 dàidòng 됭 이끌어 나가다, 선도하다 | 标新立异 biāo xīn lì yì 셩 남달리 특별한 주장을 내세우다 | 涉及 shèjí 됭 (힘·작용 따위가) 관련되다, 미치다

---

6 **A** 녹음에서 '그들의 앞선 소비 관념과 독특한 문화 소비 수요는 트렌드 산업의 부가 가치 증진에 새로운 기반을 가져왔다'라고 했다. 여기서 '为潮流产业增值带来了全新的土壤'은 '潮流产业发展的基础'와 같은 의미이므로 내용이 일치한다.

年轻人的超前消费理念和独特的文化消费需求是潮流产业发展的基础。	젊은이들의 앞선 소비 관념과 독특한 문화 소비 수요는 트렌드 산업 발전의 기반이 된다.
(✓) A 对 ( ) B 错	(✓) A 맞음 ( ) B 틀림

2 회

7 **A** 녹음에서 '이런 아트 토이 열풍에 힘입어 많은 기업들이 화려한 변신을 이루었다'라고 했다. 기업의 입장에서 화려한(좋은) 변신을 했다는 것은 이익을 얻었다는 의미이므로 내용이 일치한다.

潮玩的兴起使很多企业获得了利益。	아트 토이 열풍으로 많은 기업들이 이익을 얻었다.
(　√　) A 对	(　√　) A 맞음
(　　　) B 错	(　　　) B 틀림

8 **B** 녹음에서 '많은 본토 요소들이 아트 토이 제품들의 디자인을 다채롭게 했을 뿐 아니라 자국의 트렌드 문화가 해외로 전파될 수 있도록 했다'라고 언급했다. 이 말에서 '带动A的传播'는 'A의 영향력이 점점 더 커진다'의 의미이고, 문제에서 말한 '受到了冷遇(냉대를 받다)'는 사람들이 관심을 주지 않는다는 의미이므로 내용이 일치하지 않는다.

潮玩产品设计风格中的本土元素在海外受到了冷遇。	아트 토이 상품의 컨셉 중 본토 요소는 해외에서 냉대를 받았다.
(　　　) A 对	(　　　) A 맞음
(　×　) B 错	(　×　) B 틀림

冷遇 lěngyù 명 냉대, 푸대접

9 **B** 녹음에서 '다른 한편으로는, 전자 상거래 플랫폼과 택배 물류의 발전이 아트 토이 시장 중고 거래에 편리함을 제공했다'라고 했는데 그중 '전자 거래상 플랫폼'과 '택배 물류'는 현장 거래가 아니므로 틀린 말이다.

潮玩市场的二手交易必须是现场交易。	아트 토이 시장의 중고 거래는 반드시 현장 거래여야 한다.
(　　　) A 对	(　　　) A 맞음
(　×　) B 错	(　×　) B 틀림

10 **B** 녹음에서 '트렌드 문화의 핵심 가치는 바로 적극적인 혁신, 남다른 차별화에 있다'라고 했다. 여기서 '핵심 가치'와 '비즈니스 모델'은 별개의 개념이므로 내용이 일치하지 않는다.

潮流文化的商业模式是与众不同的，也是标新立异的。	트렌드 문화의 비즈니스 모델은 남다른 것이고, 차별화된 것이다.
(　　　) A 对	(　　　) A 맞음
(　×　) B 错	(　×　) B 틀림

带来了全新的土壤	새로운 기반을 가져오다	大部分网友认为新的网络技术能够给网络带来了全新的土壤。 대부분의 네티즌들은 새로운 네트워크 기술이 인터넷에 새로운 기반을 가져올 수 있다고 생각한다.
发展可谓是如火如荼	매우 왕성하게 발전하고 있다	人工智能的发展可谓是如火如荼。 인공 지능은 매우 왕성하게 발전하고 있다.
凭借着这股……之风	이런 ~열풍에 힘입어	凭借着这股创新之风，这家公司终于找到了自己产品的设计风格。 이런 혁신 열풍에 힘입어 이 회사는 결국 자사 제품의 디자인 스타일을 찾았다.
实现了华丽转身	화려한 변신을 이루었다	经过几年的保护与开发，这座传统古村落实现了华丽转身。 몇 년의 보호와 개발을 거쳐 이 전통 고촌은 화려한 변신을 이루었다.

제2부분 11~22 녹음을 듣고 정답을 선택하거나 빈칸을 채우세요.

11~16

男: 追求完美是人类的天性，人们总是希望能把事情做得越来越好，希望自己的生活或工作不断有所进展，达到自己所向往的水平。但是，在现实生活中，**11** 我们经常可以观察到，不少追求完美的人给自己定的标准或目标是不切实际的。由于目标太高，完美主义者非但没有充分发挥潜力，反而是不断拖延和犹豫，最终在目标面前止步不前，错失良机。

女: 在纪云裳写的《董卿：在时光中优雅盛开》一书中有一章节主要讲董卿是个完美主义者，完美主义是她的个性，也是她的原则，更是她的一种追求和坚守。**12** 正是这种完美主义让董卿获得公众的认可，让她成为一名成功的主持人。完美主义还是一种选择，也是一条鲜有人走的路，在追求完美的同时，也在不断地完善自己，使自己更加完美，更加出色，最终等到机会的来临。

男: 卡尔是一名心理分析专家，他曾指出："完美只属于上帝，我们这些芸芸众生只应满足于优秀。"我们应当明白，对完美主义的追求实际上是一种非理性的思维，没有任何途径可以让我们达到绝对的完美。**13** 而那些力求完美的人往往会优柔寡断、错失良机。世界本来就没有真正的完美，既无完美，一味追求完美就是痛苦的，而过于追求完美，则会失去很多机会。

남: 완벽을 추구하는 것은 인류의 천성입니다. 사람들은 늘 일을 더 잘하기를 희망하고, 자신의 생활과 일이 끊임없이 발전하여 자신이 지향하는 수준에 다다르길 희망합니다. 하지만 현실 속에서 **11** 우리는 완벽을 추구하는 많은 사람들이 현실에 부합되지 않는 기준과 목표를 설정하는 것을 볼 수 있습니다. 목표가 과도하게 높기 때문에 잠재력을 충분히 발휘하지 못할 뿐 아니라 오히려 계속 미루고 주저하게 되며, 최종적으로 목표에 이르지 못하고 좋은 기회를 놓치게 됩니다.

여: 지원창이 쓴 『둥칭: 세월 속 우아하게 피어나다』의 한 챕터에서 둥칭은 완벽주의자로, 완벽주의는 그녀의 성격이자 원칙이며, 더욱이 그녀의 이상향이자 지켜내야 하는 것임에 대해 이야기합니다. **12** 바로 이런 완벽주의가 둥칭으로 하여금 대중의 인정을 받게 했고 성공한 진행자가 되도록 만든 것입니다. 완벽주의는 일종의 선택이지만 극소수의 사람들이 선택하는 길이기도 합니다. 완벽을 추구함과 동시에 스스로를 끊임없이 채찍질해서 자신을 더욱 완벽하고 뛰어나게 만들어 최종적으로 기회를 잡게 되는 것입니다.

남: 칼은 심리 분석 전문가로, '완벽은 하느님만의 것으로 우리와 같은 중생은 우수함에 만족해야 한다'라고 지적한 바 있습니다. 우리는 완벽주의를 추구하는 것이 사실은 비이성적인 사고이며 절대적인 완벽에 도달할 수 있는 어떠한 방법도 없음을 인지해야 합니다. **13** 열심히 완벽을 추구하는 사람들은 보통 쉽게 결정하지 못하고 좋은 기회를 놓치게 되는 경우가 많습니다. 세상에 진정한 완벽은 원래 없는 것

女：您的观点是我不能赞同的，其实我们可以从日常工作中看出，每个有成就，和取得好成绩的人，都是来源于高要求高标准，尤其是很多企业家之所以能够成功，绝不会是运气好，都是对自己，对工作，有着更高要求的。完美主义者稻盛和夫的成功，就是他时时刻刻都有完美主义的要求。他要求员工，**14** 不管多么细微的工作都必须用心去做，投入百分之百的力量，达到完美的境界。因为有完美的构思，也有完美的执行过程，所以才会面对机会时，能够从容不迫地掌控它。

男：我并不同意您的观点，首先，**15** 完美只是人们心中的一种虚幻的假象，它或是一种目标，或是一种向往，一种寄托和期待。我们永远只能在过程中力争做得最好，不断完善自己，**15** 而永远无法达到真正完美的境界。因此从这个意义上说，追求完美是一种自我的折磨，是对自己一种无味的苛刻，为了一种假象，耗尽一生去追求，会让你失去太多太多，人生应该掌握在自己手中，而不是为了一个假象盲目奋斗！

女：**16** 完美主义者为什么能够成功呢？是因为他们足够自律，能在做每一件事之前，都会准备得非常充分，竭尽全力找到最佳的解决办法。同时完美主义者为了让自己更完美，会不断学习，吸收新知识，不断举一反三，全面提高自己的各种能力，厚积薄发，最终会及时抓住机会。

입니다. 완벽은 존재하지 않는 것으로, 무모하게 완벽을 추구하는 것은 고통입니다. 과도하게 완벽을 추구하는 것은 오히려 많은 기회를 놓치게 만듭니다.

여: 저는 당신의 관점에 동의할 수 없습니다. 사실 우리는 일상 속에서 성과와 좋은 성적을 거둔 사람들이 모두 높은 잣대를 가지고 있는 것을 볼 수 있습니다. 특히 많은 기업가들의 성공은 결코 운이 좋았기 때문이 아니라 스스로에 대한, 그리고 업무에 대한 높은 요구치가 있었기에 가능한 것입니다. 완벽주의자 이나모리 가즈오의 성공은 바로 그가 매 순간 완벽주의의 잣대를 가지고 있었기 때문입니다. 그는 직원에게 **14** 아무리 작은 업무라도 최선을 다해야 하며 100%의 힘을 쏟아서 완벽의 경지에 다다라야 할 것을 요구했습니다. 완벽이라는 구상이 있고 완벽한 실행 과정이 있었기 때문에 기회가 왔을 때 그것을 여유롭게 잡을 수 있는 것입니다.

남: 저는 당신의 관점에 결코 동의할 수 없습니다. 우선 **15** 완벽이라는 것은 사람들 마음속에 있는 허황된 가상일 뿐이며, 일종의 목표나 이상향, 기대나 바람 같은 것입니다. 우리는 과정 속에서 더욱 잘하기 위해 노력하며 스스로를 지속적으로 발전시킬 수밖에 없으며, **15** 진정한 완벽의 경지에 이르는 것은 영원히 불가능합니다. 그러므로 이러한 의미에서 봤을 때 완벽을 추구하는 것은 스스로를 괴롭히는 것이며 무의미하고 가혹한 채찍질을 하는 것입니다. 일종의 가상을 위해 일생을 소모하며 추구하는 것은 당신으로 하여금 너무 많은 것을 잃게할 수 있습니다. 인생은 자신이 장악해야 하는 것이지 가상을 위해 맹목적으로 분투해야 하는 것이 아닙니다!

여: **16** 완벽주의자들이 왜 성공하는 걸까요? 그들은 대단히 자율적이고 모든 일에 충분한 준비를 하며 온 힘을 다해 최적의 해결 방법을 찾아내기 때문입니다. 동시에 그들은 스스로를 더욱 완벽하게 하기 위해 끊임없이 공부하고 새로운 지식을 흡수하며 하나로부터 여러 가지를 이해해 내는 등 여러 방면의 능력을 향상시키기 때문에 많은 경험과 준비가 쌓여 최종적으로 기회를 잡게 되는 것입니다.

天性 tiānxìng 몡 천성, 타고난 성격 │ **拖延** tuōyán 통 연기하다, 늦추다 │ **犹豫** yóuyù 웽 주저하다, 망설이다 │ **止步** zhǐbù 통 걸음을 멈추다 │ **错失良机** cuòshī liángjī 좋은 기회를 놓치다 │ **坚守** jiānshǒu 통 굳게 지키다 │ **鲜有人** xiǎn yǒurén ~하는 사람이 드물다 │ **芸芸众生** yúnyún zhòngshēng 셍 불교에서 말하는 무릇 살아 있는 모든 것, 중생 │ **力求** lìqiú 통 힘써 노력하다 │ **优柔寡断** yōuróu guǎduàn 셍 우유부단하다 │ **细微** xìwēi 웽 미세하다, 미천하다 │ **执行** zhíxíng 통 집행하다, 실행하다 │ **从容不迫** cóngróng búpò 셍 침착하다 │ **掌控** zhǎngkòng 통 통제하다, 지배하다 │ **虚幻** xūhuàn 웽 비현실적인, 허황한 │ **假象** jiǎxiàng 몡 가상, 허상 │ **折磨** zhémó 통 고통스럽게 하다 │ **苛刻** kēkè 웽 너무 지나치다, 가혹하다 │ **竭尽全力** jiéjìn quánlì 셍 모든 힘을 다 기울이다, 최선을 다하다 │ **耗尽** hàojìn 통 다 써버리다 │ **自律** zìlǜ 통 스스로 억제하다, 자신을 단속하다 │ **举一反三** jǔ yī fǎn sān 셍 하나를 보고 열을 안다 │ **厚积薄发** hòu jī bó fā 셍 해박한 학문을 쉽게 드러내지 않다, 준비를 충분히 해야 성공할 수 있다

11　**D**　녹음 중 '우리는 완벽을 추구하는 많은 사람들이 현실에 부합되지 않는 기준과 목표를 설정하는 것을 볼 수 있다'에서 '완벽을 추구하는 많은 사람들'은 '완벽주의자'를 가리키므로 D가 정답이다.

关于完美主义者，哪个是正确的?	완벽주의에 대한 내용으로 맞는 것은 무엇인가?
A 目标越好，进步越快	A 목표가 좋을수록 발전이 빠르다
B 完美主义者能快速决定	B 완벽주의자는 결정이 빠르다
C 追求完美是人类后天形成的	C 완벽을 추구하는 것은 후천적으로 형성된다
D 完美主义者目标很多不切实际	D 완벽주의자의 목표는 대부분 현실에 부합되지 않는다

12　**D**　녹음 중 '바로 이런 완벽주의가 둥칭으로 하여금 대중의 인정을 받게 했다'라는 말이 나오므로 D가 정답이다.

辩方举董卿的例子是想说明什么?	변론 상대가 둥칭을 예로 든 것은 무엇을 설명하기 위해서인가?
A 完美主义者都是失败的	A 완벽주의자는 모두 실패자이다
B 完美主义者更容易成功	B 완벽주의자는 더 쉽게 성공한다
C 完美主义者的成就都很高	C 완벽주의자의 성과는 모두 높다
D 完美主义者的董卿获得了认可	D 완벽주의자인 둥칭은 인정을 받았다

13　**A**　녹음에서 '열심히 완벽을 추구하는 사람들은 보통 쉽게 결정하지 못하고 좋은 기회를 놓치게 되는 경우가 많다'라고 했다. 여기서 성어 '优柔寡断'은 '犹豫不决'와 같은 의미이므로 A가 정답이다.

反对完美主义者的理由是什么?	완벽주의를 반대하는 사람의 이유는 무엇인가?
A 让人犹豫不决	A 결단을 내리지 못하고 망설이게 한다
B 容易骄傲自大	B 쉽게 자만한다
C 过于相信自己	C 과하게 스스로를 믿는다
D 太过理性思维	D 과도하게 이성적인 사고를 한다

14　**C**　녹음에서 '아무리 작은 업무라도 최선을 다해야 하며 100%의 힘을 쏟아서 완벽의 경지에 다다라야 한다'라고 했는데, 이를 통해 완벽주의라는 요구가 사람들을 더욱 열심히 일하게 만든다는 것을 알 수 있다.

支持完美主义者的理由是什么?	완벽주의자를 지지하는 사람의 이유는 무엇인가?
A 增加成功的运气	A 성공의 운이 증가한다
B 百分百掌控机会	B 기회를 100% 잡을 수 있다
C 让人更加用心做事	C 사람을 더욱 열심히 일하도록 한다
D 是成功的必要条件	D 성공의 필수 조건이다

15　**C**　녹음 중 '완벽이라는 것은 사람들 마음속에 있는 허황된 가상일 뿐' '진정한 완벽의 경지에 이르는 것은 영원히 불가능하다' 등의 내용이 나오므로, 완벽은 일종의 가상이고 진정한 완벽에 도달할 수 없다는 것을 알 수 있다.

为什么说完美是一种假象?	왜 완벽은 일종의 가상이라고 말하는가?
A 人的能力有限	A 인간의 능력은 제한적이기 때문에
B 快乐和痛苦并行	B 기쁨과 고통이 공존하기 때문에
C 无法真正达到完美	C 진정한 완벽에 도달할 수 없기 때문에
D 得到的多，失去的也多	D 얻는 것이 많으면 잃는 것도 많기 때문에

16 **非常充分** 녹음 중 비슷한 내용으로 '완벽주의자들이 왜 성공하는 걸까? 그들은 대단히 자율적이고 모든 일에 충분한 준비를 하며 온 힘을 다해 최적의 해결 방법을 찾아내기 때문이다'라는 말을 찾을 수 있다. 그러므로 빈칸에는 '非常充分'을 써야 한다.

完美主义者成功的原因在于他们做每一件事之前，都会准备得非常充分，竭尽全力找到最佳的解决办法。	완벽주의자의 성공 원인은 모든 일에 있어 사전에 충분한 준비를 하고, 온 힘을 다해 최적의 해결 방법을 찾아내기 때문이다.

왕쌤'S TIP!

不切(合)实际的目标	현실에 부합되지 않는 목표	具有挑战性的目标和不切(合)实际的目标是有本质性的区别。 도전적인 목표와 현실에 부합되지 않는 목표는 본질적인 차이를 갖는다.
非但A，反而B	비단 A일 뿐만 아니라 오히려 B하다	疫情非但没有得到有效控制，反而处于持续变异、演变的状态。 코로나19는 효과적으로 통제되지 못했을 뿐만 아니라 오히려 지속적으로 변이되고 변화되는 상황에 놓이게 되었다.
在……面前止步不前	~앞에서 멈추어 나아가지 못하다	如果在挑战面前止步不前的话，那么你会和机会擦身而过。 만약 도전 앞에 멈추어 나아가지 않는다면 당신은 기회를 스쳐 지나가게 될 것이다.
获得公众的认可	대중의 인정을 얻다	只有提升企业品牌形象，才能获得公众的认可。 기업 브랜드의 이미지를 높여야만 대중의 인정을 받을 수 있다.
鲜有人	희소하다	雪梨的药用价值鲜有人知道。 설리(배의 일종)의 약용 가치는 극소수의 사람들만 안다.
在A同时，也B	A인 동시에 B이다	经济全球化在促进各国经济和文化交流的同时，也使得原来区域性的传染病成为全球性的灾难。 경제 글로벌화는 각국 경제와 문화 교류를 촉진시킴과 동시에, 지역적인 전염병이 전 세계적인 재난이 되도록 만들었다.
投入百分之百的……	100%의 ~을 투입하다	投入百分之百的热情 100%의 열정을 쏟다 投入百分之百的力量 100%의 힘을 쏟다 投入百分之百的努力 100%의 노력을 다하다

女: 近年来，"无人驾驶"作为一个科技热词，频频出现在民众的视野中，您能否从您的角度来给我们解读一下？

男: 无人驾驶是一个通俗的叫法，更准确地说是自动驾驶。**21** 而无人驾驶技术，则被视为人工智能的标志性技术之一，是未来汽车工业发展的趋势，也是智慧城市的重要一环。无人驾驶技术正在让生活和城市面貌为之一变。目前，在中国，物流和快递行业已经正式引入无人驾驶车辆。**17** 无人快递车不仅削减了人工成本，而且在疫情中更有助于降低感染风险，因而颇为引人关注。

女: 那么，随着这项技术不断地发展，会给我们未来的生活甚至是世界带来怎样的影响呢？

男: 它的影响是非常之深远也更广泛，它可以彻底改变人的出行方式。它不仅仅有社会意义，还有经济意义。在将来，我们的目标是真正实现三个"零"，就是零交通事故。目前世界上的交通事故90%以上，都是由于人的误操作，**19** 我们可以通过自动驾驶来避免这种由于人参与而导致的一种操作失误。另外就是零等待，自动驾驶可以让我们真正实现零等待，实现直接到达。还有一个就是零排放，零排放就是说零污染。

女: 无人驾驶想要达到跟有人驾驶一样流畅，在操作过程中，您觉得最关键的技术是什么？

男: **18** 无人驾驶的核心技术体系主要可分为感知、决策、执行三个层面。**20** 感知系统相当于人的眼睛、耳朵，负责感知周围的环境，并进行环境信息与车内信息的采集与处理。决策系统相当于人的大脑，负责数据整合、路径规划、导航和判断决策。执行系统相当于人的小脑和四肢，负责汽车的加速、刹车和转向等驾驶动作。

女: 目前，全球的无人驾驶汽车行业发展态势良好，但针对量产投入使用的地区相对较少。请问我们国内的情况怎么样？

男: 国际领先机构目前基本完成无人驾驶汽车的研发，已进入试运行、调试阶段。国内大多数研发无人驾驶汽车的企业现在都处于试验阶段，即行业发展正处于起步阶段。随着无人驾驶技术的不断成熟，以及政府政策的出台和调整，**22** 预计无人驾驶汽车将优先运用于工业发展，

여: 최근 몇 년 '무인 자율 주행'이 과학 기술 핫 키워드로 대중들의 시야에 자주 등장하고 있는데요, 선생님의 관점에서 분석을 좀 해 주실 수 있을까요?

남: 무인 자율 주행은 통속적인 호칭으로, 더 정확히 말하면 자동 주행입니다. **21** 무인 자율 주행 기술은 인공 지능의 대표적인 기술 중 하나로 여겨지며, 미래 자동차 산업의 발전 추세이자 스마트 시티의 중요한 일환이기도 합니다. 무인 자율 주행 기술은 생활과 도시의 모습을 변화시키고 있습니다. 현재, 중국의 물류와 택배 업계에서는 이미 자율 주행차를 정식 도입했습니다. **17** 무인 택배차는 인건비를 절감시켰을 뿐만 아니라, 전염병 상황에서 감염 리스크를 낮춰줌으로써 사람들의 많은 관심을 받고 있습니다.

여: 그렇다면 이 기술의 지속적인 발전이 우리의 미래 생활, 나아가 세계에 어떤 영향을 가져오게 될까요?

남: 그것이 미치는 영향은 매우 깊고 광범위한데요, 이 기술은 사람들의 외출 방식을 완전히 변화시킬 수 있으며, 사회적인 의의뿐만 아니라 경제적인 의의도 갖고 있습니다. 우리의 미래 목표는 세 가지 '제로'를 실현하는 것인데, 첫 번째는 바로 '제로' 교통사고입니다. 현재 세계에서 발생하는 교통사고의 90% 이상이 모두 사람들의 오작동으로 인한 것인데, **19** 우리는 자율 주행을 통해 사람이 참여함으로써 야기되는 조작 상의 실수를 피할 수 있습니다. 다음은 바로 '제로' 웨이트입니다. 자율 주행으로 우리는 기다림 없이 바로 목적지에 도착할 수 있습니다. 마지막은 '제로' 배출인데, 이는 '제로' 오염을 가리킵니다.

여: 무인 자율 주행이 사람이 직접 운행할 때와 마찬가지로 원활히 진행되려면, 조작 과정에서 가장 중요한 기술이 무엇이라고 생각하시나요?

남: **18** 무인 자율 주행의 핵심 기술 체계는 주로 감지, 결정, 실행 세 가지 측면으로 나눌 수 있습니다. **20** 감지 시스템은 사람의 눈과 귀에 해당되는 것으로 주위 환경에 대한 감지를 책임지며, 환경 정보와 차내 정보를 수집 및 처리합니다. 결정 시스템은 사람의 대뇌에 해당하며 데이터 통합, 경로 계획, 네비게이션 그리고 판단 및 결정을 책임집니다. 실행 시스템은 사람의 소뇌와 사지에 해당하는 것으로 자동차의 가속, 브레이크, 방향 전환 등 운행을 책임집니다.

여: 현재 전세계 무인 자율 주행 자동차 업계는 양호한 발전 추세를 보이지만, 대량 생산해서 사용에 투입하는 지역은 상대적으로 적은 편입니다. 중국 내의 상황은 어떻습니까?

남: 국제 선진 기관의 경우 무인 자율 주행 자동차 연구 개발은 기본적으로 완성된 상태로, 이미 시운행과 성능 시험 단계에 들어섰습니다. 중국 무인 자율 주행 자동차를 연구 개발하는 대부분의 기업은 모두 시험 단계로, 즉 발전 초기 단계에 있습니다. 무인 자율 주행 기술이 지속적으로 발전하

再到商用领域，最后逐步发展至民用。预计在2035年前后，全球无人驾驶汽车将逐渐取代传统汽车，进入销量的爆发阶段。

고 정부 정책이 시행 및 조정됨에 따라 **22** 무인 자율 주행 자동차는 우선적으로 공업 발전에 응용되고, 다음 상업 분야에 이어 마지막에는 민간 영역으로 발전이 이어질 것으로 예상됩니다. 2035년 전후에는 전 세계적으로 무인 자율 주행 자동차가 점차 전통적인 자동차를 대체하여 판매량이 폭발적으로 늘어날 것으로 예상하고 있습니다.

无人驾驶 wúrén jiàshǐ 무인 자율 주행 | **热词** rècí 몡 핫 키워드, 화제어 | **通俗** tōngsú 몡 통속적이다 | **自动驾驶** zìdòng jiàshǐ 자동 주행, 무인 운전 | **智慧城市** zhìhuì chéngshì 스마트 시티 | **削减** xuējiǎn 통 삭감하다, 깎아 줄이다 | **人工成本** réngōng chéngběn 인건비 | **疫情** yìqíng 몡 전염병 발생 상황 | **颇为** pōwéi 뷰 제법, 상당히 | **流畅** liúchàng 몡 유창하다 | **感知** gǎnzhī 통 감지하다 | **刹车** shāchē 몡 브레이크 | **调试** tiáoshì 통 성능 시험 | **爆发** bàofā 통 폭발하다

17 **B** 녹음 중 '무인 택배차는 인건비를 절감시켰을 뿐만 아니라, 전염병 상황에서 감염 리스크를 낮춰줌으로써 사람들의 많은 관심을 받고 있다'라고 했으므로 정답은 B이다.

无人快递车因何而受到人们的关注？	무인 택배차는 무엇 때문에 사람들의 관심을 받았는가？
A 减少了送货时间	A 배송 시간을 줄였기 때문에
B 降低了人工成本	B 인건비를 절감했기 때문에
C 可以低价邮寄大件	C 큰 물건을 저렴한 가격에 보낼 수 있기 때문에
D 支持手机查询快递	D 핸드폰으로 택배 조회가 가능하기 때문에

18 **决策** 녹음 중 '무인 자율 주행의 핵심 기술 체계는 주로 감지, 결정, 실행 세 가지 측면으로 나눌 수 있다'라고 했으므로 빈칸에는 '决策'를 써야 한다.

无人驾驶的核心技术体系主要可分为感知、决策、执行三个层面。	무인 자율 주행의 핵심 기술 체계는 주로 감지, 결정, 실행 세 가지로 나눌 수 있다.

19 **A** 녹음 중 '우리는 자율 주행을 통해 사람이 참여함으로써 야기되는 조작 상의 실수를 피할 수 있다'라고 했으므로 정답은 A이다.

通过自动驾驶可以避免什么？	자율 주행으로 무엇을 피할 수 있는가？
A 人类的误操作	A 인류의 오작동
B 复杂的交通状况	B 복잡한 교통 상황
C 自然灾害的发生	C 자연재해의 발생
D 驾驶技术的退步	D 운전 기술의 퇴보

20 **D** 녹음 중 '감지 시스템은 사람의 눈과 귀에 해당되는 것으로 주위 환경에 대한 감지를 책임진다'라고 했으므로 정답은 D이다.

感知系统负责什么工作？	감지 시스템은 어떤 업무를 책임지는가?
A 负责数据整合	A 데이터 통합을 책임진다
B 负责汽车的加速	B 자동차의 가속을 책임진다
C 负责记录行驶轨迹	C 주행 궤도 기록을 책임진다
D 负责感知四周的环境	D 주위 환경에 대한 감지를 책임진다

行驶轨迹 xíngshǐ guǐjì 주행 궤도, 주행 궤적

21 **智慧城市** 녹음 중 '무인 자율 주행 기술은 인공 지능의 대표적인 기술 중 하나로 여겨지며, 미래 자동차 산업의 발전 추세이자 스마트 시티의 중요한 일환이기도 하다'라고 했으므로 빈칸에는 '智慧城市'를 기입해야 한다.

无人驾驶技术是未来汽车工业发展的趋势，也是**智慧城市**的重要一环。	무인 자율 주행 기술은 미래 자동차 산업 발전의 추세이자, 스마트 시티의 중요한 일환이기도 하다.

22 **D** 녹음 중 '무인 자율 주행 자동차는 우선적으로 공업 발전에 응용되고, 다음 상업 분야에 이어 마지막에는 민간 영역으로 발전이 이어질 것으로 예상된다'라고 했으므로 정답은 D이다.

中国国内的无人驾驶汽车的未来发展过程是怎样的？	중국 국내 무인 자율 주행 자동차의 미래 발전 과정은 어떠한가?
A 从商用领域到工业发展再到民用领域	A 상업 영역에서 공업 발전으로, 그 다음 민간용 분야로 발전할 것이다
B 从民用领域到工业发展再到商用领域	B 민간용 분야에서 공업 발전으로, 그 다음 상업 영역으로 발전할 것이다
C 从工业发展到民用发展再到商用领域	C 공업 발전에서 민간용 분야로, 그 다음 상업 영역으로 발전할 것이다
D 从工业发展到商用发展再到民用领域	D 공업 발전에서 상업 발전으로, 그 다음 민간용 분야로 발전할 것이다

1月15日，第二届世界航商大会在中国香港开幕。在会上交通运输部副部长戴东昌通过视频致辞表示，交通是经济的脉络和文明的纽带，24 航运业作为交通运输的重要组成部分，在服务世界经济发展、畅通全球贸易中发挥着不可替代的重要作用。

为进一步实现航运业高质量发展，他提出三点建议。23 首先，要坚持科技创新，不断增强发展动能；23 其次，要坚持生态优先，加快推动航运业全面绿色低碳转型；23 再者，要坚持开放合作，加强基础设施"硬联通"和制度规则"软联通"。

本届大会上，由招商轮船发起，40家相关企业和机构共同参与的《航运绿色能源倡议宣言》正式发布。绿色环保是航运产业发展的趋势，25 绿色航运要聚焦经济效益与环境效益的双赢，使航运产业实现可持续发展。26 该宣言旨在倡导航运绿色能源产业链的各方共同行动起来，为航运业提供可供加载绿色燃料的基础设施，加快船舶使用绿色燃料的进程，努力实现海事减排低碳目标。

此外，招商局集团总经理胡建华还指出，港口是一个获得重视不够但极具价值潜力的关键节点。27 新一代港口建设，要强化为货服务的能力，要沿着四个方面提升功能、发挥价值：建设智慧港口，重新定义港口软实力，支撑硬件功能；打造港城"共生共荣"模式，诠释以港兴业、以港兴城的价值；构建商贸之港，通过产融结合，创新生态圈商业模式；夯实港口的社会属性，充分发挥公共价值。

本次大会以"凝聚合力，共创未来"为主题，聚焦全球经贸大变局下航运产业发展面临的挑战与机遇，集合行业内外资源，共同研究产业链如何在多重因素影响下，开展优势互补、推动互利合作，共同构建全球航运新生态。来自50多个国家和地区的行业组织和企业参会，覆盖了全球航运、港口、物流、贸易、造船、金融等120余家单位。

1월 15일 제2회 세계 항상(航商) 대회가 중국 홍콩에서 개최되었다. 대회에서 교통운수부 부부장 다이둥창은 영상 축사를 통해 교통은 경제의 혈관이자 문명의 연결체로, 24 해상 운수업은 교통 운수의 중요한 구성 부분이며 세계 경제 발전과 원활한 글로벌 무역에 있어 대체 불가능한 중요한 역할을 한다고 말했다.

해상 운송업의 고품질 발전 실현을 위해서 그는 세 가지 건의 사항을 제시했는데, 23 우선, 과학 기술 혁신을 견지하여 발전 동력을 끊임없이 강화해야 한다는 것이고, 23 다음은 생태 우선주의를 견지하여 해상 운송업의 전면적인 녹색 저탄소로의 전환을 가속화해야 하며, 23 그리고 개방과 협력을 고수하여 기초 인프라의 '하드웨어 연결'과 제도 규칙의 '소프트웨어 연결'을 강화해야 한다는 것이다.

이번 대회에서는 자오상룬촨이 발기하고 40개의 관련 기업 및 기관이 공동 참여한 〈해운 녹색 에너지 이니셔티브 선언〉이 공식적으로 발표되었다. 친환경은 해상 운수업의 발전 추세이며, 25 녹색 해상 운송은 경제 이익과 환경 이익 공동 실현에 초점을 맞추어 해상 운송업이 지속 가능한 발전을 실현하도록 해야 한다. 26 이 선언의 취지는 해상 운송 녹색에너지 산업 라인의 모든 당사자가 공동으로 행동하여, 해상 운송업에 녹색 연료 적재가 가능한 기반 시설을 제공해 선박의 녹색 연료 사용을 가속화하여 해상 관련 이산화 탄소 감축 목표 실현을 위해 노력하는 데 있다.

이 외에, 투자 유치국 그룹 총경리인 후젠화는 항구는 충분히 중시되지 못하고 있지만 매우 가치 있는 잠재력을 지닌 중요한 곳이라고 지적했다. 27 차세대 항구 건설은 화물 서비스 능력을 강화해야 하며, 네 가지 방면에서 기능을 향상시키고 가치를 발휘해야 한다. 우선 스마트 항구를 건설해서 항구의 소프트 파워를 재정의하고, 하드웨어 기능을 뒷받침해 주어야 한다. 다음, 항구 도시 '공생공영' 모델을 구축해서 항구로 산업을 흥하게 하고, 항구로 도시를 흥하게 하는 가치를 설명해야 한다. 그리고 무역 항구를 건설해서 산업과 금융의 융합을 통해 생태계 비즈니스 모델을 창조해야 한다. 마지막으로 항구의 사회적 속성을 다지고 공공 가치를 충분히 발휘해야 한다.

이번 대회는 '힘을 모아, 미래 공동 창조'를 주제로, 글로벌 경제 무역 대변화 시기에 해상 운수업 발전이 직면한 도전과 기회에 시선을 모아, 업계 내외의 자원을 모으고 여러 요인의 영향 하에서 산업 라인이 어떻게 상호 장단점 보완과 호혜 협력 추진을 통해 글로벌 해상 운송 신생태계를 공동 구축할 수 있을지에 대해 공동 연구한다. 50여 개 국가 및 지역에서 온 산업 단체와 기업이 본 대회에 참가했으며, 전세계 해운, 항구, 물류, 무역, 조선, 금융 등 120여 개 기업이 포함되어 있다.

致辞 zhìcí 통 축사를 하다, 연설을 하다 | **脉络** màiluò 명 맥락 | **纽带** niǔdài 명 유대, 연결고리 | **畅通** chàngtōng 형 막힘없이 잘 통하다 | **转型** zhuǎnxíng 통 구조 등을 전환하다 | **宣言** xuānyán 명 선언, 성명 | **旨在** zhǐzài 통 ~을 목적으로 하다, 목적은 ~에 있다 | **倡导** chàngdǎo 통 제창하다, 발의하다 | **产业链** chǎnyèliàn 명 산업 사슬 | **加载** jiāzài 통 짐을 더 싣다 | **海事** hǎishì 명 해상에 관한 일 | **节点** jiédiǎn 명 노드(node), 진동하는 현에서 양끝 또는 중간의 정지하고 있는 점 | **支撑** zhīchēng 통 받치다, 지탱하다 | **诠释** quánshì 통 설명하다, 해석하다 | **夯实** hāngshí 통 기초를 다지다 | **聚焦** jùjiāo 통 초점을 맞추다, 포커스를 맞추다 | **覆盖** fùgài 통 가리다, 덮다

23 **D** 녹음 중 '과학 기술 혁신을 견지하고, 생태 우선주의를 견지하며 개방과 협력을 고수해야 한다'라고 했으므로 이에 해당하지 않는 D를 답으로 선택해야 한다.

实现航运业高质量发展的建议中，没有包括的内容是什么？	해상 운수업의 고품질 발전 실현을 위한 건의 중 포함되지 않는 내용은 무엇인가?
A 坚持科技创新	A 과학 기술 혁신을 견지해야 한다
B 坚持生态优先	B 생태 보호를 우선시 해야 한다
C 坚持开放合作	C 개방과 협력을 견지해야 한다
D 坚持完善制度	D 제도 개선을 견지해야 한다

24 **交通运输** 녹음에서 '해상 운수업은 교통 운수의 중요한 구성 부분이며 세계 경제 발전과 원활한 글로벌 무역에 있어 대체 불가능한 중요한 역할을 한다'라고 했으므로 빈칸에는 '交通运输'를 기입해야 한다.

航运业作为交通运输的重要组成部分，在服务世界经济发展、畅通全球贸易中发挥着不可替代的重要作用。	해상 운수업은 교통 운수의 중요한 구성 부분으로 세계 경제 발전과 원활한 글로벌 무역에 있어 대체 불가능한 중요한 역할을 한다.

25 **C** 녹음 중 '녹색 해상 운송은 경제 이익과 환경 이익 공동 실현에 초점을 맞추어 해상 운송업이 지속 가능한 발전을 실현하도록 해야 한다'라고 언급했다. 여기서 '聚焦……双赢'은 '重视……(双方)利益'과 같은 의미이다. 즉, 경제와 환경 쌍방의 이익을 중시해야 한다는 의미이므로 C가 정답이다.

如何使航运产业实现可持续发展？	어떻게 하면 해운 산업이 지속 가능한 발전을 이룰 수 있는가？
A 坚持不断加强基础建设	A 끊임없이 기반 시설을 강화해야 한다
B 加强各国之间真挚合作	B 국가 간의 진지한 협력을 강화해야 한다
C 重视经济和环境的利益	C 경제와 환경의 이익을 중요시해야 한다
D 加快使用绿色安全燃料	D 녹색 안전 연료 사용을 가속화해야 한다

26 **A** 녹음에서 '이 선언의 취지는 해상 운송 녹색 에너지 산업 라인의 모든 당사자가 공동으로 행동하여, 해상 운송업에 녹색 연료 적재가 가능한 기반 시설을 제공하는 데 있다'라고 했으므로 A가 정답이다.

发布《航运绿色能源倡议宣言》的目的是什么？	〈해운 녹색 에너지 이니셔티브 선언〉 발표의 목적은 무엇인가？
A 提供加载绿色燃料的设备	A 녹색 연료 적재 설비를 제공하기 위해
B 让航运公司合作有法可依	B 해운 회사의 협력에 근거할 수 있는 법을 제공하기 위해

27 B 녹음 중 '차세대 항구 건설은 화물 서비스 능력을 강화해야 한다'라고 했다. 항구는 주로 농공업 상품과 대외무역 수출입 물자를 운송하는 집산지로, 그중 농공업 상품과 수출입 물자가 바로 화물이다. 따라서 '为货服务'의 '货'는 '화물'을 가리키는 것이다.

要强化为货服务的能力，其中"为货服务"中的 "货"是什么意思？	'화물 서비스 능력을 강화해야 한다'의 '화물 서비스' 중 '货'는 무엇을 의미하는가?
A 货船	A 화물선
B 货物	B 화물
C 货场	C 화물 하치장
D 货主	D 화물 주인

28~33

美术是人类文明璀璨的明珠。中国近现代美术脱胎于千年文脉传统，又与百余年来中国历史社会的演进息息相关、相互辉映，诸多名家名作汇成了一条充满魅力与深意的艺术之河。为了让人们更好地了解这些意义非凡的美术成果，中央广播电视台近日播出纪录片《美术里的中国》，以每集12分钟的短片形式，一集围绕一件中国近现代经典美术作品，**28** 讲述作品背后艺术的突破、画家的品格、文化的传统、时代的精神，堪称一阕(首)诗画辉映的视觉交响乐。该纪录片也让美术作品走出美术馆，以崭新的姿态出现在观众眼前。**29**《美术里的中国》对美术作品在视觉呈现上的创新性探索，也赢得了观众的认可。

《美术里的中国》就是利用3D建模特效技术让相对扁平的美术作品瞬间变得生动立体起来。例如在第一集中，齐白石的名画《虾》被分解成了不同的局部，游动的虾们恢复了现实世界里的生机活力，自如地穿梭在池塘中，让观众身临其境，仿佛走进了"水草青青的世界"。这些3D建模特效技术对美术作品的再创作，让画家笔下的景物都"鲜活"起来。**30** 除了3D特效技术，多元的摄影风格也成为该纪录片的一大视觉亮点。在拍摄阶段，《美术里的中国》利用近距离拍摄，**31** 在4K摄影技术的支持下，作品的细腻质感与纹络得以充分呈现。比如齐白石笔下的虾须，肉眼没法儿看清楚，但4K摄影技术让观众们看到了惟妙惟肖的细

미술은 인류 문명의 찬란한 명주이다. 중국 근현대 미술은 천년 동안 이어진 전통에서 새롭게 태어난 것이며, 또한 백여 년 간의 중국 역사·사회의 발전과 밀접하게 연관되어 서로를 빛내준다. 수많은 저명한 작가와 작품이 모여 풍부한 매력과 심오한 의미를 담은 예술의 강을 이루었다. 사람들로 하여금 이러한 의미 있는 미술 성과를 더욱 잘 이해하도록 하기 위해 중앙방송국은 최근 다큐멘터리 「미술 속 중국」을 방영했다. 매 회 12분의 단편 형식이며, 한 회에서 중국 근현대의 대표적인 미술 작품을 중심으로 **28** 작품 뒤에 숨은 예술적 한계 극복, 화가의 품격, 문화의 전통, 시대적 정신 등을 서술해 주어 한 곡의 시화가 어우러진 시각교향곡이라 할 만하다. 이 다큐멘터리는 미술 작품이 미술관을 나와 새로운 모습으로 관중들 앞에 서게 해 주기도 했다. **29** 「미술 속 중국」의 미술 작품에 대한 시각적 표현에서의 혁신적인 탐구 역시 관중들의 인정을 받았다.

「미술 속 중국」은 3D 모델링 특수 효과 기술을 이용하여 비교적 평면적인 미술 작품을 순식간에 생동적이고 입체적으로 변화시켰다. 예를 들어 제1편에서는 치바이스의 명화 『새우』를 여러 부분으로 분해시켰는데, 헤엄치는 새우들이 현실 세계의 생기와 활력을 되찾은 듯 자유롭게 연못을 돌아다니는 모습은 관객들로 하여금 마치 '푸른 수초의 세상'에 들어간 듯한 느낌을 받게 해 주었다. 이러한 미술 작품에 대한 3D 모델링 특수 효과 기술의 재창작은 화가의 그림 속 모습을 '생생하게' 만들어 준다. **30** 3D 특수 효과 기술 이외에 다양한 촬영 방식 역시 이 다큐멘터리에서 두드러지는 커다란 시각적 포인트가 되었다. 촬영 단계에서 「미술 속 중국」은 근접 촬영을 이용했고, **31** 4K 촬영 기술의 지원으로 작품의 섬세한 질감과

节美，获得了一种纤毫毕现的观感。

该纪录片还充分运用延时摄影、超微距摄影、航拍摄影，甚至水下摄影等不同形式，利用风格多变的镜头语言，搭配较快的剪辑节奏，再现美术作品中的韵致，还原画家眼中的风景之美。32 首期节目就通过微距摄影、航拍摄影等摄影手段，生动展现了齐白石在湖南湘潭"鸡鸭喧闹、虫蝶飞舞、芦虾自在游弋"的生活环境。33 这种重叠复合手法的大量运用，让观众与画作，以及画作背后的故事建立起了跨时空的情感联结。《美术里的中国》作为美术题材的纪录片，最难能可贵之处在于在简短的篇幅里，为抽象复杂的文化内涵找到了高效又生动的表达形式。

문양이 충분히 드러났다. 예를 들어 치바이스가 그린 새우 수염은 육안으로는 분명히 볼 수 없다. 하지만 4K 촬영 기술로 관중들은 섬세한 아름다움을 생동감 있게 볼 수 있고, 미세한 부분까지 생생하게 볼 수 있다는 느낌을 받게 되었다.

이 다큐멘터리는 또한 타임랩스 촬영, 초근접 촬영, 항공 촬영, 심지어 수중 촬영 등 다양한 형식을 충분히 활용했고, 다채로운 방식의 렌즈 언어를 이용했으며, 비교적 빠른 편집 리듬을 조합하여 미술 작품 속 운치를 재현하여 화가의 눈 속에 비친 풍경의 아름다움을 복원했다. 32 첫 회 프로그램은 근접 촬영, 항공 촬영 등의 촬영 기법을 통해 치바이스가 생활했던 후난 샹탄의 '닭과 오리가 왁자지껄하고, 곤충과 나비가 춤을 추며, 새우가 자유롭게 헤엄치는' 환경을 생생하게 보여 주었다. 33 이러한 화면을 중첩하고 복합하는 기법의 대량 활용은 관중과 미술 작품, 그리고 미술 작품의 비하인드 스토리가 시공을 초월하여 정서적으로 연결되도록 해 주었다. 「미술 속 중국」은 미술을 소재로 한 다큐멘터리로, 대단한 점은 짧은 단편 속에서 추상적이고 복잡한 문화적 함의를 표현할 수 있는 효과적이고 생동적인 표현 형식을 찾았다는 데 있다.

璀璨 cuǐcàn 형 반짝반짝 빛나는 모양 | 明珠 míngzhū 명 명주, 귀중한 보배 | 脱胎 tuōtāi 동 다시 태어나다 | 文脉 wénmài 명 문맥 | 演进 yǎnjìn 동 진보하다, 진전하다 | 息息相关 xīxī xiāngguān 성 관계가 매우 밀접하다, 상관 관계가 있다 | 辉映 huīyìng 동 눈부시게 비치다, 빛나다 | 深意 shēnyì 명 깊은 의미, 깊은 뜻 | 围绕 wéirào 동 둘러싸다 | 堪称 kānchēng 동 ~라고 할 만하다 | 崭新 zhǎnxīn 형 참신하다, 아주 새롭다 | 扁平 biǎnpíng 형 납작하다, 편평하다 | 瞬间 shùnjiān 명 순간, 눈 깜짝할 사이 | 游动 yóudòng 동 유동하다, 이리저리 옮겨 다니다 | 穿梭 chuānsuō 동 빈번하게 왕래하다, 드나들다 | 身临其境 shēn lín qí jìng 성 그 장소에 직접 가다 | 鲜活 xiānhuó 형 선명하고 윤기 있다, 생생하다 | 亮点 liàngdiǎn 명 포인트 | 细腻 xìnì 형 섬세하다, 세밀하다 | 纹络 wénluò 명 줄무늬 | 惟妙惟肖 wéi miào wéi xiào 성 아주 생생하고 실감나게 묘사하다 | 纤毫毕现 xiānháo bì xiàn 미세한 부분까지 낱낱이 드러나다 | 延时摄影 yánshí shèyǐng 명 타임랩스 촬영 | 超微距摄影 chāowēijù shèyǐng 초근접 촬영 | 镜头 jìngtóu 명 (카메라) 렌즈 | 剪辑 jiǎnjí 명 (영화 필름 등의) 커팅, 편집 | 韵致 yùnzhì 명 운치, 풍치 | 喧闹 xuānnào 형 왁자하다, 떠들썩하다 | 重叠 chóngdié 중첩되다, 중복되다 | 跨时空 kuà shíkōng 시공을 초월하다 | 联结 liánjié 동 연결하다 | 难能可贵 nán néng kě guì 성 어려운 일을 해내서 기특하다 | 篇幅 piānfú 명 편폭, 길이 | 抽象 chōuxiàng 형 추상적이다 | 内涵 nèihán 명 내포

28 **A** 녹음에서 이 다큐멘터리는 '작품 뒤에 숨은 예술적 한계 극복'에 대해 이야기하고 있다고 했으므로 정답은 A이다.

纪录片《美术里的中国》主要讲述的内容是什么？	다큐멘터리 「미술 속 중국」에서 주요하게 서술한 내용은 무엇인가？
A 艺术的突破	A 예술적 한계 극복
B 作品的风格	B 작품의 스타일
C 历史的意义	C 역사적 의의
D 文化的精神	D 문화적 정신

29 **在视觉** 녹음에서 '「미술 속 중국」의 미술 작품에 대한 시각적 표현에서의 혁신적인 탐구 역시 관중들의 인정을 받았다'라고 했으므로 빈칸에는 '在视觉'를 기입해야 한다.

《美术里的中国》对美术作品在视觉呈现上的创新性探索，也赢得了观众的认可。	「미술 속 중국」의 미술 작품에 대한 시각적 표현에서의 혁신적인 탐구 역시 관중들의 인정을 받았다.

30 C 녹음에서 '3D 특수 효과 기술 이외에 다양한 촬영 방식 역시 이 다큐멘터리에서 두드러지는 커다란 시각적 포인트가 되었다'라고 했으므로 정답은 C이다.

除了3D特效技术，该纪录片的另一大视觉亮点是什么？	3D 특수 효과 기술 이외에 이 다큐멘터리의 또 다른 시각적 포인트는 무엇인가?
A 多角度跟拍画面	A 다각도 팔로우 샷
B 多镜头切换画面	B 멀티 렌즈 화면 전환
C 多元的摄影风格	C 다양한 촬영 방식
D 多种的拍摄技巧	D 여러 촬영 테크닉

31 B 녹음에서 '4K 촬영 기술의 지원으로 작품의 섬세한 질감과 문양이 충분히 드러났다'라고 했으므로 정답은 B이다.

4K摄影技术可以突出作品的哪些部分？	4K 촬영 기술은 작품의 어떤 부분을 돋보이게 하는가?
A 色彩和线条	A 색채와 라인
B 质感和纹路	B 질감과 문양
C 材质和笔触	C 재질과 필치
D 肌理和布局	D 무늬와 구성

笔触 bǐchù 몡 필치, 터치, 필법 | 肌理 jīlǐ 몡 살결, 질감

32 D 촬영 기법에 대한 내용은 '이 다큐멘터리는 또한 타임랩스 촬영, 초근접 촬영, 항공 촬영, 심지어 수중 촬영 등 다양한 형식을 충분히 활용했다'와 '첫 회 프로그램은 근접 촬영, 항공 촬영 등의 촬영 기법을 썼다' 이 두 부분을 통해 언급되었는데, 질문에서는 첫 회 프로그램의 촬영 기법을 묻고 있으므로 정답은 D이다.

这部纪录片首期节目运用了什么拍摄手法？	이 다큐멘터리의 첫 회 프로그램은 어떤 촬영 기법을 활용했는가?
A 俯视拍摄	A 부감 촬영
B 延时拍摄	B 타임랩스 촬영
C 水下拍摄	C 수중 촬영
D 微距拍摄	D 근접 촬영

33 A 녹음에서 '이러한 화면을 중첩하고 복합하는 기법의 대량 활용은 관중과 미술 작품, 그리고 미술 작품의 비하인드 스토리가 시공을 초월하여 정서적으로 연결되도록 해 주었다'라고 했으므로 정답은 A이다.

哪种手法让观众与画作建立了跨时空的情感联结？	어떤 기법으로 관중과 미술 작품이 시공을 초월하여 정서적으로 연결될 수 있었는가?
A 重叠复合	A 중첩과 복합
B 反复呈现	B 반복 출현
C 重复对接	C 중복 연결
D 反复分割	D 반복 분할

分割 fēngē 통 분할하다

34 建筑垃圾是众多垃圾中较难处理的一类，存在体积大、回收处理难等问题。建筑物在建造过程中，以及装饰房屋时所产生的弃土、弃料等，如果不经过妥善的处理，不仅是对资源的浪费，还会污染水、土壤和空气。

35 传统的建筑垃圾处理方法主要有堆放、填埋、回填等，但建筑垃圾堆放和填埋则会需要耗用大量的土地，**36** 释放的有毒有害物质会改变土壤的物理结构和化学性质，造成土壤污染；被污染的土壤因雨水冲刷会形成渗滤液进入水体中，容易引起地下水和地表水污染；露天堆放的建筑垃圾更是容易引起扬尘，渣土车运输过程中排放的大量尾气和道路遗撒引起的扬尘又加重了大气污染。

那么如何正确处理建筑垃圾呢？**40** 近年来，建筑垃圾再循环利用成为一个新尝试，经过加工处理让它们实现二次利用。如金属废料、废钢筋、废铁丝、废电线等经过分拣、回炉热加工可制成钢材等金属制品；**37** 废混凝土经过粉碎、筛选等过程可制成再生骨料用于公路路基、墙体的填充材料，也可生产多孔砖、空心板、空心砌块、水泥原料等产品；废木材可用于制造合成板材；沥青经过重新回收可再生成沥青。

38 要想实现建筑垃圾的环保化，也要做到源头上减少建筑垃圾产生量，大力开发和推广节能降耗的建筑新技术和新工艺，采用尽量少产生建筑垃圾的结构设计；加大对建筑垃圾综合利用的投入，**38** 限制天然骨料、石料的使用量，出台相应的优惠政策，鼓励使用再生材料、替代材料及易回收材料等，从源头上最大限度减少建筑垃圾的产生。同时，有关部门可以大力推广再生产品应用，促进循环利用，**39** 号召园林、交通、水务等工程率先选用建筑废弃物再生产品，鼓励社会投资工程使用建筑废弃物再生产品。

34 건축 폐기물은 다양한 쓰레기 중 처리가 비교적 어려운 부류로, 큰 부피, 회수의 어려움 등의 문제가 존재한다. 건축물의 건축 과정과 리모델링 시 발생하는 버려진 흙과 폐기물 등은 적합한 처리가 이루어지지 않을 경우 자원 낭비일 뿐 아니라 물과 토양 그리고 공기까지 오염시킬 수 있다.

35 전통적인 건축 폐기물 처리 방법으로는 주로 적치, 매립, 되메우기 등이 있다. 그러나 건축 폐기물의 적치와 매립은 대량의 토지 소모가 필요하고, **36** 방출되는 유독성 유해물질은 토양의 물리 구조와 화학 성질을 변화시켜 토양 오염을 야기한다. 오염된 토양이 빗물에 씻기며 형성된 침출수가 물속에 들어가면 지하수와 지표수 오염을 일으키기 쉽다. 실외에 쌓아 놓은 건축 폐기물은 먼지를 더 쉽게 일으키며, 폐기물 운반차의 운송 과정에서 배출되는 대량의 배기가스와 도로에 떨어진 폐기물로 인한 먼지도 대기 오염을 가중시킨다.

그렇다면 어떻게 건축 폐기물을 올바르게 처리해야 할까? **40** 최근 몇 년 건축 폐기물 재활용이 새롭게 시도되었고, 가공 처리를 거쳐 그것들의 2차적 이용이 실현됐다. 예를 들면 금속 폐기물, 폐철근, 폐철사, 폐전선 등은 분류와 열가공을 거쳐 철강재 등 금속 제품으로 제작될 수 있다. **37** 폐콘크리트는 분쇄와 선별 등의 과정을 거쳐 재생 골재로 제작하여, 도로 노반과 벽의 충전재에 사용될 수 있고 다공질 벽돌, 속 빈 바닥판, 속 빈 블록, 시멘트 원료 등 제품들을 생산할 수 있다. 폐목재는 합성판재 제조에 사용될 수 있고, 아스팔트는 다시 재활용되어 아스팔트로 재생될 수 있다.

38 건축 폐기물의 친환경화를 실현하기 위해서는 건축 폐기물의 발생량을 원천적으로 줄이고, 에너지 절감이 가능한 새로운 건축 기술과 공예를 적극적으로 개발 및 보급해야 하며, 건축 폐기물이 최대한 적게 발생하는 구조 설계를 채택해야 한다. 또한 건축 폐기물의 종합적 이용에 대한 투자를 확대하고 **38** 천연 골재와 석재의 사용량을 제한하며 상응하는 우대 정책을 실시해서 재생 소재, 대체재, 재활용이 쉬운 자재 사용 권장 등 건축 폐기물의 발생을 원천적으로 최소화해야 한다. 동시에 관련 부서는 재생 제품의 응용을 적극 홍보하고 재활용을 촉진시키며 **39** 원림, 교통, 수도 등 공사에서 건축 폐기물 재생품을 앞장서서 우선적으로 사용할 것을 호소하고, 사회 투자 기업(개발 기업, 개발 회사 등)의 건축 폐기물 재생품 사용을 독려해야 한다.

体积 tǐjī 몝 체적, 부피 | **装饰** zhuāngshì 동 장식하다, 치장하다 | **弃土** qì tǔ 버려진 땅 | **妥善** tuǒshàn 혱 알맞다, 타당하다 | **堆放** duīfàng 동 쌓아 두다 | **填埋** tiánmái 동 매립하다 | **回填** huítián 동 되묻다, 도로 메우다 | **冲刷** chōngshuā 동 물을 끼얹어 씻어 내다 | **渗滤液** shènlùyè 침출수 | **露天** lùtiān 몝 옥외, 노천 | **扬尘** yángchén 동 먼지가 날리다, 먼지가 일다 | **渣土车** zhātǔ chē 폐기물을 운송하는 차 | **遗撒** yísǎ 내버리다, 흘려버리다 | **钢筋** gāngjīn 철근 | **分拣** fēnjiǎn 골라 나누다 | **回炉** huílú 동 (금속을) 다시 녹이다 | **混凝土** hùnníngtǔ 콘크리트 | **粉碎** fěnsuì 가루로 만들다, 분쇄하다 | **筛选** shāixuǎn 동 선별하다 | **墙体** qiángtǐ 벽체 | **填充** tiánchōng 동 메우다, 채우다 | **砌块** qìkuài 몝 블록 | **沥青** lìqīng 몝 아스팔트, 피치 | **号召** hàozhào 동 호소하다

34 A 녹음에서 '건축 폐기물은 다양한 쓰레기 중 처리가 비교적 어려운 부류로, 큰 부피, 회수의 어려움 등의 문제가 존재한다' 라고 했으므로 정답은 A이다.

建筑垃圾存在哪些问题?	건축 폐기물은 어떤 문제점이 있는가?
A 回收处理难	A 회수 처리가 어렵다
B 分类降解难	B 분류 분해가 어렵다
C 固体垃圾多	C 고체 폐기물이 많이 생긴다
D 液体垃圾多	D 액체 폐기물이 많이 생긴다

降解 jiàngjiě 통 분해하다

35 堆放 녹음에서 '전통적인 건축 폐기물 처리 방법으로는 주로 적치, 매립, 되메우기 등이 있다'라고 했으므로 빈칸에는 '堆放'을 기입해야 한다.

传统的建筑垃圾处理方法主要有堆放、填埋、回填等。	전통적인 건축 폐기물 처리 방법에는 주로 적치, 매립, 되메우기 등이 있다.

36 C 녹음에서 '방출되는 유독성 유해물질은 토양의 물리 구조와 화학 성질을 변화시켜 토양 오염을 야기한다'라고 했다. '토양의 물리 구조를 변화시킨다'라는 말을 통해 정답이 C임을 알 수 있다.

有毒有害物质因何会造成土壤污染?	유독성 유해물질은 어떻게 토양 오염을 일으키는가?
A 侵入土壤表层	A 토양 표층에 침투해서
B 浸入土壤深层	B 토양 심층에 침투해서
C 改变土壤结构	C 토양 구조를 변화시켜서
D 改变土壤湿度	D 토양 습도를 변화시켜서

37 A 녹음에서 '폐콘크리트는 분쇄와 선별 등의 과정을 거쳐 재생 골재로 제작하여, 도로 노반과 벽의 충전재에 사용될 수 있다'라고 했으므로 정답은 A이다.

废混凝土制成再生骨料的方法是什么?	폐콘크리트로 재생 골재를 만드는 방법은 무엇인가?
A 粉粹筛选	A 분쇄와 선별
B 分拣加热	B 분류와 가열
C 碾碎加热	C 분쇄와 가열
D 分类筛选	D 분류와 선별

碾碎 niǎnsuì 통 빻아서 부수다

38 **C** 녹음에서 '천연 골재와 석재의 사용량을 제한해야 한다'라고 했으므로 정답은 C이다.

想要实现建筑垃圾的环保化，应限制使用什么?	건축 폐기물의 친환경화 실현을 위해서는 무엇을 사용하는 것을 제한해야 하는가?
A　天然木材	A　천연 목재
B　回收材料	B　재활용 재료
C　天然骨料	C　천연 골재
D　金属材料	D　금속 재료

39 **D** 녹음에서 '원림, 교통, 수도 등 공사에서 건축 폐기물 재생품을 앞장서서 우선적으로 사용할 것을 호소한다'라고 했으므로 정답은 D이다.

哪些工程可以优先使用建筑废弃物再生产品?	어떤 공사에서 우선적으로 건축 폐기물 재생품을 사용할 수 있는가?
A　投资工程	A　투자 공사
B　海上工程	B　해상 공사
C　地下工程	C　지하 공사
D　水务工程	D　수도 공사

40 **再循环利用** 녹음에서 '최근 몇 년 건축 폐기물 재활용이 새롭게 시도되었다'라고 했으므로 빈칸에는 '再循环利用'을 기입해야 한다.

近年来，建筑垃圾再循环利用成为一种新尝试。	최근 몇 년 건축 폐기물 재활용이 새롭게 시도되었다.

제1부분　**41~68** 지문을 읽고 정답을 선택하거나 빈칸을 채우세요.

41~47

在倡导发展可持续能源的今天，人们越来越重视海洋的作用，以便探索更多新能源，在浩瀚的海洋中寻得持续前进的动力。**41** 海洋资源包括海水、海洋生物、海洋能源以及海底矿物资源等等，这些资源的开发利用具有非常大的潜力，海洋能源是其中非常引人注目的部分。

海洋，**42** 不仅 蕴藏着丰富的矿产资源，还有巨量的能源资源：潮汐能、波浪能、海水温差能、海流能及盐度差能等都是可再生能源，开发潜力大、低碳环保。

海洋所接受的太阳能，除了一小部分直接反射到空气中以外，大部分会被海水吸收。海水吸收了太阳能，水分子运动速度加快，水温升高。**43** 这样，太阳光的辐射能就被转化为海水水分子热运动的动能贮存起来。海水贮存的太阳能，就是人们常说的海洋热能。

经过长期观测计算，科学家发现到达水面的太阳辐射能大约有60%透射到1米的水深处，有18%可以到达海面以下10米深处，少量的太阳辐射能甚至可以透射到水下100米的深处。在低纬度海域，海水温度随水深而变化，一般深海区大致可以分为三层：第一层是从海面到深度约60米左右的地方，称为表层，**44** 该层海水一方面吸收着太阳的辐射能，一方面受到风浪的影响使海水互相混合，海水温度变化较小，约在25~27℃；第二层水深60~300米，海水温度随着深度加深急剧递减，温度变化较大，称为主要温跃层；第三层深度在300米以下，海水因为受到从极地流来的冷水的影响，温度降低到4℃左右。**45** 表层海水和深层海水之间存在着20℃以上的温差，是巨大的能量来源，也就是温差能产生的根源。

46 温差能具有可再生、清洁、能量输出波动小等优点。目前海洋温差能利用技术已趋于成熟，正从小型试验研究，向大型商用化方向发展。中国海洋温差能在低纬度海域具有广泛的应

지속 가능한 에너지 발전을 제창하는 오늘날, 더 많은 새로운 에너지를 탐색하고 광활한 해양에서 지속적인 동력을 찾기 위해 사람들은 점점 더 해양의 역할을 중시하고 있다. **41** 해양 자원에는 해수, 해양 생물, 해양 에너지 및 해저 광물 자원 등이 포함된다. 이러한 자원의 개발과 이용은 매우 큰 잠재력을 가지고 있는데, 그중 해양 에너지는 가장 각광받는 부분이다.

바다에는 **42** 풍부한 광산 자원 뿐만 아니라 많은 양의 에너지 자원도 잠재되어 있다. 조석 에너지, 파동 에너지, 해수 온도차 에너지, 해류 에너지, 염도차 에너지 등은 모두 재생 에너지로, 개발 잠재력이 큰 저탄소 친환경 에너지이다.

바다가 받는 태양 에너지는 공기 중으로 직접 반사되는 소량 일부를 제외하고 대부분 바닷물에 흡수된다. 바닷물이 태양 에너지를 흡수하면 물분자의 운동 속도가 빨라지고 수온이 높아진다. **43** 이렇게 태양광의 복사능은 해수 물분자 열운동 운동 에너지로 전환되어 저장된다. 바닷물이 저장한 태양 에너지가 바로 사람들이 흔히 말하는 해양 열에너지이다.

장기간의 관측과 계산을 통해 과학자들은 수면에 도달하는 태양 복사능의 약 60%가 1m 수심까지 침투할 수 있고, 18%는 수심 10m 깊이에 도달할 수 있으며, 소량의 태양 복사능은 심지어 심해 100m 깊이까지 투사할 수 있다는 것을 발견했다. 저위도 해역에서는 해수 온도가 수심에 따라 변하는데, 일반적인 심해 지역은 대체로 3개 층으로 나눌 수 있다. 첫 번째 층은 해수면에서 약 60m 정도까지로, 표층이라고 한다. **44** 이 층의 해수는 한편으로는 태양의 복사능을 흡수하면서, 다른 한편으로는 풍랑의 영향을 받아 바닷물이 섞여 해수 온도 변화가 비교적 적은데, 수온은 약 25~27℃이다. 두 번째 층은 수심 60~300m 정도이며, 해수 온도가 수심이 깊어짐에 따라 급격히 낮아져 온도 변화가 큰 편으로, 변온층이라고 불린다. 세 번째 층은 깊이 300m 이하로 극지에서 흘러나오는 찬물의 영향으로 바닷물의 온도가 4℃ 정도까지 내려간다. **45** 표층 해수와 심층 해수 사이에는 20℃ 이상의 온도차가 존재하는데 이는 엄청난 에너지원으로, 바로 온도차 에너지 발생의 근원이다.

46 온도차 에너지는 재생 가능하고 청결하며, 에너지 출력 파동이 작다는 등의 장점이 있다. 현재 해양 온도차 에너지 이용 기술은 이미 성숙한 단계로, 소형 시험 연구에서 대형 상용

用前景。特别是在中国南海的岛屿、海上石油平台上，通过海洋温差能发电，完全能够解决能源供应问题，增强海洋开发能力。除发电外，**47 深层冷海水还可同时进行空调制冷、水产品及作物养殖、海水淡化等附属开发**，有效调节运行成本。

화 방향으로 발전하고 있다.

중국 해양 온도차 에너지는 저위도 해역에서 광범위한 응용 가능성을 가지고 있다. 특히 중국 남해의 섬과 해상 석유 플랫폼에서는 해양 온도차 에너지를 통한 발전으로 에너지 공급 문제를 완전히 해결할 수 있어서 해양 개발 능력을 강화할 수 있다. 발전 이외에도 **47 심층 냉해수는 에어컨 냉방, 수산물 및 작물 양식, 해수 담수화 등의 부수적인 개발을 동시에 진행할 수도 있어서** 운영비를 효율적으로 조절할 수 있다.

倡导 chàngdǎo 图 제창하다, 발의하다 | **探索** tànsuǒ 图 탐색하다, 찾다 | **浩瀚** hàohàn 图 광대하다, 무수히 많다 | **潜力** qiánlì 图 잠재력, 저력 | **蕴藏** yùncáng 图 매장되다, 잠재하다 | **潮汐能** cháoxīnéng 图 조석 에너지 | **波浪能** bōlàngnéng 图 파동 에너지 | **海流能** hǎiliúnéng 图 해류 에너지 | **盐度** yándù 염도 | **辐射能** fúshènéng 图 복사능, 방사능 | **贮存** zhùcún 图 저장하다, 저축해 두다 | **透射** tòushè 图 투사하다 | **急剧** jíjù 图 급격하다, 급속하다 | **递减** dìjiǎn 图 점차 줄다, 감소하다 | **温跃层** wēnyuècéng 图 변온층 | **养殖** yǎngzhí 图 양식하다 | **附属** fùshǔ 图 부속하다, 종속되다

---

41 A 첫 단락에서 '해양 자원에는 해수, 해양 생물, 해양 에너지 및 해저 광물 자원 등이 포함된다'라고 했고, 여기에 '해안선'은 포함되지 않았으므로 정답은 A이다.

海洋资源不包括:	해양 자원에 포함되지 않는 것은 무엇인가?
A 海岸线	A 해안선
B 海洋生物	B 해양 생물
C 海洋能源	C 해양 에너지
D 海底矿物质	D 해저 광물 자원

42 D 정답을 고르기 위해서는 이 문장의 논리 구조가 점층 관계임을 이해해야 한다. '풍부한 광산 자원뿐만 아니라 많은 양의 에너지 자원도 잠재되어 있다'에서 문장의 관계를 설명하기 위해 부사 '还'를 사용했는데 '还'와 함께 쓰여 점층 관계를 나타내는 부사에는 '不仅' '不但' '除了'가 있으므로 정답은 D이다.

根据上下文，第二段的空白处最适合填入的词语是什么?	앞뒤 문장에 따르면, 두 번째 단락의 빈칸에 들어갈 알맞은 단어는 무엇인가?
A 因为	A 왜냐하면
B 并且	B 게다가
C 尽管	C 비록
D 不仅	D ~일 뿐 아니라

43 D 세 번째 단락에서 '이렇게 태양광의 복사능은 해수 물분자 열운동 운동 에너지로 전환되어 저장된다. 바닷물이 저장한 태양 에너지가 바로 사람들이 흔히 말하는 해양 열에너지이다'에서 해양 열에너지는 태양광의 복사능에서 만들어진다는 것을 알 수 있다.

海洋热能是怎么产生的?	해양 열에너지는 어떻게 만들어지는가?
A 来自于温度较高的太阳光	A 온도가 비교적 높은 태양광에서
B 来自于水分子的快速运动	B 물분자의 빠른 움직임에서
C 来自于较大的海水温度差	C 비교적 큰 해수 온도차에서
D 来自于太阳光线的辐射能	D 태양광의 복사능에서

44　B　네 번째 단락에서 '이 층의 해수는 한편으로는 태양의 복사능을 흡수하면서, 다른 한편으로는 풍랑의 영향을 받아 바닷물이 섞여 해수 온도 변화가 비교적 적다'라고 했다. 여기서 이 층은 심해 표층 구역이라는 것과, 해수 온도 변화가 적은 원인이 ①과 ③임을 알 수 있으므로 정답은 B이다.

深海表层区域，海水温度变化小的原因是什么?	심해 표층 구역에서 해수 온도 변화가 적은 원인은 무엇인가?
① 吸收太阳辐射能	① 태양 복사능을 흡수해서
② 海水含氧度高	② 해수 산소 함량이 높아서
③ 海水相互混合	③ 바닷물이 서로 섞여서
④ 极地环境影响	④ 극지 환경의 영향으로 인해서
A ①②	A ①②
B ①③	B ①③
C ②③	C ②③
D ②④	D ②④

45　C　네 번째 단락 마지막 문장에서 '표층 해수와 심층 해수 사이에는 20℃ 이상의 온도차가 존재하는데 이는 엄청난 에너지원으로, 바로 온도차 에너지 발생의 근원이다'라고 했으므로 정답은 C이다.

海洋温差能产生的原因是?	해양 온도차 에너지가 발생하는 원인은 무엇인가?
A 早晚太阳光强度差异大	A 아침과 저녁의 태양광 강도 차이가 커서
B 海洋四季温度差异较大	B 바다의 사계절 온도차가 커서
C 表深层海水温度差异大	C 표층과 심층의 해수 온도차가 커서
D 早晚太阳辐射强度不同	D 아침과 저녁의 태양 복사 강도가 달라서

46　C　다섯 번째 단락에서 '온도차 에너지는 재생 가능하고 청결하며, 에너지 출력 파동이 작다는 등의 장점이 있다'라고 했다. 이 중 '에너지가 크다'는 포함되지 않았으므로 정답은 C이다.

下列哪项不属于温差能的优点?	다음 중 온도차 에너지의 장점이 아닌 것은 무엇인가?
A 可再生	A 재생이 가능하다
B 波动小	B 파동이 작다
C 能量大	C 에너지가 크다
D 清洁性	D 깨끗하다

47 B 여섯 번째 단락의 마지막 문장에서 '심층 냉해수는 에어컨 냉방, 수산물 및 작물 양식, 해수 담수화 등의 부수적인 개발을 동시에 진행할 수도 있어서 운영비를 효율적으로 조절할 수 있다'라고 했으므로 정답은 B이다.

下列哪项是深层冷海水的附属开发?	다음 중 심층 냉해수의 부수적인 개발에 속하는 것은 무엇인가?
A 海水净化	A 해수 정화
B 作物养殖	B 작물 양식
C 空气制冷	C 공기 냉방
D 海水制能	D 해수 에너지 생산

48~54

48 贡院，是古代会试的考场，即开科取士的地方。贡院的设置，最早开始于唐朝。在古代，凡是送给皇帝的物品都叫贡品，唯独"贡院"贡献的是人才，所以贡院就是通过考试选拔人才贡献给皇帝或国家的意思。现存有江南贡院、北京贡院、定州贡院、川北道贡院等遗址，其中江南贡院作为中国古代最大的科举考场最为出名。

49 江南贡院，位于南京秦淮区夫子庙学宫东侧，中国历史上规模最大、影响最广的科举考场，**49** 又称南京贡院、建康贡院。据资料记载，江南贡院始建于南宋乾道四年(1168)，经历代扩建，明清时期达到鼎盛。清光绪三十一年(1905)，科举被废停，江南贡院便结束了历史使命。江南贡院在历经沧桑后，无一遗存。为再现历史原貌，2012年，有关部门在江南贡院的基础上，建设了中国科举博物馆。2014年8月11日，中国科举博物馆一期工程正式开放。江南贡院在科举发展史上有着十分重要的地位。游客们在中国科举博物馆内参观时，可以感受科举文化。**50** 中国科举博物馆以其深厚的文化内涵、丰富的展品、独特的展陈方式和人性化的全方位服务，面向世界讲好秦淮故事、介绍好秦淮河畔的科举文化，现已成为南京秦淮文化的一张新名片。

贡院既然是中国古代科举考试时会试使用的考场，那么考试时监考自然很严格，考生进贡院大门时，要进行严格地搜身，以防考生身上藏有"夹带"。所谓"夹带"，即是把与考试相关的资料、答案等藏在身上。**51** 如有夹带，则送刑部严办。**52** 当考生进入考场后，就要锁门，称之为"锁院贡试"。因贡院的四周是用荆棘围圈起来的，所以又叫"锁棘贡试"。考生每人一间房间、一盆炭火、一支蜡烛。试题发下，明远楼上响起鼓声，考生们就苦思冥想做起文章来。

48 공원(贡院)은 고대의 시험 장소 즉, 과거 시험을 통해 인재를 뽑는 곳이다. 공원이 처음 설립된 것은 당나라 시기이다. 고대에는 황제에게 바치는 모든 물품을 공품이라 불렀는데, 오직 '공원'만은 인재를 제공하는 것이었으므로, 공원은 시험을 통해 황제나 국가에 인재를 제공하는 것을 의미한다. 현재는 장난공원, 베이징공원, 딩저우공원, 촨베이다오공원 등이 현존하며, 그중 장난공원은 중국 고대 최대 규모의 과거 시험 장소로 가장 유명하다.

49 장난공원은 난징 친화이구 푸쯔먀오 학궁 동쪽에 위치하며, 중국 역사상 규모와 영향력이 가장 큰 과거 시험장으로 **49** 난징공원, 젠캉공원이라고도 불린다. 자료 기록에 따르면 장난공원은 남송 건도 4년(1168)에 창건된 후 대대로 증축을 거쳤으며 명청 시대에 전성기를 이루었다. 청나라 광서 31년(1905)에 과거가 폐지되면서 장난공원은 역사적 사명을 다했다. 장난공원은 여러 풍파를 겪은 후 아무런 흔적도 남지 않았다. 역사의 원형을 재현하기 위해 2012년 관련 부서는 장난공원의 옛터에 중국 과거 박물관을 건설했는데, 2014년 8월 11일 중국 과거 박물관 1기 공사 후 정식 개방되었다. 장난공원은 과거 시험 발전사에서 매우 중요한 위치를 차지한다. 관광객들은 중국 과거 박물관을 관람하며 과거 문화를 감상할 수 있다. **50** 중국 과거 박물관은 심오한 문화적 함의, 풍부한 전시품, 독특한 전시 방식 및 친화이적이고 전방위적인 서비스로 전 세계에 친화이 스토리를 들려주고 친화이 강변의 과거 문화를 소개해 주어, 현재 난징 친화이 문화의 새로운 명함이 되었다.

공원이 중국 고대 과거 시험 장소로 사용되었던 만큼 시험 치를 때의 감독이 매우 엄격한 것은 당연한 일이었다. 수험생이 공원 대문에 들어설 때 엄격한 몸수색을 했는데, 이는 '자다이'를 방지하기 위함이었다. '자다이'란 시험과 관련된 자료나 답안 등을 몸에 숨기는 것을 가리킨다. **51** 만약 자다이가 발각되면 형부로 보내져 엄벌에 처해졌다. **52** 수험생이 시험장에 들어오면 문을 잠그는데 이를 '쇄원공시'라고 불렀으며, 공원 사면이 가시나무로 둘러싸여 있었기 때문에 '쇄극공시'

"锁院贡试"最怕着火，贡院着火的事件也很多，如在明朝天顺七年(1463)，**53** 春试的第一天夜晚，贡院考场发生了严重的火灾，被大火烧死的考生有九十多人。明英宗很痛心，特恩赐死者每人一口棺材，将他们埋在朝阳门外，并立了一块"天下英才之墓"石碑，民间称之为举人冢。由于贡院屡屡失火，所以历朝不断改建。如清朝乾隆时期，又把贡院修葺一新，竣工时，**54** 乾隆皇帝还亲临视察，并高兴地赋诗一首，诗中有"从今不薄读书人"之句；可见当时的政府很重视贡院的修建。

라고도 했다. 모든 수험생에게는 방 하나, 숯불 하나, 양초 한 개가 제공되었고, 시험 문제가 배포되면 명원루에서 북소리가 울리고 수험생들은 깊은 생각에 잠겨 문장을 쓰기 시작했다.

'쇄원공시'에 있어서 가장 두려운 것은 화재였는데 공원에서 화재가 발생한 여러 사건이 있었다. 예를 들면, 명나라 천순 7년(1463)에 **53** 봄 시험을 치르던 첫날 밤 공원 시험장에서 큰 화재가 발생했고, 이로 인해 90여 명의 수험생이 사망했다. 명영종(명나라 6대 황제)은 매우 상심하며 목숨을 잃은 모든 이들에게 관을 하사하고, 그들을 조양문 밖에 묻었으며, '천하영재의 묘'라 쓰인 비석을 세웠는데 민간에서는 이를 거인총이라 불렀다. 공원에 화재가 자주 발생하여 역대 왕조마다 끊임없이 재건을 했는데, 예를 들면 청나라 건륭 시대에도 공원을 새롭게 보수해서 준공이 되었을 때, **54** 건륭황제는 친히 시찰을 하며 기쁜 마음에 시를 한 수 지었는데, 시에는 '지금부터 지식인을 후대한다'라는 구절이 있었을 만큼 당시 정부가 공원의 재건을 매우 중시했음을 알 수 있다.

开科 kāikē 동 과거를 실시하다 | **取士** qǔshì 동 옛날, 공부한 사람을 골라서 벼슬을 시키다 | **唯独** wéidú 부 유독, 단지 | **贡献** gòngxiàn 동 공헌하다, 기여하다 | **选拔** xuǎnbá 동 (인재를) 선발하다 | **始建** shǐjiàn 창건되다 | **鼎盛** dǐngshèng 형 흥성하다, 한창이다 | **历经沧桑** lìjīng cāngsāng 산전수전을 겪다 | **遗存** yícún 명 유물 | **原貌** yuánmào 명 원형, 원모양 | **河畔** hépàn 명 강변, 강가 | **搜身** sōushēn 동 몸수색을 하다, 몸을 뒤지다 | **刑部** xíngbù 명 형부[청대 관제에서 사법 행정을 담당하던 곳] | **严办** yánbàn 엄벌에 처하다, 엄중히 처리하다 | **荆棘** jīngjí 명 가시나무 | **炭火** tànhuǒ 명 숯불 | **苦思冥想** kǔsī míngxiǎng 성 골똘히 생각하다 | **着火** zháohuǒ 동 불나다, 발화하다 | **烧死** shāosǐ 동 타 죽다 | **恩赐** ēncì 명 은혜를 베풀다, 하사하다 | **棺材** guāncai 명 관 | **石碑** shíbēi 명 석비 | **举人** jǔrén 명 거인[명청 시대 향시에 합격한 사람] | **冢** zhǒng 명 무덤, 묘 | **屡屡** lǚlǚ 부 번번이, 누차 | **失火** shīhuǒ 동 불이 나다, 실화하다 | **修葺一新** xiūqì yìxīn 성 새롭게 보수하다, 개축한 후 참신한 면모를 드러내다 | **竣工** jùngōng 동 준공하다 | **赋诗** fùshī 동 시를 짓다, 시를 읊다

---

48 B 문장의 시작에서 '공원은 고대의 시험 장소'라고 소개했고, 이어서 또 공원이 어떤 곳인지 소개했다. 이로써 앞뒤 문장이 같은 것을 가리키고 있음을 알 수 있다. 이어진 문장에서 또 다시 공원에 대한 설명을 했으므로 앞뒤 문장에 근거한다면 빈칸에 '也就是'를 기입해야 한다. 보기 B의 '即'가 바로 이와 같은 의미이므로 정답은 B이다.

根据上下文，第一段的空白处最适合填入的词语是什么？	앞뒤 문장에 따르면, 첫 번째 단락의 빈칸에 들어갈 가장 알맞은 단어는 무엇인가?
A 仅	A 다만
B 即	B 즉
C 亦	C 또
D 愈	D 더욱

---

49 C 두 번째 단락에서 '장난공원은 난징에 위치해 있고, 난징공원, 젠캉공원이라고도 불린다'라고 했으므로 정답은 C이다.

下列哪项是江南贡院的别称？	다음 중 어느 것이 장난공원의 별칭인가？
A 川北贡院	A 촨베이공원
B 定州贡院	B 딩저우공원
C 建康贡院	C 젠캉공원
D 金陵贡院	D 진링공원

50 D 두 번째 단락의 마지막 문장에서 '중국 과거 박물관은 심오한 문화적 함의, 풍부한 전시품, 독특한 전시 방식 및 친화적이고 전방위적인 서비스로, 현재 난징 친화이 문화의 새로운 명함이 되었다'라고 언급했다. 여기서 주의할 점은 전시 방식은 '독특한' 것이지 '다양한' 것이 아니며, 전방위적인 서비스는 '친화적'인 것으로 '독특한' 것이 아니기 때문에 답으로 D를 선택해야 한다.

中国科举博物馆为何会成为南京秦淮文化的新名片？	중국 과거 박물관은 왜 난징 친화이 문화의 새로운 명함이 되었는가？
① 展陈方式多样	① 다양한 전시 방식
② 独特的全方位服务	② 독특한 전방위적 서비스
③ 浓厚的文化内涵	③ 심오한 문화적 함의
④ 丰富多彩的展品	④ 다채로운 전시품
A ①②	A ①②
B ①③	B ①③
C ②③	C ②③
D ③④	D ③④

51 C 세 번째 단락에서 '만약 자다이가 발각되면 형부로 보내져 엄벌에 처해졌다'라고 했으므로 정답은 C이다.

如果考生把与考试相关的资料藏在身上，将会面临什么？	만약 수험생이 시험과 관련된 자료를 몸에 숨기면 어떤 상황에 처해지는가？
A 遭送回家	A 집으로 돌려보내진다
B 罚以重金	B 거액의 벌금에 처해진다
C 送刑部严办	C 형부로 보내져 엄벌에 처해진다
D 再也不能参加考试	D 더 이상 시험에 참가할 수 없게 된다

52 A 세 번째 단락에서 '수험생이 시험장에 들어오면 문을 잠그는데 이를 '쇄원공시'라고 불렀으며, 공원 사면이 가시나무로 둘러싸여 있었기 때문에 '쇄극공시'라고도 했다'라고 했으므로 정답은 A이다.

"锁院贡试"为什么又叫"锁棘贡试"？	'쇄원공시'는 왜 '쇄극공시'라고도 불리는가？
A 用荆棘围起贡院	A 가시나무가 공원을 둘러싸고 있어서
B 用荆棘装饰贡院	B 가시나무로 공원을 장식해서
C 贡院四周是灌木	C 공원 사면이 모두 관목이라서
D 贡院的主人喜欢	D 공원의 주인이 좋아해서

53 **D** 마지막 단락에서 '공원 시험장에서 큰 화재가 발생했고, 이로 인해 90여 명의 수험생이 사망했다. 명영종(명나라 6대 황제)은 매우 상심하며 목숨을 잃은 모든 이들에게 관을 하사하고, 그들을 조양문 밖에 묻었다'라고 했다. 조양문 밖이 바로 이 수험생들의 무덤이라는 것을 알 수 있으며, '거인총'에서 '거인'은 명청 시대에 수험생을 가리켰고 '총'은 무덤을 의미하므로 정답은 D이다.

画线句子 "民间称之为举人冢" 其中 "举人冢" 是什么意思?	밑줄 친 문장 '민간에서는 이를 거인총이라 불렀다'에서 '举人冢'은 무엇을 의미하는가?
A 引以为戒	A 거울로 삼다
B 缅怀逝者	B 고인을 추모하다
C 贡院的仓库	C 공원의 창고
D 考生的坟墓	D 수험생의 무덤

引以为戒 yǐn yǐ wéi jiè 성 거울로 삼다, 교훈으로 삼다 | 缅怀 miǎnhuái 동 회고하다, 추모하다 | 逝者 shìzhě 명 죽은 사람, 고인 | 坟墓 fénmù 명 무덤, 묘

54 **B** 마지막 단락의 마지막 문장에서 '당시 정부가 공원의 재건을 매우 중시했음을 알 수 있다'라고 했는데 여기서 '공원의 재건을 중시했다'의 파생적 의미는 바로 '지식인을 중시하다'이다. 왜냐하면 그 당시에는 지식인만이 공원에 가서 시험에 참가할 수 있었기 때문이다. 따라서 정답으로 B를 선택해야 한다.

乾隆皇帝所写的诗，其中一句 "从今不薄读书人"，请问这里的 "不薄" 是什么意思?	건륭황제가 지은 시의 '지금부터 지식인을 후대한다'에서 '不薄'의 뜻은 무엇인가?
A 善待	A 우대하다
B 重视	B 중시하다
C 照顾	C 보살피다
D 担心	D 걱정하다

55~61

智能手机和电脑让用户可采用拼音输入法，然后从列出的选项中挑出正确的字。结果呢？提笔忘字成了普遍现象，造成这种现象的原因是什么，以及 **55** 如何在手机和电脑日益普及的时代继续传承和弘扬汉字文化。这一问题其实已引起社会各界的广泛关注，所以类似《汉字英雄》、《中国汉字听写大会》等看上去应该没有什么收视率的电视节目一经推出，马上掀起了收视高潮。

这些节目的制作和播出，对传承汉字书写和弘扬汉字文化起到了积极作用。但电视节目毕竟不能完全代表现实生活，**56** 在奖金和大赛名次的刺激之下，电视节目上的激烈角逐与精彩表现，并不能掩盖汉字在当代人的现实生活中书写的式微。

스마트폰과 컴퓨터는 사용자가 병음 입력법을 사용하여 나열된 선택 항목 중에서 정확한 글자를 고르도록 한다. 그 결과는 어떨까? 펜을 들고는 글자가 생각나지 않는 현상이 보편화되었는데, 이러한 현상이 나타난 원인은 무엇이며, **55** 핸드폰과 컴퓨터가 나날이 보편화되는 시대에서 어떻게 하면 한자문화를 계속 계승하고 널리 알릴 수 있을까? 이 문제는 사실이미 사회 각 분야의 많은 관심을 불러일으키고 있고, 그래서 「한자 영웅」, 「중국 한자 받아쓰기 대회」 등 보기에는 시청률이 좋지 않을 것 같은 TV 프로그램이 상영하자마자 높은 시청률을 보이는 것이다.

이런 프로그램들의 제작과 방송은 한자 쓰기를 계승하고 한자 문화를 알리는 데 긍정적인 역할을 했다. 하지만 TV 프로그램이 실제 생활을 완전히 대변하지는 못한다. **56** 상금과 대회 순위의 자극으로 인한 TV 프로그램에서의 치열한 경쟁과

汉字既是中华民族祖先的一项伟大发明，又是一种文化传承的工具，同时也代表着中华民族丰富无比的传统文化。 尤其 是作为象形文字来说，汉字每个字从古至今的演变，都有一段属于它自己独一无二的故事，都包含着文化、文明与历史。所以传承汉字，也就是在传承文化、文明与历史。而要想完成这种传承，则主要通过书写的方式，**57** 因为只有在一笔一画勾勒这个汉字的过程中，人们才能深切体悟出蕴含其中的文化与文明。

而现在各种智能输入法唯一的追求就是速度和效率，**59** 其代价则是剥夺了我们在一笔一画书写汉字过程中品味的机会，自然也就谈不上文化与文明的传承。这才是汉字书写之所以引起各界广泛关注的原因。有人也许会说，汉字书写式微的真正原因在于它"没用了"。问题果真如此吗？即便你可以打印文字，但是一张手写的便条、留言，必定能够带给人不一样的感觉，让人觉得你更加真诚与友善。**60** 更别说一封手写家书给远方亲人所带来的温暖与慰藉，是任何打印字体都无法替代的。即便从功利的角度看，当别人的求职信都千篇一律用打印稿，而只有你用漂亮书法来书写，它必然能够更加打动人心。

这么说，并不是要人们放弃电脑和打印机，而只是想告诉大家，在工作和生活中有意识地拿起笔来，写下一段文字，其实是件很美好，很"走心"的事情。

흥미진진한 활약은 결코 현대 실생활에서 한자 쓰기가 쇠퇴한 상황을 숨기지는 못한다.

한자는 중화민족 선조들의 위대한 발명이자 문화 계승의 도구이며, 동시에 비할 바 없이 풍부한 중화민족의 전통문화를 대표하는 것이다. 특히 상형 문자로서의 한자는 글자 하나 하나가 옛날부터 지금까지 변화하는 과정에서 자신만의 유일한 스토리를 갖고 있으며 문화와 문명 그리고 역사를 담고 있다. 그렇기 때문에 한자를 계승하는 것은 바로 문화와 문명 그리고 역사를 계승하는 것이다. 그리고 이러한 계승을 완성하기 위해서는 바로 글쓰기를 거쳐야 하는데 **57** 왜냐하면 오직 한 획 한 획 한자를 그리는 과정에서 그 안에 내재되어 있는 문화와 문명을 깊이 느낄 수 있기 때문이다.

하지만 현재 각종 스마트 입력법이 추구하는 한 가지는 바로 속도와 효율성이다. **59** 그 대가로 우리는 한자를 한 획 한 획 쓰는 과정에서 뜻을 음미할 수 있는 기회를 빼앗겼고, 자연히 문화와 문명의 계승은 논할 수 없게 되었다. 이것이 바로 한자 쓰기가 각 분야의 관심을 끌고 있는 이유이다. 어떤 이는 아마 한자 쓰기가 쇠퇴한 원인이 한자의 '쓸모 없어짐'에 있다고 말할지도 모른다. 과연 그럴까? 설령 당신이 타자 방식으로 쓸 수 있을지라도 손으로 쓴 쪽지나 메모는 분명 사람들에게 다른 느낌을 주고, 당신이 더욱 진실되고 친근한 사람이라고 느끼게 해 줄 것이다. **60** 손글씨 편지가 멀리 있는 가족들에게 가져다줄 따뜻함과 위안은 말할 나위 없는 것으로, 어떠한 타자 방식의 글씨로도 대체할 수 없는 것이다. 개인의 이익 측면에서 보더라도 다른 사람들이 천편일률적으로 타자 방식으로 이력서를 작성할 때 당신만 예쁜 필체로 쓴다면 반드시 더 큰 감동을 줄 수 있을 것이다.

이렇게 말한다고 해서 사람들에게 컴퓨터와 프린트기를 포기하라는 것은 아니며, 단지 여러분에게 일과 생활 속에서 의식적으로 펜을 들어 한 단락의 글을 쓰는 것이 사실 정말 아름답고 '마음을 쓰는' 일이라는 것을 알려주고 싶을 뿐이다.

输入法 shūrùfǎ 입력기 | **选项** xuǎnxiàng 통 항목을 고르다 | **弘扬** hóngyáng 통 더욱 확대·발전시키다, 선양하다 | **角逐** jiǎozhú 통 각축하다, 승부를 겨루다 | **掩盖** yǎngài 통 덮어씌우다, 덮어 감추다 | **式微** shìwēi 쇠퇴하다, 점점 적어지다 | **演变** yǎnbiàn 통 변화 발전하다, 변천하다 | **勾勒** gōulè 통 윤곽을 그리다, 묘사하다 | **体悟** tǐwù 통 느끼다, 깨닫다, 체득하다 | **蕴含** yùnhán 통 내포하다, 함유하다 | **剥夺** bōduó 통 박탈하다, 빼앗다 | **便条** biàntiáo 통 쪽지 | **慰藉** wèijiè 통 위안하다, 위로하다, 안심시키다 | **功利** gōnglì 명 실리, 공적과 이익 | **千篇一律** qiānpiān yílǜ 성 조금도 변화가 없이 다 똑같다, 천편일률 | **走心** zǒuxīn 통 마음이 움직이다, 열중하다

---

55 A 첫 단락에서 '핸드폰과 컴퓨터가 나날이 보편화되는 시대에서 사람들이 우려하는 것은 한자 문화를 계승하고 널리 알리는 것'임을 알 수 있다. 그래서 「한자 영웅」 등 TV 프로그램은 상영하자마자 높은 시청률을 보인다고 했으므로 정답은 A이다.

《汉字英雄》、《中国汉字听写大会》等电视节目掀起收视高潮的原因是什么？	「한자 영웅」, 「중국 한자 받아쓰기 대회」 등 TV 프로그램의 시청자가 증가한 원인은 무엇인가？
A 弘扬汉字文化	A 한자 문화를 널리 알려서
B 符合观众心理	B 시청자들의 마음과 맞아서

C 构思非常巧妙	C 구상이 매우 기발해서
D 主题别出心裁	D 주제가 남달라서

别出心裁 biéchū xīncái ⟨성⟩ 남달리 새로운 것을 생각해 내다

56 **C** 두 번째 단락에서 '상금과 대회 순위의 자극으로 인한 TV 프로그램에서의 치열한 경쟁과 흥미진진한 활약은 결코 현대 실생활에서 한자 쓰기가 쇠퇴한 상황을 숨기지는 못한다'라고 했다. '상금과 대회 순위'에서 '奖金(상금)'은 '利(이익)'를, '大赛名次(대회 순위)'는 '名(명예)'을, '激烈角逐(치열한 경쟁)'는 '争夺(겨루다)'를 의미하므로 정답은 C이다.

电视节目为什么不能掩盖现实生活中书写的式微?	TV 프로그램은 왜 실생활 속 글쓰기 쇠퇴 양상을 감출 수 없는가?
A 主次不分	A 경중을 구분하지 못해서
B 没有新意	B 창의성이 없어서
C 争名夺利	C 명예와 이익을 위한 것이므로
D 表演夸张	D 연기가 과장되서

主次不分 zhǔcì bù fēn 경중을 구분하지 못하다

57 **A** 세 번째 단락 마지막 문장에서 '왜냐하면 오직 한 획 한 획 한자를 그리는 과정에서 그 안에 내재되어 있는 문화와 문명을 깊이 느낄 수 있기 때문이다'라고 했다. 여기서 '한 획 한 획 그리다'가 바로 '한자를 쓰는 과정'에 대한 묘사이므로 정답은 A이다.

领悟汉字所含有的文化与文明的方法是什么?	한자에 담겨 있는 문화와 문명을 이해하는 방법은 무엇인가?
A 写汉字的过程	A 한자를 쓰는 과정
B 学习书法艺术	B 서예를 배우는 것
C 临摹汉字字帖	C 한자 글씨본을 모사하는 것
D 多练习象形字	D 상형 문자를 많이 연습하는 것

临摹 línmó ⟨동⟩ (글씨나 그림 따위를) 모사하다

58 **D** 먼저 이 문장의 논리 구조에 대해 알아야 한다. 빈칸 앞 문장은 '한자'에 대한 소개이고, 뒤 문장은 '상형 문자'에 대한 소개이다. 그러므로 빈칸의 앞뒤 문장은 종속 관계이다. 상형 문자는 한자의 일종으로, 다른 시기의 한자와 비교했을 때 더 많은 전통 문화를 포함하고 있다. 같은 부류의 사물을 비교하면서 특출난 부분을 강조할 때는 부사 '尤其'를 사용하므로 정답은 D이다.

根据上下文，第三段的空白处最适合填入的词语是什么?	앞뒤 문장에 따르면, 세 번째 단락의 빈칸에 들어갈 알맞은 단어는 무엇인가?
A 还有	A 그리고
B 而且	B 게다가
C 所以	C 그래서
D 尤其	D 특히

59 **C** 네 번째 단락에서 '그 대가로 우리는 한자를 한 획 한 획 쓰는 과정에서 뜻을 음미할 수 있는 기회를 빼앗겼고, 자연히 문화와 문명의 계승은 논할 수 없게 되었다'라고 했으므로 정답은 C이다.

智能输入法带来的代价是什么?	스마트 입력법에 따른 대가는 무엇인가?
① 让人类的记忆力衰退	① 사람의 기억력을 감퇴시킨다
② 难以传承文化和文明	② 문화와 문명의 계승이 어려워진다
③ 失去品味书写汉字的机会	③ 한자 쓰기를 음미할 기회가 없어진다
④ 朋友之间的交流时间越来越少	④ 친구와의 교류가 점점 적어진다
A ①②	A ①②
B ①③	B ①③
C ②③	C ②③
D ②④	D ②④

衰退 shuāituì 동 쇠퇴하다, 감퇴하다

60 **A** 네 번째 단락에서 '손글씨 편지가 멀리 있는 가족들에게 가져다줄 따뜻함과 위안은 말할 나위 없다'와 '예쁜 필체로 쓴다면 반드시 더 큰 감동을 줄 것이다'라고 했으므로 정답은 A이다.

作者认为手写文字可以传递什么?	작가는 손글씨가 무엇을 전달할 수 있다고 여기는가?
A 温暖和感动	A 따뜻함과 감동
B 自信和热情	B 자신감과 열정
C 尊重和理解	C 존중과 이해
D 认真和努力	D 신중함과 노력

61 **B** '走心'은 '마음을 쓰다' 또는 '심혈을 기울이다'라는 뜻이므로 B가 답이다.

画线句子"走心"是什么意思?	밑줄 친 '走心'의 뜻은 무엇인가?
A 很心疼	A 마음이 아프다
B 很用心	B 마음을 쓰다
C 很疲惫	C 지치다
D 很辛苦	D 힘들다

疲惫 píbèi 형 완전히 지쳐버리다

放眼古今和中外，人类在社会各领域中的发展几乎都包含着科学技术所起到的促进作用。科学技术的不断进步为人们创造了巨大的物质财富与精神财富，为社会发展开拓了更大的空间。**62** 科学技术也为竞技体育的发展带来了巨大的影响，其影响包括竞技体育的评判更加完善和公平、使运动员选材更加科学、使赛事传播更加广泛。自1896年第一届现代奥运会起至今，在这一百多年间竞技体育飞速发展，而科学技术的进步也使得体育竞赛的社会影响力越来越大。

科学技术与竞技体育的发展可谓息息相关。随着科学技术的不断进步，竞技体育水平也在不断提高，与此同时，**63** 赛事举办能力、赛事影响力以及竞技体育的公平性也得到了大幅提高。随着科学技术的发展，其在诸多方面都深刻影响了竞技体育的发展。**67** 现代科学技术为竞技体育的发展带来的影响主要有 如下 三个方面。

一是，运动员选材方面，运动员选材是运动训练的起始阶段，是要 **64** 根据运动项目挑选出具有运动专项天赋以及潜在竞技能力的人才，这是提高专项竞技体育能力水平的关键环节。这个环节必然需要科学技术的支撑。过去，我们主要是依靠教练的经验或根据项目特点的一两项重要指标来选材。到了现如今，**65** 随着科学技术的发展，则开始根据不同的运动专项从运动员的机能、身体素质、心理素质、体态等多个不同层面来挑选基础条件优秀的运动员。

二是，提升了竞技体育的社会影响力。互联网是现代科学技术的结晶，随着竞技体育赛事和互联网的融合不断深入，大众观看和获取竞技体育赛事信息的渠道也越来越多样化。特别是，**66** 随着AI智能的发展，其在体育产业中的很多方面也得到了很好的应用，如AI智能健身教练，其通过科学的健身需求分析，根据目标提供最优的健身计划，如此不仅能够方便大众的体育参与，更能有效地将体育融入社会。

三是，促进了竞技体育的评判公平，科学技术的进步提高了竞技体育的公平程度，其主要就是依靠高科技手段来对比赛的关键裁决进行辅助评判。其中"鹰眼"系统是最被人们所熟知的，也被称为"即时回放系统"。**68** 该系统由多个高速摄像头、电脑和大屏幕组成，并利用各个方位的高速摄像头全方位同时捕捉球的运动轨迹等数据，再通过电脑的计算将数据生成立体的三维视频，**68** 通过大屏幕输出画面呈现出球的运动轨迹

과거와 오늘날 그리고 국내외를 둘러보면 사회 각 분야에서 거둔 인류의 발전은 거의 모두 과학 기술의 촉진 작용을 내포하고 있다. 과학 기술의 끊임없는 발전은 사람들에게 거대한 물질적 자산과 정신적 자산을 창출해 주었고 사회 발전에 더 큰 공간을 열어 주었다. **62** 과학 기술은 또한 경기 스포츠 발전에도 큰 영향을 끼쳤는데, 그 영향에는 경기 스포츠의 판정이 더욱 완벽하고 공정해졌다는 것과 운동선수 선발이 더욱 과학적으로 변했다는 것, 그리고 경기 전과 범위가 더욱 넓어졌다는 것 등이 포함된다. 1896년 제1회 근대 올림픽부터 지금까지 100여 년 동안 경기 스포츠는 비약적인 발전을 이루었고, 과학 기술의 발전 또한 스포츠 경기의 사회적 영향력을 점점 더 커지게 했다.

과학 기술과 경기 스포츠의 발전은 밀접한 관련이 있다고 할 수 있다. 과학 기술이 끊임없이 발전함에 따라 경기 스포츠의 수준도 향상되고 있으며, 이와 동시에 **63** 대회 개최 능력, 대회 영향력 및 경기 스포츠의 공정성 역시 크게 향상되었다. 과학 기술의 발전에 따라 여러 방면에서 경기 스포츠의 발전에 중대한 영향을 미쳤다. **67** 현대 과학 기술이 경기 스포츠의 발전에 미친 영향은 주로 다음과 같은 세 가지 측면이 있다.

첫째는 운동선수 선발 측면에 있다. 운동선수 선발은 스포츠 훈련의 시작 단계로, **64** 스포츠 종목에 따라 전문 종목의 천부적인 재능과 잠재적인 경기 능력을 지닌 인재를 선발해야 한다. 이는 전문 종목의 경기 능력 수준을 향상시키는 핵심 부분이다. 이 과정에서는 필연적으로 과학 기술의 뒷받침이 필요하다. 과거 우리는 주로 코치의 경험이나 종목 특성에 따른 한두 개의 지표에 근거해서 인재를 뽑았다. 오늘날에 와서는 **65** 과학 기술이 발전하면서 각 운동 종목에 따라 선수의 기능, 체력, 심리적 소양, 체형 등 다양한 측면에서 기본적인 조건이 우수한 선수를 선발하기 시작했다.

둘째로 경기 스포츠의 사회적 영향력을 높였다. 인터넷은 현대 과학 기술의 결정체로, 스포츠 시합과 인터넷 융합이 지속적으로 심화됨에 따라 대중들이 스포츠 시합을 관람하고 관련 정보를 얻을 수 있는 루트 역시 점점 더 다양해지고 있다. 특히, **66** AI 지능이 발전함에 따라 스포츠 산업의 여러 분야에서도 이를 잘 활용하고 있는데, 예를 들어 AI 지능 헬스트레이너는 과학적인 헬스 수요 분석을 통해 목표에 따른 최적의 헬스 계획을 제공한다. 이렇게 하면 대중들의 스포츠 참여 편리성을 높일 수 있을 뿐만 아니라 더욱 효과적으로 스포츠를 사회에 융합시킬 수 있다.

셋째는 경기 스포츠 심판의 공정성을 증진시켰다는 것이다. 과학 기술의 발전은 경기 스포츠의 공정성을 향상시켰는데, 주로 첨단 기술 수단을 사용해서 중요한 심판에 보조적인 판단을 진행하는 것이다. 그중 '호크아이(심판 보조 시스템)' 시스템은 사람들에게 가장 잘 알려져 있는 것으로, '인스턴트 리플레이 시스템'이라고도 불린다. **68** 이 시스템은 여러 대의 고속 카메라와 컴퓨터 및 대형 스크린으로 구성되어 있으며, 각

和落点。这一技术大大提高了球类运动的裁决准确性，使得过去一些肉眼难以判断的情况一目了然。

　　我们不能否认科学技术的迅猛发展对竞技体育发展的影响所带来的益处。竞技体育的魅力不仅仅是激烈的竞争，更是公开公平公正的正面较量，竞技体育也能不断激发人类身体能力的潜力。我们一定要合理运用现代科技力量，保证竞技体育的正向发展，使体育事业更上一层楼。

방향의 고속 카메라를 이용해서 다각도로 공의 운동 궤적 등 데이터를 동시에 포착하고 컴퓨터 계산을 통해 데이터를 입체적인 3D 영상으로 생성한 다음, **68** 대형 스크린에 화면을 송출하여 공의 운동 궤적과 낙하점을 나타낸다. 이 기술은 구기 종목 심판의 정확성을 크게 향상시켰으며, 과거 육안으로 판단하기 힘들었던 상황을 일목요연하게 보이도록 했다.

우리는 과학 기술의 급속한 발전이 경기 스포츠 발전에 미친 영향으로 인한 이점을 부정할 수 없다. 경기 스포츠의 매력은 치열한 경쟁뿐만 아니라 개방적이고 공평하고 공정한 정면 대결에 있다. 경기 스포츠는 또한 인류 신체 능력의 잠재력을 끊임없이 끌어올릴 수 있다. 우리는 현대 과학 기술의 힘을 반드시 합리적으로 활용해야 하며, 경기 스포츠의 긍정적인 발전을 보장하여 스포츠 사업을 한 단계 더 향상시켜야 한다.

放眼 fàngyǎn 통 시야를 넓히다, 시선을 멀리 두다 | 包含 bāohán 통 포함하다 | 开拓 kāituò 통 개척하다, 개간하다 | 评判 píngpàn 통 판정하다, 심사하다 | 息息相关 xīxī xiāngguān 성 상관 관계가 있다, 관계가 매우 밀접하다 | 天赋 tiānfù 명 천부, 선천적인 것 | 潜在 qiánzài 형 잠재하다 | 支撑 zhīchēng 통 버티다, 받치다 | 体态 tǐtài 명 몸매, 체형 | 结晶 jiéjīng 명 결정, 소중한 성과 | 融合 rónghé 통 융합하다 | 获取 huòqǔ 통 얻다, 획득하다 | 融入 róngrù 통 융합되어 들어가다, 유입되다 | 裁决 cáijué 통 결재하다 | 辅助 fǔzhù 통 도와주다, 보조하다 | 回放 huífàng 통 재방송하다 | 摄像头 shèxiàngtóu 캠, 웹캠 | 屏幕 píngmù 명 스크린 | 捕捉 bǔzhuō 통 붙잡다, 포착하다 | 轨迹 guǐjì 명 궤적, 궤도 | 生成 shēngchéng 통 생성되다, 생기다 | 立体 lìtǐ 명 입체 | 三维视频 sānwéi shìpín 3D 영상 | 输出 shūchū 명 내보내다, 출력하다 | 落点 luòdiǎn 명 낙하지점 | 一目了然 yí mù liǎo rán 성 일목요연하다 | 较量 jiàoliàng 통 겨루다, 대결하다 | 激发 jīfā 통 (감정을) 불러일으키다, 끓어오르게 하다 | 更上一层楼 gèng shàng yì céng lóu 성 한 단계 더 높이다, 진일보하다

62　B 첫 번째 단락에서 '과학 기술은 또한 경기 스포츠 발전에도 큰 영향을 끼쳤는데, 그 영향에는 경기 스포츠의 판정이 더욱 완벽하고 공정해졌다는 것과 운동선수 선발이 더욱 과학적으로 변했다는 것'이라고 했으므로 정답은 B이다.

科学技术也为竞技体育的发展带来哪些影响?	과학 기술은 경기 스포츠 발전에 어떤 영향을 가져왔는가?
① 选拔人才更加科学	① 인재 선발을 더욱 과학적으로
② 训练更有效果	② 훈련을 더욱 효과적으로
③ 评判更加公正	③ 판정을 더욱 공정하게
④ 赛场更加环保	④ 경기장을 더욱 친환경적으로
A ①②	A ①②
B ①③	B ①③
C ②③	C ②③
D ②④	D ②④

63　B 두 번째 단락에서 '대회 개최 능력, 대회 영향력 및 경기 스포츠의 공정성 역시 크게 향상되었다'라고 했다. 정확성은 여기에 포함되지 않으므로 정답은 B이다.

科技的进步促使竞技体育在赛事方面有了提高，下列哪项不属于其中?	과학 기술의 발전은 경기 스포츠 대회 수준을 향상시켰다고 했는데, 다음 중 이에 포함되지 않는 것은 무엇인가?
A 赛事的公平性	A 대회의 공정성
B 赛事的准确性	B 대회의 정확성

C	赛事的影响力	C	대회의 영향력
D	赛事举办能力	D	대회 개최 능력

64 D 세 번째 단락에서 '스포츠 종목에 따라 전문 종목의 천부적인 재능과 잠재적인 경기 능력을 지닌 인재를 선발해야 한다. 이는 전문 종목의 경기 능력 수준을 향상시키는 핵심 부분이다'라고 했으므로 정답은 D이다.

提高专项竞技体育能力水平的关键环节是什么？	전문 종목의 경기 능력 수준을 높이는 핵심적인 부분은 무엇인 가?
A 运动员的心理素质	A 운동선수의 심리적 소양
B 运动员的拼搏精神	B 운동선수의 도전 정신
C 要有良好的身体素质	C 양호한 체력
D 按运动项目选拔人才	D 운동 종목에 따른 인재 선발

拼搏 pīnbó 图 맞붙어 싸우다, 필사적으로 싸우다

65 C 세 번째 단락의 마지막 문장에서 '과학 기술이 발전하면서 각 운동 종목에 따라 선수의 기능, 체력, 심리적 소양, 체형 등 다양한 측면에서 기본적인 조건이 우수한 선수를 선발하기 시작했다'라고 했으므로 정답은 C이다.

随着科学技术的发展，挑选运动员时重视的是什 么？	과학 기술의 발전에 따라 운동선수 선발 시 무엇을 중시하게 되었 는가?
A 非常热爱运动	A 운동을 매우 좋아하는 것
B 有虚心的态度	B 겸허한 태도
C 基础条件优秀	C 우수한 기초 조건
D 不受环境影响	D 환경적인 영향을 받지 않는 것

虚心 xūxīn 图 겸허하다

66 C 네 번째 단락에서 'AI 지능이 발전함에 따라 스포츠 산업의 여러 분야에서도 이를 잘 활용하고 있는데, 예를 들어 AI 지능 헬스트레이너는'이라고 했으므로 정답은 C이다.

文中举AI智能健身教练的例子是为了说明什么？	문장 속에서 AI 지능 헬스트레이너를 예로 들었는데, 이는 무엇을 설명하기 위함인가?
A 可合理地接受教练的训练	A 합리적으로 코치의 훈련을 받을 수 있다
B 可科学性地分析身体状况	B 과학적으로 몸 상태를 분석할 수 있다
C AI智能已应用在体育产业	C AI 지능이 이미 스포츠 산업에 활용되고 있다
D 可边训练边接受教练指导	D 훈련을 하면서 코치의 지도를 받을 수 있다

67 **C** 먼저 이 문장의 논리 구조를 알아야 한다. 빈칸이 있는 문장은 '현대 과학 기술이 경기 스포츠의 발전에 미친 영향은 주로 세 가지 측면이 있다'라고 설명하고 있고, 아래 세 단락의 서두에서는 순차적으로 '첫째' '둘째' '셋째'로 시작하며 세 가지 영향이 각각 무엇인지에 대해 소개하고 있다. 즉, 앞 문장은 다음 문장이 말한 것과 같은 내용으로, 이런 의미를 나타내는 단어는 '如下'이다.

根据上下文，第二段的空白处最适合填入的词语是什么？	앞뒤 문장에 따르면, 두 번째 단락의 빈칸에 들어갈 알맞은 단어는 무엇인가？
A 例如	A 예를 들어
B 总之	B 요컨대
C 如下	C 다음과 같다
D 从而	D 그리하여

68 **A** 다섯 번째 단락에서 '대형 스크린에 화면을 송출하여 공의 운동 궤적과 낙하점을 나타낸다'라고 했으므로 정답은 A이다.

"鹰眼"系统为什么可以提高了球类运动的裁决准确性？	'호크아이' 시스템은 왜 구기 종목 심판의 정확성을 향상시킬 수 있는가？
A 能捕捉到球的落点	A 공의 낙하점을 포착할 수 있어서
B 能发现室温的变化	B 실온의 변화를 발견할 수 있어서
C 能检验到风向变化	C 풍향의 변화를 검증할 수 있어서
D 能捕捉到球的方向	D 공의 방향을 포착할 수 있어서

제2부분 **69~73** 다음 단락들을 순서에 맞게 배열하여 논리적이고 연관성 있는 문장으로 만드세요. 그중 한 단락은 연관성이 없는 것으로 제외시켜야 하며, 밑줄 친 단락은 고정된 위치이므로 재배치할 필요가 없습니다.

69~73

A 多年来一直折磨着科学家们的问题是这种"生物罗盘"的工作原理。1975年，研究人员发现一组能够准确地朝北极方向移动的微生物。动物体内所寄居的这些微生物含有微量的磁铁成分，随后在鸽子等许多动物体内都找到了这种成分。科学家在人脑的灰色物质中也找到了这种磁铁成分。科学家认定，这种磁铁就是"生物罗盘"的奥妙所在。

B 动物迁徙是指动物由于繁殖等原因而进行的一定距离的迁移。此外，还有其他原因，例如发生严重自然灾害或动物大量繁殖后，就会引起动物大规模迁移。

A 수년간 과학자들을 괴롭혀온 문제는 이런 '생물 나침반(biological compass)'의 작동 원리이다. 1975년 연구진은 정확하게 북극 방향으로 이동할 수 있는 미생물 그룹을 발견했다. 동물의 체내에 기거하는 이런 미생물은 소량의 자석 성분을 함유하고 있었고, 뒤이어 비둘기 등 많은 동물 체내에서도 이 성분을 발견했다. 과학자들은 인간 뇌의 회색 물질에서도 이런 자석 성분을 발견했다. 과학자들은 '생물 나침반'의 오묘함이 바로 이 자석에 있다고 여겼다.

B 동물의 이동은 동물이 번식 등의 이유로 일정한 거리를 이동하는 것을 말한다. 이 외에도 다른 원인이 있는데 예를 들면, 심각한 자연재해 발생이나 동물의 대량 번식 후 동물의 대규모 이동이 나타난다.

C 科学家们早就开始研究人类是否具有辨识方向的天赋。古时已有人思考，既然信鸽能够准确无误地找到回家的路，那么人类行不行？通过对动物跟踪研究发现，动物身上有某种类似罗盘或导航仪的"仪器"，能够帮助它们准确地确定方位。这种"仪器"被称作"生物罗盘"。

D 持有反对意见的研究者认为，如果一个生物生长在一个固定的地点，无需移动，则事实上也就不需要知道方向。只有必须从A点到B点时，才需要"罗盘"。也就是说，只有在移动时定向系统才需要启动。

E 那么，人类的方向辨别能力是否也如动物一样是天生的？对此，研究者认为，人类天生就没有"生物罗盘"。人的辨向是"有意识的"，而动物是"无意识的"。有的人辨别方向的能力强，有的人弱。研究者认为这很正常，和有的人语文学得好，有的人则学得差一样。

F 此外，研究者还找到动物体内记录和解读有关方向信息的专门器官。而这个专门器官就是动物的前庭，即那个所谓的"生物罗盘"。无论从角度、精度，还是稳定性来说，它都远远高于"磁罗盘"。任何磁场或其他障碍物都不会对它造成任何影响。

G 但这一说法未能得到证实，而且，"动物和人之所以能够确定方位，是因为磁极的存在"，这种说法本身也引起了研究者们强烈的反对。

C 과학자들은 오래전부터 인간이 방향을 구분하는 천부적인 재능이 있는지 연구하기 시작했다. 오래전 이미 사람들은 전서구(편지를 전달하는 비둘기)가 집으로 돌아가는 길을 오류 없이 정확히 찾아낼 수 있다면, 인류도 할 수 있지 않을까?하는 생각을 했다. 동물에 대한 추적 연구 결과, 동물에게는 나침반이나 네비게이션과 같은 '기기'가 있어서 그들이 정확한 위치를 찾을 수 있도록 도와준다는 것을 발견했는데, 이 '기기'는 '생물 나침반'이라고 불린다.

D 반대 의견을 가진 연구자들은 만약 한 생물이 고정된 한 장소에서만 성장하고 이동할 필요가 없다면 사실 방향을 알 필요가 없다고 여겼다. 오직 A에서 B 지점으로 갈 때만 '나침반'이 필요한 것으로 즉, 이동 시에만 방향 지정 시스템(orientation system)을 작동할 필요가 있다는 것이다.

E 그렇다면 인간의 방향 분별 능력도 동물처럼 타고난 것일까? 이에 대해 연구자들은 인류에게는 선천적인 '생물 나침반'이 없다고 여기고 있다. 인간이 방향을 분별하는 것은 '의식적'인 반면 동물은 '무의식적'이다. 어떤 사람은 방향 분별 능력이 강하고 어떤 사람은 약한데, 연구자들은 이는 매우 정상적인 것으로, 어떤 사람은 언어를 잘하고 어떤 사람은 못하는 것과 같은 것이라고 여긴다.

F 이 외에도 연구자들은 동물 체내에서 방향에 관한 정보를 기록하고 해석하는 전문 기관을 찾았다. 이 전문 기관은 바로 동물의 전정 기관으로, 이른바 '생물 나침반'이라고 하는 것이다. 각도나 정밀도 또는 안정성 측면에서 봤을 때 모두 '자기 나침반'보다 훨씬 훌륭하다. 그 어떤 자기장이나 다른 장애물도 그것에 어떠한 영향을 끼치지 못한다.

G 하지만 이 주장은 검증되지 않았고, 또한 '동물과 사람이 방향을 결정할 수 있는 것은 자기극의 존재 때문이다'라는 주장 자체도 연구자들의 강한 반대를 불러일으켰다.

折磨 zhémó 동 고통스럽게 하다, 괴롭히다 | 罗盘 luópán 명 나침반 | 微生物 wēishēngwù 명 미생물, 세균 | 寄居 jìjū 동 기거하다, 얹혀살다 | 磁铁 cítiě 명 자석 | 奥妙 àomiào 형 오묘하다 | 迁徙 qiānxǐ 이주하다, 옮겨가다 | 繁殖 fánzhí 동 번식하다 | 迁移 qiānyí 이전하다, 이사하다 | 辨识 biànshí 동 판별하다, 식별하다 | 信鸽 xìngē 명 전서구[편지를 전달하는 비둘기] | 跟踪 gēnzōng 동 추적하다, 미행하다 | 导航 dǎoháng 동 항해나 항공을 유도하다 | 器官 qìguān 명 (생물의) 기관 | 前庭 qiántíng 명 앞뜰, 전정 | 磁场 cíchǎng 명 자기장 | 磁极 cíjí 명 자기극

▌모범 답안

69

C 科学家们早就开始研究人类是否具有辨识方向的天赋。古时已有人思考，既然信鸽能够准确无误地找到回家的路，那么人类行不行？通过对动物跟踪研究发现，动物身上有某种类似罗盘或导航仪的"仪器"，能够帮助它们准确地确定方位。这种"仪器"被称作"生物罗盘"。

70

A 多年来一直折磨着科学家们的问题是这种"生物罗盘"的工作原理。1975年，研究人员发现一组能够准确地朝北极方向移动的微生物。动物体内所寄居的这些微生物含有微量的磁铁成分，随后在鸽子等许多动物体内都找到了这种成分。科学家在人脑的灰色物质中也找到了这种磁铁成分。科学家认定，这种磁铁就是"生物罗盘"的奥妙所在。

71

G 但这一说法未能得到证实，而且，"动物和人之所以能够确定方位，是因为磁极的存在"，这种说法本身也引起了研究者们强烈的反对。

D 持有反对意见的研究者认为，如果一个生物生长在一个固定的地点，无需移动，则事实上也就不需要知道方向。只有必须从A点到B点时，才需要"罗盘"。也就是说，只有在移动时定向系统才需要启动。

72

F 此外，研究者还找到动物体内记录和解读有关方向信息的专门器官。而这个专门器官就是动物的前庭，即那个所谓的"生物罗盘"。无论从角度、精度，还是稳定性来说，它都远远高于"磁罗盘"。任何磁场或其他障碍物都不会对它造成任何影响。

73

E 那么，人类的方向辨别能力是否也如动物一样是天生的？对此，研究者认为，人类天生就没有"生物罗盘"。人的辨向是"有意识的"，而动物是"无意识的"。有的人辨别方向的能力强，有的人弱。研究者认为这很正常，和有的人语文学得好，有的人则学得差一样。

▌해설

(1) 밑줄 친 단락인 D는 고정된 위치라고 했으므로 이 내용을 토대로 나머지 단락들의 순서를 결정하면 된다.

(2) 모든 단락을 대략 훑어보면 매 단락의 내용이 모두 '생물 나침반'과 관련되어 있는 것을 알 수 있다. 오직 B단락만 동물 이동의 원인에 대해 설명하고 있으므로 B를 제거해야 한다.

(3) 다음으로 각 단락의 주요 내용을 분석해 본다.

A 어떤 과학자가 '생물 나침반'의 원리, 즉 동물 체내에 자석 성분이 있다는 것을 발견했다.

C 동물에게는 위치를 정확히 파악하는 '기기'가 있음을 발견했고, 이 '기기'는 '생물 나침반'이라고 불린다. 즉 '생물 나침반' 개념의 유래에 대한 이야기이다.

D 순서가 고정되어 있어 재배열할 수 없지만 내용은 반대자의 입장이다.

E 인간에게는 '생물 나침반'이 없다.

F 연구자들은 동물 체내에서 전문 기관인 전정을 찾았는데, 이는 바로 진정한 '생물 나침반'이라고 불리는 것이다.

G 동물과 사람이 자기극의 존재로 인해 방향을 결정할 수 있다는 주장은 연구자들의 반대를 야기했다.

(4) 마지막으로 우리의 추측에 따라 문장의 논리 관계를 다음과 같이 가늠할 수 있다.

① '생물 나침반'을 발견했다. → C

② '생물 나침반'의 원리(자석 성분)를 찾았다. → A

③ 하지만 이 원리는 검증되지 않았고 심지어 연구자들의 반대에 부딪혔다. → G

④ 반대자들의 의견 → D (고정 부분)

⑤ 연구자들은 동물 체내에서 드디어 진정한 '생물 나침반'인 전문 기관을 찾았다. → F

⑥ 마지막으로 인간에게 '생물 나침반'이 없는 원인을 설명한다. → E

74~80

近年来，无人超市大热，各个电商纷纷推出自家的无人超市。不需要收银员，也无需人值守，从一定程度上降低了人工成本。二十四小时开放，随拿随走，不用排队等候，极大地方便了消费者。**74** 无人超市的出现是近年来移动支付方式与计算机视觉等技术逐渐成熟的产物，无人超市里面具体用到了哪些高科技呢？我们一起来了解一下。

多年之前，无人售货这个概念就已经出现，很多公共场所都可以见到自助式贩卖机。那时候移动支付方式还没有兴起，人们可以通过投币的方式选择购买贩卖机中的商品。但受体积等各种因素影响，**75** 贩卖机中的商品仅仅局限在饮料、零食这些小食品上面。如今的无人超市，真正意义上实现了无人化经营。

无人超市的运营需要解决三个核心问题：购买者的身份、所购买的商品以及付款的方式。在刚开始进店的时候，超市一般会有一次对会员身份的认证识别，以确定进入者具有购买资格。这一环节有的超市是通过手机扫码实现的，**76** 有的超市则通过人脸识别这一更为高级的认证方式。当认证通过后，消费者便可以顺利进入超市。这时候相应的付款账户也已经被验证，也为后期商品购买后的结账付款做好了准备。

从进入超市的那一刻起，你的身份已经被店家所获知。**77** 遍布超市的各个摄像头，更是记录下你在其中的每一个足迹，可以说每个人在超市里的行为都是透明的。**77** 这种记录方式同时也方便人们对超市实时的客流量、日均停留时间、回头率等各种运营数据进行统计，进而形成消费者行为分析报告，为超市的运营提供数据支持。

对于购买商品的判断，有几种较为流行的方式。**78** 一种是通过无线射频识别(RFID(Radio Frequency Identification))技术，每种商品中都嵌入电子芯片，**79** 芯片中记录商品的名称及价格等信息。消费者在通过自助收银区时，会有感应设备读取芯片中的信息，从而确定所购买的商品。另一种是通过图像识别技术，采集消费者拿取与退回商品的动作，以及货架中商品的变化状态来判断商品是否被购买。同时依靠红外传感器、压力传感器等设备确定商品的重量等信息。

최근 몇 년 무인 마트가 크게 유행하면서 각 전자 상거래 업체들은 잇달아 자사의 무인 마트를 선보였다. 계산원이 필요 없고 마트를 지키는 사람도 필요 없어서 인건비를 어느 정도 절감했다. 24시간 영업이라 아무때나 구매할 수 있고 줄을 서서 기다릴 필요도 없어서 소비자들에게 많은 편리함을 가져왔다. **74** 무인 마트의 등장은 최근 몇 년간 점진적으로 진행된 모바일 결제 방식과 컴퓨터 비전 등 기술 발전의 산물이다. 무인 마트에 구체적으로 이용된 첨단 기술은 어떤 것들이 있을까? 함께 알아보도록 하자.

수년 전, 이미 무인 판매라는 개념이 생겨났고 많은 공공장소에서 무인 자판기를 볼 수 있었다. 그때는 모바일 결제 방식이 아직 유행하지 않아서 사람들은 동전을 넣는 방식으로 자판기 안에 있는 상품을 골라 살 수 있었다. 그러나 부피 등 여러 요인으로 **75** 자판기 상품은 음료와 간식 등 작은 먹거리에 국한되어 있었다. 오늘날의 무인 마트는 진정한 의미에서 무인 경영을 실현하고 있다.

무인 마트 운영을 위해서는 세 가지 핵심적인 문제를 해결해야 하는데 바로 구매자의 신분, 구매한 상품, 그리고 결제 방식이다. 처음 가게에 들어서면 보통 한 차례 회원 신분을 인증하여 그가 구매 자격이 있는지 확인한다. 이 과정에서 어떤 마트는 핸드폰으로 바코드를 스캔하는 방식을 사용하고 **76** 어떤 마트는 안면 인식이라는 더욱 고차원적인 인증 방식을 사용한다. 인증이 통과되면 소비자는 순조롭게 마트에 들어갈 수 있다. 이때 해당 결제 계좌도 이미 검증되므로 이후 상품을 구매한 후 결제를 위한 준비를 마치게 된다.

마트에 들어간 순간부터 당신의 신분은 매장 주인에게 알려진다. **77** 마트 곳곳에 놓인 각 카메라들은 마트 안에 있는 당신의 모든 발자취를 기록하고 있으며, 마트 안 모든 사람들의 행동은 투명하다고 할 수 있다. **77** 이런 기록 방식은 또한 사람들에게 실시간 소비자 유동량, 일평균 체류 시간, 재방문율 등 각종 운영 데이터를 집계하는 데 편의를 제공한다. 나아가 소비자 행동 분석 보고서를 형성하여 마트 운영을 위한 데이터를 지원한다.

상품 구매에 대한 판단을 하는 데 있어서는 몇 가지 비교적 유행하는 방식이 있다. **78** 하나는 무선 주파수 인식(RFID) 기술을 통해 각 상품에 전자칩을 삽입하고 **79** 칩에 상품의 이름 및 가격 등의 정보를 기록하는 것이다. 소비자가 셀프 계산대를 통과할 때 센서 장치가 칩의 정보를 읽어서 구매한 상품을 확인한다. 다른 하나는 이미지 인식(Image Recognition) 기술을 통해 소비자가 상품을 집어가고 되돌려 놓는 동작과 진열대 상품의 변화 상태를 수집해서 상품이 구매되었는지 여부를 판단하는 것이다. 또한 적외선 센서, 압력 센서 등의 장비에

这样超市不仅仅知道消费者买了什么，也同样知道买了多少。

大数据时代，**80** 无人超市的运营更为高效与合理。货架商品的实时检测，方便及时完成补货等操作，同时也记录下消费者的购买喜好。实时的客流量、日均停留时间、回头率等各种运营数据的检测与分析，让超市更加了解消费者。未来，无人超市也许会成为一种趋势。

의존하여 상품의 중량 등의 정보를 확인한다. 이렇게 하면 마트에서는 소비자가 무엇을 구매했는지 알 수 있을 뿐만 아니라 얼만큼 구매했는지도 알 수 있다.

빅데이터 시대에 **80** 무인 마트 운영은 더욱 효율적이고 합리적이다. 진열대 위 상품을 실시간으로 점검하여 재고 보충 등 작업을 편리하고 신속하게 완료함과 동시에 소비자의 구매 선호도도 기록한다. 실시간 소비자 유동량, 일평균 체류 시간, 재방문율 등 각종 운영 데이터의 점검 및 분석은 마트로 하여금 소비자를 더 잘 이해할 수 있도록 한다. 미래에는 무인 마트가 아마도 하나의 트렌드가 될 것이다.

收银员 shōuyínyuán 수납원, 캐셔 | **值守** zhíshǒu ⑧ 지키다, 당직을 서다 | **贩卖机** fànmàijī 자판기 | **移动支付方式** yídòng zhīfù fāngshì 모바일 결제 방식 | **计算机视觉技术** jìsuànjī shìjué jìshù 컴퓨터 비전 기술 | **局限** júxiàn ⑧ 국한하다, 한정하다 | **扫码** sǎomǎ QR 코드를 스캔하다 | **人脸识别** rénliǎn shíbié 안면 인식 시스템 | **付款账户** fùkuǎn zhànghù 지급 계정, 결제 계좌 | **验证** yànzhèng ⑧ 검증하다 | **获知** huòzhī ⑧ 정보를 얻다, 소식을 알게 되다 | **遍布** biànbù ⑧ 널리 퍼지다 | **足迹** zújì ⑱ 족적, 발자취 | **客流量** kèliúliàng ⑱ 고객 유동량 | **停留时间** tíngliú shíjiān 체류 시간[머무는 시간] | **无线射频识别技术** wúxiàn shèpín shíbié jìshù 무선 인식 기술[무선 주파수 인식 기술] | **嵌入** qiànrù ⑧ 삽입하다, 끼워 넣다 | **电子芯片** diànzi xīnpiàn 전자칩 | **感应** gǎnyìng ⑧ 감응하다, 반응하다 | **图像识别技术** túxiàng shíbié jìshù 이미지 인식 기술 | **采集** cǎijí ⑧ 채집하다, 수집하다 | **货架** huòjià ⑱ 진열대 | **红外传感器** hóngwài chuángǎnqì 적외선 센서, 적외선 감지 장치 | **压力传感器** yālì chuángǎnqì 압력 센서

---

74 出现了无人超市 **or** 无人超市出现了 문제를 먼저 읽고 문제와 같은 구절을 제시문에서 빠르게 찾는 것이 가장 중요하다. 첫 번째 단락의 네 번째 문장으로 보아 답은 '出现了无人超市'임을 알 수 있다.

近年来移动支付方式与计算机视觉等技术逐渐的成熟，给超市带来怎样的变化?	최근 몇 년간 점진적으로 진행된 모바일 결제 방식과 컴퓨터 비전 등 기술의 발전은 마트에 어떤 변화를 가져다주었는가?
答: 出现了无人超市 **or** 无人超市出现了	정답: 무인 마트가 등장했다

75 饮料和零食 두 번째 단락의 세 번째 문장을 통해 자판기에서는 '饮料和零食' 등 작은 먹거리를 판매했음을 알 수 있다.

无人贩卖机贩卖哪些商品?	무인 자판기는 어떤 상품을 판매하는가?
答: 饮料和零食	정답: 음료와 간식

76 人脸识别 문제에서 핵심 단어를 찾아 제시문에서 같은 단어를 찾는 것도 방법인데, 여기서는 '认证'을 핵심 단어로 볼 수 있다. 세 번째 단락의 세 번째 문장에서 답이 '人脸识别'임을 찾을 수 있다.

无人超市确定会员身份时，采用的更高级的认证方法是什么?	무인 마트에서 회원 신분 확인 시 사용하는 더욱 고차원적인 인증 방식은 무엇인가?
答: 人脸识别	정답: 안면 인식

77 通过摄像头记录 네 번째 단락의 두 번째 문장과 세 번째 문장에서 '카메라로 실시간 소비자 유동량, 일평균 체류 시간, 재방문율 등 각종 운영 데이터를 집계한다'라고 했으므로 답은 '通过摄像头记录'이다.

无人超市统计实时的客流量的方法是什么?	무인 마트는 어떤 방법으로 실시간 소비자 유동량을 통계하는가?
答: 通过摄像头记录	정답: 카메라 기록을 통해서

78 无线射频识别技术 다섯 번째 단락의 두 번째 문장에서 구매한 상품에 대한 판단법은 '无线射频识别技术'임을 알 수 있다. '图像识别技术'는 상품이 구매되었는지 여부를 판단하는 것이므로 답이 될 수 없다.

无人超市通过什么技术确定所购买的商品?	무인 마트는 어떤 기술을 통해 구매한 상품을 확인하는가?
答: 无线射频识别技术	정답: 무선 주파수 인식 기술

79 名称及价格 이 문제의 핵심 단어는 '芯片'이고, 다섯 번째 단락의 두 번째 문장에서 답을 찾을 수 있다. 칩에는 상품의 '이름 및 가격' 등의 정보를 기록한다고 했으므로 정답은 '名称及价格'이다.

芯片中记录商品的什么信息?	칩에는 상품의 어떤 정보가 기록되어 있는가?
答: 名称及价格	정답: 이름과 가격

80 更为高效与合理 마지막 단락의 첫 문장에서 무인 마트 운영은 더욱 효율적이고 합리적이라고 했으므로 '更为高效与合理'를 답으로 써야 한다.

无人超市的运营会有哪些优势?	무인 마트 운영은 어떤 장점이 있는가?
答: 更为高效与合理	정답: 더 효율적이고 합리적이다

81~87

湘西地处武陵山脉腹地，这里山峦起伏、地形复杂，气候潮湿多雨而且炎热，**81** 为了通风避潮和防止野兽，人们依山就河建起了传统民居吊脚楼，这种干栏式建筑在武陵山区广泛分布。但是，在湘西一处交通闭塞的深山里，却有这么一座不同于吊脚楼的独特建筑，并且还有一个奇怪的名字"冲天楼"。

湘西冲天楼这座纯木建筑立于半山之上，楼的顶部两个并排的阁楼高高耸立，直插半空，因此，当地人把这座建筑称为"冲天楼"。它占地面积约1000平方米，楼阁高达10余米，而冲天楼的

샹시는 우링 산맥 중심에 위치해 있다. 이곳은 산봉우리가 연이어 솟아있고 지형이 복잡하며 기후가 습하고 비가 많이 오며 무덥다. **81** 사람들은 통풍이 잘 되고 습기와 짐승의 침입을 막기 위해 산과 강을 따라 전통 민가 조각루를 지었다. 이런 간란식 건축물은 우링 산간 지대에 널리 분포되어 있다. 그러나 교통이 막혀있는 샹시 어느 한 깊은 산속에는 이런 조각루와는 다른 독특한 건축물이 있는데, 이름 또한 특이한 '충천루'이다.

순목조 건축물인 샹시 충천루는 산 중턱에 세워져 있고, 건물 꼭대기에 나란히 배열된 두 개의 누각이 우뚝 솟아 하늘을 찌르고 있어 현지인들은 이 건축물을 '충천루'라고 부른다. 이

建筑年代更是非常久远。

　　冲天楼与很多南方的建筑大不相同，南方的建筑中间往往建有天井，**82** 天井便于采光和排水，又能蓄积雨水，叫做四水归塘，暗含聚财之意。但冲天楼一反常态，不建天井。从前堂到后厅，从火铺到卧房，偌大的空间里没有天井，相反，它用三层阁楼罩住了厅堂，为什么采用这样的工艺呢？专家认为，其实，冲天楼在天井的位置盖上了两个三层阁楼，**83** 阁楼的作用除了避免雨水直接冲到屋内外，它实用的价值就是用来采光。阁楼升高的部分与屋面之间形成了高差，阳光可以通过它照射进来。在采光上，它与南方建筑的天井有着异曲同工之妙。科考专家说，**84** 武陵山一带山多地少，在这种自然环境中，这里的居民吸收了汉族建筑的精华，**84** 利用当地丰富的林木资源，在平地上用木柱支撑起房屋，采用了独有的排水装置以及屋顶三层楼阁采光的独特方式，创造出融土家单体民居与合体民居为一体的冲天楼。

　　"冲天楼"建造在深山而不是码头和历经数百年耸立至今的原因很大程度上是由桐花山成就的。据专家考察，"冲天楼"地处大山之中，地势隐蔽，既能避免水患之忧又紧靠窑厂，**85** 位置隐蔽，利于人们依靠制陶业积聚财富。但是古代陶器生产成本高且利润并不丰厚。不过，据史料记载，**86** 清末民初，桐油曾一度取代丝绸，成为中国最大宗的出口产品，而这桐油就在距离冲天楼不远处的桐花山，每年的4月，万亩桐花怒放，非常壮观。**87** "冲天楼"主人在收获季节便会组织村民炼制桐油，并依托村口附近的窑厂，制造陶器，再把这些物资运往码头，进行频繁的水上贸易。经过数代人的努力，"冲天楼"主人们完成了财富的积累。最终在湘西能工巧匠的精心打造下，一座气势恢宏、巧夺天工的"冲天楼"在大山里矗立起来。

　　专家认为，湘西是土家族聚居的地方，而湘西大多处于亚热带季风湿润气候带，雨量充沛，空气湿度大，而以木构建的冲天楼和吊脚楼不仅移动灵活，适应高低错落的山区环境，而且适应了这里特殊的气候条件，它是人们合理利用地形条件和生存空间的智慧结晶。

건축물의 부지 면적은 약 1000㎡이고, 누각 높이는 10여 미터이며 충천루의 건축 연대는 더욱 오래되었다.

충천루는 남방의 많은 건축물들과는 다르다. 남방의 건축물 중간에는 보통 천정(天井)이 지어져 있다. **82** 천정은 채광과 배수가 편리하고 또 빗물을 축적할 수 있어 사수귀당(사방의 물이 못으로 모인다)이라고 불리며 재물이 모인다는 의미를 내포하고 있다. 그러나 충천루는 이와 달리 천정을 짓지 않는다. 거실에서 안채까지 그리고 주방에서 침실까지 넓은 공간에 천정은 없고 반대로 3층 누각을 지어 대청을 덮었는데 왜 이러한 공예를 사용했을까? 전문가들은 충천루는 사실 천정 위치에 3층 누각 두 개를 지은 것으로, **83** 누각의 역할은 빗물이 집안으로 바로 쏟아지는 것을 방지하는 것 이외에 그것의 실용적인 가치는 바로 채광에 있다고 여긴다. 누각의 높은 부분과 지붕 사이에 고차가 생겨 그곳을 통해 햇빛이 들어온다. 채광 면에서 남방 건축물의 천정과 방법은 다르나 미묘하게 같은 효과를 낸다. 과학탐사 전문가들은 **84** 우링산 일대는 산이 많고 땅이 적은데, 이런 자연환경에서 이곳의 주민들은 한족 건축의 정수를 흡수했고 **84** 현지의 풍부한 임목 자원을 이용하여 평지에서 나무 기둥으로 집을 지탱하고, 고유의 배수 장치와 지붕 위 삼층 누각 채광의 독특한 방식을 채택하여 투자(土家)의 단독 민가와 합원식 민가가 일체화된 충천루가 만들어졌다고 말한다.

'충천루'가 부두가 아닌 깊은 산에 지어져서 오늘날까지 수백 년 동안 우뚝 솟아있는 가장 큰 이유는 동화산 때문이다. 전문가들의 현지 조사에 의하면 산속에 위치한 '충천루'는 지세가 은폐되어 있어서 수해를 피할 수 있었고 또 도기 공장과 가까이 있어서 **85** 위치는 은폐되어 있지만 사람들은 제도업에 의존하여 부를 모을 수 있었다. 하지만 고대 도기는 생산 비용이 높고 이윤이 많지 않았다. 그러나 사료 기록에 따르면 **86** 청말 민초에 동유(桐油)가 한때 비단을 대체하여 중국 최대의 수출품이 되었는데, 이 동유는 충천루에서 멀지 않은 곳에 있는 동화산에 있으며 매년 4월에 수많은 동화가 활짝 피어 장관을 이루었다. **87** '충천루' 주인은 수확기에 마을 주민들을 모아 동유를 정제하고, 마을 입구 근처의 도기 공장에서는 도기를 만들어서 이런 물자들을 부두로 운반하여 잦은 수상 무역을 했다. 여러 세대 사람들의 노력으로 '충천루' 주인들은 부를 쌓았다. 최종적으로 샹시의 솜씨 좋은 장인의 세심한 제조 하에 기세가 웅장하고 기술이 훌륭한 '충천루'가 큰 산에 우뚝 세워졌다.

샹시는 투자족이 모여 사는 곳으로, 샹시 대부분은 아열대 계절풍 습윤 기후대에 위치하여 강우량이 풍부하고 습도가 높다. 하지만 나무로 지어진 충천루와 조각루는 이동이 용이하고 높이가 들쑥날쑥한 산간 지역 환경에 적합할 뿐만 아니라 이곳의 특수한 기후 조건에도 적합했기 때문에 사람들이 지형 조건과 생존 공간을 합리적으로 잘 이용한 지혜의 결실이라고 전문가들은 생각한다.

腹地 fùdì 명 오지, 내지 | 山峦起伏 shānluán qǐfú 산봉우리들이 연이어 솟아있다 | 潮湿 cháoshī 형 축축하다, 눅눅하다 | 炎热 yánrè 형 무덥다, 찌는 듯하다 | 通风避潮 tōngfēng bìcháo 통풍하여 습기를 피하다 | 野兽 yěshòu 명 산짐승, 야수 | 依山就河 yīshān jiùhé 산을 등지고 강을 따라가다 | 吊脚楼 diàojiǎolóu 조각루[산간 지대의 나무로 받침대를 만들고 계단으로 오르내리는 나무 집] | 干栏式建筑 gānlánshì jiànzhù 간란식 건축물, 호상 가옥 | 闭塞 bìsè 통 막다, 막히다 | 阁楼 gélóu 명 다락방, 누각 | 耸立 sǒnglì 통 우뚝 솟다 | 半空 bànkōng 명 공중 | 久远 jiǔyuǎn 형 멀고 오래다, 까마득하다 | 天井 tiānjǐng 명 천장의 격자 모양의 틀 | 采光 cǎiguāng 통 채광하다 | 蓄积 xùjī 통 모아 두다, 축적하다 | 暗含 ànhán 통 은근히 내포하다 | 聚财 jùcái 통 재물이 모이다 | 一反常态 yì fǎn cháng tài 성 평상시와 완전히 다르다 | 前堂 qiántáng 명 거실, 응접실 | 后厅 hòutīng 명 안채, 안방 | 火铺 huǒpù 주방 | 罩住 zhàozhù 통 덮어두다 | 厅堂 tīngtáng 명 대청, 거실 | 照射 zhàoshè 통 밝게 비추다 | 异曲同工 yì qǔ tóng gōng 성 방법은 다르나 같은 효과를 내다 | 木柱 mùzhù 명 나무 기둥 | 码头 mǎtou 명 부두, 선창 | 隐蔽 yǐnbì 통 은폐하다 | 紧靠 jǐnkào 통 바짝 붙어 있다 | 窑厂 yáochǎng 도기 공장 | 桐油 tóngyóu 명 동유[유동(油桐)나무 씨에서 짠 기름] | 大宗 dàzōng 형 거액의, 대량의 | 怒放 nùfàng 통 꽃이 활짝 피다, 만발하다 | 壮观 zhuàngguān 형 장관이다 | 炼制 liànzhì 통 정제하다, 정련하다 | 依托 yītuō 통 빌리다, 차용하다 | 能工巧匠 néng gōng qiǎojiàng 성 숙련공. 솜씨가 좋은 장인 | 气势恢宏 qìshì huīhóng 성 기세가 웅장하다 | 巧夺天工 qiǎoduó tiāngōng 성 기교가 훌륭하다 | 矗立 chùlì 통 우뚝 솟다 | 充沛 chōngpèi 형 넘쳐흐르다, 왕성하다 | 灵活 línghuó 형 민첩하다, 재빠르다 | 错落 cuòluò 형 들쑥날쑥하다

---

81 **为了通风避潮和防止野兽** 첫 단락의 첫 문장에서 답을 찾을 수 있다. '통풍이 잘 되고 습기와 짐승의 침입을 막기 위해 산과 강을 따라 전통 민가 조각루를 지었다'라고 했으므로 '为了通风避潮和防止野兽'를 답으로 써야 한다.

建造传统民居吊脚楼的原因是什么?	전통 민가 조각루를 지은 원인은 무엇인가?
答：为了通风避潮和防止野兽	정답: 통풍에 용이하고 습기를 피하며 짐승을 막기 위해

---

82 **暗含聚财之意** 문제의 핵심 단어인 '四水归塘'이 세 번째 단락의 첫 문장에 나온다. '사수귀당'은 '재물이 모인다는 의미를 내포하고 있다'라고 했으므로 답은 '暗含聚财之意'이다.

南方的天井为何有"四水归塘"之名?	남방의 천정은 왜 '사수귀당'이라는 이름을 가지고 있는가?
答：暗含聚财之意	정답: 재물이 모인다는 의미를 내포하고 있어서

---

83 **采光** 누각의 가치에 관한 내용은 세 번째 단락의 네 번째 문장에 나온다. '누각의 역할은 빗물이 집안으로 바로 쏟아지는 것을 방지하는 것 이외에 그것의 실용적인 가치는 채광에 있다'라고 했으므로 답은 '采光'이다.

阁楼的实用的价值是什么?	누각의 실용적 가치는 무엇인가?
答：采光	정답: 채광

---

84 **拥有丰富的林木资源** 세 번째 단락의 마지막 문장에서 답을 찾을 수 있다. '우링산 일대는 현지의 풍부한 임목 자원을 이용하여 평지에서 나무 기둥으로 집을 지탱한다'라고 했으므로 답으로 '拥有丰富的林木资源'을 써야 한다.

武陵山一带居民用木柱可以支撑起房屋的有利条件是什么?	우링산 일대의 주민들이 나무 기둥으로 집을 지탱하는 데 유리한 조건은 무엇인가?
答：拥有丰富的林木资源	정답: 풍부한 임목 자원을 가지고 있다

85 依靠制陶业 네 번째 단락의 두 번째 문장에서 '위치는 은폐되어 있지만 사람들은 제도업에 의존하여 부를 모을 수 있었다' 라고 했으므로 답은 '依靠制陶业'이다.

"冲天楼"虽位置隐蔽，但利于人们聚集财富的原因是什么？ 答：依靠制陶业	'충천루'의 위치가 은폐되어 있지만 사람들이 부를 모으는 데 유리했던 원인은 무엇인가？ 정답: 제도업에 의존해서

86 桐油 네 번째 단락의 네 번째 문장에서 '청말 민초에 동유(桐油)가 한때 비단을 대체하여 중국 최대의 수출품이 되었다'라고 했으므로 답은 '桐油'이다.

清末民初，中国最大宗的出口产品是什么？ 答：桐油	청말 민초 중국 최대의 수출 상품은 무엇인가？ 정답: 동유

87 桐油和陶器 네 번째 단락의 다섯 번째 문장에서 "충천루' 주인은 수확기에 마을 주민들을 모아 동유를 정제하고, 마을 입구 근처의 도기 공장에서는 도기를 만들어서 이런 물자들을 부두로 운반하여 잦은 수상 무역을 했다'라고 했으므로 답으로 '桐油和陶器'를 써야 한다.

"冲天楼"主人用哪些商品进行水上贸易？ 答：桐油和陶器	'충천루'의 주인은 어떤 상품으로 수상 무역을 하는가？ 정답: 동유와 도기

三、书写 쓰기

제1~2부분 **88~89** 다음의 자료에 근거하여 두 편의 문장을 쓰세요. 제한 시간은 55분입니다.

88~89

微笑是正能量的原因

陌生人对自己的一个微笑像一天被表扬3次那么开心 ☺☺☺☺☺ 68%

别人的微笑会让自己更自信 ☺☺☺☺ 60%

亲朋好友的微笑会让自己感到更快乐 ☺☺☺ 52%

觉得收到笑容比收到礼物更有意义 ☺☺ 28%

认为微笑比表扬还重要 ☺ 26%

一项针对大学生的调查显示，微笑具有感染力，常常微笑会传递正能量。

미소가 긍정 에너지인 이유

낯선 사람이 보내 주는 미소는 하루에 세 번 칭찬 받은 것처럼 기쁘다 ☺☺☺☺☺ 68%

타인의 미소는 자신으로 하여금 더욱 자신감을 갖게 한다 ☺☺☺☺ 60%

친지와 친구들의 미소는 자신을 더욱 기쁘게 한다 ☺☺☺ 52%

나를 향한 미소는 선물을 받는 것보다 더 의미가 있다 ☺☺ 28%

미소가 칭찬보다 더 중요하다고 생각한다 ☺ 26%

대학생들을 대상으로 한 설문조사에서 미소는 감화력이 있고, 자주 미소를 지으면 긍정 에너지를 전달하는 것으로 나타났다.

正能量 zhèngnéngliàng 긍정 에너지 | **表扬** biǎoyáng 통 칭찬하다, 표창하다 | **感染力** gǎnrǎnlì 명 감화력 | **传递** chuándì 통 전달하다

88 도표에 대해 묘사하고 분석하는 글을 200자 내외로 쓰세요. 제한 시간은 15분입니다.

도표 보고 작문하기는 제공된 도표의 내용에 따라 문자로 그것을 서술해야 한다. 그러므로 작문을 할 때 다음의 사항에 주의해서 서술해야 한다.

① 도표 분석하기
일반적으로 도표가 나타내는 내용은 모두 어떤 현상에 관한 연구, 조사, 분석이다. 연구, 조사, 분석의 결과는 이런 현상이 나타나는 원인을 나타내고 데이터와 표를 사용하여 설명한다. 이에 대해 우리는 원인을 잘 정리해야 하는데, 원인이 하나일 수 없기 때문에 원인을 서술할 때 일정한 표현 규칙을 따라야 한다.

② 표현 방식

데이터의 크기에 따라	在本市所有大学中，吉林大学拥有博士学位的教师比例最高，达到60%。接下来是长春大学，占50%，然后是朝阳大学，占30%。 본 시의 모든 대학교 중 지린대학교가 박사학위 소지 교사의 비율이 가장 높은데, 60%에 달한다. 이어 창춘대학교가 50%를 차지하며, 그 다음은 차오양대학교로, 30%를 차지한다.
시간의 선후에 따라	北京拥有六个城市中最古老的地下铁路系统，于1965年开通。上海紧随其后于1993年开通。 베이징은 6개 도시 중 가장 오래된 지하철 시스템을 갖고 있는데, 1965년에 개통되었다. 1993년에 개통된 상하이가 그 뒤를 바짝 따르고 있다.
데이터의 폭 크기에 따라	与其他职业相比，地铁司机的年薪增长速度要快得多，为4%。接下来是警察，为3%，紧随其后的是消防员和护士，只有1%。 다른 직업과 비교했을 때 지하철 기관사 연봉의 증가 속도가 4%로 가장 빠르고, 그 다음은 경찰로, 3%이며, 바로 그 뒤로는 소방관과 간호사로, 1% 밖에 되지 않는다.

③ 작문 방법
작문 유형으로 보면 도표 보고 작문하기는 대체로 설명문에 속한다. 수험생으로 하여금 표의 정보를 문자 형식으로 전환하도록 하기 때문에 수험생들은 데이터를 분석하고 정리하는 능력을 지녀야 한다. 작문 순서는 먼저 어떤 현상에 대한 연구, 조사, 분석인지를 쓰는 것이 가장 좋다. 다음으로 숫자와 데이터 등에 대해 명확하게 분석하고 비교한다. 마지막으로 전체적으로 정리하거나 간단하게 평론하도록 한다.

88

모범 답안

一家公司做了一项调查，结果显示微笑具有感染力。在接受调查者中，认为陌生人对自己的一个微笑像一天被表扬3次那么开心的人占总人数的68%，认为别人的微笑会让他们更有自信的人，占比为60%，认为亲朋好友的微笑会让他们感到更快乐的人，占比为52%，认为收到笑容比收到礼物更有意义的人，占比为28%，认为微笑比表扬还重要的人，占比为26%。由此可见，正能量始于我们最微小的动作，一个微笑很重要，因为微笑可以将正能量传递给其他人。

한 회사의 설문조사 결과에 따르면 미소는 감화력이 있는 것으로 나타났다. 설문조사 응답자 중 낯선 사람의 미소가 하루에 세 번 칭찬 받은 것처럼 기쁘다고 대답한 사람은 총 인원수의 68%를 차지했고, 타인의 미소가 그들로 하여금 자신감을 가지게 한다고 대답한 사람은 60%를, 친지와 친구들의 미소가 그들을 더욱 기쁘게 한다고 대답한 사람은 52%를 차지했다. 또 웃음이 선물을 받는 것보다 더 의미가 있다고 대답한 사람은 28%를, 미소가 칭찬보다 더 중요하다고 생각하는 사람은 26%로 나타났다. 이로써 긍정 에너지는 우리의 작은 행동에서 시작된다는 것을 알 수 있다. 미소는 매우 중요한데, 그 이유는 미소가 다른 사람에게 긍정 에너지를 전달할 수 있기 때문이다.

89 주제를 보고 작문하세요. 제한 시간은 40분입니다.

주제를 보고 작문할 때는 다음 사항에 주의해야 한다.

① 문제 살펴보기
주제는 작문의 핵심으로, 출제자가 작문 범위를 제한한 것이자 수험생의 소재 선택에 있어서 근거와 기준이 된다. 수험생은 문제의 의미를 심사숙고하여 자신의 관점을 확정해야 한다.

② 제목 짓기
작문을 할 때는 보통 직접 제목을 정해야 한다. 제목은 반드시 주제와 관련되어야 하고 주제 속 주요 어휘를 포함해야 한다. 제목은 정확하고 간결해야 하며 자신의 관점과 일치해야 한다.

③ 소재 선택하기
이 작문의 형식은 일반적으로 논설문이다. 예를 들어 논증하기, 인과 관계 분석하기, 인용하여 논증하기를 통해 자신의 관점을 증명하기 때문에 간단하고 명확한 예를 들어 자신의 관점을 논증하는 것이 가장 좋다. 인과 관계 분석은 가능한 논리성이 강해야 하며 그 결과가 자신의 논점과 밀접한 연관성이 있어야 한다. 인용하여 논증할 때 선택한 예문은 모두가 아는 예를 드는 것이 가장 좋다. 이렇게 해야만 주제가 명확하고 조리 있는 작문을 완성할 수 있다.

89

■ 주제

美国短篇小说《最后一片叶子》描写了一个让人潸然泪下的故事，一位穷女画家得了肺炎，生命危在旦夕，她把生存的希望寄托于窗外的最后一片叶子上。她认为当最后的一片树叶飘落下来时，此时也是她生命结束的时候。为了帮助穷画家战胜病魔，一位老画家在一个风雨交加的夜晚，爬到高处的砖墙上画了一片永不凋零的树叶，这片树叶给了穷画家"生"的意志，新的生命。有人认为善意的谎言是美丽的，当我们为了他人的幸福和希望适度地说一个小谎的时候，谎言会具有神奇的力量。而有人认为谎言终究是谎言，是一种道德失范的行为。请写一篇600字左右的文章，谈谈你对"善意的谎言"的认识并论证你的观点。

미국 단편 소설 『마지막 잎새』는 눈물이 멈추지 않을 정도로 감동적인 이야기를 묘사했다. 어느 한 가난한 여화가가 폐렴에 걸려 생명이 위태롭게 되었는데 그녀는 생존의 희망을 창문 밖의 마지막 잎새에 걸었다. 그녀는 마지막 나뭇잎이 떨어질 때 자기의 생명도 끝난다고 생각했다. 가난한 화가가 병마를 이겨내는 것을 돕기 위해 한 노화가가 비바람이 몰아치는 어느 날 밤 벽돌담의 높은 곳에 올라가 영원히 시들지 않는 나뭇잎을 그렸다. 이 나뭇잎은 가난한 화가에게 '살아갈' 의지, 새로운 생명을 주었다. 어떤 사람은 선의의 거짓말은 아름다운 것이라고 생각한다. 우리가 타인의 행복과 희망을 위해 적당한 작은 거짓말을 할 때 이 거짓말은 신기한 힘을 가지게 된다. 하지만 어떤 사람은 거짓말은 결국 거짓말일 뿐, 도덕에 어긋나는 행위라고 생각한다. 600자 정도의 문장으로 '선의의 거짓말'에 대한 당신의 생각을 이야기하고 당신의 관점을 논증하시오.

■ 모범 답안 1

善意的谎言

生活中，有着这样一种谎言，它无处不在。但如果在这种谎言前面加上"善意的"，那么谎言的本质也就发生了根本性的改变。这种善意的谎言会让很多人在面临困难时充满信心。善意的谎言是美丽的，当我们为了他人的幸福和希望适当地说了一个谎言时，谎言便可以让他人拥有希望，以及战胜困难的勇气，可以说"善意的谎言"具有神奇的力量。

선의의 거짓말

생활 속 어디에나 존재하는 일종의 거짓말이 있다. 만약 이 거짓말 앞에 '선의의'를 붙이면 거짓말의 본질에 근본적인 변화가 생긴다. 이런 선의의 거짓말은 많은 사람들로 하여금 어려움에 직면했을 때 자신감이 충만하게 해 준다. 선의의 거짓말은 아름다운 것이다. 우리가 타인의 행복과 희망을 위해 적당한 거짓말을 했을 때 거짓말은 타인에게 희망과 어려움을 이겨내는 용기를 준다. 그러므로 '선의의 거짓말'은 신기한 힘을 가지고 있다고 말할 수 있다.

불치병 환자에게 환자의 친척과 친구들은 늘 선의의 거

面对一位身患绝症的病人，病人的亲友总是会用善意的谎言将病人的病情说得很轻，更是会用善意的谎言促使病人对治疗充满希望，同时还鼓励病人配合医生的治疗。所以说，善意的谎言是建立在内心善良的基础上，这种谎言对于病人来说就是一种真诚的关心，是为了让病人拥有一个平和的心态，而治疗疾病最需要的就是心态的稳定。可见，善意的谎言是为了让病人更好地接受治疗，这种谎言难道不美丽吗？

当一个不懂世事的孩子，失去了自己的亲人，该怎样向孩子说明自己的亲人去了哪里呢？人们往往采取的方法是，先不要告诉孩子真实的情况，只是告诉他亲人去很远的地方出差了，等到孩子懂事，再告诉他实情，他会理解亲人的做法，因为这样善意的谎言为他营造了安心无忧的生长环境，也会让孩子拥有良好的心理素质，即使将来知道了事实情况，也会从容不迫地接受现实。难道这种谎言不具有神奇的力量吗？

总之，出于美好愿望的谎言会让人重新充满信心，善意的谎言能使身处逆境中的人重拾希望，使这些人能与困难进行不屈的斗争。由此可见，善意的谎言是美丽的，是具有神奇的力量的。

짓말로 환자의 병세를 가볍게 얘기하거나, 나아가 선의의 거짓말로 치료에 대한 희망을 갖게 하고 또한 의사의 치료에 협력할 수 있도록 독려한다. 그러므로 선의의 거짓말은 선량한 마음에 기반하는 것이며, 이런 거짓말은 환자에게 있어 진정한 관심이자 환자로 하여금 평온한 마음가짐을 가지게 해 주는데, 질병을 치료함에 있어 가장 필요한 것은 바로 안정적인 마음가짐이다. 즉, 선의의 거짓말은 환자가 치료를 더 잘 받게 하기 위함인 것을 알 수 있다. 이런 거짓말을 아름답지 않다고 할 수 있을까?

세상 물정을 모르는 아이가 자신의 가족을 잃었을 때, 가족이 어디로 갔는지 어떻게 설명해 줘야 할까? 사람들이 자주 취하는 방법은 먼저 아이에게 진짜 상황을 알려 주지 않고 그저 가족이 먼 곳으로 출장을 갔다고 말해 주는 것이다. 아이가 철이 들었을 때 진실을 알려 준다고 해도 아이는 친척들을 이해할 것이다. 왜냐하면 이런 선의의 거짓말이 그에게 마음 편안한 성장 환경을 마련해 주었고 아이로 하여금 양호한 심리적 소양을 가지게 해 주었기 때문이다. 설령 이후에 진실을 알게 되더라도 침착하게 현실을 받아들일 수 있을 것이다. 이런 거짓말이 신기한 힘을 갖고 있지 않다고 할 수 있을까?

결론적으로 아름다운 바람에서 출발한 거짓말은 사람으로 하여금 다시 자신감을 갖게 해 주고, 선의의 거짓말은 역경에 처해있는 사람에게 다시 희망을 갖게 해 주어 어려움에 굴하지 않고 분투하게 해 준다. 이로써 선의의 거짓말은 아름다운 것이고 신기한 힘을 가지고 있다는 것을 알 수 있다.

모범 답안 2

善意的谎言

谎言，之所以成为"谎言"，是因为它是虚假的、不真实的、骗人的话。一个人如果经常说谎，经常用谎言去哄骗别人，久而久之，就会失去人们对他的信任。古希腊寓言故事《狼来了》是人人皆知的故事。故事中的那个小男孩，每天都喊"狼来了"以寻求刺激、开心，而当狼真的来时，没有人再信任他。小男孩只能一个人去面对狼的攻击，再怎么喊叫也无济于事，更不会有人再来帮助他。可见，谎言的后果是有碍于诚信的。

善意的谎言，归根结底还是谎言，其实就是掩盖真相，说假话。比如，当一位身患绝症的病人，被医生判了死刑时，他的亲朋好友就用所谓的"善意的谎言"来欺骗他，结果会怎么样呢？病人只是暂时得到了安慰。而这种谎言一旦被揭穿，对对方的伤害会更深。假设如果

선의의 거짓말

거짓말을 '거짓말'이라고 하는 것은 그것이 거짓이고 진실되지 않으며 사람을 속이는 말이기 때문이다. 만약 어떤 사람이 항상 거짓말을 하고, 항상 거짓말로 타인을 기만하는 것이 오래되면 사람들은 그를 신임하지 않게 될 것이다. 고대 그리스 우화 『늑대가 나타났다』는 모두가 알고 있는 이야기이다. 이야기 속 그 남자아이는 매일 '늑대가 나타났다'라고 소리치며 재미를 찾고 즐거워했다. 하지만 진짜 늑대가 나타났을 때 아무도 그를 믿지 않았다. 남자아이는 혼자 늑대의 공격을 마주해야 했다. 아무리 소리쳐도 소용이 없었으며 더욱이 그 누구도 그를 도와주러 오지 않았다. 이로써 거짓말은 결국 신용에 문제를 가져온다는 것을 알 수 있다.

선의의 거짓말도 결국은 거짓말로, 사실 진실을 감추고 거짓을 말하는 것이다. 예를 들어 불치병에 걸린 환자가 의사로부터 사형 선고를 받았을 때, 그의 친지와 친구들이 소위 말하는 '선의의 거짓말'로 그를 기만한다면 결과는 어떻

病人知道了自己的病情，病人的绝望不仅来自于自己的绝症，更来自于亲人的背叛。这种所谓的"善意的谎言"就是一种不事实求是的行为。善意的谎言也是说假话，就是一种有碍于诚信的行为。

事实上，我个人认为所谓的"善意的谎言"其实就是一种借口，人们使用借口的目的是什么？就是想保护自己，或者保护别人，也是一种逃避现实的行为。再进一步说，就是面对现实，因自己无能为力而找的借口，然而，大多数借口是有破坏性的。这种所谓的"善意的谎言"对诚信的破坏往往比较隐蔽，是一种慢性中毒。我认为诚信是建立在彼此的坦诚以待的基础之上，任何欺骗行为，即使是所谓的"善意的谎言"都可以说是与"诚信"完全背道而驰的，都是不可原谅的。

总之，善意的谎言也是说假话，就是一种有碍于诚信的行为。

게 될까? 환자는 단지 잠깐의 위안을 얻을 뿐, 이 거짓말이 일단 들통나면 상대방의 상심은 더욱 깊어질 것이다. 만약 환자가 자신의 병세를 알고 있다면, 환자의 절망은 자신의 불치병뿐만 아니라 친지와 친구들의 배반으로부터 야기된다. 이런 소위 말하는 '선의의 거짓말'은 바로 진실을 추구하지 않는 행위이다. 선의의 거짓말도 거짓을 말하는 것으로, 신용에 지장을 주는 행위이다.

사실상 나는 '선의의 거짓말'이 일종의 핑계라고 생각한다. 사람들이 핑계를 대는 목적은 무엇인가? 바로 자신을 보호하거나 혹은 타인을 보호하고자 하는 것이고, 또한 현실 도피의 행위이기도 하다. 더 나아가 다시 말하면, 현실과 마주했을 때 자신이 어쩔 수 없었음에 대해 핑계를 찾는 것이다. 하지만 대부분의 핑계는 파괴성을 갖는다. 이런 '선의의 거짓말'이 신뢰에 가져오는 파괴성은 보통 은폐되어 있고 일종의 만성 중독이다. 나는 신뢰는 상호 진실된 태도에 기반한다고 생각한다. 그 어떤 기만 행위도, 설령 소위 말하는 '선의의 거짓말'이라고 해도 '신뢰'와는 완전히 상반된다고 할 수 있으며 모두 용서할 수 없는 것이다.

결론적으로 선의의 거짓말도 거짓을 말하는 것으로, 신뢰에 지장을 주는 행위이다.

潜然泪下 shānrán lèixià 눈물을 줄줄 흘리다, 눈물이 멈추지 않다 | 肺炎 fèiyán 몡 폐렴 | 危在旦夕 wēi zài dànxī 솅 생명이 위태롭다, 위험이 조석에 달려 있다 | 寄托 jìtuō 동 위탁하다, 맡기다 | 飘落 piāoluò 동 가볍게 떨어지다 | 病魔 bìngmó 병마 | 风雨交加 fēngyǔ jiāojiā 솅 비바람이 휘몰아치다, 재난이 겹치다 | 砖墙 zhuānqiáng 몡 벽돌담 | 凋零 diāolíng 동 시들어 떨어지다, 사망하다 | 适度 shìdù 혱 적당하다, 적절하다 | 神奇 shénqí 혱 신기하다, 신비롭고 기이하다 | 失范 shīfàn 동 기준이 없다, 규범을 상실하다 | 论证 lùnzhèng 몡 논증, 논거 | 身患绝症 shēnhuàn juézhèng 불치병에 걸리다 | 促使 cùshǐ 동 ~하게 하다 | 营造 yíngzào 동 집을 짓다, 건축물을 짓다 | 从容不迫 cóngróng búpò 솅 태연자약하다, 침착하다 | 身处逆境 shēnchǔ nìjìng 역경에 처하다 | 重拾 chóngshí 다시 회복하다, 다시 얻다 | 虚假 xūjiǎ 혱 허위의, 거짓의 | 哄骗 hǒngpiàn 동 속이다, 기만하다 | 久而久之 jiǔ ér jiǔ zhī 솅 오랜 시일이 지나다, 오래 지속되다 | 刺激 cìjī 동 자극하다 | 喊叫 hǎnjiào 외치다, 고함치다 | 无济于事 wú jì yú shì 솅 아무 쓸모없다, 소용없다 | 碍于 àiyú 동 ~에 구애되어, ~에 끌려 | 诚信 chéngxìn 몡 성실, 신용 | 归根结底 guīgēn jiédǐ 솅 결국, 끝내 | 掩盖 yǎngài 동 덮어씌우다, 덮어 감추다 | 真相 zhēnxiàng 몡 진실, 진상 | 死刑 sǐxíng 몡 사형 | 揭穿 jiēchuān 동 폭로하다, 까발리다 | 绝症 juézhèng 몡 불치병, 죽을 병 | 背叛 bèipàn 동 배반하다 | 借口 jièkǒu 구실로 삼다, 핑계로 삼다 | 逃避 táobì 동 도피하다 | 无能为力 wúnéng wéilì 솅 무능해서 아무 일도 못하다, 일을 추진시킬 힘이 없다 | 隐蔽 yǐnbì 동 은폐하다 | 慢性中毒 mànxìng zhòngdú 만성 중독 | 坦诚 tǎnchéng 혱 솔직하고 성실하다 | 背道而驰 bèi dào ér chí 솅 서로 반대의 방향으로 가다, 방향·목표가 완전히 상반되다

■ 작문 비법 1

生活中，有着这样一种谎言，它无处不在。但如果在这种谎言前面加上"善意的"，那么谎言的本质也就发生了根本性的改变。这种善意的谎言会让很多人在面临困难时充满信心。善意的谎言是美丽的，当我们为了他人的幸福和希望适当地说了一个谎言时，谎言便可以让他人拥有希望，以及战胜困难的勇气，可以说"善意的谎言"具有神奇的力量。

・먼저 주제가 무엇인지 본다.

주제 ①: 어떤 사람은 선의의 거짓말은 아름다운 것으로 신기한 힘을 가진다고 생각한다.

주제 ②: 어떤 사람은 거짓말은 어디까지나 거짓말일 뿐 도덕에 어긋나는 행위라고 생각한다.

・위의 주제에 대한 자신의 생각을 제시한다.

위 두 가지 주제 중 첫 번째 주제 즉, 이런 선의의 거짓말은 어려움에 직면했을 때 자신감이 생기게 해 주고 아름다운 것으로, 신기한 힘을 가지고 있다는 생각을 밝힌다.

面对一位身患绝症的病人，病人的亲友总是会用善意的谎言将病人的病情说得很轻，更是会用善意的谎言促使病人对治疗充满希望，同时还鼓励病人配合医生的治疗。所以说，善意的谎言是建立在内心善良的基础上，这种谎言对于病人来说就是一种真诚的关心，是为了让病人拥有一个平和的心态，而治疗疾病最需要的就是心态的稳定。可见，善意的谎言是为了让病人更好地接受治疗，这种谎言难道不美丽吗？

当一个不懂世事的孩子，失去了自己的亲人，该怎样向孩子说明自己的亲人去了哪里呢？人们往往采取的方法是，先不要告诉孩子真实的情况，只是告诉他亲人去很远的地方出差了，等到孩子懂事，再告诉他实情，他会理解亲人的做法，因为这样善意的谎言为他营造了安心无忧的生长环境，也会让孩子拥有良好的心理素质，即使将来知道了事实情况，也会从容不迫地接受现实。难道这种谎言不具有神奇的力量吗？

总之，出于美好愿望的谎言会让人重新充满信心，善意的谎言能使身处逆境中的人重拾希望，使这些人能与困难进行不屈的斗争。由此可见，善意的谎言是美丽的，是具有神奇的力量的。

- 자신의 관점이 맞다는 것을 '예를 들어 논증하기'의 방법으로 설명한다.

① 먼저 불치병에 걸린 환자를 예로 들어 선의의 거짓말은 환자에 대한 진정한 관심이라는 것과 환자로 하여금 치료를 더 잘 받게 하기 위함이라는 것을 설명하고 마지막으로 자신의 관점으로 돌아가 즉, 이런 거짓말은 아름다운 것이라는 것을 설명한다.

② 또 가족을 잃은 세상 물정 모르는 아이를 예로 들어 선의의 거짓말은 그에게 마음 편안한 성장 환경을 마련해 주고 건강하게 자랄 수 있게 해 주었으며, 그로 하여금 후에 가족을 잃은 상황에 대처할 수 있는 능력을 가지게 해 주었음을 설명했다. 마지막으로 다시 자신의 관점으로 돌아가 이런 거짓말은 신기한 힘을 가지고 있다는 것을 강조한다.

- 전체 문장을 정리하고 마지막으로 자신의 관점을 다시 한 번 더 설명한다.

작문 비법 2

谎言，之所以成为"谎言"，是因为它是虚假的、不真实的、骗人的话。一个人如果经常说谎，经常用谎言去哄骗别人，久而久之，就会失去人们对他的信任。古希腊寓言故事《狼来了》是人人皆知的故事。故事中的那个小男孩，每天都喊"狼来了"以寻求刺激、开心，而当狼真的来时，没有人再信任他。小男孩只能一个人去面对狼的攻击，再怎么喊叫也无济于事，更不会有人再来帮助他。可见，谎言的后果是有碍于诚信的。

- 먼저 주제가 무엇인지 본다.

주제 ①: 어떤 사람은 선의의 거짓말은 아름다운 것으로 신기한 힘을 가진다고 생각한다.

주제 ②: 어떤 사람은 거짓말은 어디까지나 거짓말일 뿐 도덕에 어긋나는 행위라고 생각한다.

- 위의 주제에 근거하여 먼저 예를 든 다음 자신의 관점을 끌어낸다.

① 예를 들기: 고대 그리스 우화 『늑대가 나타났다』를 예로 들어 거짓말은 결국 신용에 지장을 준다는 것을 설명한다.

② 관점 제시: 거짓말은 결국 신용에 지장을 준다.

善意的谎言，归根结底还是谎言，其实就是掩盖真相，说假话。比如，当一位身患绝症的病人，被医生判了死刑时，他的亲朋好友就用所谓的"善意的谎言"来欺骗他，结果会怎么样呢？病人只是暂时得到了安慰。而这种谎言一旦被揭穿，对对方的伤害会更深。假设如果病人知道了自己的病情，病人的绝望不仅来自于自己的绝症，更来自于亲人的背叛。这种所谓的"善意的谎言"就是一种不事实求是的行为。善意的谎言也是说假话，就是一种有碍于诚信的行为。	• 자신의 관점이 맞다는 것을 '예를 들어 논증하기'의 방법으로 설명한다. 먼저 불치병에 걸린 환자를 예로 들어 선의의 거짓말은 일종의 기만 행위라는 것과 이런 기만 행위는 환자에게 상처를 준다는 것을 설명하고, 마지막으로 자신의 관점으로 돌아와 선의의 거짓말은 신용에 지장을 주는 행위라는 것을 설명한다.
事实上，我个人认为所谓的"善意的谎言"其实就是一种借口，人们使用借口的目的是什么？就是想保护自己，或者保护别人，也是一种逃避现实的行为。再进一步说，就是面对现实，因自己无能为力而找的借口，然而，大多数借口是有破坏性的。这种所谓的"善意的谎言"对诚信的破坏往往比较隐蔽，是一种慢性中毒。我认为诚信是建立在彼此的坦诚以待的基础之上，任何欺骗行为，即使是所谓的"善意的谎言"都可以说是与"诚信"完全背道而驰的，都是不可原谅的。	• '인과 관계로 논증하기'의 방법을 사용하여 자신의 관점을 설명한다. ① 원인 제시: 선의의 거짓말을 하는 원인은 자신이나 타인을 보호하기 위함이거나 현실 도피 행위이며, 자신도 어쩔 수 없었음에 대한 핑계이다. ② 결과 정리: 이런 선의의 거짓말이 신뢰에 가져오는 파괴성은 매우 크며 중독적이다. 그리고 마지막으로 자신의 관점으로 돌아와 선의의 거짓말은 신뢰에 지장을 주는 행위라는 것을 설명한다.
总之，善意的谎言也是说假话，就是一种有碍于诚信的行为。	• 마지막으로 다시 한 번 자신의 관점을 설명한다.

四、翻译 번역

제1부분 **90~91** 다음 자료를 중국어로 번역하세요. 제한 시간은 35분입니다.

90

제시문	모범 답안

오늘날 '불안'과 '사회 공포'는 이미 유행어가 되었다. 불안은 인간이 환경에 적응하는 과정에서 형성되는 일종의 스트레스 정서적 반응이고, 어느 정도의 불안은 위험한 상황에서 적절한 경각심을 갖게 하지만, 과도한 불안 반응은 불안 장애를 형성한다.
 	
    불안은 종종 다양한 회피 행동을 유발하는데, 예를 들어 한 사람이 불안함을 느낄 때, 그 사람은 외출하려 하지 않고 다른 사람과 소통하기를 꺼린다. 불안 장애가 있는 환자는 종종 자신의 행동을 조절하지 못하고, 게다가 사교 능력의 저하까지 동반한다.
 	
    불안을 극복하는 가장 좋은 방법은 매일 마음을 편안하게 하고 화를 자주 내지 않으며, 자신을 많이 웃게 하는 것이다. 음식 측면에서도 영양이 풍부한 음식을 많이 섭취하면 몸에 필요한 영양소가 증가하여 신체 기능을 향상시킬 수 있다. 동시에 반드시 과로하지 않도록 해야 하는데, 심각한 과로는 더 심한 불안 장애를 초래할 수 있다.
	当今社会，"焦虑"和"社恐"已经成为流行词了。焦虑是人类在适应环境的过程中形成的一种应激情绪反应，某种程度的焦虑使人在危险的处境中保持适当的警觉，而过度的焦虑反应则会形成焦虑障碍。
	
	    焦虑常常让人产生各种各样的回避行为，例如，当一个人感到焦虑的时候，他会不想出门，也不愿意与他人进行交流。焦虑障碍患者常常表现出控制不了自己的行为，同时还伴随着社交能力的下降。
	
	    克服焦虑最好的方法是，每天一定要保持心情舒畅，不要经常发脾气，要让自己多笑笑。在饮食方面，尽量多摄入一些富含营养的食物，这样也可以充分地补充身体所需的营养物质，从而增强身体的机能。同时，千万不要让自己太过于劳累，太过于劳累也会导致焦虑症的症状加剧。

焦虑 jiāolǜ 톙 가슴을 태우다, 마음을 졸이다 | **社恐** shèkǒng 사회관계 공포증 | **应激情绪反应** yìngjī qíngxù fǎnyìng 스트레스 반응 | **警觉** jǐngjué 뗑 경각, 경계심 톙 민감하다 | **焦虑障碍** jiāolǜ zhàng'ài 불안 장애 | **回避行为** huíbì xíngwéi 도피 행동 | **舒畅** shūchàng 톙 상쾌하다, 시원하다 | **摄入** shèrù 띵 섭취하다 | **富含** fùhán 띵 다량 함유하다, 풍부하게 들어 있다 | **身体机能** shēntǐ jīnéng 신체 기능 | **劳累** láolèi 띵 피곤해지다, 지치다 | **症状** zhèngzhuàng 뗑 증상, 증세 | **加剧** jiājù 띵 심해지다, 가중되다

번역 비법

    오늘날 '불안'과 '사회 공포'는 이미 유행어가 되었다. 불안은 인간이 환경에 적응하는 과정에서 형성되는 **일종의 스트레스 정서적 반응**이고, 어느 정도의 불안은 위험한 상황에서 **적절한 경각심을 갖게 하지만**, 과도한 불안 반응은 **불안 장애**를 형성한다.

일종의 스트레스 정서	① 一种应激情绪	
적절한 경각심을 갖게 하다	① 保持一定的警觉	② 保持适当的警觉
불안 장애	① 焦虑障碍	

불안은 종종 다양한 회피 행동을 유발하는데, 예를 들어 한 사람이 불안함을 느낄때, 그 사람은 외출하려 하지 않고 다른 사람과 소통하기를 꺼린다. 불안 장애가 있는 환자는 종종 자신의 행동을 조절하지 못하고, 게다가 사교 능력의 저하까지 동반한다.

~행동을 유발하다	① 产生……的行为	② 引起……的行为	
~하려 하지 않다	① 不情愿	② 不愿意	③ 不想
게다가 ~까지 동반한다	① 并且还伴随着……	② 同时还伴随着……	

불안을 극복하는 가장 좋은 방법은 매일 마음을 편안하게 하고 화를 자주 내지 않으며, 자신을 많이 웃게 하는 것이다. 음식 측면에서도 영양이 풍부한 음식을 많이 섭취하면 몸에 필요한 영양소가 증가하여 신체 기능을 향상시킬 수 있다. 동시에 반드시 과로하지 않도록 해야 하는데, 심각한 과로는 더 심한 불안 장애를 초래할 수 있다.

마음을 편안하게 하다	① 保持心情舒畅	② 保持心情愉悦	③ 让心情愉快
화를 자주 내지 않는다	① 不经常发火	② 不经常发脾气	③ 不经常生气
~측면에서	① 在……方面	② 从……角度来说	
영양이 풍부한 음식	① 富含营养的食物	② 营养丰富的食物	
몸에 필요한 영양소	① 身体所需的营养物质	② 身体所需的营养元素	③ 身体所需的营养成分
~하지 않도록 해야 하다	① 尽量不要……	② 千万不要……	

◈ 수준별 모범 답안

초급	今天，"焦虑"和"社恐"已是流行词了。在适应环境时，会产生焦虑，遇到危险时，一定程度的焦虑会让人保持警觉，但是过度的焦虑会产生焦虑障碍。 焦虑经常让人有很多回避行为，例如，当一个人焦虑的时候，他会不想出门，不愿意和别人交流。焦虑障碍病人经常不能控制自己的行为，社交能力也下降。 克服焦虑的好办法是，每天心情要好，不要总生气，自己要多笑笑。尽量多吃一些有营养的食物，这样可以补充身体需要的营养物质，因此能提高身体的机能。还有不要太劳累，太劳累会导致焦虑症更加严重。
중급	目前，"焦虑"和"社恐"已成流行词了。人类在适应环境的过程中，会产生一种应激情绪反应，这种情绪就是焦虑。面对危险时，一定程度的焦虑会让人有警惕性，而过度的焦虑反应会产生焦虑障碍。 焦虑常常让人产生各种回避行为，例如，当一个人焦虑时，他会不愿意出门，也不愿意与他人交流。焦虑障碍病人常常控制不了自己的行为，同时社交能力也下降。 克服焦虑最好的方法是，每天保持心情愉快，不要经常发火，要让自己多笑笑。在饮食方面尽量多吃一些营养丰富的食物，这样可以补充身体所需的营养物质，从而增强身体的机能。同时，千万不要让自己太劳累，太劳累也会导致焦虑症变得更加严重。
고급	当今社会，"焦虑"和"社恐"已经成为流行词了。焦虑是人类在适应环境的过程中形成的一种应激情绪反应，某种程度的焦虑使人在危险的处境中保持适当的警觉，而过度的焦虑反应则会形成焦虑障碍。 焦虑常常让人产生各种各样的回避行为，例如，当一个人感到焦虑的时候，他会不想出

门，也不愿意与他人进行交流。焦虑障碍患者常常表现出控制不了自己的行为，同时还伴随着社交能力的下降。

克服焦虑最好的方法是，每天一定要保持心情舒畅，不要经常发脾气，要让自己多笑笑。在饮食方面，尽量多摄入一些富含营养的食物，这样也可以充分地补充身体所需的营养物质，从而增强身体的机能。同时，千万不要让自己太过于劳累，太过于劳累也会导致焦虑症的症状加剧。

91

▌제시문	▌모범 답안
음식이 식어야 냉장고에 넣을 수 있는가? 이 점에 대해서 오래전부터 논란이 있었다. 그러나 식품 위생의 관점에서 말하면, 음식이 뜨겁든 차갑든 제때 냉장고에 넣어 두는 것이 좋다. 왜냐하면 정상적인 실온은 사실 세균이 번식하기 좋은 조건을 만들어 주고, 특히 날씨가 더울 때는 음식물을 식히는 과정에서 세균의 양이 두 배가 될 수 있기 때문이다! 비록 뜨거운 음식을 냉장고에 넣어 두면 부담이 약간 증가하지만, 모두 냉장고의 정상 작동 범위 내에 있다. 만약 당일 남은 음식이 있다면, 즉시 밀봉하여 냉장실에 보관하고, 나중에 꺼낼 때는 반드시 완전히 데워서 먹어야 한다.	食物凉了才能放冰箱？关于这一点，一直以来是有争议的。但是我们从食品卫生的角度来说，还是建议无论食物是热的还是凉的，都应该及时放入冰箱里冷藏。 因为正常的室温，其实是给细菌的繁殖创造了良好的条件，尤其是天气比较热的时候，食物晾凉的这个过程可能会让其中的细菌量翻倍！虽然热菜放入冰箱会稍微增加冰箱的负担，但都在冰箱的正常运行范围内。 如果当天有剩菜剩饭的话，应该及时密封以后，再放进冷藏室里保存，以后拿出来吃的时候，一定要彻底加热后再吃。

有争议 yǒu zhēngyì 분쟁이 있다, 논란이 되다 | **冷藏** lěngcáng ⑤ 냉장하다, 냉동하다 | **细菌** xìjūn ⑲ 세균 | **繁殖** fánzhí ⑤ 번식하다 | **晾凉** liàngliáng 식히다 | **翻倍** fānbèi 배가 되다 | **剩菜剩饭** shèng cài shèng fàn 남은 밥과 반찬 | **密封** mìfēng ⑤ 밀봉하다, 밀폐하다 | **彻底** chèdǐ ⑱ 철저하다, 투철하다

▌번역 비법

음식이 식어야 냉장고에 넣을 수 있는가? 이 점에 대해서 오래전부터 논란이 있었다. 그러나 식품 위생의 관점에서 말하면, 음식이 뜨겁든 차갑든 제때 냉장고에 넣어 두는 것이 좋다.

이 점에 대해서	① 关于这一点		
오래전부터 논란이 있었다	① 一直以来是有争议的	② 到目前为止，一直是有争议的	
A든 B든	① 无论是A还是B	② 不管是A还是B	③ 不论是A还是B

왜냐하면 정상적인 실온은 사실 세균이 번식하기 좋은 조건을 만들어 주고, 특히 날씨가 더울 때는 음식물을 식히는 과정에서 세균의 양이 두 배가 될 수 있기 때문이다! 비록 뜨거운 음식을 냉장고에 넣어 두면 부담이 약간 증가하지만, 모두 냉장고의 정상 작동 범위 내에 있다.

~하기 좋은 조건을 만들어 주다	① 给……创造良好的条件	② 为……创造良好的条件

두 배가 되다	① 翻倍	② 增加一倍
부담이 약간 증가하다	① 稍微加重负担	② 稍稍增加负担
정상 작동 범위 내에 있다	① 在正常运行范围内	

만약 당일 남은 음식이 있다면, 즉시 밀봉하여 냉장실에 보관하고, 나중에 꺼낼 때는 반드시 완전히 데워서 먹어야 한다.

남은 음식	① 剩饭剩菜	② 吃剩下的食物
완전히 데우다	① 彻底加热	

◈ 수준별 모범 답안

초급	食物凉了才能放冰箱? 这一点是有争议的。可是从食品卫生的方面来说, 不管食物是热的还是凉的, 最好及时冷藏在冰箱里。 　因为正常的室温更容易让细菌繁殖, 特别是天气比较热时, 食物晾凉的过程会让细菌量增加一倍! 热菜放冰箱里会增加冰箱负担, 但都在冰箱的正常运行范围内。 　如果当天有吃剩的饭菜, 要及时密封, 再放进冷藏室保存, 以后拿出来要彻底加热后再吃。
중급	食物凉了才能放冰箱? 这一点一直是有争议的。但是从食品卫生的方面来说, 无论食物是热的还是凉的, 都应该及时放进冰箱里冷藏。 　因为事实上, 正常的室温让细菌的繁殖有了好条件, 特别是天气比较热时, 食物晾凉的过程会让细菌量增加一倍! 虽然把热菜放冰箱里会增加冰箱的负担, 但都在冰箱的正常运行范围内。 　如果当天有吃剩下的食物, 要及时密封, 然后再放进冷藏室保存, 以后拿出来要彻底加热后再吃。
고급	食物凉了才能放冰箱? 关于这一点, 一直以来是有争议的。但是我们从食品卫生的角度来说, 还是建议无论食物是热的还是凉的, 都应该及时放入冰箱里冷藏。 　因为正常的室温, 其实是给细菌的繁殖创造了良好的条件, 尤其是天气比较热的时候, 食物晾凉的这个过程可能会让其中的细菌量翻倍! 虽然热菜放入冰箱会稍微增加冰箱的负担, 但都在冰箱的正常运行范围内。 　如果当天有剩菜剩饭的话, 应该及时密封以后, 再放进冷藏室里保存, 以后拿出来吃的时候, 一定要彻底加热后再吃。

92

제시문	모범 답안
오렌지는 맛이 좋을 뿐만 아니라 전체가 모두 보물이다. 오렌지의 껍질은 한약재로 만들 수 있을 뿐만 아니라 요리의 조미료로 사용할 수도 있다. 황금색 과즙은 음료로 만들 수 있으며, 과육 또한 우리에게 인체가 필요로 하는 많은 비타민을 보충해 줄 수 있다.	橙子不仅美味，而且全身都是宝。它的果皮不仅可以做成中药，还可以作为烧菜的调味配料。金黄的果汁可以做成饮品，果肉也可以为我们补充很多人体所需要的维生素。

果皮 guǒpí 몡 과피, 열매 껍질 | 烧菜 shāocài 통 요리를 만들다 | 调味 tiáowèi 통 요리의 맛을 내다, 맛을 조절하다 | 配料 pèiliào 몡 조미료 | 果肉 guǒròu 몡 과육, 과실의 살

통역 비법

　오렌지는 맛이 좋을 뿐만 아니라 전체가 모두 보물이다. 오렌지의 껍질은 한약재로 만들 수 있을 뿐만 아니라 요리의 조미료로 사용할 수도 있다. 황금색 과즙은 음료로 만들 수 있으며, 과육 또한 우리에게 인체가 필요로 하는 많은 비타민을 보충해 줄 수 있다.

전체가 모두 보물이다	① 全身都是宝	
~로 만들 수 있다	① 可以用来做成……	② 可以做成……

◇ **수준별 모범 답안**

초중급	橙子美味，而且全身都是宝。它的果皮可以做成中药，也可以作为烧菜的佐料。金黄的果汁可以做成饮料，果肉也可以补充很多人体所需要的维生素。
고급	橙子不仅美味，而且全身都是宝。它的果皮不仅可以做成中药，还可以作为烧菜的调味配料。金黄的果汁可以做成饮品，果肉也可以为我们补充很多人体所需要的维生素。

93

제시문	모범 답안
교통 소음은 자동차·기차·비행기·기선 등의 교통 수단이 이동 중에 내는 소리를 말하며, 환경에 미치는 영향이 가장 두드러진다. 도시의 교통이 점점 더 발달함에 따라 도시의 차량 보유량은 계속 증가하고, 교통 소음 공해도 나날이 심각해지고 있다.	交通噪声是指汽车、火车、飞机、轮船等交通工具在移动中发出的声音，对环境产生的影响最为突出。随着城市交通越来越发达，随之，城市的车辆拥有量也在不断增加，交通噪声的污染也日趋严重。

噪声 zàoshēng 몡 소음, 잡음 | 突出 tūchū 휑 뚜렷하다, 두드러지다 | 日益严重 rìyì yánzhòng 나날이 심해지다, 날로 심화되다

교통 소음은 자동차·기차·비행기·기선 등의 교통수단이 이동 중에 내는 소리를 말하며, 환경에 미치는 영향이 가장 두드러진다. 도시의 교통이 점점 더 발달함에 따라 도시의 차량 보유량은 계속 증가하고, 교통 소음 공해도 나날이 심각해지고 있다.

A는 B를 말하다	① A是指B		
~에 미치는 영향	① 对……的影响	② 对……产生的影响	
교통 소음 공해	① 交通噪声污染	② 交通噪音污染	
나날이 심각해지고 있다	① 日益严重	② 日趋严重	③ 日渐严重

◈ 수준별 모범 답안

초중급	汽车、火车、飞机、轮船等交通工具在移动中发出的声音就是交通噪声，对环境的影响很严重。随着城市交通越来越发达，城市的车辆拥有量也不断增加，交通噪声的污染也越来越严重。
고급	交通噪声是指汽车、火车、飞机、轮船等交通工具在移动中发出的声音，对环境产生的影响最为突出。随着城市交通越来越发达，随之，城市的车辆拥有量也在不断增加，交通噪声的污染也日趋严重。

五、口语 말하기

제1부분 **94** 응용해서 읽고 말하세요. (준비 시간 3분, 대답 시간 3분)

질문에 답할 때는 1인칭인 '나'로 답해야 하며 청자의 신분도 분명하게 말해 주는 것이 좋다. 그 외에 실제 상황을 설명할 때는 다음과 같은 점에 주의해야 한다.

① '나'의 개인 상황을 소개해야 한다. 예를 들면 어떤 일을 책임지는지, 상대방에게 무엇에 대해 설명해야 하는지를 말한다.

② 제공된 자료에 근거해서 설명하되 시간이 제한적이라는 점에 유의하여 일일이 설명하지 않도록 한다.

③ 마지막으로 결론이 중요한데, '나'의 업무와 관련된 말을 해야 한다. 예를 들어 이 문제에서 '나'의 직업은 가이드이다. 그렇기 때문에 결말에서 '업무에 협조해 주서서 감사합니다' '이번 여행을 재미있고 만족스럽게 보내길 바랍니다'와 같은 말을 해야 한다.

이렇게 해야 짜임새 있고 조리 있는 설명을 할 수 있다.

94

　　作为一个旅游团的导游，不仅要维护各位游客的利益，而且还要向游客提供优质服务。简单地说，除了要负责向游客介绍、讲解目的地的地方文化和旅游资源，还需要向各位游客说明在旅程中要注意的事项，以保证游客的安全和利益。如果你是一位导游，你如何向各位游客介绍注意事项，现在请按照提供的材料进行说明。

注意事项：

① 不可擅自离开团队单独活动，晚上或自由活动期间外出应结伴而行，并告知导游你的行踪。
② 车厢是我们的临时小家，请大家不要乱扔杂物，自觉爱护车厢内的设施。同时记下我们车的车牌号，遵守归队时间，掉队及时与我联系。
③ 切记保管好您的贵重物品，谨防丢失。
④ 购物时要慎重，防止上当。
⑤ 参加漂流、探险、蹦极、登山、缆车等危险性较大的旅游项目时，应严格遵守有关安全注意事项。
⑥ 如酒店发生火警时，切勿使用电梯，应迅速从最近的安全通道撤离。
⑦ 外出旅游时，遇到雨天、山路、险坡等危险情况时，应注意行路安全。听从导游安排。

　　관광객의 가이드는 관광객들의 이익을 보호해야 할 뿐만 아니라 관광객들에게 좋은 서비스를 제공해야 한다. 간단히 말해서, 관광지의 지역 문화와 관광 자원을 관광객들에게 소개하고 설명하는 것 이외에도, 여행 시 주의해야 할 점도 설명하여 관광객들의 안전과 이익을 보장해야 한다. 만약 당신이 가이드라면 관광객들에게 주의 사항을 어떻게 소개할 것인지 현재 제공된 자료에 근거해서 이야기해 보시오.

주의 사항:

① 무단으로 팀을 떠나 단독으로 활동할 수 없고, 저녁이나 자유 활동 시간에 외출할 경우 누군가와 동행해야 하며, 가이드에게 당신의 행방을 알려야 합니다.

② 차 안은 우리가 임시로 머무는 작은 집이니 잡동사니를 함부로 버리지 말고, 차 안의 시설을 자발적으로 아껴 주세요. 또한 우리 차량 번호를 기억하고 복귀 시간을 지켜야 하며 낙오하게 되면 즉시 저에게 연락해 주세요.
③ 귀중품을 잘 보관하고 잃어버리지 않도록 주의하세요.
④ 쇼핑할 때는 조심하고 속지 않도록 해야 합니다.
⑤ 래프팅, 탐험, 번지 점프, 등산, 케이블카 등 위험성이 비교적 높은 관광 프로그램에 참가할 때는 안전에 관한 주의 사항을 엄격히 준수해야 합니다.
⑥ 만약 호텔에서 화재가 발생하면 절대 엘리베이터를 이용하지 말고, 반드시 가장 가까운 안전 통로를 통해 신속히 대피해야 합니다.
⑦ 여행 시 비 오는 날, 산길, 험한 언덕 등 위험한 상황일 때에는 도로 안전에 주의해야 하며 가이드의 안내에 따라야 합니다.

维护 wéihù 통 지키다, 유지하고 보호하다 | 注意事项 zhùyì shìxiàng 주의 사항 | 擅自 shànzì 분 제멋대로, 독단적으로 | 团队 tuánduì 명 단체, 대오 | 单独 dāndú 단독으로, 혼자서 | 结伴而行 jiébàn ér xíng 짝이 되어 함께 가다, 동행하다 | 告知 gàozhī 통 알리다, 통지하다 | 行踪 xíngzōng 명 행방, 종적 | 车厢 chēxiāng 명 차량 | 杂物 záwù 명 잡물, 잡동사니 | 车牌号 chēpáihào 자동차 번호판 | 遵守 zūnshǒu 통 준수하다, 지키다 | 归队 guīduì 통 귀대하다, 복귀하다 | 掉队 diàoduì 통 뒤떨어지다, 낙오하다 | 切记 qièjì 통 꼭 기억하다 | 贵重物品 guìzhòng wùpǐn 귀중품 | 谨防 jǐnfáng 통 주의하다, 조심하여 방비하다 | 慎重 shènzhòng 형 신중하다 | 上当 shàngdàng 통 속다, 속임수에 걸리다 | 漂流 piāoliú 래프팅 | 蹦极 bèngjí 명 번지 점프 | 缆车 lǎnchē 명 케이블카 | 火警 huǒjǐng 명 화재 | 切勿 qièwù 절대 ~하지 마라 | 安全通道 ānquán tōngdào 비상 통로 | 撤离 chèlí 통 떠나다, 철수하다 | 险坡 xiǎnpō 험한 비탈길, 가파른 고개 | 听从 tīngcóng 통 따르다, 복종하다

94

▌모범 답안

各位旅客朋友们:

　　大家好!

　　首先由衷地感谢各位朋友们给我们旅行社这次接待大家的机会。欢迎大家来到上海。我来做一下简单的自我介绍: 我姓李, 大家叫我小李就行了, 是我们这个旅游团的导游, 大家在上海的三天两夜由我来给大家做导游讲解。这次旅行将由我为大家全程服务, 维护各位游客朋友们的利益, 提供优质服务是我们的责任。大家如有要求, 尽管说, 我们一定尽全力满足大家。

　　下面我给大家说一下本次旅程需要注意的事项。

　　第一: 不要离开团队单独活动, 如需要自由活动, 请告知我您的行踪。

　　第二: 请大家不要在车厢乱扔杂物, 记得归队时间, 掉队时要尽快与我联系。

　　第三: 保管好贵重物品。购物时要谨慎。

　　第四: 参加极限旅游项目时要遵守安全规则。

　　第五: 如果发生突发事件时, 一定要注意安全, 还要听从导游安排。

관광객 여러분:

　　안녕하십니까!

　　우선 저희 여행사에 여러분을 안내할 수 있는 기회를 주셔서 진심으로 감사드립니다. 상하이에 오신 것을 환영합니다. 자기소개를 간단히 하자면, 저의 성은 리이고, 샤오리라고 부르시면 됩니다. 저는 이번 관광팀의 가이드이고, 여러분이 상하이에 머무는 2박 3일 동안 여러분에게 안내와 해설을 해 드릴 것입니다. 이번 투어의 모든 과정을 제가 함께하며 도와드릴 것이며 여러분의 이익 보호와 양질의 서비스 제공은 저희의 책임입니다. 만약 요구 사항이 있으시다면 언제든지 말씀해 주세요. 저희는 최선을 다하여 여러분의 요구 사항을 만족시켜 드릴 것입니다.

　　다음은 여러분께 이번 여정에서 주의해야 할 사항에 대해 말씀 드리겠습니다.

　　첫째: 팀을 떠나 단독으로 활동하면 안 되고, 만약 자유 활동을 하려면 저에게 가시는 곳을 알려 주세요.

　　둘째: 차 안에 잡동사니를 함부로 버리지 말고 복귀 시간을 기억해야 하며, 낙오 시 최대한 빨리 저에게 연락해 주세요.

　　셋째: 귀중품은 잘 보관하고 쇼핑할 때 조심해 주세요.

　　넷째: 익스트림 관광 프로그램에 참가할 때는 반드시 안전 규칙을 준수해야 합니다.

最后，希望大家积极配合我的工作，如有什么问题，我将尽力解决。在这里我祝大家这次旅游玩儿得开心、吃得满意、住得舒适。谢谢大家！

다섯째: 돌발 사건 발생 시 반드시 안전에 주의해야 하며 가이드의 안내에 따라야 합니다.

마지막으로 저의 업무에 적극적으로 협조해 주시기 바라며 문제가 생기면 최선을 다해 해결해 드리겠습니다. 여러분이 이번 여행에서 재미있게 즐기시고, 맛있게 드시고, 편안하게 머물 수 있기를 바랍니다. 감사합니다!

由衷 yóuzhōng 통 진심에서 우러나오다 | 全程服务 quánchéng fúwù 명 전 과정 서비스, 풀 서비스 | 极限旅游项目 jíxiàn lǚyóu xiàngmù 익스트림 관광 프로그램 | 突发事件 tūfā shìjiàn 명 (예기치 못한) 돌발 사건 | 配合 pèihé 통 협동하다, 협력하다

제2부분 **95~97** 자료를 듣고 문제에 답하세요.

제시된 내용을 바탕으로 말하기에서 자료에 근거하여 자신의 관점을 서술할 때, 다음 사항에 주의해야 한다.

① 가능한 단도직입적으로 자신의 관점을 나타낸다. 지지하든 찬성하든 또는 반대하든 반드시 먼저 설명하도록 한다.

② 되도록 원문의 관점에서 자신의 관점을 전개하고 논술한다.

③ 자신의 관점을 설명한 후 다시 상세하게 원인을 밝힌다.

④ 최대한 고정적인 표현 방식들을 사용해서 자신의 관점을 서술한다.

我个人认为……	나는 ~라고 생각한다
我对此持有赞同的态度，原因是……	나는 이에 대해 찬성한다. 그 이유는
对此我持有反对的意见，其原因是……	이에 대해 나는 반대 의견을 가지고 있다. 그 이유는
我之所以持有反对的态度，是因为……	내가 반대하는 것은 ~때문이다
最终我再一次表明自己的态度，就是我支持……	마지막으로 다시 한번 나의 관점을 말하자면, 나는 ~를 지지한다

95~97

如今，闲暇时光打卡博物馆、图书馆是很多家庭喜欢的事情，但其供需之间的矛盾也比较明显。博物馆的开放时间与上班上学的时间高度重合，白天去不了，晚上没时间去。博物馆的日常接待工作是没问题的，但一到寒暑假期则是力不从心。对此有人提出博物馆可采取"延时、错时、夜间开放"的措施。

从长远的目光来看，此建议不仅解决了博物馆供需之间的矛盾，更指明了公共文化的发展方向。公益性是公共文化服务的核心职能，是让大众更便利、更灵活地享用文化产品，感受文化氛围。公共文化的载体就是像图书馆、博物馆等这些公共文化机构，而目前大多数公共文化机构都是按照工作日作息时间制度对公众开放，这却不

요즘 많은 가정들이 여가 시간에 박물관이나 도서관에 가는 것을 선호하지만 이들의 수요와 공급 사이의 모순 역시 뚜렷하게 나타나고 있다. 박물관 개관 시간이 출근 및 등교 시간과 많이 겹치기 때문에 낮에는 갈 수 없고 밤에는 갈 시간이 없다. 박물관의 일상적인 방문객 접대 업무는 문제가 없지만 겨울 방학과 여름 방학이 되면 여력이 부족하다. 이에 대해 어떤 사람들은 박물관의 '시간 연장, 시간 조정, 야간 개방' 조치를 제안한다.

장기적으로 봤을 때, 이 제안은 박물관 수급 갈등 해소뿐만 아니라 공공 문화의 발전 방향을 제시해 주었다. 공익성은 공공 문화 서비스의 핵심 기능으로, 대중이 문화 상품을 보다 편리하고 유연하게 즐기고 문화 분위기를 느낄 수 있도록 해 주어야 한다. 공공 문화의 매개체가 바로 도서관과 박물관 등 공공 문화 기관인데, 현재 대부분의 공공 문화 기관은 근무 시간

能满足公众对阅读的需要。以首都图书馆为例，延长了开放时间，此举不仅极大方便了公众的借阅，也提升了公共文化服务的品质。图书馆延时开放，在某种意义上是对图书馆功能的深度充分挖掘，其实用性、便民性更拉近了与公众的距离。我们都知道，图书馆、博物馆在正常工作日作息开放，难免给上班族带来不方便。图书馆延时开放，恰恰弥补了上班族的缺憾，与此同时也为喜欢夜间想去图书馆阅读的人们提供了方便。

当然，图书馆、博物馆延时开放要克服技术上、服务成本上等困难，对此，国家有关机关要给予资金上的支持，这种公共投入不但物有所值，而且大大增值。另外，社会公众要支持配合图书馆和博物馆的延时开放，多些理解与包容。

제에 따라 개방되어 독서에 대한 대중들의 욕구를 충족시키지 못하고 있다. 수도 도서관을 예로 들면, 개관 시간을 늘림으로써 대중들의 도서 대여에 편리함을 극대화했을 뿐만 아니라 공공 문화 서비스의 질도 높였다. 도서관의 개관 시간 연장은 어떤 의미에서는 도서관 기능을 충분히 발굴해 낸 것으로, 그것의 실용성과 편의성이 대중들과의 거리를 좁혀 주었다. 우리가 잘 알고 있듯이 도서관과 박물관은 평일 근무 시간에 개방하기 때문에 직장인들에게는 불편을 줄 수밖에 없다. 도서관 개관 시간 연장은 마침 직장인들의 단점을 보완함과 동시에 밤에 도서관에 가서 책을 읽고 싶은 사람들에게도 편리함을 제공해 주었다.

물론 도서관과 박물관의 개관 시간 연장은 기술과 서비스 비용 면에서 어려움을 극복해야 한다. 이에 대해 국가 관련 기관에서는 재정적인 지원을 해 주어야 하며, 이런 공공 투자는 그만한 가치가 있을 뿐만 아니라 부가 가치도 크게 증가시켜 준다. 또한 국민들은 도서관과 박물관의 개관 시간 연장을 지지하고 협력해야 하며 많은 이해와 포용성을 지녀야 한다.

闲暇 xiánxiá 몡 틈, 짬, 여가 | 打卡 dǎkǎ 통 방문하다, 출석 체크하다 | 供需 gōngxū 수요에 응하다, 공급하다 | 矛盾 máodùn 몡 모순 | 重合 chónghé 통 포개어 합쳐지다 | 力不从心 lì bù cóngxīn 졩 힘이 따르지 못하다, 힘이 부치다 | 采取 cǎiqǔ 통 채택하다, 취하다 | 延时 yánshí 통 지연하다, 시간을 연장하다 | 错时 cuòshí 통 (시간을) 서로 엇갈리게 하다 | 指明 zhǐmíng 통 분명히 지시하다 | 公益性 gōngyìxìng 공익성 | 核心职能 héxīn zhínéng 핵심 기능, 핵심 역량 | 灵活 línghuó 몡 민첩하다, 재빠르다 | 享用 xiǎngyòng 통 사용하다, 누리다 | 氛围 fēnwéi 몡 분위기, 상황 | 载体 zàitǐ 몡 캐리어, 담체, 저장 장치 | 作息时间 zuòxī shíjiān 작업과 휴식 시간 | 延长 yáncháng 통 연장하다 | 借阅 jièyuè 통 빌려서 읽다 | 挖掘 wājué 통 파다, 발굴하다, 찾아내다 | 拉近 lājìn 가까이 끌어당기다 | 恰恰 qiàqià 뭐 꼭, 바로, 마침 | 弥补 míbǔ 통 (결점 등을) 메우다, 보완하다 | 缺憾 quēhàn 몡 유감스러운 점, 불충분한 점 | 物有所值 wù yǒu suǒ zhí (물건이) 가치가 있다 | 增值 zēngzhí 통 평가 절상하다 | 包容 bāoróng 통 포용하다, 수용하다

95

▌질문

博物馆供需之间的矛盾指的是什么?	박물관 수급 갈등은 무엇을 가리키는가?

▌모범 답안

| 博物馆的供需之间的矛盾是指博物馆开放时间和人们上班上学的时间几乎是一样的，也就是说人们晚上想去博物馆，但是晚上博物馆并不开放，这就是供需矛盾。 | 박물관 수급 갈등은 박물관의 개관 시간이 사람들의 출근 및 등교 시간과 거의 같은 것을 가리킨다. 즉, 사람들이 밤에 박물관에 가고 싶어도 개관하지 않아 갈 수 없는데, 이것이 바로 수급 갈등을 말하는 것이다. |

96

질문	
根据文章的内容，请你整理一下图书馆和博物馆延时开放需要注意哪些问题？	문장의 내용에 근거하여 도서관과 박물관이 개관 시간을 연장할 때 주의해야 할 문제들을 정리해 보시오.

모범 답안	
第一：需要克服技术上、服务成本上等困难。 第二：需要社会公众的理解与包容。	첫째 : 기술과 서비스 비용 등 면에서 어려움을 극복해야 한다. 둘째 : 국민의 이해와 포용이 필요하다.

97

질문	
你觉得作为公共文化机关的图书馆和博物馆应该延时开放吗？	당신은 공공 문화 기관인 도서관과 박물관의 개관 시간을 연장해야 한다고 생각하는가？

모범 답안 1

公共文化机关是指面向社会公众免费开放的公共文化设施，存在的价值是为了满足公众对公共文化的需求。所以，公共文化机关的开放时间如何安排，才能更加符合群众需求，这是公共文化机关必须思考的问题。我个人认为，晚上是群众休闲的好时段，公共文化机关延时开放会为公众提供便利，也会为公众提供良好的学习文化的环境。所以说我个人是支持公共机关延时开放的。	공공 문화 기관은 국민에게 무료로 개방되는 공공 문화 시설로, 이것의 존재 가치는 공공 문화에 대한 국민의 수요를 만족시키는 데 있다. 그러므로 공공 문화 기관의 개관 시간을 어떻게 배정하느냐는 대중의 수요에 더욱 부합될 수 있는 것이어야 하고, 이는 공공 문화 기관이 반드시 고려해야 하는 문제이다. 나는 밤 시간이 대중들이 여가 시간을 보내기에 좋은 시간이라고 생각하기 때문에 공공 문화 기관 개관 시간 연장은 대중에게 편의를 제공하고, 또한 문화 학습을 위한 좋은 환경을 제공한다고 생각한다. 그러므로 나는 공공 기관의 개관 시간 연장을 지지한다.

모범 답안 2

我并不支持公共机关延时开放，其理由是，延时开放会需要更多的人力、物力，付出的成本代价会很高。白天开放时，每天的到访量也不足百人，有必要夜间延时服务吗？夜间开放，需要更多的工作人员，为了给公众提供更舒适的环境，公共机关的冷气、电力还不能中断，这些都需要资金上的支持。所以延时开放这条路是任重而道远的，需要长时间的准备。	나는 공공 기관의 개관 시간 연장을 찬성하지 않는다. 그 이유는 개관 시간을 연장하면 더 많은 인력과 물력이 필요하고 지불해야 할 비용도 높아질 것이기 때문이다. 낮에 개관해도 하루 방문객이 100명이 안 되는데 밤까지 연장해서 서비스를 제공할 필요가 있을까? 밤에 개관하면 더 많은 근무자가 필요하고, 대중들에게 더욱 쾌적한 환경을 제공하기 위해서는 공공 기관의 냉방과 전력 역시 중단할 수 없다. 이 모든 것들은 재정적인 지원이 필요하다. 그러므로 개관 시간 연장은 임무가 막중하고 갈 길이 멀어 장시간의 준비가 필요하다.

符合 fúhé 图 부합하다, 맞다 | 人力 rénlì 圀 인력 | 物力 wùlì 圀 물력, 물자 | 成本代价 chéngběn dàijià 비용 | 到访 dàofǎng 图 방문하다, 내방하다 | 冷气 lěngqì 圀 냉방 장치, 냉각 공기 | 中断 zhōngduàn 图 중단하다, 끊다 | 任重而道远 rènzhòng ér dàoyuǎn 筬 큰일을 맡아 책임이 막중하다

제시된 내용을 바탕으로 자신의 의견을 말할 때는 제시문을 듣고 나서 문장에서 표현하고자 하는 중심 생각이 무엇인지를 이해해야 한다. 그 다음은 아래의 순서에 따라 대답한다.

① 우선, 자신의 관점을 명확히 밝힌다.

② 다음으로, 자신의 관점을 논증할 논거를 설명한다.

③ 마지막으로, 다시 한 번 자신의 관점을 서술한다.

98

　　书法是中国特有的一种传统艺术。古往今来，书法家王羲之的书法作品《兰亭序》被历代书法家公认为举世无双的"天下第一行书"，王羲之是东晋最杰出的书法家。王羲之从小就开始学习书法，七岁就写得一手好字。成年后他仍然刻苦练习书法，即使闲坐时，也常常用指头在膝盖比拟点画，时间长了，裤子都被磨得破损了。王羲之还虚心地向别人学习，博采众长，成为中国历史上鼎鼎有名的书法家，人称"书圣"。

　　王羲之小的时候，练字十分刻苦。据说他练字用坏的毛笔，堆在一起成了一座小山，人们叫它"笔山"。他家的旁边有一个小水池，他常在这水池里洗毛笔和砚台，后来小水池的水都变黑了，人们就把这个小水池叫做"墨池"。

　　长大以后，王羲之的字写得相当好了，但还是坚持每天练字。有一天，他聚精会神地在书房练字，连饭都忘吃了，他的妻子知道以后，很是心疼。他的妻子对王羲之说："你要保重身体呀！你的字已经写得很好了，为什么还要这样苦练呢？"

　　王羲之回答说："我的字虽然写得不错，可都是学习和模仿前人的写法。我要有自己的写法，自成一体，那就非下苦工夫不可。"

　　经过一段时间的努力摸索，王羲之终于写出了一种妍美流利的新字体。大家都称赞他写的字像彩云那样轻松自如，像飞龙那样雄健有力，他也被公认为中国历史上杰出的书法家之一。

　　서예는 중국 특유의 전통 예술이다. 옛날부터 지금까지 서예가 왕희지의 서예 작품인 『난정서』는 역대 서예가들에게 세상에 둘도 없는 '천하제일행서'로 인정받고 있다. 왕희지는 동진에서 가장 뛰어난 서예가이다. 왕희지는 어렸을 때부터 서예를 배웠고, 일곱 살 때부터 글씨를 잘 썼다. 어른이 되어서도 그는 여전히 열심히 연습했는데, 설령 앉아서 쉴 때라도 늘 손가락으로 무릎에 획을 그리는 경우가 많아서 시간이 오래 지나면 바지가 닳아 낡아졌다. 왕희지는 또 겸손한 마음으로 남에게서 배우고 많은 장점을 받아들여서 중국 역사상 아주 유명한 서예가가 되었고 '서성(书圣)'으로 불린다.

　　왕희지는 어렸을 때 글씨 연습에 매우 열중했다. 들리는 바에 따르면 그가 글씨를 연습하다 망가뜨린 붓이 쌓여서 작은 산이 되었는데 사람들은 그것을 '붓산'이라고 불렀다. 그의 집 옆에는 작은 연못이 있었는데, 그는 이 연못에서 붓과 벼루를 자주 씻었고 후에 이 작은 연못의 물이 검게 변하여 사람들은 이 연못을 '먹물 연못'이라고 불렀다.

　　어른이 된 후 왕희지는 글씨를 꽤 잘 쓰게 되었지만 그래도 매일 글씨 연습을 지속했다. 어느 날, 그가 공부방에서 글씨 연습에 집중하다가 밥 먹는 것조차 잊었고 그의 아내는 이를 알고 매우 마음 아파했다. 그의 아내는 왕희지에게 "몸을 잘 챙기세요. 당신의 글씨는 이미 매우 훌륭한데 왜 이렇게 힘들게 연습하는 건가요?"라고 물었다.

　　왕희지는 "비록 내가 글씨를 잘 쓰지만 모두 선조들의 글씨를 배우고 모방한 것이오. 나는 나만의 서법으로 독자적인 풍격을 이루어야 하오. 그러려면 열심히 노력해야 하오."라고 대답했다.

　　한동안의 노력과 모색 끝에 왕희지는 마침내 아름답고 유창한 새 글씨체를 써냈다. 모두들 그가 쓴 글씨가 오색구름처럼 자유롭고 비룡처럼 웅건하고 힘이 있다고 칭찬했다. 그 역시 중국 역사상 걸출한 서예가 중 한 명으로 인정받고 있다.

古往今来 gǔ wǎng jīn lái 〔성〕 옛날부터 지금까지 | **举世无双** jǔ shì wú shuāng 〔성〕 세상에 둘도 없다 | **杰出** jiéchū 〔형〕 걸출하다, 뛰어나다 | **刻苦** kèkǔ 〔형〕 고생을 참아 내다, 몹시 애를 쓰다 | **闲坐** xiánzuò 〔동〕 한가하게 앉아 있다 | **指头** zhǐtou 〔명〕 손가락 | **膝盖** xīgài 〔명〕 무릎 | **比拟** bǐnǐ 〔동〕 비교하다, 비유하다 | **磨** mó 〔동〕 마찰하다, 닳다 | **破损** pòsǔn 〔동〕 파손되다 | **虚心** xūxīn 〔형〕 허심하다, 겸허하다 | **博采众长** bócǎi zhòngcháng 〔성〕 여러 장점을 널리 받아들이다 | **鼎鼎有名** dǐngdǐng yǒumíng 아주 유명하다 | **练字** liànzì 습자를 하다, 글씨 공부를 하다 | **水池** shuǐchí 〔명〕 저수지, 못 | **砚台** yàntai 〔명〕 벼루 | **聚精会神** jù jīng huì shén 〔성〕 정신을 집중하다, 열중하다 | **苦练** kǔliàn 〔동〕 열심히 연습하다 | **模仿** mófǎng 〔동〕 모방하다, 흉내내다 | **自成一体** zì chéng yì tǐ 독자적인 풍격을 이루다 | **下苦工夫** xiàkǔ gōngfu 열심히 노력하다 | 摸

索 mōsuǒ 图 더듬어 찾다, 모색하다 | 妍美 yánměi 图 아름답다, 미려하다 | 称赞 chēngzàn 图 칭찬하다 | 彩云 cǎiyún 图 채색 구름, 꽃구름
| 自如 zìrú 图 자유자재하다, 자유롭다 | 雄健 xióngjiàn 图 웅건하다

98

질문

| 听完中国书法家王羲之的故事后，请问你对故事中王羲之所说的一句话"我要有自己的写法，自成一体，那就非下苦工夫不可"有何感想？ | 중국 서예가 왕희지의 이야기를 듣고, 이야기 속 왕희지가 말한 '나는 나만의 서법으로 독자적인 풍격을 이루어야 하오. 그러려면 열심히 노력해야 하오'에 대해 어떤 소감을 갖고 있는가? |

모범 답안

听完中国书法家王羲之的故事后，我对王羲之说的那句话"我要有自己的写法，自成一体，那就非下苦工夫不可"深有感触。这句话让我想起一句名言："模仿是人类一切学习的开端，然后才是创新，最后是你的自主。"简单地讲这句话就是先模仿，后创新。 众所周知，语言是人们在长期的实践中形成的，是有一定规则的。所以学习语言必须是先模仿。孩子学语言就是个模仿的过程，他们每天模仿父母和周边一切可以模仿的声音，并且模仿得越来越像，最后他们停止模仿了，并且逐渐形成了有自己个性特征的语言表达方式。所以必须先模仿己有的东西，然后再创新，最后形成自己独特的风格。	중국 서예가 왕희지의 이야기를 듣고 나서, 나는 왕희지가 말한 '나는 나만의 서법으로 독자적인 풍격을 이루어야 하오. 그러려면 열심히 노력해야 하오'라는 말에 대해 느낀 바가 크다. 이 말은 나에게 명언 하나를 떠올리게 했는데, 바로 '모방은 인류의 모든 학습의 시작이고, 그 다음이 창조이며 마지막은 당신의 자립이다'라는 말이다. 간단히 말하면, 먼저 모방하고 그 다음 창조한다는 것이다. 모두가 잘 알고 있듯, 언어는 오랜 기간 사람들의 실천 속에서 형성된 것으로 일정한 규칙이 있다. 그렇기 때문에 언어를 배우려면 반드시 먼저 모방을 해야 한다. 어린 아이가 언어를 배우는 것이 바로 모방의 과정이다. 그들은 매일 부모와 주변의 모든 모방할 수 있는 소리를 모방하고 점점 비슷하게 따라하다가 마지막에는 모방을 멈춘다. 또한 점차 자신의 개성과 특징이 있는 언어 표현 방식이 만들어진다. 그렇기 때문에 반드시 먼저 이미 있는 것을 모방하고, 그 다음 창조를 하며 마지막으로 자신만의 독특한 스타일을 만들어야 한다.

感触 gǎnchù 图 감동, 감명 | 开端 kāiduān 图 시작, 발단 | 自主 zìzhǔ 图 자주하다, 자립하다 | 风格 fēnggé 图 풍격, 스타일

听力

1 B	2 A	3 A	4 B	5 B
6 A	7 B	8 B	9 A	10 A
11 A	12 C	13 产品性能	14 D	15 D
16 A	17 B	18 A	19 C	20 D
21 不稳定性	22 A	23 A	24 C	25 C
26 B	27 A	28 C	29 传承	30 A
31 D	32 C	33 B	34 A	35 优势
36 C	37 B	38 D	39 A	40 弥补

阅读

41 A	42 C	43 D	44 A	45 D
46 A	47 B	48 C	49 D	50 B
51 A	52 D	53 D	54 B	55 A
56 B	57 C	58 B	59 D	60 B
61 C	62 A	63 A	64 B	65 D
66 B	67 C	68 D	69 G	70 D
71 B	72 E	73 F	74 眼睛里的虹膜视网膜	
75 一一比对排除	76 完整无缺	77 全局特征或局部特征		78 高难度的技术
79 手和身体连着	80 密码和签名	81 战乱、饥荒	82 客家人所建	83 明末
84 内敛	85 不小于0.9米	86 骤晴骤雨	87 淳朴敦厚	

88　　一项有关去健身房健身意向的民意调查结果显示，在参与调查的人群中，为了个人健康而去健身房锻炼身体的人群中，男女各占的比例分别为77%和76%。其次是为了释放压力和保持心理健康，男女所占的比例分别是44%和46%。第三是为了减肥塑身，女性所占的比例略高一些是47%，而男性为33%。第四是为了实现个人健康目标，男女比例为33%和40%。而在为了锻炼肌肉这一项中，男性所占的比例明显高于女性为70%，女性仅为32%。接着是为了陪伴自己的家人和朋友，其比例各是26%和31%。最后是为了认识新朋友，其比例各为14%和37%。

89

脚踏实地最重要

　　中国哲学家老子说过，"合抱之木，生于毫末;九层之台，起于累土;千里之行，始于足下。"这句话的意思是，做什么事情都要一步一步从头做起，日积月累，脚踏实地，事物必然会发生质的变化，一定会有所收获。我对于这句话的理解就是做事要脚踏实地。

　　有人认为做人最重要的莫过于树立远大的目标，而我却认为"脚踏实地"才是至关重要的。远大目标固然重要，但更重要的还在于行动。在行动中若没有坚持不懈的努力，若没有脚踏实地的精神，那么随着岁月的流逝，你会发现，理想仍然是空中楼阁。由此可见，远大的理想和脚踏实地永远是不可分的，在梦想成真的道路上，没有捷径，只有脚踏实地，才能达到理想的彼岸。

　　意大利画家达芬奇画蛋的故事是一个人人皆知的故事。达芬奇从小就喜欢画画，在他十四岁的时候，跟一位非常杰出的画家学习绘画。为了让达芬奇早日掌握绘画技能，严格的老师就让达芬奇天天画鸡蛋。达芬奇画一天就觉得画鸡蛋并没有什么意义。于是他就请教老师，为什么让他画鸡蛋呢?老师告诉他，画鸡蛋是为了训练他的观察能力和绘画能力。每个鸡蛋都是不同的，如果能够发现不同，他将会成为一个出色的画家。达芬奇觉得非常有道理，于是他开始认真画鸡蛋，一步一步地进行练习，脚踏实地，日积月累，最终成为大名鼎鼎的画家。这就是达芬奇画鸡蛋的故事。达芬奇的故事之所以能流传到今天，是因为这个故事代表了达芬奇学习绘画的一种精神，即脚踏实地的精神。

　　在中国有一句耳熟能详的成语，那就是"滴水穿石"，这句话的寓意也是，一步一个脚印地向前走，最终一定会有成果。所以说，脚踏实地才是走向成功的不二法宝!

90　　很多人爱晚上食用巧克力，只有少数人却选择在上午食用巧克力。事实上，食用巧克力的最佳时间是午餐前，即上午11点左右。原因是，巧克力中所含的咖啡因和糖可在午餐前很好地为身体补充能量。此外，巧克力在吃法方面也有一定的讲究。

　　专家表示，最佳食用巧克力的方法是，先在口中含一小会儿，然后再使其慢慢在口腔中融化掉，这样就可以充分地感知和享受到巧克力所带来的感官体验。

　　食用巧克力还可以抑制抑郁，使人兴奋。巧克力起到聚精会神、增强记忆力和提高智力的作用。其次，还可以补充人体所需的能量，这是因为巧克力富含碳水化合物、脂肪、蛋白质和多种矿物质。最后巧克力有抗老化的作用，巧克力也是一种抗氧化效果不错的食物。

91　　旅行对于每个人的意义都是有所不同的，而培养父母和孩子之间感情的最佳方法就是亲子游。全家出游，不管是短程，还是长途，通过相互的陪伴与分享，从而可以增进彼此的感情！

　　很多人认为亲子游会很麻烦，但事实上，亲子游并没有想象中的那么复杂，与路上可能会产生的种种问题相比，关键在于能否拿出勇气带着自己的孩子出发。

　　事实上，只要事先把旅游时间安排好，把旅游行程安排好，接着再整理好孩子们的生活必需品就可以出发啦！

92　　网络新词有两种，一种是随着网络的迅猛发展而流行在网络上的新词语，另一种是从网络上开始流行的新词语。网络新词在一定程度上反应了人们的社会心理，体现了人们的思想上的自由，更重要的是，给人们的生活带来了便利。

93　　很多上班族每天都坐在电脑前工作，其中半数以上的人都会出现视疲劳。一般来说，人类正常的眨眼频率是每分钟十五次，但在看电脑屏幕时，眨眼的次数会减少一半儿，这就是视疲劳的原因。

94　　各位朋友们好！我是此次医疗公益义诊活动的负责人，现在由我来介绍一下此次活动的行程和内容，以及注意事项。首先，此次活动时间为3月1日到3月7日，共分为三个阶段：第一阶段的时间是3月1日到3月2日，地点在同心镇，活动内容为举办专家学术交流活动。第二阶段的时间是3月4日到3月5日，地点在海原镇，活动内容为开展防治高血压、糖尿病等疾病的义诊活动。第三阶段的时间是3月6日到3月7日，地点在隆德镇，内容是在隆德镇所在的社区举办健康讲座，向社区居民普及疾病预防知识。其次，各位朋友一定要遵守行程已定好的时间，如有特殊情况要提前通知。要熟悉活动场所。发生突发事件时，需要与当地的保卫科联系。还要了解和遵守所在社区的规定。最后，此次活动的交通费和住宿费可以报销，同时也会为参加活动的每位朋友购买相应的保险。以上便是此次活动的行程安排和注意事项，各位朋友如果还有什么问题，请尽管问我，我会尽力帮助大家，谢谢各位！

95　　　和生动的面对面交流相比，在网上用文字交流会造成误解，而表情包可以起到很大的作用，所以人们在线上交流时，离不开表情包。

96　　　网友在聊天时只发图不说话就可以聊很久，这是因为表情包已经成为一种特殊的语言，原因是表情包有直观特性还兼具娱乐意义，这是文字不曾具有的优势。

97　■ 모범 답안 1
　　　在线上和他人进行交流时，我个人还是比较喜欢用表情包的。原因是：①不仅能够增加聊天的趣味性，而且还能够更好地表达我自己的心情，让对方能快速明白我的心意。②在交流时，有的时候会遇到尴尬的问题，过去往往要用大量文字来说明，现在只用几个表情包在加上一小段文字就能说清楚了，这样可以节省大量的时间。所以，我比较喜欢用表情包。

　　■ 모범 답안 2
　　　我个人还是不太喜欢用表情包的。表情包给人的感觉只是能增加聊天的趣味性，但缺乏一定的严肃性，如果我跟对方聊天的内容比较正式的话，对方频发表情包的话，我会很不舒服。表情包的使用，虽然会拉进年轻人之间的距离，但是也会让年轻人和老年人产生误解。所以我认为可以使用表情包，但要适度，也要分场合，否则会让人产生反感。

　　■ 모범 답안 3
　　　我个人认为，表情包是网络时代发展的产物，必然会有它存在的原因。根据我自己的经历，我觉得使用表情包时，最重要的是要看对方是一个怎样的人，如果对方和自己年龄相似，那么就可以自由地使用。但对方是自己的长辈或老师，就需要慎重使用，以免造成误会。所以喜欢不喜欢使用表情包不重要，重要的是怎么使用。

98　　　首先，我觉得这句话可以说是处理人际关系的重要原则。如果连自己都不喜欢的东西或者不愿意做的事，就不要强加给对方。因为这样做，不仅会破坏与他人的关系，也会让对方感到自己受到了某种程度的蔑视。人与人之间的交往应该坚持这种原则，这是尊重他人，平等待人的体现。人与人之间是平等的，一定不要把自己都不喜欢的事物给予人，不能只顾及自身的感受，而忽略了他人的感受。

　　　其次，要学会换位思考，即使想给对方，也要在不伤害对方自尊心的情况下，征求一下对方的意见。如果对方是真的需要，那么就可以给对方，因为为他人着想，他人也会为你着想，真心才能换真心。

　　　最后，要明白的一点是，当你把自己也不喜欢面对的事物强推给别人时，事实上是让别人来代替你处理棘手的情况，这种行为是不道德的，是不可取的行为。以上就是我对这句话的想法。

제1부분 **1~10** 녹음을 듣고 주어진 문장이 들은 내용과 일치하는지 판단하세요. 들은 내용과 일치할 경우 '√'를, 일치하지 않을 경우 'X'를 선택하세요.

1~5

　　白居易，字乐天，号香山居士，又号醉吟先生，祖籍山西太原，生于河南新郑。**1** 是唐代伟大的现实主义诗人，有"诗魔"和"诗王"之称。

　　2 他的诗歌题材广泛，形式多样，语言平易通俗，写下了不少感叹时世、**2** 反映人民疾苦的诗篇，对后世颇有影响，是中国文学史上相当重要的诗人。

　　他一生作诗很多，在中国诗史上占有重要的地位，特别是在强调和表现通俗性和写实性方面，更是无人所及。同时也强调了语言须质朴通俗，并能抓住人物的特征，**3** 用白描方法勾勒出鲜明生动的人物形象。

　　4 白居易不仅诗文盖世，而且也是一位优秀的政治家。官场命运屡遭打击，但他不畏权势，敢于谏言献策，在任期内建树颇丰。到了晚年，白居易退出官场后，从一旁冷眼相观，更加认识到宦海的险恶。因此，他对仕途是彻底失望了。于是，交待自己的后代：从今后，要代代相传，不要再出去做官，**5** 并将自己的墓址选在前临绝地的琵琶峰巅，以断了自家的官气。

　　백거이의 자는 낙천이고 호는 향산거사이며 취음선생이라고도 부른다. 본적은 산시성 타이위안시이고 허난성 신정에서 태어났다. **1** 당대의 위대한 현실주의 시인으로, '시마(诗魔)'와 '시왕(诗王)'으로 불렸다.

　　2 그의 시가는 소재가 광범위하고 형식이 다양하며 언어는 평이하고 통속적이다. 세상에 대한 한탄과 **2** 백성의 고통을 반영하는 시를 많이 써서 후세에 큰 영향을 끼친 중국 문학 역사상에서 매우 중요한 시인이다.

　　그는 일생 동안 많은 시를 썼으며 중국 시 역사상 중요한 지위를 차지하고 있다. 특히 통속성과 사실성을 강조하고 표현하는 부분에서 그를 따라올 자가 없었다. 동시에 언어는 반드시 소박하고 통속적이어야 하며 인물의 특징을 잘 잡아내야 한다고 강조했기에 **3** 백묘(소묘)의 방법으로 선명하고 생동감 있는 인물 형상을 표현했다.

　　4 백거이는 시문 분야에서 당대 최고였을 뿐 아니라 훌륭한 정치가이기도 했다. 관료 사회에서 여러 차례 좌절을 겪었지만 권세에 굴복하지 않고, 간언과 계책에 대담하여 임기 기간에 많은 공헌을 했다. 말년에 관료 사회에서 물러난 백거이는 냉정한 시야로 관료 사회의 험악함을 더욱 잘 인식하게 되었다. 이로써 관료 사회에 철저히 실망하게 되었고 자신의 후대에게 향후 대대로 관직에 오르지 말 것을 당부했다. **5** 또한 자신의 묘지 위치를 절벽에 인접한 비파봉 정상으로 선택함으로써 집안의 관기(官气)를 끊었다.

祖籍 zǔjí 몡 본적, 원적 | **平易** píngyì 囤 (문장이) 평이하다, 알기 쉽다 | **通俗** tōngsú 囤 통속적이다 | **感叹** gǎntàn 동 감탄하다, 한탄하다 | **时世** shíshì 몡 시세, 시대 | **疾苦** jíkǔ 몡 괴로움, 고통 | **颇有** pōyǒu 동 흔히 있다, 적지 않다 | **无人所及** wú rén suǒ jí 따를 사람이 없다 | **质朴** zhìpǔ 囤 질박하다, 소박하다 | **抓住** zhuāzhù 동 붙잡다, 움켜잡다 | **白描** báimiáo 몡 백묘, 간략하고 단순한 묘사법 | **勾勒** gōulè 동 스케치하다, 묘사하다 | **盖世** gàishì 동 세상을 압도하다, 세상에서 으뜸가다 | **官场** guānchǎng 몡 관리 사회 | **屡遭** lǚzāo 동 여러 번 당하다 | **不畏** búwèi 동 두려워하지 않다, 겁내지 않다 | **权势** quánshì 몡 권세 | **谏言献策** jiànyán xiàncè 졩 간언과 계책을 내놓다 | **建树** jiànshù 몡 공헌, 실적 | **冷眼** lěngyǎn 몡 냉정한 태도, 초연한 태도 | **宦海** huànhǎi 몡 관리의 사회, 관계(官界) | **险恶** xiǎn'è 囤 위험하다, 위태롭다 | **仕途** shìtú 몡 벼슬길, 관료 사회 | **彻底** chèdǐ 囤 철저하다, 투철하다 | **交待** jiāodài 동 사무를 인계하다, 교대하다 | **代代相传** dàidài xiāngchuán 졩 대대로 전해지다 | **峰巅** fēngdiān 몡 산꼭대기, 산의 최고봉 | **官气** guānqì 몡 관료풍, 관료 기질

1 **B** 녹음에서 '당대의 위대한 현실주의 시인'이라고 언급했으므로 '낭만주의 시인'은 오답이다.

白居易是中国历史上伟大的浪漫主义诗人。	백거이는 중국 역사상 위대한 낭만주의 시인이다.
(　　　) A 对	(　　　) A 맞음
(　×　) B 错	(　×　) B 틀림

2 **A** 녹음에서 '그의 시가는 소재가 광범위하고, 백성의 고통을 반영하는 시를 많이 써서'라고 했다. 여기서 중요한 단어는 '疾苦'로, 이는 '艰辛和困苦'를 의미하므로 내용이 일치한다.

白居易的诗歌题材广泛，许多诗篇反映百姓生活中的艰辛和困苦。	백거이의 시가는 소재가 광범위하고, 많은 시에서 백성들의 생활 속 고난과 고통을 반영하고 있다.
(　√　) A 对	(　√　) A 맞음
(　　　) B 错	(　　　) B 틀림

3 **A** 녹음에서 '백묘(소묘)의 방법으로 선명하고 생동감 있는 인물 형상을 표현했다'라고 했다. 여기서 중요한 단어는 '勾勒'인데, 이는 '간단한 묘사'를 의미한다. '勾勒人物形象'과 '描写人物'는 비슷한 의미이므로 맞음을 선택해야 한다.

白居易的诗歌运用了白描的手法描写人物。	백거이의 시가는 백묘의 방법을 사용하여 인물을 묘사했다.
(　√　) A 对	(　√　) A 맞음
(　　　) B 错	(　　　) B 틀림

4 **B** 녹음에서 '백거이는 시문 분야에서 당대 최고였을 뿐 아니라 훌륭한 정치가이기도 했다'라고 했다. '不仅A, 而且也是B'는 점층 관계로, B가 A보다 더욱 심화된 내용임을 의미한다. B의 내용이 더욱 중요함을 가리키므로 정치적 성과가 시문의 성과보다 크다고 이해해야 한다. 따라서 내용이 일치하지 않는다.

白居易的诗歌成就大于政治成就。	백거이의 시가 분야의 성취는 정치 분야의 성취보다 크다.
(　　　) A 对	(　　　) A 맞음
(　×　) B 错	(　×　) B 틀림

5 **B** 녹음에서 '자신의 묘지 위치를 절벽에 인접한 비파봉 정상으로 선택함으로써 집안의 관기(官气)를 끊었다'라고 했다. '以断了'는 '끊어내기 위해서'라는 의미이고, '관기'는 '벼슬길에서의 좋은 기운'을 의미하므로 백거이는 자손들이 관료가 되는 것을 원하지 않았음을 알 수 있다.

白居易选择墓址的目的有利于子孙为官。	백거이가 묘지 위치를 선택한 목적은 자손이 관료가 되는 데 이롭게 하기 위함이다.
(　　　) A 对	(　　　) A 맞음
(　×　) B 错	(　×　) B 틀림

题材广泛，形式多样，语言平易通俗	소재가 광범위하고, 형식이 다양하며, 언어는 평이하고 통속적이다	中国现代小说可谓是题材广泛，形式多样，语言平易通俗。 중국 현대 소설은 소재가 광범위하고 형식이 다양하며 언어가 평이하고 통속적이다.
写下了……诗篇(诗句/诗词)，对后世颇有影响	~(한)시를 써서 후세에 많은 영향을 끼치다	在成都，杜甫写下了美丽的诗篇，动人的诗歌对后世颇有影响。 청두에서, 두보는 아름다운 시를 썼으며, 감동적인 시가는 후세에 많은 영향을 끼쳤다.
在……占有重要的地位	~에서 중요한 위치를 차지하다	纺织业在明代经济中占有重要地位。 방직업은 명대 경제에 있어서 중요한 위치를 차지한다.
代代相传	대대로 전해지다	语言在代代相传的过程中会发生改变。 언어는 대대로 전해지는 과정에서 변화가 발생한다.

6~10

6 工业遗产是工业文明、社会变革的见证者，是记录小到个人、中到企业、大到国家进步轨迹的珍贵载体，具有丰富的历史价值、文化价值、科技价值和社会价值。工业遗产不仅承载着工业发展的足迹，也展现着工业文化独有的魅力，因此也是发展工业旅游的优质资源。

今天，北京的798、上海的8号桥等由旧厂房改造而来的园区，每年吸引着大批游客。7 还有一些地方利用废弃矿坑打造酒店、把老旧厂房改造成博物馆，令人惊艳。众多老旧工业区经过改造变成了集博物馆、展览馆、文化企业、旅游休闲区于一体的综合体，为城市增色添彩。人们越来越深刻地认识到，8 对于老旧厂区，不是一拆了之最简单，而是充分利用最可贵。工业遗产是城市文脉的重要组成部分，是丰富城市肌理、培育人文情怀的资源。

近年来社会各界对工业遗产的关注度逐步升高，随之，保护和利用工业遗产的声音也越来越高涨。但众所周知，9 工业遗产其内容复杂，故保护利用不能一概而论，应具有多样性。对位于生活区的遗产，可以将其与文化创意产业、休闲娱乐服务业结合，从而催生出新产业。对于仍存在于生产区的遗产，可建设成为创意产业园、研学基地、沙龙基地等。对于地理位置较远的地区，可以建设成为绿色休闲区，作为近郊游的好去处。因此，最好的保护是合理利用。10 就工业遗产而言，"活"在当下才更具魅力。创新施策、多维发力，让这些印刻城市记忆的工业遗产释放出新时代的新活力。

6 산업 유산은 산업 문명과 사회 변혁의 증인이자, 작게는 개인에서부터 나아가 기업, 크게는 국가의 발전 궤적을 기록하고 있는 귀중한 매개체로, 역사, 문화, 과학 기술 그리고 사회적 측면에서 풍부한 가치를 지니고 있다. 산업 유산은 산업 발전의 발자취를 담고 있을 뿐만 아니라 산업 문화만의 독자적인 매력을 나타내기 때문에 산업 관광 발전의 우수한 자원이기도 하다.

오늘날, 베이징의 798과 상하이의 8호교 등 구공장 건물을 개조한 곳들은 매년 많은 관광객을 끌어들이고 있다. 7 이외에도 일부 폐광된 갱을 이용하여 호텔로 만들거나 낡고 오래된 공장 건물을 박물관으로 개조한 곳들도 사람들을 놀라게 한다. 많은 낡고 오래된 공업 단지들이 개조를 거쳐 박물관, 전시관, 문화 기업, 관광 휴양지가 한데 어우러진 복합 단지로 바뀌어 도시에 빛을 더해주고 있다. 사람들은 점차 8 노후된 공장을 단순히 철거할 것이 아니라 충분히 이용하는 것이 가장 좋다는 것을 깊이 인식하게 되었다. 산업 유산은 도시 발전 흐름의 중요한 구성 부분으로, 도시를 풍부하게 하고 인문 정서를 양성하는 자원이다.

최근 몇 년 산업 유산에 대한 사회 각계의 관심이 점차 높아지고 있고, 이에 따라 산업 유산을 보호하고 이용하자는 목소리도 점점 높아지고 있다. 그러나 모두가 잘 알듯 9 산업 유산은 그 내용이 복잡하기 때문에 보호와 이용을 일률적으로 논할 수 없고, 반드시 다양성을 지녀야 한다. 생활권에 위치한 유산은 문화 창작 산업, 레저 및 엔터테인먼트 서비스업과 결합함으로써 새로운 산업을 탄생시킬 수 있다. 아직 생산 지역에 있는 곳은 창조 산업 단지, 연구 기지, 살롱 기지 등으로 구축할 수 있다. 지리적으로 비교적 먼 곳에 위치한 지역은 녹색 휴양지로 건설하여 근교 관광 지역으로 활용할 수 있다. 그렇기 때문에 가장 좋은 보호는 합리적으로 이용하는 것이다. 10 산업 유산은 오늘날 '살아있어야' 비로소 더욱 매력적이다. 혁신적인 시책과 다차원적인 노력은 도시의 기억이 각인되어 있는 이러한 산업 유산으로 하여금 새로운 시대의 새로운 활력을 발산하게 한다.

变革 biàngé 통 변혁하다 | **见证** jiànzhèng 통 증명하다 | **轨迹** guǐjì 명 궤적, 자취, 궤도 | **载体** zàitǐ 명 캐리어, 저장 장치 | **承载** chéngzài 통 적재 중량을 견디다 | **足迹** zújì 명 족적, 발자취 | **展现** zhǎnxiàn 통 전개하다, 눈앞에 펼쳐지다 | **独有** dúyǒu 통 혼자만 갖추고 있다 | **改造** gǎizào 통 개조하다, 개혁하다 | **园区** yuánqū 명 단지, 구역, 지구 | **废弃** fèiqì 통 폐기하다 | **矿坑** kuàngkēng 명 광갱, 갱, 구덩이 | **打造** dǎzào 통 만들다, 제조하다 | **惊艳** jīngyàn 통 놀라 흠모하다 | **综合体** zōnghétǐ 복합체 | **增色** zēngsè 통 광채를 돕다, 정취를 더하다 | **添彩** tiāncǎi 통 광채를 더하다 | **拆** chāi 통 헐다, 해체하다 | **文脉** wénmài 명 문맥 | **肌理** jīlǐ 명 질감, 텍스쳐 | **人文情怀** rénwén qínghuái 인문 정서, 휴머니즘 | **高涨** gāozhǎng 통 (물가나 수치 등이) 뛰어오르다, 급증하다 | **一概而论** yí gài ér lùn 성 일률적으로 논하다, 동일시하다 | **催生** cuīshēng 통 촉진하다 | **沙龙** shālóng 명 살롱 [문학·예술 관련 인사들의 소규모 모임] | **基地** jīdì 명 기지, 근거지 | **多维发力** duōwéi fālì 다차원적인 노력

6　**A**　녹음에서 '산업 유산은 작게는 개인에서부터 나아가 기업, 크게는 국가의 발전 궤적을 기록하고 있는 귀중한 매개체이다'라고 했으므로 내용일 일치한다.

工业遗产是记录小到个人、中到企业、大到国家发展的珍贵载体。	산업 유산은 작게는 개인에서부터 나아가 기업, 크게는 국가의 발전을 기록하는 귀중한 매개체이다.
(✓) **A** 对	(✓) **A** 맞음
( ) **B** 错	( ) **B** 틀림

7　**B**　녹음에서 '이외에도 일부 폐광된 갱을 이용하여 호텔로 만들거나 낡고 오래된 공장 건물을 박물관으로 개조한 곳들도 사람들을 놀라게 한다'라고 했다. 오래된 공장 건물을 '과학 전시관'이 아니라 '박물관'으로 개조한 것이므로 일치하지 않는다.

一些地区把废弃矿坑打造成酒店、把老旧厂房改造成科学展览馆。	일부 지역에서는 폐광된 갱을 호텔로 만들고, 낡고 오래된 공장 건물을 과학 전시관으로 개조했다.
( ) **A** 对	( ) **A** 맞음
(✕) **B** 错	(✕) **B** 틀림

8　**B**　녹음에서 '노후된 공장을 단순히 철거할 것이 아니라 충분히 이용하는 것이 가장 좋다'라고 했으므로 내용이 일치하지 않는다.

对于老旧厂区，最简单的处理方法是先拆掉，然后再充分利用原地址进行改造。	노후된 공장에 대한 가장 간단한 처리 방법은 먼저 철거를 하고 그 다음에 그 지역을 이용해서 개조하는 것이다.
( ) **A** 对	( ) **A** 맞음
(✕) **B** 错	(✕) **B** 틀림

9 **A** 녹음에서 '산업 유산은 그 내용이 복잡하기 때문에 보호와 이용을 일률적으로 논할 수 없고, 반드시 다양성을 지녀야 한다'라고 했으므로 내용이 일치한다.

保护工业遗产应具有多样性。	산업 유산을 보호함에 있어서 반드시 다양성을 지녀야 한다.
(✓)A 对	(✓)A 맞음
( )B 错	( )B 틀림

10 **A** 녹음에서 '산업 유산은 오늘날 '살아있어야' 비로소 더욱 매력적이다'라고 했는데, 여기서 '活在当下'는 적극적인 태도로 현재 사회에 응하고 시대 변화에 적응해야 한다는 의미이다. 즉, 산업 유산은 시대 발전의 부산물로 반드시 자신의 가장 좋은 면을 드러내서 사회 발전에 적응해야 함을 뜻하므로 내용이 일치한다.

就工业遗产而言，应该在当今社会展现出自己最有魅力的一面。	산업 유산은 마땅히 오늘날 사회에서 자신의 매력을 드러내야 한다.
(✓)A 对	(✓)A 맞음
( )B 错	( )B 틀림

왕쌤'S TIP!

展现着独特的魅力	독특한 매력을 드러내다	中国旗袍展现着独特的魅力。 중국의 치파오는 독특한 매력을 드러낸다.
集A、B、C于一体的D	A, B, C를 한데 어우르는 D	集文化、科技、艺术于一体的世博会。 문화, 과학 기술, 예술을 한데 어우르는 엑스포.
为……增色添彩	~를 한층 더 빛나게 하다	为中国传统文化增色添彩。 중국 전통문화를 한층 더 빛나게 하다.
……的声音也越来越高涨	~의 목소리가 점점 높아지고 있다	民众的声音也越来越高涨。 군중의 목소리가 점점 더 높아지고 있다.
将A与B结合	A와 B를 결합하다	将传统文化与现代技术结合。 전통문화와 현대 기술을 결합하다.

11~16

男： 首先由我代表我们公司向在座的各位朋友致以真诚的问候，并诚恳地希望本次谈判能够圆满成功，更希望双方能够维持长期友好的合作关系。

女： 谢谢！我们也非常乐意同贵公司就我们合作的事宜再次进行洽谈，希望今天的洽谈能有个愉快的结果。

男： 好的！好的！首先我们已对贵公司的产品进行了多方面的了解，**11** 特别是产品的内存和硬盘，我们公司都很满意。贵公司提出的有关保险和运费方面的合作条款我们也可以接受，但由于我们需要从贵公司购买的电脑数量很多，所以我们希望能够买到性价比较高的电脑。我们希望报价还是和以前洽谈的一样为每台电脑1390元。

女： 贵公司的报价经过我们仔细地考虑与讨论，一致认为您的报价过低，以长期合作的角度来看，希望贵方再考虑一下给出一个我们可以接受的报价。

男： 那么贵公司预想的报价是多少呢？

女： 我们经过仔细地市场调查之后，**12** 认为每台电脑为1450元是一个合理的价格，但贵公司的报价较低，不知贵公司是否能给出一个合理的理由呢？

男： 贵公司的产品质量是值得肯定的，但据我们了解与调查，贵公司的产品如果大量订购是可以有折扣的。**13** 我们也与市场上其他公司接洽过，虽然技术上不是很顶尖，但差距也不大，而且产品性能也在不断改进中。更重要的是，报价也相对比较合理。如果贵公司一直坚持自己的报价，那么我们只能暂缓这次合作。

女： 价格方面，我们希望贵公司能给予理解和支持。**15** 消费者虽然注重在价格上的理性消费，但更加注重售后服务，**14** 而且我们公司的售后服务在业界也是有目共睹的，同时 **15** 消费者也注重产品的环保效益，而我们的产品不仅注重环保理念且性价比高。贵公司不仅需要重视环保效益的产品，也需要让消费者满意的产品。难道消费者买一个产品就仅仅注重价格吗？

남： 우선 제가 저희 회사를 대표하여 이 자리에 계신 모든 분들에게 진심어린 안부를 전하며, 또한 이번 협상이 원만한 성공을 거두길 바라고, 나아가 양측이 장기적인 우호 협력 관계를 유지하기를 희망합니다.

여： 감사합니다. 저희도 협력 사항에 대해 귀사와 다시 협의하기를 원하며 오늘 협의가 즐거운 결과를 얻길 바랍니다.

남： 네! 좋습니다. 우선 저희는 이미 귀사 제품에 대해 여러 방면으로 알아보았는데, **11** 특히 제품의 메모리와 하드디스크에 대해 저희는 매우 만족합니다. 귀사가 제공한 보험 및 운임 관련 협력 조항도 받아들일 수 있습니다. 하지만 귀사로부터 대량의 컴퓨터를 구매해야 하기 때문에 가성비가 좋은 컴퓨터를 구매하고 싶습니다. 저희는 견적면에 있어서 이전에 협상했던 것과 동일하게 한 대당 1390위안으로 하길 바랍니다.

여： 귀사가 제시한 가격에 대해 저희는 신중한 검토와 논의를 했으며 모두 그 가격이 너무 낮다고 여기고 있습니다. 장기적인 협력의 관점에서 귀사가 다시 한 번 검토하여 저희들이 수용할 수 있는 가격을 제시해 주시길 바랍니다.

남： 그럼 귀사가 예상하는 가격은 얼마입니까?

여： 자세한 시장 조사 결과 저희는 **12** 컴퓨터 한 대당 1450위안이 합리적인 가격이라고 여기고 있습니다. 귀사가 제시한 가격은 낮은 편인데 합리적인 이유를 알려주실 수 있을까요?

남： 귀사 제품의 품질은 인정합니다만, 저희가 알아보고 조사한 바로는 귀사의 제품을 대량 주문할 경우 할인이 가능한 것으로 알고 있습니다. **13** 저희도 시장의 다른 업체와 협상해 보았는데 비록 기술적으로 최고는 아니지만 격차도 크지 않고 제품 성능 역시 꾸준히 개선되고 있습니다. 더 중요한 것은 가격도 비교적 합리적이었습니다. 만약 귀사가 계속해서 그 가격을 고수한다면 저희는 이번 협력을 잠시 보류할 수밖에 없습니다.

여： 저희는 가격 면에서 귀사의 이해와 지지를 바랍니다. 비록 **15** 소비자가 가격 면에서 이성적인 소비를 중요시하긴 하지만, A/S를 더욱 중시합니다. **14** 게다가 저희 회사 A/S는 업계에서도 잘 알려져 있습니다. 또한 **15** 소비자는 제품의 친환경 효과도 중시하는데 저희 제품은 친환경 이념을 중시할 뿐 아니라 가성비도 좋습니다. 귀사는 친환경 효과를 중시한 제품뿐만 아니라 소비자가 만족할 수 있는 제품이 필요합니다. 설마 소비자가 제품을 구매할 때 가격만을 중시할까요?

男: 说的不错，虽然顾客消费趋势发生变化，但是价格却是不可回避的问题。现在关键的问题是我们的消费者注重价格，如果价格是消费者不能接受的，那么我们的产品也卖不出去，一切都是空谈。

女: 好吧，既然贵公司如此坚持自己的想法，考虑到以后的长期合作，我们会接受这个价格。16 但合同上要写明利润分配，风险承担，效益回收等条款，且内容要和上次洽谈提出的一样，具体的内容我们都记录下来了。

男: 好吧，我们回去以后再商议商议，尽快给予答复。

남: 맞는 말씀입니다. 비록 고객의 소비 성향이 바뀌었지만 가격은 피할 수 없는 문제입니다. 지금 결정적인 문제는 우리 소비자들이 가격을 중시한다는 것입니다. 만약 소비자가 가격을 받아들이지 못한다면 우리 제품도 팔 수가 없기 때문에 모든 것이 공론일 뿐입니다.

여: 좋습니다. 귀사의 생각이 이렇게 확고하니 이후 장기적인 협력을 고려하여 저희가 그 가격을 받아들이겠습니다. 16 그러나 계약서에는 이익 분배, 위험 부담, 이익 회수 등 조항이 명시되어야 하며 그 내용은 지난번 협의에서 제시한 것과 같아야 합니다. 구체적인 내용은 모두 기록해 두었습니다.

남: 좋습니다. 저희가 돌아가서 다시 상의한 후 최대한 빨리 답변해 드리겠습니다.

致以 zhìyǐ 동 ~의 뜻을 전하다 | **真诚** zhēnchéng 형 진실하다, 성실하다 | **诚恳** chéngkěn 형 성실하다, 간절하다 | **谈判** tánpàn 동 담판하다, 협상하다 | **乐意** lèyì 동 ~하고 싶다, ~하기 원하다 | **事宜** shìyí 명 사무, 사항, 일 | **洽谈** qiàtán 동 상담하다, 교섭하다, 협의하다 | **内存** nèicún 명 메모리 | **硬盘** yìngpán 명 (컴퓨터의) 하드디스크 | **合作条款** hézuò tiáokuǎn 협력 조항 | **性价比** xìngjiàbǐ 명 가격 대비 성능, 가성비 | **报价** bàojià 동 응찰하다, 견적서를 내다 | **折扣** zhékòu 동 할인하다, 에누리하다 | **接洽** jiēqià 동 상담하다, 타협하다, 절충하다 | **顶尖** dǐngjiān 명 최상등, 최고급 | **差距** chājù 명 격차, 갭 | **暂缓** zànhuǎn 동 잠시 유예하다, 잠시 늦추다 | **售后服务** shòuhòu fúwù 명 애프터서비스(A/S) | **有目共睹** yǒu mù gòng dǔ 성 세상이 다 알고 있다, 명백하다 | **环保效益** huánbǎo xiàoyì 환경 보호로 인한 효과와 이익 | **消费趋势** xiāofèi qūshì 소비 성향, 소비 트렌드 | **空谈** kōngtán 명 공담, 공론, 헛소리 | **写明** xiěmíng 동 명확하게 기록하다, 분명하게 쓰다 | **利润分配** lìrùn fēnpèi 이익금 처분, 이익 분배 | **风险承担** fēngxiǎn chéngdān 위험 부담 | **效益回收** xiàoyì huíshōu 이익 회수 | **条款** tiáokuǎn (문서·계약 따위의) 조항, 조목 | **商议** shāngyì 동 상의하다, 협의하다 | **硬件** yìngjiàn 명 하드웨어 | **声誉** shēngyù 명 명성과 명예 | **口碑** kǒubēi 명 평판, 입소문

---

11 **A** 녹음에서 '특히 제품의 메모리와 하드디스크에 대해 저희는 매우 만족합니다'라고 했으므로 정답은 A이다.

订购方对订购的产品哪方面很满意?	구매자는 구매하려는 제품의 어떤 부분이 만족스러운가?
A 内存	A 메모리
B 外观	B 외관
C 价格	C 가격
D 硬件	D 하드웨어

12 **C** 녹음에서 '컴퓨터 한 대당 1450위안이 합리적인 가격이라고 여기고 있습니다'라고 했으므로 정답은 C이다. 이 문제의 답을 잘 선택하기 위해서는 누가 '供应商(공급자)'이고 누가 '采购方(구매자)'인지 잘 들어야 한다. 일반적으로 '공급자'가 제시하는 가격이 '구매자'보다 높다. 이 두 가격을 잘 듣고 선택하면 된다.

供应商提出的价格是多少?	공급자가 제시한 가격은 얼마인가?
A 每台电脑为1540元	A 컴퓨터 한 대당 1540위안
B 每台电脑为1390元	B 컴퓨터 한 대당 1390위안
C 每台电脑为1450元	C 컴퓨터 한 대당 1450위안
D 每台电脑为1930元	D 컴퓨터 한 대당 1930위안

13 **产品性能** 녹음에서 '저희도 시장의 다른 업체와 협상해 보았는데 비록 기술적으로 최고는 아니지만 격차도 크지 않고 제품 성능 역시 꾸준히 개선되고 있습니다'라고 했으므로 빈칸에는 '产品性能'을 써야 한다.

对于其他公司的产品，采购方的态度是：技术不是很顶尖，但两家供应商的差距也不大，此外产品性能还在改进中。	다른 업체의 제품에 대한 구매자의 태도는: 기술이 최고는 아니지만 두 공급자의 차이가 크지 않고 또한 제품 성능도 개선되고 있다.

14 **D** 녹음에서 '게다가 저희 회사 A/S는 업계에서도 잘 알려져 있습니다'라고 했다. 여기서 '有目共睹'는 '누구나 다 보고 있다, 아주 명백하다'라는 뜻이다. 협상할 때 이 점을 언급했다는 것은 공급자의 A/S가 아주 좋음을 강조하는 것이지만, 최고의 명성을 지녔는지까지는 알 수 없다. 그러므로 답으로 C가 아닌 D를 선택해야 한다. 왜냐하면 '良好的口碑'는 '평판이 좋다'는 의미이기 때문이다.

供应商所提供的售后服务符合下列哪项内容？	공급자가 제공하는 A/S에 대해 다음 중 어느 내용이 부합되는가？
A 有技术高超的维修人员	A 기술이 뛰어난 수리 기사가 있다
B 维修速度快且态度良好	B 수리 속도가 빠르고 태도가 좋다
C 在业界具有最高的声誉	C 업계에서 최고의 명성을 가지고 있다
D 在业界具有良好的口碑	D 업계에서 좋은 평판을 가지고 있다

15 **D** 녹음에서 '소비자가 가격 면에서 이성적인 소비를 중요시하긴 하지만, A/S를 더욱 중시합니다' '소비자는 제품의 친환경 효과도 중시하는데'라고 했으므로 언급이 없었던 D가 정답이다.

供应商认为消费者注重的内容中不包括下列哪项内容？	공급자가 생각하는 소비자가 중요시하는 내용으로 다음 중 포함되지 않는 것은 무엇인가？
A 理性消费	A 이성적인 소비
B 售后服务	B A/S(애프터서비스)
C 环保效益	C 친환경적인 효과와 이익
D 设计美观	D 아름다운 디자인

16 **A** 녹음에서 '그러나 계약서에는 이익 분배, 위험 부담, 이익 회수 등 조항이 명시되어야 하며, 그 내용은 지난번 협의에서 제시한 것과 같아야 합니다'라고 했으며 그중 수리 비용은 포함되지 않았으므로 정답은 A이다.

下列哪项条款不在买卖双方的合同中？	다음 중 매매 양측의 계약서에 포함되지 않는 조항은 무엇인가？
A 维修费用	A 수리 비용
B 利润分配	B 이익 분배
C 风险承担	C 위험 부담
D 效益回收	D 이익 회수

圆满成功	원만한 성공을 거두다, 성공적으로 마무리되다	祝奥运会圆满成功。 올림픽이 성공적으로 마무리되길 기원합니다.
维持长期友好的合作关系	장기간 우호적인 협력 관계를 유지하다	两家公司维持长期友好的合作关系。 두 회사는 장기간 우호적인 협력 관계를 유지하고 있다.
就我们合作的事宜再次进行洽谈	협력 사항에 대해 다시 협의하다	就我们合作的事宜再次进行洽谈，我希望洽谈取得成功。 협력 사항에 대해 다시 협의하여 협의가 성공하길 바랍니다.
接受合作条款	협력 조항을 받아들이다	我们会接受合作条款，希望合作愉快。 저희는 협력 조항을 받아들이고 협력이 잘 되길 바랍니다.
以长期合作的角度来看	장기적인 협력의 관점에서 볼 때	以长期合作的角度来看，创新很重要。 장기적인 협력의 관점에서 볼 때, 혁신이 가장 중요하다.
与其他公司接洽过	다른 업체와 협의하다	我们与其他公司接洽过，我们的价格是最便宜的。 저희가 다른 업체와 협의했는데 저희 가격이 가장 저렴합니다.
暂缓这次合作	이번 협력을 잠시 유예하다	由于疫情的缘故，我们将暂缓这次合作。 전염병 발생의 이유로 저희는 이번 협력을 잠시 유예하려고 합니다.
消费趋势发生变化	소비 트렌드가 바뀌다	随着网络技术的发展，消费趋势发生了变化。 인터넷 기술이 발전함에 따라 소비 트렌드가 바뀌었다.
尽快给予答复	최대한 빨리 답변해 주다	请大家不要担心，我们尽快给予答复。 여러분 걱정하지 않으셔도 됩니다. 저희가 최대한 빨리 답변해 드리겠습니다.

17~22

女: **17** 今年夏天，高温热浪肆虐了北半球多国，甚至连北极圈的温度一度飙升至了32.5℃，在中国的南方地区，也是出现了大范围的持续的极端高温天气。在您看来，极端高温天气出现的原因有哪些？为何今年如此频发呢？

男: 应该说今年的极端天气既是常态，也有一些今年的特殊情况。这些年我们大家都感受到了极端天气频发、强发。就比如你刚才举例的北半球大范围的高温天气，就是今年的特殊情况。**18** 大气环流异常是北半球高温热浪事件频发的直接原因。当然，全球变暖也是一个最重要的原因，所以可以这样说，**21** 在整个全球变暖大的背景下，实际上是加剧了全球整个气候系统的不稳定性。

女: 那么根据您的预测，中国以及全球的这种极端天气，未来会呈现怎样的趋势？会成为一种"新常态"吗？

男: 我觉得用"新常态"这个词还是合适的。到目前

여: **17** 올 여름, 지속적인 폭염이 북반구 여러 나라를 휩쓸었고, 심지어 북극권의 온도조차도 한때 32.5℃까지 치솟았으며, 중국 남부 지역에서도 극심한 폭염이 광범위하게 지속적으로 나타났습니다. 선생님이 보시기에, 극한 폭염이 나타나는 원인에는 어떤 것들이 있나요? 왜 올해 이렇게 자주 발생하는 걸까요?

남: 올해 나타난 극단적인 날씨는 정상적이기도 하고 올해의 특수한 상황이 일부 있기도 합니다. 최근 몇 년 우리는 극단적인 날씨가 빈번하고 강하게 발생하는 것을 느꼈습니다. 예를 들어 방금 선생님이 예로 든 북반구에서 광범위하게 나타난 고온의 날씨가 바로 올해의 특수한 상황입니다. **18** 대기 순환의 이상이 북반구에 지속적인 폭염이 빈번하게 발생하는 직접적인 원인입니다. 물론 지구 온난화도 아주 중요한 원인이기 때문에 **21** 전반적인 지구 온난화 환경 속에서 사실상 지구 전체 기후 시스템의 불안정성이 악화된 것입니다.

여: 그렇다면 선생님의 예측으로는 중국과 전 세계의 이런 이상 기후가 미래에는 어떤 추세를 보일 것 같요? 하나의 '신창타이(뉴노멀)'가 될까요?

为止，全球温度都在不断地上升。我们最新的观测和研究表明，最近的50年，大概是2000年以来最暖的50年，而且这个变暖不仅是温度的一个指标，气候系统的很多指标都发生了剧烈的变化。比如说海平面的上升速度，在过去的3000年来都是最快的。再比如说北极海冰范围的缩小，现在都是最为明显的，剧烈的。同时，现在的变暖特别是最近百年左右的变暖，是由于工业化革命以来，使用化石燃料造成很多温室气体的排放，这种排放直接造成了气候变暖。简单的说，未来的变化，取决于过去、现在和未来，人类采取什么样的措施，**19** 若你采取的措施更为清洁、低碳的话，那就有可能使这种变化趋缓。但是如果仍然在继续地大量地排放温室气体，对未来还会造成更大的影响。

女：那您可以给我们讲一讲原因吗？

男：因为未来整个气候变化的大趋势实际上取决于已经排放到大气里的温室气体，以及我们现在仍在排放的，就是二者加起来的，即累计排放的总效应。按照现在的研究来说，至少在本世纪中期以前，变暖的趋势仍然会非常地明显，**20** 因为这种趋势表明我们即使现在大力地减排，气候系统本身还有一个滞后的效应。比如说海平面上升，海洋增暖和冰冻圈的变化，它实际上是一个慢过程。这种慢过程即使采取措施进行治理，但仍然会持续数百年甚至上千年的变化。所以未来的极端事件只会越来越强。

女：那这种极端天气的频发，是否也代表我们气候危机越来越严重，我们又应该如何应对呢？

男：是，"气候危机"这个词实际上是这些年才提出的，原来主要说气候变化或者气候变暖，但现在很多场合都在说"气候危机"。因为不管是生态系统、人类系统，还是社会经济系统，"气候危机"都造成了很大的影响。实际上这种影响带来的既有我们看到的灾害发生造成的损失，还有以上所说的多个系统不断地发生相互关联的风险。比如说高温导致的热射病，在过去对有些人来说还是陌生的一个词，可是在今年已成为我们熟悉的词汇。另外，比如说像今年的高温对能源造成很大影响，有些地方因为高温，电力供应不上，生产也都受到影响，甚至还影响居民的生活。这个影响都是非常大的。如何应对气候危机，总体来说只有两个方法，一个是适应，一个是低碳。**22** 适应表现在做好一些灾害预报的警报，提前把这些信息告知行

남: 저는 '신창타이'라는 단어가 적절하다고 생각합니다. 지금까지 지구 온도는 계속 상승하고 있습니다. 저희의 최신 관측과 연구에 따르면 최근 50년은 대략 2000년 이래 가장 따뜻한 50년이었으며, 또한 이 온난화는 온도뿐만 아니라 기후 시스템의 많은 지표들도 급격히 변화시켰습니다. 예를 들어 해수면 상승 속도는 지난 3000년 중 가장 빠르며, 또 다른 예로는 북극 해빙 범위의 축소가 현재 가장 뚜렷하고 급격하게 나타나고 있습니다. 또한 현재의 온난화, 특히 최근 100년의 온난화는 산업 혁명 이후 화석 연료 사용으로 많은 온실가스가 배출되었기 때문이며 이러한 배출이 직접적으로 기후 온난화를 초래했습니다. 간단히 말해 미래의 변화는 과거와 현재 그리고 미래에 인류가 어떤 조치를 취하느냐에 달려있으며, **19** 만약 당신이 청정 및 저탄소 조치를 취한다면 이런 변화를 늦출 수 있을 것입니다. 하지만 만약 계속해서 대량으로 온실가스를 배출한다면 미래에 더 큰 영향을 끼칠 것입니다.

여: 그럼 그 이유를 말씀해 주시겠습니까?

남: 왜냐하면 향후 전체적인 기후 변화의 추세는 사실상 이미 대기 중에 배출된 온실가스와 우리가 현재 배출하고 있는 것, 이 둘이 합쳐진, 즉 누적 배출의 총효과에 달려있기 때문입니다. 현재의 연구에 의하면 적어도 금세기 중반 전까지는 온난화 추세가 매우 뚜렷하게 나타날 것입니다. **20** 왜냐하면 이러한 추세는 설령 우리가 지금 적극적으로 배출량을 감축한다고 해도 기후 시스템 자체에는 이월 효과가 나타나기 때문입니다. 예를 들어 해수면 상승과 해양 온난화 및 빙권의 변화는 사실상 더딘 과정입니다. 이런 더딘 과정은 설사 조치를 취해서 관리를 하더라도 수백 년 심지어 수천 년까지 변화가 지속될 것입니다. 그렇기 때문에 미래의 극단적인 사태들은 점점 더 강해질 것입니다.

여: 그렇다면 이런 극한 날씨의 빈번한 발생은 기후 위기가 점점 더 심각해지고 있음을 나타내는 건가요? 우리는 어떻게 대응해야 할까요?

남: 맞습니다. '기후 위기'라는 단어는 사실 최근 몇 년 제시된 것으로, 기존에는 주로 기후 변화나 기후 온난화로 이야기했습니다. 하지만 지금은 많은 상황에서 '기후 위기'라고 말합니다. 왜냐하면 생태계나 인류 시스템, 그리고 사회 경제 시스템을 막론하고 모두 '기후 위기'가 큰 영향을 끼쳤기 때문입니다. 실질적으로 이런 영향이 야기하는 것에는 우리가 봐 왔던 재해 발생으로 인한 손실과 앞서 언급한 여러 시스템이 끊임없이 상호 연관성을 일으키는 리스크가 있습니다. 예를 들어 폭염에 의한 열사병은 과거 어떤 사람들에게는 생소한 단어였지만 올해에는 우리에게 익숙한 단어가 되었습니다. 그밖에도, 예를 들면 올해와 같은 폭염은 에너지에 큰 영향을 끼치는데 일부 지방에서는 폭염으로 전기 공급이 어려워 생산에도 차질이 생겼고 심지어 주민들의 생활에도 영향을 끼쳤습니다. 이런 영향은 모두 매우 큽니

业，告知社会公众，大家就可以有所预防。

女：适应听起来感觉有点儿被动。

男：对，适应更多的是解决眼前的，更急迫的问题，但是因为造成气候变化的核心原因主要是由于人类大量的使用化石燃料，排放温室气体造成的，根本的解决方法就是要减少温室气体排放。

女：是一个互补的关系。

男：对，是一个互补的关系，相互的协同这是非常重要的。可以说两者结合在一起，我们可以解决短期的问题，也可以放眼长远的目标。

다. 기후 위기에 어떻게 대처해야 하는가에는 크게 두 가지 방법뿐인데, 하나는 적응이고, 하나는 저탄소입니다. **22** 적응은 재해 예보에 대한 경보 발령을 잘 하는 것에서 나타나는데, 사전에 이런 정보를 업계와 국민에게 알려 주면 사람들은 미리 예방을 할 수 있습니다.

여: 적응은 듣기에 좀 수동적으로 느껴지네요.

남: 그렇습니다. 적응은 대체로 눈앞에 보이는 더 긴급한 문제를 해결하는 것입니다. 하지만 기후 변화를 초래하는 핵심 원인은 주로 인류가 대량으로 사용한 화석 연료와 배출한 온실가스에 의한 것으로, 근본적인 해결 방법은 온실가스 배출을 줄이는 것입니다.

여: 상호 보완 관계군요.

남: 맞습니다. 상호 보완의 관계로 서로 협동하는 것이 매우 중요합니다. 이 둘을 결합해서 우리는 단기적인 문제를 해결할 수 있고 또한 장기적인 목표를 바라볼 수 있다고 할 수 있습니다.

高温 gāowēn 몡 고온 | 热浪 rèlàng 몡 열기, 무더위 | 肆虐 sìnüè 통 기승을 부리다, 극심하다 | 北半球 běibànqiú 몡 북반구 | 北极圈 běijíquān 몡 북극권 | 一度 yídù 한 번, 한 차례, 한 때 | 飙升 biāoshēng 통 급증하다, 급등하다 | 极端 jíduān 본 극단적으로, 극도로 | 频发 pínfā 빈발하다, 자주 일어나다 | 常态 chángtài 몡 정상 상태 | 异常 yìcháng 톙 이상하다, 정상이 아니다 | 加剧 jiājù 통 격화하다, 심해지다 | 呈现 chéngxiàn 통 나타내다, 양상을 띠다 | 观测 guāncè 통 관측하다, 관찰하다 | 指标 zhǐbiāo 몡 지표, 목표 | 缩小 suōxiǎo 통 축소하다, 줄이다 | 化石燃料 huàshíránliào 몡 화석 연료 | 温室气体 wēnshìqìtǐ 온실가스 | 排放 páifàng 통 배출하다 | 气候变暖 qìhòu biànnuǎn 기후 온난화, 기온 상승 | 取决 qǔjué 결정하다, 달려 있다 | 累计 lěijì 통 누계하다, 합계하다 | 总效应 zǒngxiàoyìng 총효과 | 减排 jiǎnpái 통 유해성 물질의 배출량을 줄이다 | 滞后效应 zhìhòu xiàoyìng 몡 사후에 나타나는 결과 혹은 영향 | 冰冻 bīngdòng 통 얼다, 냉동하다 | 治理 zhìlǐ 통 다스리다, 통치하다 | 灾害 zāihài 몡 재해 | 损失 sǔnshī 손실, 손해 | 关联 guānlián 통 관련되다, 관계되다 | 热射病 rèshèbìng 몡 열사병, 일사병 | 供应不上 gōngyìng bú shàng 공급이 따라가지 못하다 | 警报 jǐngbào 몡 경보 | 急迫 jípò 급박하다, 절박하다 | 核心 héxīn 몡 핵심, 중심 | 互补 hùbǔ 통 서로 보완하다 | 协同 xiétóng 통 협동하다, 협력하다 | 长远 chángyuǎn 톙 장구하다, 기간이 길다

---

17 **B** 녹음에서 '올 여름, 지속적인 폭염이 북반구 여러 나라를 휩쓸었다'라고 했는데, 여기서 '高温热浪(지속적인 폭염)'과 '高温酷暑(폭염과 혹서)'는 모두 기상 재해를 가리키는 비슷한 표현이므로 정답은 B이다.

今年夏天，北半球多国受到了怎样的气象灾害？	올 여름 북반구의 많은 나라에서는 어떤 기상 재해를 입었는가?
A 热带气旋	A 열대성 회오리바람
B 高温酷暑	B 폭염과 혹서
C 高温暴雨	C 폭염과 호우
D 洪水台风	D 홍수와 태풍

气旋 qìxuán 몡 회오리바람, 선풍(旋风)

18 **A** 녹음에서 '대기 순환의 이상이 북반구에 지속적인 폭염이 빈번하게 발생하는 직접적인 원인이다'라고 했으므로 정답은 A이다.

156

北半球大范围的高温天气产生的原因是什么?	북반구에 대규모의 폭염 날씨가 발생한 원인은 무엇인가?
A 大气环流异常	A 대기 순환의 이상
B 季风环流异常	B 계절풍 순환의 이상
C 局部环流异常	C 국지 순환의 이상
D 热力环流异常	D 열 순환의 이상

19 **C** 녹음에서 '청정 및 저탄소 조치를 취한다면 이런 변화를 늦출 수 있을 것이다'라고 했으므로 정답은 C이다.

如何减缓气候变暖的速度?	어떻게 기후 온난화의 속도를 늦출 수 있는가?
A 减少高碳能源的使用	A 고탄소 에너지 사용을 줄인다
B 倡导理性的消费习惯	B 이성적인 소비 습관을 제창한다
C 采取清洁低碳的措施	C 청정 및 저탄소 조치를 취한다
D 大面积种植绿色植物	D 광범위하게 녹색식물을 심는다

20 **D** 녹음에서 '이러한 추세는 설령 우리가 지금 적극적으로 배출량을 감축한다고 해도 기후 시스템 자체에는 이월 효과가 나타나기 때문이다'라고 했으므로 정답은 D이다.

即使现在大力地减排，未来的极端事件依然会很严重的原因是什么?	설령 지금 적극적으로 배출량을 감축하더라도 미래의 극단적인 사태는 여전히 심각할 것인데, 그 원인은 무엇인가?
A 全球人口持续剧增	A 전 세계 인구의 지속적인 폭증
B 持续使用化石燃料	B 화석 연료의 지속적인 사용
C 海平面上升速度很快	C 해수면의 빠른 상승 속도
D 气候系统的滞后效应	D 기후 시스템의 이월 효과

21 **不稳定性** 녹음에서 '전반적인 지구 온난화 환경 속에서 사실상 지구 전체 기후 시스템의 불안정성이 악화된 것이다'라고 했으므로 빈칸에 '不稳定性'을 기입해야 한다.

全球变暖加剧了全球整个气候系统的不稳定性。	지구 온난화는 지구 전체 기후 시스템의 불안정성을 악화시켰다.

22 **A** 녹음에서 기후 위기에 대처하는 방법에는 크게 두 가지로, 하나는 적응이고 하나는 저탄소라고 했다. '적응은 재해 예보에 대한 경보 발령을 잘 하는 것에서 나타난다'라고 했으므로 정답은 A이다.

下列哪项是应对气候危机的方法?	다음 중 기후 위기에 대처하는 방법은 무엇인가?
A 做好灾害预报的警报	A 재해 예보에 대한 경보 발령을 잘 하는 것
B 加强气候灾害的预测	B 기후 재해에 대한 예측을 강화하는 것
C 普及预防灾害的知识	C 재해 예방 지식을 보급하는 것
D 采取措施以节约能源	D 에너지 절약 조치를 취하는 것

科幻模糊了国家民族的边界，是最能引起不同国家、不同文化背景读者共鸣的文学类型。2015年，**23** 刘慈欣的科幻小说《三体》斩获国际大奖，随后被译为英、法、德、西等十多种语言在全球热销，带动中国科幻"破冰"出海。

很多人认为要想让中国科幻文学走出去，必须要用西方语言讲中国故事，但刘慈欣却认为中国的科幻小说不可能没有中国的元素，但同时也要有西方元素，毕竟科幻小说原本就是一种从西方输入进来的文学题材。刘慈欣还认为中国科幻小说和西方科幻小说共同之处是远大于差异的。都是风格多元、题材多样，小说的内容有家国情怀，有集体主义，也有个人英雄主义等故事类型，这是两者的共同点。而对于两者的不同点，**24** 刘慈欣认为两者所关注的问题有所差异，中国的科幻小说比较关注我们的未来发展，关注人类如何在太空扩大生存空间等。

到目前为止6年间，更多优秀的国产科幻作品相继问世，出版、影视、游戏等相关产业迎来发展的春天。对此，刘慈欣的态度还是一如既往积极而审慎，他认为不论是科幻文学还是科幻影视，当下最重要的仍是加强科幻原创内容的创作。**25** 中国科幻应抓紧加强整体创作水平，向世界展示更多优秀作品。

与之前的创作相比，近年来的科幻作品更多地关注起虚拟现实、人工智能等改变人们生活的技术，探讨技术和人、技术和社会的关系。针对国产科幻影视的发展，刘慈欣表示，除了要创作更多有影响力的科幻文学剧本，还需在创意上进一步加强。刘慈欣说："科幻影视是一个创意密集型项目，创意一部分来自电影本身的特效制作，另外一部分则来自电影所讲述的故事。"**26** 他认为，现在国内科幻影视存在重特效轻剧本的倾向，这是本末倒置的。也就是说，一个真正好的故事，即使没有一流特效，也可以获得成功，好的剧本离不开好的编剧。因此，本土专业人才的培养也极为迫切。刘慈欣还说："和科幻作家相比，科幻编剧更稀缺。之所以目前国内科幻影视大部分都是由原创小说改编的，缺少原创剧本，正是因为缺少熟悉科幻的专业编剧。"

但值得一提的是，近两年，科幻阅读群体逐

공상 과학(SF)은 국가와 민족의 경계를 모호하게 하며, 다양한 국가와 다양한 문화 배경을 지닌 독자들의 공감을 가장 잘 이끌어 낼 수 있는 문학 장르이다. 2015년, **23** 류츠신의 SF 소설 『삼체(三体)』가 국제 대상을 수상한 후 영어, 프랑스어, 독일어, 스페인어 등 10여 개국 언어로 번역되어 전세계적으로 인기리에 판매되었으며, 중국 공상 과학은 '얼음을 깨고' 해외로 진출하게 되었다.

많은 사람들은 중국의 공상 과학 문학이 해외로 진출하려면 반드시 서양어로 중국 이야기를 해야 한다고 생각하지만, 류츠신은 중국의 SF 소설에 중국의 요소가 빠질 수 없다고 생각했다. 하지만 동시에 서양적인 요소도 있어야 한다고 생각했는데 어쨌든 SF 소설은 원래 서양에서 들어온 문학 소재이기 때문이다. 류츠신은 또 중국 SF 소설과 서양 SF 소설의 공통점이 차이점보다 훨씬 많다고 생각했다. 양쪽 모두 스타일과 소재가 다양하고 소설 내용으로 애국심, 집단주의 그리고 개인 영웅주의 등 스토리 유형을 갖는다는 것이 둘의 공통점이다. 둘의 차이점에 대해서 **24** 류츠신은 관심의 대상이 다르다고 여기는데, 중국의 SF 소설은 우리의 미래 발전이나 인류가 우주에서 어떻게 생존 공간을 넓힐 수 있는가 등의 문제에 관심을 갖는다고 생각한다.

지금까지 6년 동안 많은 우수한 국산 SF 작품들이 잇달아 등장했고 출판, 영상, 게임 등 관련 산업은 발전의 봄날을 맞이했다. 이에 대해 류츠신의 태도는 한결같이 적극적이고 신중했는데, 그는 공상 과학 문학이든 SF 영화든 지금 가장 중요한 것은 공상 과학 원작 콘텐츠의 창작을 강화하는 것이라고 생각하며, **25** 중국의 공상 과학은 서둘러 전체적인 창작 수준을 향상시켜서 세계에 더 많은 우수한 작품을 내놓아야 한다고 생각한다.

과거의 창작과 비교해 보면, 최근 몇 년의 SF 작품은 가상 현실과 인공 지능 등 사람들의 생활을 변화시키는 기술에 더 많은 관심을 가지며 기술과 사람, 기술과 사회의 관계를 탐구한다. 국산 SF 영화의 발전에 대해 류츠신은 영향력 있는 SF 문학 시나리오를 더 많이 창작해야 하며 또한 창의성 부분을 한층 더 강화할 필요가 있다고 말한다. 류츠신은 'SF 영화는 아이디어 집약형 항목으로 아이디어의 일부는 영화 자체의 특수 효과에서, 그 외 일부는 영화가 이야기하는 스토리에서 나온다'라고 말한다. **26** 그는 현재의 국내 SF 영화는 특수 효과를 중시하고 시나리오를 경시하는 경향이 있는데 이는 본말이 전도된 것이라고 생각한다. 다시 말해, 정말 좋은 스토리는 설령 최고의 특수 효과가 없더라도 성공할 수 있고, 좋은 시나리오는 좋은 시나리오 작가 없이는 안 된다. 그렇기 때문에 국내 전문 인력 양성 역시 절실하다. 류츠신은 또 'SF 작가에 비해

渐向低龄化拓展，**27** 刘慈欣认为，以科幻构思为核心，有着明晰流畅的故事结构，同时具有丰富想象力的科幻小说比较适合小学生和初中生这样一个受众群体阅读。而少年儿童的好奇心和想象力，正是科幻文学的精神内核和魅力源泉。

SF 시나리오 작가가 더 부족한 상황인데, 현재 국내 SF 영화 대부분이 원작 소설을 각색한 것으로, 창작 시나리오가 부족한 것은 공상 과학에 익숙한 전문 시나리오 작가가 부족하기 때문이다'라고 말했다.

그러나 주목할 만한 점은 최근 공상 과학의 독자가 점점 젊은 층으로 확대되고 있다는 것이다. **27** 류츠신은 공상 과학 구상을 핵심으로 하고, 명백하고 원활한 스토리 구조와 풍부한 상상력을 가진 SF 소설이 초중등 학생들과 같은 독자들이 읽기에 적합하다고 생각한다. 어린이들의 호기심과 상상력은 바로 공상 과학 문학의 정신적 핵심이자 매력의 원천이다.

科幻 kēhuàn 몡 공상 과학, SF ┃ 模糊 móhu 혱 모호하다, 분명하지 않다 ┃ 边界 biānjiè 몡 지역 간의 경계선, 국경 ┃ 共鸣 gòngmíng 통 공명하다, 공감하다 ┃ 斩获 zhǎnhuò 통 획득하다 ┃ 大奖 dàjiǎng 몡 대상 ┃ 热销 rèxiāo 통 (상품이) 잘 팔리다 ┃ 带动 dàidòng 통 이끌어 나가다, 선도하다 ┃ 破冰 pòbīng 통 새 국면을 열다, 장벽을 깨다 ┃ 出海 chūhǎi 통 해외로 나가다 ┃ 元素 yuánsù 몡 요소, 원소 ┃ 输入 shūrù 통 받아들이다, 들여보내다, 수입하다 ┃ 远大 yuǎndà 혱 원대하다 ┃ 家国情怀 jiāguó qínghuái 애국심, 애국주의 ┃ 集体主义 jítǐ zhǔyì 집단주의 ┃ 扩大 kuòdà 통 확대하다, 넓히다 ┃ 生存空间 shēngcún kōngjiān 생존 공간 ┃ 相继问世 xiāngjì wènshì 저작물이 잇따라 발표되다 ┃ 影视 yǐngshì 몡 영화와 텔레비전 ┃ 迎来 yínglái 맞이하다, 맞다 ┃ 一如既往 yì rú jì wǎng 젱 지난날과 다름없다, 한결같다 ┃ 审慎 shěnshèn 혱 세밀하고 신중하다 ┃ 原创 yuánchuàng 통 창시하다, 처음으로 만들다 ┃ 虚拟现实 xūnǐ xiànshí 가상 현실 ┃ 探讨 tàntǎo 통 탐구하다, 연구 토론하다 ┃ 创意 chuàngyì 통 새로운 착상을 펼치다 ┃ 密集型项目 mìjíxíng xiàngmù 집약형 프로젝트 ┃ 特效 tèxiào 몡 특효 ┃ 剧本 jùběn 몡 극본, 각본, 대본 ┃ 倾向 qīngxiàng 몡 경향, 추세 ┃ 本末倒置 běnmò dàozhì 젱 본말이 전도되다, 배보다 배꼽이 크다 ┃ 改编 gǎibiān 통 각색하다 ┃ 群体 qúntǐ 몡 단체, 무리 ┃ 低龄化 dīlínghuà 몡 저연령화 ┃ 拓展 tuòzhǎn 통 넓히다, 확장하다 ┃ 构思 gòusī 통 구상하다 ┃ 明晰 míngxī 혱 명백하다, 또렷하다 ┃ 流畅 liúchàng 혱 유창하다 ┃ 受众 shòuzhòng 몡 독자 및 시청자의 총칭 ┃ 内核 nèihé 몡 핵심, 알맹이 ┃ 源泉 yuánquán 몡 원천

---

23 A 녹음에서 '류츠신의 SF 소설 『삼체』가 국제 대상을 수상한 후 영어, 프랑스어, 독일어, 스페인어 등 10여 개국 언어로 번역되어 전세계적으로 인기리에 판매되었다'라고 했는데, 소설이 여러 언어로 번역되었다는 것은 해외에서 인기를 얻었음을 의미하므로 정답은 A이다.

刘慈欣的科幻小说《三体》所带来的影响表现在哪里？	류츠신의 SF 소설 『삼체』가 미친 영향은 어디에서 나타나는가?
A 在海外受到欢迎	A 해외에서 인기를 얻었다
B 得到专家的关注	B 전문가의 관심을 받았다
C 掀起科普的热潮	C 과학 보급의 붐을 일으켰다
D 被誉为经典小说	D 레전드 소설로 불리운다

24 C 녹음에서 '류츠신은 중국의 SF 소설은 인류가 우주에서 어떻게 생존 공간을 넓힐 수 있는가에 관심을 갖는다고 생각한다'라고 했으므로 정답은 C이다.

刘慈欣认为中国科幻小说的关注点是什么？	류츠신은 중국의 SF 소설이 관심을 두는 부분이 무엇이라고 생각하는가？
A 如何在虚拟世界生存	A 가상 세계에서 어떻게 생존할지
B 如何延长人类的寿命	B 어떻게 인류의 수명을 연장할지

| C 如何在太空扩大生存空间 | C 우주에서 어떻게 생존 공간을 넓힐지 |
| D 如何在毁灭性的灾难中生存 | D 치명적인 재난 속에서 어떻게 생존할지 |

毁灭 huǐmiè 图 섬멸하다, 박멸하다

25 **C** 녹음에서 '중국의 공상 과학은 서둘러 전체적인 창작 수준을 향상시켜서 세계에 더 많은 우수한 작품을 내놓아야 한다'라고 했으므로 정답은 C이다.

中国科幻若向世界展示更多优秀作品，应该在哪些方面做出努力？	중국의 공상 과학이 세계에 더 많은 우수한 작품을 내놓으려면 어떤 면에서 노력해야 하는가?
A 在海外多做宣传	A 해외에서 많이 홍보해야 한다
B 培养专业写作人才	B 전문적인 작가를 양성해야 한다
C 加强整体创作水平	C 전체적인 창작 수준을 강화해야 한다
D 吸取西方写作经验	D 서양의 집필 경험을 받아들여야 한다

26 **B** 녹음에서 '그는 현재의 국내 SF 영화는 특수 효과를 중시하고 시나리오를 경시하는 경향이 있다'라고 했으므로 정답은 B이다.

刘慈欣认为现在国内科幻影视存在什么问题？	류츠신은 현재 국내 SF 영화에 존재하는 문제가 무엇이라고 생각하는가?
A 没有受众群体	A 시청자가 없다
B 重特效轻剧本	B 특수 효과를 중시하고 시나리오를 경시한다
C 情节荒诞无趣	C 줄거리가 황당하고 재미없다
D 制作资本不足	D 제작 자본이 부족하다

荒诞 huāngdàn 图 황당하다, 허황하다

27 **A** 녹음에서 '풍부한 상상력을 가진 SF 소설이 초중등 학생들과 같은 독자들이 읽기에 적합하다고 생각한다'라고 했으므로 정답은 A이다.

科幻小说比较适合中小学生的原因是什么？	SF 소설이 초중등 학생들에게 적합한 원인은 무엇인가?
A 丰富的想象力	A 풍부한 상상력
B 启迪孩子的智慧	B 아이의 지혜 계발
C 有趣的故事情节	C 흥미로운 이야기 줄거리
D 唤起孩子的求知欲	D 아이의 학구열 향상

启迪 qǐdí 图 깨우치다, 일깨우다 | 唤起 huànqǐ 图 불러일으키다, 환기하다 | 求知欲 qiúzhīyù 图 지식욕, 알려는 욕망

斩获国际大奖	국제 대상을 수상하다	中国电影《无名》斩获国际大奖。 중국 영화 「무명」이 국제 대상을 수상했다.
风格多元	스타일이 다양하다	产品的风格多元。 상품의 스타일이 다양하다.
作品相继问世	작품이 잇달아 출판되다	鲁迅的作品相继问世。 루쉰의 작품이 잇달아 출판되었다.
……迎来发展的春天	~는 발전의 봄(좋은 시기)을 맞이했다	中国的航天技术迎来了发展的春天。 중국의 우주 기술은 발전의 봄을 맞이했다.
向世界展示……	세계에 ~를 보여 주다	长城向世界展示了它独特的魅力。 만리장성은 세계에 그의 독특한 매력을 보여 주었다.
存在重A轻B的倾向	A를 중시하고 B를 경시하는 경향이 있다	传统的发展理念存在重经济发展轻环保的倾向。 전통적인 발전 이념은 경제 발전을 중시하고 환경 보호를 경시하는 경향이 있다.
以……为核心	~를 핵심으로 하다	以传统文化为核心的中国哲学思想依然很受欢迎。 전통문화를 핵심으로 한 중국 철학 사상은 여전히 사랑을 받고 있다.

28~33

过去文物保护只保护物质要素，今天的文物保护还要注重保护非物质要素。物质要素和非物质要素是不可分割的一个整体，应该统一地把它们保护起来。**28** 比如今天羌族的羌笛、黎族的黎锦、哈尼族的耕作技术、汉族的过年习俗等大量非物质遗产都应得到保护。从文物到文化遗产，从文物保护到文化遗产保护，传统文化的传承是涉及千家万户的。我们走过了一条重视物质到重视文化，再到重视精神的保护之路。

在这条道路中，最重要的是，有两个观念在变化：一是世代传承性，二是公众参与性。**29** 世代传承性就是把祖先创造的灿烂文化完整地传承给我们子孙后代；公众参与性则是指对文化遗产的保护不再是政府的专利，民众也得有知情权和参与权，也就是说，**30** 当丰富的文化遗产资源成为社会发展的共同记忆，才能惠及更多的民众，才能让大家在文化传播中受到教育。这样，保护文化遗产才是真正地进入到了良性循环中。

北京故宫博物院是世界上规模最大的古代宫殿建筑群。过去故宫大部分区域是不开放的，99%的文物锁在库房里面，拿出来展示的不到1%。以前人们走进故宫博物院，都是跟着导游的小旗子往前走，导游是根本不顾每个人的文化需求

과거의 문물 보호는 물질적인 요소만 보호했지만 오늘날의 문물 보호는 비물질적인 요소의 보호 역시 중시한다. 물질적인 요소와 비물질적인 요소는 뗄레야 뗄 수 없는 하나의 통일체로, 반드시 동일하게 보호해야 한다. **28** 예를 들면 오늘날 창족의 창디(피리), 리족의 리진(비단천), 하니족의 경작 기술, 한족의 새해 맞이 풍습 등 많은 비물질 문화유산은 모두 보호되어야 한다. 문물에서 문화유산으로, 문물 보호에서 문화유산 보호로, 전통문화의 계승은 수많은 가정과 연관되어 있다. 우리는 물질 중시에서 문화 중시로, 그리고 다시 정신을 중시하는 보호의 길을 걸어왔다.

이 길에서 가장 중요한 것은 두 가지 관념이 바뀌고 있다는 것이다. 하나는 세대의 계승성이고 다른 하나는 대중의 참여성이다. **29** 세대 계승성은 선조들이 창조한 찬란한 문화를 우리 후대에게 온전히 전승하는 것이다. 대중 참여성은 문화유산 보호가 더 이상 정부만의 특허가 아니라 민중 역시 알 권리와 참여권을 가져야 한다는 것으로, 즉 **30** 풍부한 문화유산 자원이 사회 발전 공동의 기억이 될 때, 비로소 더 많은 민중들에게 혜택이 돌아가고, 대중들로 하여금 문화 전파 과정 속에서 교육을 받게 할 수 있다. 이렇게 해야만 문화유산 보호가 진정한 선순환에 들어서는 것이다.

베이징 고궁 박물관은 세계에서 규모가 가장 큰 고대 궁전 건축물이다. 과거에는 고궁의 대부분 구역이 개방되지 않아 99%의 문물이 창고에 잠겨 있었으며, 전시된 것은 1%도 안

的，都是按一条路线走，**31** 看到的都是所谓的文物，这满足不了人们对故宫所蕴含的文化内涵的探求。所以说，好的博物馆应该让文物藏品保持健康状态，让它们重新回到人们的生活中，让人们感受到这些文物的魅力，感受到这些文物所蕴含的文化内涵。

在故宫的宁寿宫区颐和轩(地名)有一幅匾额是乾隆皇帝所写的"太和充满"。故宫中带"和"字的建筑有19处，协和门、熙和门、永和宫等等，其中最著名的当然是三大殿：太和殿、中和殿和保和殿，而太和殿是紫禁城最重要的建筑，是明清两朝24个皇帝举行盛大典礼的地方。**32** "和"是中国传统文化的核心价值理念，"太和"即"大和"，是"和"的最高境界。因此，"太和充满"也反映了今天的一种理念，即，社会要和谐的理念。**33** 太和殿并不是一个简单的故宫古建筑，也不仅仅是文化遗产，它也承载并体现着中华民族文化的智慧和传统。

됐었다. 예전에는 고궁 박물관에 들어선 사람들 모두 가이드의 깃발을 따라야 했고, 가이드는 개개인의 문화적 수요를 전혀 고려하지 않은 채 한 코스로만 다녔으며, **31** 보게 되는 것들은 소위 말하는 문물로, 고궁에 담겨 있는 문화적 의미에 대한 사람들의 탐구 욕구를 만족시켜주지 못했다. 그렇기 때문에 좋은 박물관은 문물 소장품을 건강한 상태로 유지시켜서 다시 사람들의 생활 속으로 돌아가게 하고, 사람들로 하여금 이 문물들의 매력을 느끼고 이들이 담고 있는 문화적 의미를 느낄 수 있도록 해야 한다.

고궁의 닝서우궁구 이허쉬안에는 건륭황제가 쓴 '태화충만'이라는 편액이 하나 있다. 고궁에는 '화'라는 글자가 붙은 건물이 19군데로 협화문, 희화문, 영화궁 등이 있다. 그중 가장 유명한 것은 당연히 3대전으로 태화전, 중화전, 보화전이 그것이다. 태화전은 자금성에서 가장 중요한 건물로, 명청 두 왕조의 24명의 황제가 성대한 행사를 거행한 곳이었다. **32** '화'는 중국 전통문화의 핵심적인 가치 이념으로 '태화(太和)'는 바로 '대화(大和)'이며, '화'의 최고 경지이다. 따라서 '태화충만'은 오늘날의 이념인 사회는 조화로워야 한다는 이념 역시 반영했다. **33** 태화전은 결코 단순한 고궁 고건축이 아니며, 또한 문화유산에만 그치지 않는 것으로, 중화민족 문화의 지혜와 전통 역시 담아내서 보여 주고 있다.

要素 yàosù 명 요소, 요인 | 不可分割 bùkě fēngē 성 나눌 수 없다, 떼어놓을 수 없다 | 羌族 Qiāngzú 명 창족 | 羌笛 qiāngdí 명 창족의 피리 | 黎族 Lízú 명 리족 | 黎锦 líjǐn 명 리족의 비단천 | 哈尼族 Hānízú 명 하니족 | 传承 chuánchéng 동 전수하고 계승하다 | 涉及 shèjí 동 관련되다, 미치다 | 耕作技术 gēngzuò jìshù 농경 기술 | 世代传承 shìdài chuánchéng 대대로 전하다 | 公众参与 gōngzhòng cānyù 공공참여 | 灿烂 cànlàn 형 찬란하다, 선명하게 빛나다 | 子孙后代 zǐsūn hòudài 후손, 후세 | 专利 zhuānlì 명 특허 | 知情权 zhīqíngquán 명 알 권리 | 参与权 cānyùquán 참여권 | 惠及 huìjí 동 은혜가 미치다, 혜택이 돌아가다 | 良性循环 liángxìng xúnhuán 명 선순환 | 宫殿 gōngdiàn 명 궁전 | 建筑群 jiànzhùqún 명 건축군 | 区域 qūyù 명 구역, 지구 | 锁 suǒ 명 자물쇠 | 库房 kùfáng 명 곳간, 창고 | 旗子 qízi 명 깃발 | 蕴含 yùnhán 동 내포하다, 포함하다 | 内涵 nèihán 명 내포, 함의 | 探求 tànqiú 동 탐구하다 | 文物藏品 wénwù cángpǐn 문화재 소장품 | 匾额 biǎn'é 명 편액, 간판, 액자 | 盛大 shèngdà 형 성대하다 | 典礼 diǎnlǐ 명 전례, 의식 | 境界 jìngjiè 명 경지, 경계 | 反映 fǎnyìng 동 반영하다

---

28 **C** 녹음에서 '예를 들면 오늘날 창족의 창디 등 많은 비물질 문화유산은 모두 보호되어야 한다'라고 했으므로 정답은 C이다.

文章中举羌笛的例子是为了说明什么？	문장 속에서 창디를 예로 든 것은 무엇을 설명하기 위해서인가？
A 羌笛是民族乐器	A 창디는 민족 악기이다
B 要发掘文化遗产	B 문화유산을 발굴해야 한다
C 要保护非物质遗产	C 비물질 문화유산을 보호해야 한다
D 羌笛做工精巧无比	D 창디의 가공은 더 없이 정교하다

29 **传承** 녹음에서 '세대 계승성은 선조들이 창조한 찬란한 문화를 우리 후대에게 온전히 전승하는 것이다'라고 했으므로 빈칸에는 '传承'을 기입해야 한다.

| 世代传承性就是把祖先创造的灿烂文化完整地**传承**给我们子孙后代。 | 세대 계승성은 선조들이 창조한 찬란한 문화를 우리 후대에게 온전히 전승하는 것이다. |

30 A 녹음에서 '풍부한 문화유산 자원이 사회 발전 공동의 기억이 될 때, 비로소 더 많은 민중들에게 혜택이 돌아간다'라고 했으므로 정답은 A이다.

文化遗产能惠及到民众的方法是什么?	문화유산이 민중들에게 혜택으로 돌아가게 하는 방법은 무엇인가?
A 成为社会发展的共同的记忆	A 사회 발전의 공동의 기억이 되도록 한다
B 建造更多的文化遗产保护区	B 더 많은 문화유산 보호 구역을 구축한다
C 民众参与到保护文化遗产工作中	C 민중이 문화유산 보호에 참여한다
D 民众和政府共同制定保护的措施	D 민중과 정부가 함께 보호 조치를 제정한다

31 D 녹음에서 '보게 되는 것들은 모두 소위 말하는 문물로, 고궁에 담겨 있는 문화적 의미에 대한 사람들의 탐구 욕구를 만족시켜주지 못했다'라고 했다. 보기 D의 '渴求(갈망하다)'는 원문 중 '探求(탐구하다)'와 비슷한 의미로, 모두 '追求(추구하다)'라는 뜻이므로 정답은 D이다.

文中举了过去人们参观故宫博物馆的例子，是为了说明什么问题?	문장에서 과거 사람들의 고궁 박물관 참관을 예로 든 것은 무엇을 설명하기 위해서인가?
A 人们只关注文物	A 사람들은 문물에만 관심이 있다
B 故宫可以启迪心灵	B 고궁은 마음을 일깨우게 한다
C 人们对故宫充满好奇	C 사람들은 고궁에 대해 호기심으로 가득차있다
D 不能满足人们对文化的渴求	D 문화에 대한 사람들의 갈망을 만족시키지 못했다

渴求 kěqiú 통 갈구하다, 갈망하다

32 C 녹음에서 "'화'는 중국 전통문화의 핵심적인 가치 이념이다'라고 했으므로 정답은 C이다.

"和"在中国传统文化中代表着什么?	'和'는 중국 전통문화의 무엇을 대표하는가?
A 宗教的基础	A 종교의 기초
B 美学的概念	B 미학의 개념
C 核心价值理念	C 핵심적인 가치 이념
D 社会的治理思想	D 사회의 관리 사상

33 B 녹음에서 '태화전은 중화민족 문화의 지혜와 전통 역시 담아내서 보여 주고 있다'라고 했으므로 정답은 B이다.

对于民族文化而言，太和殿的意义是什么？

A 代表着皇权文化
B 承载智慧和传统
C 凝聚中华民族的智慧
D 呈现出传统建筑的美学

민족 문화에 있어 태화전이 갖는 의의는 무엇인가？

A 황권 문화를 대표한다
B 지혜와 전통을 담고 있다
C 중화민족의 지혜가 응집되어 있다
D 전통 건축의 미학을 나타낸다

34~40

近年来，不少制造公司都引进了金属3D打印机，**34** 目前这种技术虽然已经是一种真正的制造技术，但其最初是作为快速制造的一种方法而创建的。虽然这项技术仍在发展中，但已经可以发挥出不少的作用，**35** 和铸造、锻造等传统工艺相比，也具备一定的优势。可以实现大规模个性定制、增加设计自由度、减少组装流程，也可以进行小批量的定制。

金属3D打印机可以逐层来创建物件，**36** 其优势在于可以构建传统工艺无法制造的复杂形状，以最常见的激光粉末床熔融为例，通过激光一点儿一点儿地重复熔化和固化金属粉末来制造物件。若对物件成型的要求比较高的话，比如像晶格这样复杂结构的物件，以及一些无法进行切割的零件，都可以通过3D打印技术来制造。而传统制造工艺对于制造这种复杂结构的物件就有一定的局限性。**37** 原因是，金属3D打印机可以充分发挥生成式设计的作用，在设计阶段通过算法减少零件不必要的部分，甚至可以在打印过程中有计划地控制零部件不同部位的性能。

除此之外，3D打印工艺的设计自由度高，不仅可以减少不必要的部分，还能将多个零件整合成一个整体，提升工作效率，减少能耗。还有，当制造少量的物件时，或者只要一件时，**38** 3D打印工艺不仅生产时间短，单价也便宜。因此金属3D打印机适合制作样件或小批量生产。最后，金属3D打印机的制造强度已经高于铸造，而且随着技术的不断进步，其强度也正在接近锻造强度。

39 但金属3D打印机因达到的精度比较有限，所以需要后期通过精加工等其它工艺来实现。特别是 **40** 表面光洁度相对传统工艺要粗糙一些，这是无法弥补的遗憾。从目前的情况来看，金属3D打印机很难代替传统工艺。当一个物件既可以通过传统工艺制造，也可以通过3D打印制造时，往往传统工艺更具有成本优势。总的来说，对于小

최근 몇 년, 많은 제조 회사들이 금속 3D 프린터를 도입했다. **34** 현재 이 기술은 이미 진정한 제조 기술이 되었지만, 처음에는 빠른 제조를 위한 방법 중 하나로 만들어진 것이다. 이 기술은 비록 아직 개발 중이지만 이미 많은 역할을 할 수 있고, **35** 주조(铸造)와 단조(锻造) 등 전통적인 공예와 비교해서 일정 부분의 장점을 가지고 있다. 개성 맞춤형 대량 제작과 디자인 자유도 증가 및 조립 과정 간소화가 가능하고, 소량 주문 제작도 가능하다.

금속 3D 프린터는 한 층 한 층 물품을 만들 수 있는데 **36** 그 장점은 전통적인 공예로 만들 수 없는 복잡한 모양을 구축할 수 있다는 데 있다. 가장 흔한 분말 소결 방식(powder bed fusion)을 예로 들면, 금속 분말을 레이저로 조금씩 반복적으로 융화 및 응고시키며 물품을 만든다. 만약 물품 모형에 대한 요구 사항이 높을 경우, 예를 들어 결정격자(晶格)와 같은 복잡한 구조의 물품과 절단이 불가능한 부품 모두 3D 프린팅 기술을 통해 제작할 수 있다. 그러나 전통적인 제조 공예는 이런 복잡한 구조의 물품을 만드는 데 한계가 있다. **37** 그 이유는 금속 3D 프린터는 생성적 디자인(Generative Design)의 기능을 십분 발휘하여 디자인 단계에서 알고리즘을 통해 부품의 불필요한 부분을 줄이고, 심지어 인쇄 과정에서 부품의 다양한 부위의 성능을 계획적으로 제어할 수 있기 때문이다.

이 외에도 3D 프린팅 공예는 디자인 자유도가 높아서 불필요한 부분을 줄일 수 있을 뿐만 아니라, 여러 부품을 하나로 통합하여 작업 효율을 높이고 에너지 소모를 줄일 수 있다. 그리고 소량의 물품 또는 한 개만 만들 때 **38** 3D 프린팅 공예는 생산 시간이 짧을 뿐만 아니라 단가도 저렴하다. 그렇기 때문에 금속 3D 프린터는 샘플 제작이나 소량 생산에 적합하다. 마지막으로 금속 3D 프린터의 제조 강도는 이미 주조보다 높으며, 게다가 지속적인 기술의 발전으로 그 강도 역시 단조 강도에 근접해지고 있다.

39 그러나 금속 3D 프린터는 도달할 수 있는 정밀도가 제한적이기 때문에 후반에 정밀 가공 등 다른 공예를 통해야 한다. 특히 **40** 표면의 매끄러움 정도가 전통적인 공예에 비해 상대적으로 거친데, 이는 보완할 수 없는 아쉬운 부분이다. 현재 상황에서 금속 3D 프린터는 전통적인 공예를 대체하기 어렵다. 어떤 물품을 전통적인 공예 제작과 3D 프린팅 제작 모두

批量生产的零件、复杂性的零件、需要定制的零件，或者只需要快速完成的零件，金属3D打印机则是最好的选择。金属3D打印是目前金属工艺的良好补充，随着其技术的不断进步完善，未来应用面会更广泛。

가능하다고 할 때, 보통 전통적인 공예가 비용 면에서 장점을 지닌다. 결론적으로 말하면, 소량으로 생산하는 부품, 복잡한 부품, 주문 제작이 필요한 부품 또는 빠르게 완성해야 하는 부품에 대해서는 금속 3D 프린터가 최선의 선택이다. 금속 3D 프린팅은 현재 금속 공예의 좋은 보완책이며 기술이 끊임없이 발전하고 완벽해짐에 따라 미래에는 더 광범위하게 사용될 것이다.

金属3D打印机 jīnshǔ 3D dǎyìnjī 금속 3D 프린터 | 铸造 zhùzào 통 주조하다, 건립하다 | 锻造 duànzào 통 단조하다 | 定制 dìngzhì 통 주문하여 만들다 | 自由度 zìyóudù 자유도 | 组装 zǔzhuāng 통 조립하다 | 流程 liúchéng 명 과정, 공정 | 小批量 xiǎopīliàng 소량 | 逐层 zhúcéng 한 층 한 층, 겹겹이 | 构建 gòujiàn 통 세우다 | 激光粉末床熔融 jīguāng fěnmò chuáng róngróng 분말 소결 방식(powder bed fusion) | 熔化 rónghuà 통 융해하다, 녹다 | 固化 gùhuà 통 응고시키다, 응결시키다 | 晶格 jīnggé 명 결정격자(结晶格子) | 切割 qiēgē 통 절단하다, 자르다 | 零件 língjiàn 명 부품, 부속품 | 算法 suànfǎ 산법, 계산 방식 | 整合 zhěnghé 통 조정을 거쳐 다시 합치다 | 整体 zhěngtǐ 명 전체, 총체 | 提升 tíshēng 통 진급시키다, 등용하다 | 能耗 nénghào 에너지 소모 | 单价 dānjià 단가 | 样件 yàngjiàn 명 부속품 견본, 샘플 | 精度 jīngdù 정밀도 | 精加工 jīngjiāgōng 끝손질, 정밀 가공 | 光洁度 guāngjiédù 기계 부품의 표면의 매끄러운 정도 | 粗糙 cūcāo 형 투박하다, 거칠다 | 弥补 míbǔ 통 메우다, 보충하다 | 代替 dàitì 통 대신하다, 대체하다

34 A 녹음에서 '현재 이 기술은 이미 진정한 제조 기술이 되었지만, 처음에는 빠른 제조를 위한 방법 중 하나로 만들어진 것이다'라고 했으므로 정답은 A이다.

最初金属3D打印机出现的理由是什么？	금속 3D 프린터가 처음 나오게 된 이유는 무엇인가?
A 为了快速制造	A 빠른 제조를 위해서
B 为了个性设计	B 개성적인 디자인을 위해서
C 为了批量生产	C 대량 생산을 위해서
D 为了提高质量	D 품질을 높이기 위해서

35 优势 녹음에서 '주조와 단조 등 전통적인 공예와 비교해서 일정 부분의 장점을 가지고 있다'라고 했으므로 빈칸에는 '优势'를 써야 한다.

金属3D打印机和铸造、锻造等传统工艺相比，也具备一定的优势。	금속 3D 프린터는 주조와 단조 등 전통적인 공예와 비교해서 일정 부분의 장점을 가지고 있다.

36 C 녹음에서 '그 장점은 전통적인 공예로 만들 수 없는 복잡한 모양을 구축할 수 있다는 데 있다'라고 했으므로 정답은 C이다.

金属3D打印机在逐层创建物件时，其优势是什么？	금속 3D 프린터가 한 층 한 층 물품을 만들 때의 장점은 무엇인가?
A 制造方法简洁	A 제조 방법이 간단하다
B 设计自由度较高	B 디자인 자유도가 높다
C 制造复杂的形状	C 복잡한 모양을 만든다
D 提高物件可塑性	D 물품의 가소성을 높인다

简洁 jiǎnjié 형 간결하다 | 可塑性 kěsùxìng 명 가소성, 적응성

37 **B** 녹음에서 '그 이유는 금속 3D 프린터는 생성적 디자인의 기능을 십분 발휘하여'라고 했으므로 정답은 B이다.

金属3D打印机为何可以制造复杂结构的物件?	금속 3D 프린터는 어떻게 복잡한 구조의 물품을 만들 수 있는가?
A 可以快速分析结构	A 구조를 빨리 분석할 수 있어서
B 生成式设计的作用	B 생성적 디자인의 역할이 있어서
C 能进行数字化设计	C 디지털 디자인이 가능해서
D 可以掌控切割速度	D 절단 속도를 통제할 수 있어서

38 **D** 녹음에서 '3D 프린팅 공예는 생산 시간이 짧을 뿐만 아니라 단가도 저렴하다. 그렇기 때문에 금속 3D 프린터는 샘플 제작이나 소량 생산에 적합하다'라고 했으므로 정답은 D이다.

金属3D打印机适合制作样件或小批量生产的原因是什么?	금속 3D 프린터가 샘플 제작이나 소량 생산에 적합한 원인은 무엇인가?
A 原材料便宜	A 원료가 싸기 때문에
B 设计很简单	B 디자인이 심플하기 때문에
C 制作成本低	C 제작 원가가 낮기 때문에
D 生产时间短	D 생산 시간이 짧기 때문에

39 **A** 녹음에서 '그러나 금속 3D 프린터는 도달할 수 있는 정밀도가 제한적이기 때문에 후반에 정밀 가공 등 다른 공예를 통해야 한다'라고 했으므로 정답은 A이다.

金属3D打印机制作物件时，为什么后期还需要其他工艺进行精加工?	금속 3D 프린터로 물품을 만들 때 왜 후반에 또 다른 공예로 정밀 가공을 해야 하는가?
A 制作精度不够	A 제작 정밀도가 부족해서
B 制作质量不高	B 제작 품질이 좋지 않아서
C 组装工序的要求	C 조립 순서에 의한 필요로
D 技术达不到标准	D 기술이 기준 미달이기 때문에

40 **弥补** 녹음에서 '표면의 매끄러움 정도가 전통적인 공예에 비해 상대적으로 거친데, 이는 보완할 수 없는 아쉬운 부분이다'라고 했으므로 빈칸에는 '弥补'를 기입해야 한다.

金属3D打印机制作物件时，物件的表面光洁度相对传统工艺要粗糙一些，这是无法弥补的遗憾。	금속 3D 프린터로 물품을 만들 때 물품 표면의 매끄러움 정도가 전통적인 공예에 비해 상대적으로 거친데, 이는 보완할 수 없는 아쉬운 부분이다.

二、阅读 독해

제1부분 **41~68** 지문을 읽고 정답을 선택하거나 빈칸을 채우세요.

41~47

古城，一般是指有着百年以上历史，可供集中居住的建筑群。中国历史悠久，广阔土地上有着很多文化底蕴深厚的古城。其中有一部分已经被联合国教科文组织列入世界文化遗产。据不完全统计，中国古镇多达220个，其中平遥古城是中国保存最为完好的四大古城之一。它既具有历史文化价值、建筑和艺术价值，**41** 还具有实用价值，至今还居住着城市居民。对于喜欢旅游的人来说，平遥古城是一个不错的选择。

42 平遥古城 位于 山西省中部，是一座具有2700多年历史的文化名城。平遥古城始建于西周宣王时期(公元前827~782年)，为西周大将尹吉甫驻军于此而建。**43** 自公元前221年中国实行"郡县制"以来，延续至今。平遥古城一直是"县治"的所在地，也是中国最基层的一级城市。现在保存的古城墙是明洪武三年(公元1370年)扩建时的原状，**44** 城内现存六大寺庙建筑群和县衙署、市楼等历代古建筑均是原来的实物，城内有大小街巷100多条，还是原来的历史形态，街道两旁的商业店铺基本上是17~19世纪的建筑，城内有3797处传统民居，其中400多处保存价值较高，其地方风貌很独特。

平遥古城历尽沧桑、几经变迁，成为国内现存最完整的一座明清时期中国古代县城的原型。**45** 平遥古城素有"中国古建筑的荟萃和宝库"之称，文物古迹保存之多、品位之高实为国内所罕见。这些文物古迹中，有始建于西周，扩建于明洪武3年(1370年)，规模宏大，气势雄伟的国内保存最完整的城墙；有始建于北汉天会七年(963年)被列入中国第三位的现存最珍贵的木结构建筑镇国寺万佛殿；殿内的五代彩塑堪称珍品，是研究中国早期彩塑的样本。同时，平遥古城是中国古代民居建筑的荟萃中心之一。古城内现存的4000处古、近代民居建筑中，有400余处典型地体现着中国古、近代北方民居建筑的风格和特点。

고성(오래된 도시)은 일반적으로 100년 이상의 역사를 갖고 있고, 집중 거주가 가능한 건축군을 가리킨다. 중국은 역사가 깊어서 광활한 토지 위에 문화적 역사가 깊은 많은 고성들이 있다. 그중 일부는 이미 유네스코 세계 문화유산으로 등재되었다. 불완전한 통계에 의하면 중국의 고읍은 220개에 달하며, 그중 핑야오 고성은 중국에서 가장 잘 보존되어 있는 4대 고성 중 하나이다. 이 고성은 역사 문화적 가치와 건축 및 예술적 가치를 지니며, **41** 또한 실용적 가치도 지니고 있는데 현재까지도 도시 주민들이 거주하고 있다는 점이다. 여행을 좋아하는 사람들에게 있어 핑야오 고성은 훌륭한 선택지이다.

42 산시성 중부에 위치한 핑야오 고성은 2700여 년의 역사를 지닌 유명한 문화 도시이다. 핑야오 고성은 서주 선왕 시기(기원전 827~782년)에 창건되어 서주 대장 윤길보가 이곳에 군대를 주둔시키기 위해 세워졌으며, **43** 기원전 221년 중국이 '군현제'를 시행한 이래 지금까지 이어지고 있다. 핑야오 고성은 줄곧 '현치(현 정부의 소재지)'의 소재지로 중국 최저 기층 1급 도시이다. 현재 보존되어 있는 고성 벽은 명나라 홍무 3년(서기 1370년) 증축 당시의 원형이며, **44** 성내에 현존하는 6개의 사찰 건물과 현 관청, 시루(市楼) 등 역대 고건축물은 모두 원래의 실물이다. 성 내에는 크고 작은 거리와 골목이 100여 갈래가 있는데 여전히 원래의 역사적 형태를 유지하고 있다. 거리 양쪽의 상점은 대부분 17~19세기의 건축물이며, 성 내에는 3797개의 전통 민가가 있고 그중 보존 가치가 비교적 높은 곳은 400여 곳으로 독특한 지역적 특색을 지니고 있다.

핑야오 고성은 오랜 세월동안 많은 경험과 변천 과정을 거치며 국내에서 현존하는 가장 온전한 명청 시대 중국 고대 현성(县城)의 원형이 되었다. **45** 핑야오 고성은 예로부터 '중국 고건축의 집합과 보고'로 불렸으며, 국내에서 보기 드물 정도로 많은 문물과 고적이 보존되어 있고 품격이 높다. 이런 문물 고적에는 서주 시기에 창건되어 명나라 홍무 3년(1370년)에 확장된 방대한 규모와 웅장한 기세를 지니고 있는 국내에서 가장 완전하게 보존된 성벽과, 베이한(北汉) 천회(天会) 7년(963년)에 창건되어 중국 3위에 등록된 현존하는 가장 진귀한 목조 건축물인 진국사 만불전이 있다. 만불전 내의 5대 채색 소조(彩塑)는 진귀한 물품이라 할 만하며 중국 초기 채색 소

平遥古城自明洪武三年(公元1370年)重建以后，**46** 基本保持了原有格局，有文献及实物可以查证。平遥城内的重点民居，系建于公元1840～1911年之间。民居建筑布局严谨，轴线明确，左右对称，主次分明，轮廓起伏，外观封闭，大院深深。**47** 精巧的木雕、砖雕和石雕配以浓重乡土气息的剪纸窗花，惟妙惟肖，栩栩如生，是迄今汉民族地区保存最完整的古代居民群落。

1997年联合国教科文组织特派专家田中淡考察平遥古城时欣然题词"平遥古城甲天下"。联合国教科文组织对平遥古城的评价是："平遥古城是中国汉民族城市在明清时期的杰出范例，平遥古城保存了其所有特征，而且在中国历史的发展中为人们展示了一幅非同寻常的文化、社会、经济及宗教发展的完整画卷。"

조 연구의 표본이다. 동시에 핑야오 고성은 중국 고대 민가 건축의 집합지 중 하나인데, 고성 내에 현존하는 4000여 곳의 고·근대 민가 건물 중 400여 곳은 전형적인 중국 고·근대 북방 민가 건축물의 스타일과 특징을 보여 준다.

핑야오 고성은 명나라 홍무 3년(서기 1370년)에 재건된 이후 **46** 거의 원래의 구조를 유지하고 있는데 이는 문헌이나 실물로 검증할 수 있다. 핑야오 고성 내 중심 민가는 서기 1840년에서 1911년 사이에 지어졌다. 민가의 건축물은 구조가 촘촘하고 축선이 뚜렷하며 좌우가 대칭되고 주차가 분명하며 윤곽의 높낮이가 다양해 외관이 폐쇄되어 있고 마당이 깊이 있다. **47** 정교한 목조(木雕)와 전조(砖雕) 그리고 석조(石雕)에 고향의 정취가 짙은 종이 공예 창문 장식이 더해져서 실제의 것처럼 생동감 있으며, 지금까지 한족 지역에서 가장 완전하게 보존된 고대 주민 단지이다.

1997년 유네스코 특파 전문가 다나카단은 핑야오 고성을 현지 조사하던 중 선뜻 '핑야오 고성 갑천하'라는 기념사를 남겼다. 유네스코는 핑야오 고성에 대해 '핑야오 고성은 명청 시대의 대표적인 중국 한족 도시의 훌륭한 모델로 그것의 모든 특징을 보존했을 뿐 아니라, 중국 역사의 발전 과정 속에서 사람들에게 색다른 문화, 사회, 경제, 종교 발전의 완전한 모습 한 폭을 보여 주었다'라고 평가했다.

广阔 guǎngkuò 휑 광활하다, 넓다 │ **文化底蕴** wénhuà dǐyùn 휑 문화적 소양, 문화 소양 │ **深厚** shēnhòu 휑 (감정이) 깊고 두텁다, (기초가) 단단하다, 튼튼하다 │ **联合国教科文组织** Liánhéguó Jiào kē wén Zǔzhī 유네스코(UNESCO) │ **列入** lièrù 동 집어넣다, 끼워 넣다 │ **古镇** gǔzhèn 명 오래된 마을 │ **平遥古城** Píngyáo gǔchéng 핑야오 고성 │ **驻军** zhùjūn 동 군대를 주둔시키다 │ **延续** yánxù 동 계속하다, 연장하다 │ **郡县制** jùnxiànzhì 명 군현제 │ **所在地** suǒzàidì 명 소재지, 주소지 │ **基层** jīcéng 명 기층, 조직의 말단, 하부 조직 │ **扩建** kuòjiàn 동 증축하다, 확대하다 │ **原状** yuánzhuàng 명 원래의 상태 │ **寺庙** sìmiào 명 사원, 절, 사찰 │ **县衙署** xiàn yáshǔ 현 관청 │ **历代** lìdài 명 역대, 대대 │ **店铺** diànpù 명 점포, 상점 │ **历尽沧桑** lìjìn cāngsāng 세상만사의 모든 변화를 다 경험하다 │ **荟萃** huìcuì 동 (우수한 인물이나 물건 등이) 모이다 │ **宝库** bǎokù 명 보고, 보물 창고 │ **文物古迹** wénwù gǔjì 문물 고적 │ **罕见** hǎnjiàn 형 보기 드물다, 희한하다 │ **宏大** hóngdà 형 웅대하다, 거대하다, 방대하다 │ **气势** qìshì 명 기세, 형세 │ **雄伟** xióngwěi 형 웅위하다, 우람하다 │ **佛殿** fódiàn 명 불전, 불당 │ **彩塑** cǎisù 명 (채색한) 소조·소상 │ **堪称** kānchēng 동 ~라고 할 만하다 │ **珍品** zhēnpǐn 명 진품, 진귀한 물건 │ **典型** diǎnxíng 형 전형적이다 │ **原有** yuányǒu 동 이전부터 있다, 고유하다 │ **格局** géjú 명 짜임새, 골격, 구성 │ **文献** wénxiàn 명 문헌 │ **查证** cházhèng 동 조사하여 증명하다 │ **布局** bùjú 명 구성, 배치, 구조 │ **严谨** yánjǐn 형 빈틈없다, 완전하다 │ **轴线** zhóuxiàn 명 축, 축선 │ **左右对称** zuǒyòu duìchèn 좌우가 대칭하다 │ **主次** zhǔcì 명 일의 경중, 본말 │ **轮廓** lúnkuò 명 윤곽, 테두리 │ **起伏** qǐfú 동 기복하다, 변화하다 │ **封闭** fēngbì 동 밀봉하다, 봉쇄하다 │ **大院** dàyuàn 명 깊은 정원, 뜰, 마당 │ **木雕** mùdiāo 명 목조 │ **砖雕** zhuāndiāo 명 전조, 조각 공예품 │ **石雕** shídiāo 명 석조 │ **浓重** nóngzhòng 형 (연기·냄새·색채 등이) 농후하다, 짙다 │ **乡土气息** xiāngtǔ qìxī 명 농촌 분위기, 향토의 정취 │ **剪纸窗花** jiǎnzhǐ chuānghuā 창문 장식용 전지 │ **惟妙惟肖** wéi miào wéi xiào 성 모방이나 묘사를 매우 잘해서 진짜와 꼭 같다 │ **栩栩如生** xǔxǔ rúshēng 성 생생하게 살아 있는 듯하다, 생동감이 넘치다 │ **迄今** qìjīn 지금에 이르기까지 │ **群落** qúnluò 명 군락 │ **特派** tèpài 동 특파하다 │ **考察** kǎochá 동 현지 조사하다, 고찰하다 │ **欣然** xīnrán 형 기꺼이, 선뜻 │ **题词** tící 명 머리말, 서문 │ **甲天下** jiǎ tiānxià 세상에서 가장 뛰어나다, 천하제일 │ **范例** fànlì 명 범례, 본보기 │ **非同寻常** fēitóng xúncháng 형 보통이 아니다, 예외이다 │ **完整** wánzhěng 형 온전하다, 완전무결하다 │ **画卷** huàjuàn 명 장려한 자연 경관이나 감동적인 장면

---

41 **A** 첫 단락에서 '또한 실용적 가치도 지니고 있는데 현재까지도 도시 주민들이 거주하고 있다는 점이다'라고 했으므로 정답은 A이다.

平遥古城为什么具有实用价值？	핑야오 고성은 왜 실용적 가치가 있는가?
A 仍有人居住	A 여전히 사람이 살고 있어서
B 蕴含文化内涵	B 문화적 의미가 함축되어 있어서
C 拥有人文旅游资源	C 인문 여행 자원을 가지고 있어서
D 古代民居保存完好	D 고대 민가가 잘 보존되어 있어서

42 C 빈칸 앞뒤 문장을 비교해 보면 앞 문장은 '핑야오 고성'이고 뒤 문장은 '산시성 중부'이다. 이로써 이 문장은 핑야오 고성의 위치가 어디인지를 소개하고 있다는 것을 알 수 있다. 보기 C '位于(위치하다)'는 '位置在(위치는 ~이다)'의 의미이므로 정답은 C이다. 보기 D '坐落'는 공간에서 건축물의 구체적인 위치를 묘사할 때 쓰인다. 둘의 차이점을 비교해 보면 다음과 같다.

① A位于B(B는 비교적 넓은 범위)

　　黄土高原位于黄河中游地区。 황토고원은 황허 중류 지역에 위치한다.

② A坐落在/于B(B는 구체적인 장소)

　　巴黎是法国的首都，坐落在塞纳河上。 파리는 프랑스의 수도로, 센강에 자리잡고 있다.

根据上下文，第二段的空白处最适合填入的词语是什么？	앞뒤 문장에 따르면, 두 번째 단락 빈칸에 들어갈 가장 적합한 단어는 무엇인가？
A 分布	A 분포하다
B 容纳	B 수용하다
C 位于	C 위치하다
D 坐落	D 자리잡다

43 D 두 번째 단락에서 '기원전 221년 중국이 '군현제'를 시행한 이래 지금까지 이어지고 있다. 핑야오 고성은 줄곧 '현치'의 소재지로 중국 최저 기층의 1급 도시이다'라고 했다. 여기서 주의할 것은 '郡县制(군현제)'와 '县治(현치)'가 같은 개념이라는 것이다. 그러므로 답으로 D를 선택해야 한다.

为什么说平遥古城是属于中国最基层的一级城市？	왜 핑야오 고성이 중국 최저 기층 1급 도시에 속한다고 이야기하는가？
A 城市人口密度低	A 도시 인구 밀도가 낮기 때문에
B 经济发展很缓慢	B 경제 발전이 더디기 때문에
C 基础设施很简陋	C 기초 시설이 보잘것없기 때문에
D 一直实行郡县制	D 줄곧 군현제를 시행했기 때문에

简陋 jiǎnlòu 톙 (가옥·설비 등이) 초라하다, 보잘것없다, 누추하다

44 A 두 번째 단락에서 '성내에 현존하는 6개의 사찰 건물과 현 관청, 시루 등 역대 고건축물은 모두 원래의 실물이다'라고 했으므로 정답은 A이다.

下列哪座古建筑是属于平遥古城的原来的实物?	다음 중 어느 고건축물이 핑야오 고성의 원래 실물에 속하는가?
A 寺庙	A 사찰
B 街巷	B 거리와 골목
C 店铺	C 상점
D 民居	D 민가

45 D 세 번째 단락에서 '핑야오 고성은 예로부터 '중국 고건축의 집합과 보고'로 불렸으며, 국내에서 보기 드물 정도로 많은 문물과 고적이 보존되어 있고 품격이 높다'라고 했으므로 정답은 D이다.

为什么平遥古城会有"中国古建筑的荟萃和宝库"之称?	왜 핑야오 고성이 '중국 고건축의 집합과 보고'라고 불리는가?
① 建筑技术精湛	① 건축 기술이 뛰어나다
② 文物古迹多	② 문물 고적이 많다
③ 建筑布局严谨	③ 건축 구조가 촘촘하다
④ 文物古迹品位高	④ 문물 고적의 품격이 높다
A ①②	A ①②
B ①③	B ①③
C ②③	C ②③
D ②④	D ②④

46 A 네 번째 단락에서 '거의 원래의 구조를 유지하고 있는데 이는 문헌이나 실물로 검증할 수 있다'라고 했으므로 정답은 A이다.

如何知道平遥古城保持了原有的格局?	핑야오 고성이 원래의 구조를 유지한 것을 어떻게 알 수 있는가?
A 有文献可查证	A 문헌의 검증으로
B 考古家的发现	B 고고학자의 발견으로
C 当地居民的证实	C 현지 주민의 증명으로
D 虚拟技术的应用	D 가상 기술의 응용으로

47 B 네 번째 단락에서 '정교한 목조와 전조 그리고 석조'라고 했으므로 포함되지 않는 것은 B이다.

下列哪项不属于平遥古城民居中的建筑雕刻?	다음 중 핑야오 고성 민가의 건축 조각에 속하지 않는 것은 무엇인가?
A 石雕	A 석조
B 铜雕	B 동조
C 木雕	C 목조
D 砖雕	D 전조

阿尔茨海默病俗称"老痴"，该病听起来似乎离年轻人十分遥远，然而某家《医学杂志》近期刊发的医学论文却给人们敲响了警钟，30~64岁人群中每10万人就有119人患有"老痴"。而且，**48** 与认知能力下降相关的风险因素，对脑部的损害在青少年时期就开始累积了。但目前有关脑健康的研究大多停留在儿童和老人两大群体上，对年轻人的关注较少，也未引起足够重视。

49 虽然少数患者在青年期就罹患了阿尔茨海默病，但事实上年轻人更有可能罹患其他类型的痴呆，如脑血管病所致的血管性痴呆，以及感染性、中毒性、代谢性、肿瘤、外伤等疾病所引起的认知障碍，往往进展非常快速。这与年轻人高油高盐高脂的饮食、熬夜、缺乏运动、精神压力过大、滥用药物、吸烟酗酒、过度暴露于噪音环境中，以及血压、血糖、血脂、体重等身体指标控制不佳有极大关系。因此，有关专家呼吁，**50** 应该在年轻人中发动一场"脑健康运动"，积极主动地监测和记录潜在的风险，保护脑功能，提高脑部的认知储备。具体来说，可从以下几方面做起：

首先，积极地管理风险因素。风险因素包括心血管风险与认知功能下降。而两者之间密切相关，建议年轻人家中也要常备一台血压仪，定期测量，尽量将血压控制在130/80毫米汞柱以下。**51** 另外，每年还要定期体检，发现血脂、血糖异常，及时就医进行控制，以免发展为糖尿病等一些严重疾病。

其次，抽出一定时间运动。运动不足是目前所有人群面临的普遍问题，特别是年轻人工作忙、压力大，很少有充分的时间锻炼身体。有关研究显示，年轻时没有进行中高强度体育锻炼的人，25年后大脑发生病变的风险高出47%。**52** 如果时间紧，不妨利用碎片时间多锻炼，比如吃完午饭后散散步，工作间隙做做拉伸运动，下班回家最后一公里骑车或步行，久而久之就会形成良好的运动习惯。

第三，保证睡眠时间。研究发现，睡眠不足会导致认知能力显著受损。因此，年轻人即便工作再忙，每天也要保证7~8小时睡眠，不要熬夜玩游戏、看手机，午间也要抽时间小憩一会儿。

最后，**53** 重视社交活动。如今，"一人独居、两眼惺忪、三餐外卖、四季网购、五谷不分"是很多年轻独居者的真实写照。一个人很容易凑活过，饥一顿饱一顿，饮食营养质量低，宅在家运

알츠하이머는 통속적으로 '노년 치매'라고 불리며, 젊은 사람들과는 동떨어진 것처럼 들린다. 하지만 최근 어느 『의학 잡지』에 실린 의학 논문이 사람들에게 경종을 울렸는데, 30~64세 인구 10만 명당 119명이 '노년 치매'를 앓고 있다. 게다가 **48** 인지 능력 저하와 관련된 위험 요소가 뇌에 미치는 손상은 청소년 시기부터 쌓이기 시작한다. 하지만 현재 뇌 건강에 관한 연구는 대부분 어린이와 노인 두 집단에 머무르고 있으며, 청년층에 대한 관심이 부족하고 중시도 받지 못하고 있다.

49 비록 젊은 시기에 알츠하이머에 걸리는 환자는 소수지만, 사실 젊은 사람들의 경우 다른 유형의 치매에 걸릴 가능성이 더 크다. 예를 들면 뇌혈관 질환에 의한 혈관성 치매와 감염성, 중독성, 대사성, 종양, 외상 등의 질병으로 인한 인지 장애가 있으며, 보통 진행 속도가 매우 빠르다. 이는 젊은이들의 고지방 및 고염분 섭취와 밤샘, 운동 부족, 과도한 정신적 스트레스, 약물 남용, 흡연과 폭음, 과도한 소음 환경에의 노출, 그리고 혈압, 혈당, 혈액 지질, 체중 등 신체 지표를 통제하지 못하는 것과 아주 큰 연관이 있다. 그래서 관련 전문가들은 **50** 젊은이들 사이에서 '뇌 건강 운동'을 전개하여 적극적으로 잠재적 리스크를 모니터링 및 기록하고 뇌 기능을 보호하여 뇌의 인지적 비축분(Cognitive Reserve)을 높여야 한다고 호소한다. 구체적으로는 다음의 몇 가지 면에서 시행할 수 있다.

우선, 리스크 요인을 적극적으로 관리한다. 리스크 요인에는 심혈관 리스크와 인지 기능 저하가 포함된다. 이 둘은 밀접하게 연관되어 있는데, 젊은이들에게 집에 혈압계 한 대를 상비하여 정기적으로 측정하고 혈압을 130/80mmHg 이하로 통제할 것을 제안한다. **51** 또한 매년 정기적인 건강 검진을 받아야 하며 혈액 지질과 혈당에 이상이 생기면 즉시 진료를 통해 컨트롤하고 당뇨병 등 심각한 질병으로 발전하지 않도록 해야 한다.

다음은, 일정한 시간을 내서 운동을 하는 것이다. 운동 부족은 현재 모든 사람들이 직면한 보편적인 문제이며 특히 젊은이들은 일이 바쁘고 스트레스를 많이 받아서 운동할 시간이 충분하지 않다. 관련 연구에 따르면 젊었을 때 중·고강도 운동을 하지 않은 사람은 25년 후 뇌에 병변이 생길 위험이 47% 높다고 한다. **52** 만약 시간이 부족하다면 자투리 시간을 이용해서 많이 운동하는 것도 무방하다. 예를 들면 점심을 먹고 산책을 하거나, 업무 중간에 스트레칭을 하거나, 퇴근길 마지막 1km는 자전거나 도보로 이동하는 것으로, 오래되면 좋은 운동 습관이 될 것이다.

셋째, 수면 시간을 보장한다. 수면 부족이 인지 능력을 현저히 손상시킬 수 있다는 연구 결과가 있다. 그렇기 때문에 젊은이들은 많이 바쁘더라도 매일 7~8시간의 수면을 보장해야 하고, 밤새 게임을 하거나 핸드폰을 보지 않아야 하며, 점심시간에도 시간을 내서 잠깐 쉬어야 한다.

마지막으로, **53** 사교 활동을 중시해야 한다. 요즘 '1인 독

动少，长期这样生活，不与他人进行沟通，会感到压抑，大脑功能也会衰退。因此，建议年轻人要定期与家人、朋友联系，不要过分依赖网络社交，**54** 尽量面对面交流，通过对眼神、动作的观察以及双方的互动，能让大脑更兴奋。其中最重要的是，学习一项技能，年轻人更要积极储备新知识和新技能。刺激认知可延缓认知功能的衰退。

거, <u>흐리멍덩한 두 눈</u>, 세끼 배달, 사계절 온라인 쇼핑, 오곡 구분 불가(세상 물정 모름)'는 많은 1인 가구 젊은이들의 실제 모습이다. 혼자면 대충 살기 쉬워서 끼니를 잘 챙기지 않거나 영양의 질이 떨어지거나 집에만 있어서 운동이 부족해지기 쉬운데, 이런 생활이 장기화되면 타인과 소통하지 않아 우울해질 수 있고 뇌기능도 쇠퇴된다. 그렇기 때문에 젊은이들은 정기적으로 가족 및 친구들과 연락을 하고 온라인 교류에 지나치게 의존하지 않을 것을 제안하며, **54** 최대한 얼굴을 보며 소통하고, 눈빛과 움직임에 대한 관찰 및 상호 작용을 함으로써 뇌를 더 흥분시킬 수 있다. 그중에서 가장 중요한 것은 한 가지 기능을 배우는 것인데, 젊은이들은 적극적으로 새로운 지식과 기능을 쌓아야 한다. 인지 자극은 인지 기능의 쇠퇴를 늦출 수 있다.

阿尔茨海默病 ā'ěrcíhǎimòbìng 몡 알츠하이머병 | 俗称 súchēng 통 속칭하다, 통속적으로 부르다 | 遥远 yáoyuǎn 혱 아득히 멀다, 요원하다 | 刊发 kānfā 통 발행하다, 발간하다 | 敲响 qiāoxiǎng 통 두드려 울리다 | 警钟 jǐngzhōng 몡 경종, 비상벨 | 认知能力 rènzhī nénglì 인지 능력 | 累积 lěijī 통 누적하다, 축적하다 | 停留 tíngliú 통 머물다, 멈추다 | 罹患 líhuàn 통 병이 들다, 병에 걸리다 | 痴呆 chīdāi 몡 치매 | 脑血管 nǎoxuèguǎn 몡 뇌혈관 | 血管性痴呆 xuèguǎnxìng chīdāi 혈관성 치매 | 感染性 gǎnrǎnxìng 감염증 | 中毒性 zhòngdúxìng 몡 중독성 | 代谢性 dàixièxìng 몡 대사성 | 肿瘤 zhǒngliú 몡 종양 | 外伤 wàishāng 몡 외상 | 认知障碍 rènzhī zhàng'ài 인지 장애 | 滥用药物 lànyòng yàowù 약물 남용 | 酗酒 xùjiǔ 통 주정하다, 취해서 난폭하게 굴다 | 暴露 bàolù 통 폭로하다, 드러내다 | 噪音 zàoyīn 몡 소음, 잡음 | 血压 xuèyā 몡 혈압 | 血糖 xuètáng 몡 혈당 | 血脂 xuèzhī 몡 혈액 지질 | 指标 zhǐbiāo 몡 목표, 지표 | 不佳 bùjiā 혱 좋지 않다 | 呼吁 hūyù 통 호소하다, 청하다 | 发动 fādòng 통 개시하다, 행동하기 시작하다 | 监测 jiāncè 통 검측하다, 측정하다 | 潜在 qiánzài 통 잠재하다 | 风险 fēngxiǎn 몡 위험 | 储备 chǔbèi 통 비축하다, 저장하다 | 常备 chángbèi 통 항상 준비하다 | 血压仪 xuèyāyí 혈압계 | 测量 cèliáng 통 측량하다 | 毫米汞柱 háomǐ gǒngzhù 밀리미터 수은주 | 体检 tǐjiǎn 몡 신체검사 | 异常 yìcháng 혱 이상하다, 정상이 아니다 | 就医 jiùyī 통 진찰을 받다, 치료 받다 | 糖尿病 tángniàobìng 몡 당뇨병 | 病变 bìngbiàn 몡 병리 변화 | 碎片时间 suìpiàn shíjiān 자투리 시간, 짬 | 间隙 jiànxì 몡 틈새, 사이, 짬 | 拉伸运动 lāshēn yùndòng 스트레칭 | 步行 bùxíng 통 걸어서 가다, 도보로 가다 | 小憩 xiǎoqì 통 잠깐 쉬다 | 惺忪 xīngsōng 혱 잠에서 막 깨어나 게슴츠레하다 | 写照 xiězhào 통 인물의 형상을 그리다 | 凑活 còuhuo 통 임시변통하다, 아쉬운 대로 지내다 | 压抑 yāyì 통 억압하다, 억제하다 | 衰退 shuāituì 통 쇠퇴하다, 감퇴하다 | 眼神 yǎnshén 몡 눈빛, 시력 | 互动 hùdòng 통 상호 작용을 하다 | 刺激 cìjī 통 자극하다 | 延缓 yánhuǎn 통 늦추다, 미루다

48 **C** 첫 단락에서 '인지 능력 저하와 관련된 위험 요소가 뇌에 미치는 손상은 청소년 시기부터 쌓이기 시작한다'라고 했는데, 이 말을 정리하면 환자의 뇌는 청소년 시기에 리스크 요인으로 인한 손상을 받는다는 것이므로 정답은 C이다.

30~64岁的阿尔茨海默病患者在青少年时期会遇到什么问题?	30~64세의 알츠하이머 환자들은 청소년 시기에 어떤 문제와 마주하게 되는가?
A 视力下降	A 시력 저하
B 记忆力下降	B 기억력 저하
C 脑部受到损害	C 뇌 손상
D 焦躁症的困惑	D 조급증으로 인한 곤혹

焦躁症 jiāozàozhèng 조급증

49 **D** 두 번째 단락에서 '사실 젊은 사람들의 경우 다른 유형의 치매에 걸릴 가능성이 더 크다. 예를 들면 혈관성 치매와 ~등의 질병으로 인한 인지 장애가 있으며, 보통 진행 속도가 매우 빠르다'라고 했다. 여기서 주의해야 할 말은 '다른 유형의 치매에 걸린다'이므로 알츠하이머병은 배제해야 한다. 따라서 정답은 D이다.

年轻人更有可能患有哪些痴呆症?	젊은이들은 어떤 치매에 걸릴 가능성이 높은가?
① 帕金森病导致的痴呆	① 파킨슨병에 의한 치매
② 血管性痴呆	② 혈관성 치매
③ 阿尔茨海默病	③ 알츠하이머병
④ 认知障碍性痴呆	④ 인지 장애성 치매
A ①②	A ①②
B ①③	B ①③
C ②③	C ②③
D ②④	D ②④

帕金森病 pàjīnsēnbìng 명 파킨슨병

---

50 **B** 두 번째 단락에서 '젊은이들 사이에서 '뇌 건강 운동'을 전개하여 적극적으로 잠재적 리스크를 모니터링 및 기록하고 뇌 기능을 보호하여 뇌의 인지적 비축분을 높여야 한다'라고 했으므로 정답은 B이다.

年轻人应该发动一场"脑健康运动",脑健康运动指的是什么?	젊은이들은 '뇌 건강 운동'을 전개해야 한다는 문장에서 뇌 건강 운동은 무엇을 가리키는가?
A 饮食需要营养均衡	A 음식의 영양 균형이 필요한 것
B 主动监测潜在危险	B 적극적으로 잠재적 리스크를 모니터링하는 것
C 多和医生进行商谈	C 의사와 많이 상담하는 것
D 随时进行脑部检查	D 수시로 뇌 검사를 하는 것

---

51 **A** 세 번째 단락 마지막 문장에서 '또한 매년 정기적인 건강 검진을 받아야 하며, 혈액 지질과 혈당에 이상이 생기면 즉시 진료를 통해 컨트롤하고 당뇨병 등 심각한 질병으로 발전하지 않도록 해야 한다'라고 했다. 즉, 혈액 지질 이상과 혈당 이상이 당뇨병 확진의 조건인데, 혈액 지질이 낮은지에 대한 내용은 없으므로 정답은 A이다.

糖尿病的确诊条件是什么?	당뇨병으로 확진되는 조건은 무엇인가?
A 血糖异常	A 혈당 이상
B 血脂过低	B 과도하게 낮은 혈액 지질
C 身体消瘦	C 몸이 수척해짐
D 挑食偏食	D 편식

消瘦 xiāoshòu 형 여위다, 수척해지다 | 挑食 tiāoshí 동 편식하다 | 偏食 piānshí 동 편식하다

---

52 **D** 빈칸 앞뒤 문장을 비교해 보면, 앞 문장은 '만약 시간이 촉박하다면'이고 뒤 문장은 '자투리 시간을 이용해서 많이 운동하다'이다. 여기서 앞뒤 문장이 가설 관계임을 알 수 있다. 가설 관계를 나타내는 접속사는 '如果……, 就……(만약 ~한다면)'이므로, 보기에서 '就'의 의미와 비슷한 어휘를 찾으면 정답은 D이다. 왜냐하면 '不妨(~해도 무방하다)'은 '可以这样做(이렇게 해도 된다)'의 의미이며, 전체 문장의 의미는 '만약 시간이 많지 않다면 이렇게 해도 괜찮다'로, 즉 자투리 시간을 이용해서 많이 운동해도 괜찮다는 의미이다.

<table>
<tr>
<td>

根据上下文，第四段的空白处最适合填入的词语是什么？

A 以便

B 以致

C 以免

D 不妨

</td>
<td>

앞뒤 문장에 따르면, 네 번째 단락의 빈칸에 들어갈 가장 알맞은 단어는 무엇인가?

A ~하기 편리하도록

B ~을 초래하다

C ~하지 않도록

D ~해도 무방하다

</td>
</tr>
</table>

53 **D** 마지막 단락에서 '요즘 '1인 독거, 흐리멍덩한 두 눈, 세끼 배달, 사계절 온라인 쇼핑, 오곡 구분 불가'는 많은 1인 가구 젊은이들의 실제 모습이다'라고 했다. 이 문장은 1인 가구 젊은이들의 생활 모습을 묘사하고 있다. '惺忪'은 잠에서 금방 깬 모양으로 때로는 아직 완전히 깨어나지 못한 상태를 가리킨다. 앞뒤 문장에 근거해서 '惺忪'이 늘 정신을 못 차리는 모습을 가리킴을 알 수 있고, 이는 '흐리멍덩한 모양'을 뜻하므로 정답은 D이다.

<table>
<tr>
<td>

画线句子"两眼惺忪"是什么意思？

A 眼睛不舒服

B 总是想睡觉

C 刚睡醒的样子

D 每天糊里糊涂

</td>
<td>

밑줄 친 부분인 '两眼惺忪'은 무슨 뜻인가?

A 눈이 불편하다

B 항상 졸리다

C 잠에서 금방 깬 모양

D 매일 흐리멍덩하다

</td>
</tr>
</table>

糊里糊涂 húlihútú 형 얼떨떨하다, 흐리멍덩하다, 정신이 없다

54 **B** 마지막 단락에서 '최대한 얼굴을 보며 소통하고, 눈빛과 움직임에 대한 관찰 및 상호 작용을 함으로써 뇌를 더 흥분시킬 수 있다'라고 했으므로 정답은 B이다.

<table>
<tr>
<td>

让大脑更兴奋的方法是什么？

A 多看电视剧

B 面对面交流

C 学习表演技术

D 多做激烈运动

</td>
<td>

뇌를 더욱 흥분시키는 방법은 무엇인가？

A 드라마를 많이 본다

B 얼굴을 보며 소통한다

C 연기 기술을 배운다

D 격렬한 운동을 많이 한다

</td>
</tr>
</table>

55~61

目前中国已有酒泉、太原、西昌、文昌四处陆地发射场，为什么还要到海上去发射？从茫茫的荒漠戈壁到浩瀚的汪洋大海，海上发射又要克服哪些难题？

　　细心的人会发现，陆地发射场基本上都是靠近地球赤道的位置，**55** 这是因为被发射卫星的飞行速度是由运载火箭的速度与地球的转动速度叠加起来形成的。在运载火箭的速度一定的情况

현재 중국에는 이미 주취안, 타이위안, 시창, 원창 4곳의 육상 발사장이 있는데, 왜 또 해상으로 가서 발사를 해야 하는가? 아득한 사막에서 광활한 망망대해로, 해상 발사는 또 어떠한 난제들을 극복해야 할까?

세심한 사람들은 육상 발사장이 기본적으로 모두 지구 적도 가까이에 위치해 있다는 것을 발견했을 것이다. **55** 이는 발사된 위성의 비행 속도가 탑재 로켓의 속도와 지구의 회전 속도가 합쳐져서 형성되기 때문이다. 탑재 로켓의 속도가 일정한 상

下，发射场的纬度越低，地球的转动速度越大，从而可使被发射卫星的轨道速度越大。如果从赤道向东发射卫星，则能最大限度地利用地球的转动能量，**56** 这实质上是借助地球的自转力来提高卫星的飞行速度。另外，从赤道或靠近赤道的发射场向东发射卫星时，可使卫星的飞行轨道与最终轨道处于或靠近同一平面内，这样可以节省卫星所需要的大量能量，大大延长卫星运行寿命。所以，在选择发射场时，应当尽量选择在低纬度地区，最好是建在赤道附近，这样既能借力，又可省力。

　57 在海上发射火箭，与陆地发射场发射 有所不同 ，火箭发射对稳定性有相当高的要求。**58** 因此海上发射时，通常需要海况较好，而且发射平台也要具备较强的抗风浪能力。在海上发射火箭前，需要从港口运输到发射海域并进行组装，会较长时间处于海洋环境之中，**59** 海上潮湿、盐雾的环境将直接影响火箭和卫星等载荷的元器件。为尽量减少这些影响，发射平台最好具备封闭船舱，为火箭创造一个防盐防湿的无尘环境。但海上发射也有着陆地发射不具有的优势。

　首先是发射成本更低。**60** 若在临近赤道的海上发射卫星，不仅能节省卫星调姿变轨的燃料，还能最大限度地利用地球自转的力量，为火箭省力，进一步提高火箭的运载能力，有效降低火箭发射和卫星运营成本。

　此外，海上发射同时带来的还有经济性。中国四大航天发射场的位置都是固定的，而在海上进行发射就能够自由选择火箭发射的纬度，有效节省燃料。在海上发射携带固体燃料的运载火箭在运送到发射平台之前就可以完成固体燃料添加和封装，**61** 不需要临时加注，较传统的液体燃料具有很大的优势，可以省下很多燃料。

　最后，海上发射还解决了火箭残骸的落区安全问题。过去火箭从内陆发射场发射前，为防止残骸掉落造成安全事故，需要提前将落区内的百姓疏散到安全地带，不但给当地百姓带来极大的不便，也增加了火箭发射的经济成本和工作难度。而海上发射时，可以确保火箭残骸远离人口稠密地区，掉落在广袤无人的公海海域。

황에서, 발사장의 위도가 낮을수록 지구의 회전 속도가 높아져 발사된 위성의 궤도 속도를 빠르게 할 수 있다. 만약 적도에서 동쪽으로 위성을 발사하면 지구의 회전 에너지를 최대한으로 활용할 수 있다. **56** 이는 실질적으로 지구의 자전력을 빌려 위성의 비행 속도를 높이는 것이다. 이 외에, 적도 또는 적도 부근의 발사장에서 동쪽으로 위성을 발사할 경우, 위성의 비행 궤도가 최종 궤도와 동일한 평면에 있거나 근접하게 되어 위성이 필요로 하는 많은 에너지를 절약하게 되고, 위성의 수명을 크게 연장시킬 수 있다. 그러므로 발사장을 선택할 때는 가급적 위도가 낮은 지역을 선택해야 하며 적도 부근이 가장 좋은데, 이렇게 하면 힘을 빌릴 수도 있고 또 힘을 절약할 수도 있다.

57 해상 로켓 발사는 육상 발사장에서의 발사와 다소 다른데 , 로켓 발사의 안정성에 대한 요구가 상당히 높다. **58** 그러므로 해상에서 발사할 때는 일반적으로 해상 상황이 좋아야 하고 발사대도 풍랑을 견디는 강한 힘을 갖추어야 한다. 해상 로켓 발사 전, 항구에서 발사 해역으로 운반해서 조립해야 하기 때문에 해양 환경에 오래 머물게 되는데, **59** 바다의 습함과 염분 안개 등 환경은 로켓과 위성 등 적재된 부품에 직접적인 영향을 미친다. 이런 영향을 최소화하기 위해서 발사대는 로켓을 위한 밀폐된 선실을 갖추어 염분과 습기를 방지하고 먼지가 없는 환경을 만들어 주는 것이 좋다. 하지만 해상 발사는 육상 발사가 가지고 있지 않은 장점도 있다.

우선, 발사 비용이 더 적게 든다. **60** 만약 적도에 인접한 해상에서 위성을 발사하면 위성의 자세 및 궤도 변경 시 연료를 절약할 수 있을 뿐만 아니라, 지구 자전의 힘을 최대한 활용하여 로켓의 힘을 절약하고 로켓의 탑재 능력을 더욱 향상시켜서 로켓 발사 및 위성 운영 비용을 효과적으로 줄일 수 있다.

이 외에, 해상 발사는 동시에 경제적인 장점도 있다. 중국 4대 우주 발사장의 위치는 모두 고정되어 있으나 해상에서 발사하면 로켓 발사의 위도를 자유롭게 선택하여 연료 절약에 효과적이다. 해상에서 발사하면 고체 연료를 실은 탑재 로켓이 발사대로 운반되기 전 고체 연료 추가 및 밀봉 포장을 완료할 수 있기 때문에, **61** 임시 주입할 필요가 없어서 전통적인 액체 연료에 비해 큰 장점을 가지고 있고 많은 연료를 절약할 수 있다.

마지막으로, 해상 발사는 로켓 잔해의 낙하 지역 안전 문제도 해결했다. 과거에는 로켓이 내륙 발사장에서 발사되기 전 잔해가 떨어져 안전사고가 발생하는 것을 막기 위해 사전에 낙하 지역 내 주민들을 안전지대로 대피시켜야 했다. 이는 현지 주민들에게 커다란 불편을 끼칠 뿐만 아니라 로켓 발사의 경제적 비용과 업무의 난이도를 증가시켰다. 하지만 해상에서 발사하면 로켓 잔해가 인구 밀집 지역에서 멀리 떨어진 사람이 없는 공해 해역에 떨어지는 것을 보장할 수 있다.

发射场 fāshèchǎng 명 발사장 | 茫茫 mángmáng 형 망망하다, 아득하다, 한없이 넓다 | 荒漠 fāngmò 형 황량하고 끝이 없다 | 戈壁 gēbì 명 사막 | 浩瀚 hàohàn 형 광대하다, 무수히 많다 | 汪洋大海 wāngyáng dàhǎi 성 망망대해 | 赤道 chìdào 명 적도 | 卫星 wèixīng 명 위성 | 运载火箭 yùnzài huǒjiàn 명 탑재 로켓 | 转动 zhuàndòng 동 돌다, 회전하다 | 叠加 diéjiā 동 서로 중첩되다, 중첩되어 겹치다 | 纬度 wěidù 명 위도 | 轨道 guǐdào 명 궤도, 선로 | 限度 xiàndù 명 한도, 한계 | 借助 jièzhù 동 도움을 빌다, ~의 힘을 빌리다 | 自转 zìzhuàn 동 자전하다 | 寿命 shòumìng 명 수명, 목숨, 생명 | 省力 shěnglì 동 힘을 덜다 형 수월하다 | 稳定性 wěndìngxìng 명 안정성 | 海况 hǎikuàng 명 해황[0에서 9까지 10등급으로 해수면의 파랑 정도를 구분] | 风浪 fēnglàng 명 풍랑, 풍파 | 港口运输 gǎngkǒu yùnshū 항구 운수 | 海域 hǎiyù 명 해역 | 组装 zǔzhuāng 동 조립하다 | 潮湿 cháoshī 형 축축하다, 눅눅하다 | 盐雾 yánwù 명 소금 안개 | 载荷 zàihè 명 부하, 하중 | 元器件 yuánqìjiàn 명 (기계, 기구 등의) 부품, 부속품 | 封闭 fēngbì 동 밀봉하다, 봉쇄하다 | 船舱 chuáncāng 명 선실 | 调姿 tiáozī 자세 제어 | 变轨 biànguǐ 동 궤도를 변경하다, 궤도를 바꾸다 | 燃料 ránliào 명 연료 | 携带 xiédài 동 휴대하다 | 封装 fēngzhuāng 밀봉 포장하다 | 加注 jiāzhù 동 주석을 달다 | 残骸 cánhái 명 잔해 | 掉落 diàoluò 동 떨어지다 | 疏散 shūsàn 동 분산시키다, 대피시키다 | 稠密 chóumì 형 조밀하다, 빽빽하다 | 广袤 guǎngmào 형 넓디넓다

55 **A** 두 번째 단락에서 '이는 발사된 위성의 비행 속도가 탑재 로켓의 속도와 지구의 회전 속도가 합쳐져서 형성되기 때문이다'라고 했으므로 정답은 A이다.

被发射卫星的飞行速度是由哪些因素叠加形成的?	발사된 위성의 비행 속도는 어떤 요소들이 겹쳐서 형성되는가?
① 地球的转动速度	① 지구의 회전 속도
② 运载火箭的速度	② 탑재 로켓의 속도
③ 固体燃料燃烧的速度	③ 고체 연료가 연소하는 속도
④ 液体燃料的加注量	④ 액체 연료의 주입량
A ①②	A ①②
B ①③	B ①③
C ②③	C ②③
D ②④	D ②④

56 **B** 두 번째 단락에서 '이는 실질적으로 지구의 자전력을 빌려 위성의 비행 속도를 높이는 것이다'라고 했으므로 정답은 B이다.

提高卫星的飞行速度的方法是什么?	위성의 비행 속도를 높이는 방법은 무엇인가?
A 在海上进行发射	A 해상에서 발사한다
B 借助地球的自转力	B 지구의 자전력을 빌린다
C 一次性加完液体燃料	C 액체 연료를 한 번에 주입한다
D 缩短运载火箭的距离	D 탑재 로켓의 거리를 줄인다

57 **C** 빈칸의 앞뒤 문장을 비교하면 앞 문장은 '해상 로켓 발사는 육상 발사장에서의 발사와'이고 뒤 문장은 '로켓 발사의 안정성에 대한 요구가 상당히 높다'이다. 이로부터 앞뒤 문장의 논리적 관계가 '비교'라는 것을 알 수 있다. 해상에서의 로켓 발사가 안정성에 대한 요구가 상당히 높다는 것은 육상 발사와의 '비교'를 통해서 알게 된 것이다. 그러므로 빈칸에는 비교를 나타내는 어휘가 들어가야 한다. C와 D는 모두 비교를 나타내지만 D는 답이 될 수 없다. 왜냐하면 문장에서 해상 발사는 육상 발사에 비해 일정 부분 우세를 가지고 있다고 설명했지만, 완전히 상반된다고는 하지 않았으므로 정답은 C이다.

根据上下文，第三段的空白处最适合填入的词语是什么？	앞뒤 문장에 따르면, 세 번째 단락의 빈칸에 들어갈 알맞은 단어는 무엇인가?
A 如出一辙	A 아주 비슷하다
B 毫无特点	B 특징이 전혀 없다
C 有所不同	C 다소 다른점이 있다
D 完全相反	D 완전히 상반되다

如出一辙 rúchū yìzhé 혱 두 가지 일이 아주 비슷하다, 꼭 같다

58 **B** 세 번째 단락에서 '그러므로 해상에서 발사할 때는 일반적으로 해상 상황이 좋아야 하고 발사대도 풍랑을 견디는 강한 힘을 갖추어야 한다'라고 했으므로 정답은 B이다.

海上发射时，对发射平台有什么要求？	해상 발사 시, 발사대에 대한 요구 사항은 무엇인가?
A 要在深海域区	A 심해 지역에 있어야 한다
B 抗风浪能力强	B 풍랑을 견디는 힘이 강해야 한다
C 周围没有岩石	C 주위에 암석이 없어야 한다
D 面积符合标准	D 면적이 표준에 부합해야 한다

59 **D** 세 번째 단락에서 '바다의 습함과 염분 안개 등 환경은 로켓과 위성 등 적재된 부품에 직접적인 영향을 미친다'라고 했으므로 정답은 D이다.

哪些因素会影响火箭和卫星等载荷的元器件？	로켓과 위성 등 적재된 부품에 영향을 끼치는 요소에는 어떤 것들이 있는가?
A 海上的风向不定	A 바다의 일정치 않은 풍향
B 海上多变的温度	B 바다의 변덕스러운 온도
C 固体燃料的重量	C 고체 연료의 중량
D 盐雾和潮湿的环境	D 염분 안개와 습한 환경

60 **B** 네 번째 단락에서 '적도에 인접한 해상에서 위성을 발사하면 위성의 자세 및 궤도 변경 시 연료를 절약할 수 있을 뿐만 아니라 지구 자전의 힘을 최대한 활용할 수 있다'라고 했으므로 정답은 B이다.

在临近赤道的海上发射卫星，成本更低的原因是什么？	적도에 인접한 해상에서 위성을 발사할 때 비용이 더 낮은 이유는 무엇인가?
A 节省火箭发射的时间	A 로켓 발사의 시간을 절약하기 때문에
B 充分利用地球自转力	B 지구의 자전력을 충분히 활용하기 때문에
C 不需要加注任何燃料	C 어떤 연료도 주입할 필요가 없기 때문에
D 海上发射安全事故少	D 해상에서 발사하면 안전사고가 적기 때문에

固体燃料和液体燃料相比，其优势是什么？	액체 연료에 비해 고체 연료가 지닌 장점은 무엇인가？
A 携带方便	A 휴대가 간편하다
B 燃烧速度慢	B 연소하는 속도가 느리다
C 无需临时加注	C 임시 주입할 필요가 없다
D 制作时间较短	D 제작 시간이 짧다

62~68

　　每个人的体内都有一个很酷的时钟——生物钟，它掌控着我们每天生活的节奏：什么时候安然入睡，什么时候精神饱满地醒来。生物钟或者说生物节律、生物周期都有一个相似的涵义，即生物甚至自然万物的行为都按一定的周期和规律在运行。**62** 它是生物体内一种无形的"时钟"，实际上是生物体生命活动的内在节律。**63** 它是由生物体内的时间结构顺序所决定的，大多数生物有机体对于环境变化会作出预测和适应。**64** 就<u>犹如</u>地球上的所有生命都适应了这颗星球的自转一样，包括人类在内的各种生物都拥有一个内在的生物钟来帮助其预测和适应一天的规则节律。

　　人类体内的生物钟就是人体内随时间作周期变化的生理生化过程。**65** 人体内的生物钟多种多样，人体的各种生理指标，如脉搏、体温、血压、体力、情绪、智力等，都会随着昼夜变化作周期性的变化。生物钟涉及我们复杂生理机制的多种方面。我们的大部分基因都受到生物钟的调节。因此，生物钟的正常工作对人的健康起着重要作用。

　　当我们所处的外部环境与我们体内的生物钟出现不匹配的情况时，我们的身体状况就会马上反应出不适。此外，**66** 当我们的生活方式与生物钟出现偏差时，我们患各种疾病的风险也会随之增加。生物钟失调会导致失眠、体乏、抑郁、免疫功能低下，**66** 甚至产生包括肿瘤在内的各种疾病。研究还发现，人类的心脏病突发、哮喘发作和关节炎疼痛的时间等都呈现了24小时的节律。目前，国际上利用生物节律治疗疾病和开发新药的研究十分活跃，也获得很多重要进展。生物节律还可以用于指导肿瘤治疗，**67** 癌细胞的活动高峰期在夜间，此时正常的胃肠细胞大多处于静止期，如果夜间使用化疗药物，可以加强疗效，同

　　모든 사람의 몸에는 멋진 시계가 하나 있는데 그것은 생체 시계로, 우리의 생활 리듬 즉, 언제 편안히 잠이 들고 언제 활기차게 깨어날지를 컨트롤한다. 생체 시계 또는 생체 리듬 그리고 생체 주기 모두 비슷한 의미를 가지고 있는데, 바로 생물과 심지어 자연 만물의 모든 행위가 일정한 주기와 규칙에 따라 움직인다는 것이다. **62** 그것은 생물체 내의 일종의 무형 '시계'로, 사실 생물체 생명 활동의 내재적 리듬이다. **63** 그것은 생물체 내의 시간 구조 순서에 의해 결정되며 대부분의 생물 유기체는 환경 변화에 대해 예측하고 적응한다. **64** <u>마치</u> 지구상의 모든 생명이 이 행성의 자전에 적응한 것과 같이 인류를 포함한 다양한 생물들은 하나의 내재적 생체 시계를 가지고 있어서 하루의 규칙적인 리듬을 예측하고 적응하는 데 도움을 준다.

　　인체 내 생체 시계는 인체 내에서 시간에 따라 주기적으로 변화하는 생리 생화학 과정이다. **65** 인체 내 생체 시계는 다양하며 인체의 각종 생리 지표, 예를 들면 맥박, 체온, 혈압, 체력, 정서, 지능 등은 낮과 밤의 변화에 따라 주기적으로 변화한다. 생체 시계는 우리의 복잡한 생리 시스템의 여러 방면과 관련되어 있다. 우리의 유전자 대부분은 생체 시계에 의해 조절된다. 그렇기 때문에 생체 시계의 정상적인 작동은 인간의 건강에 있어서 중요한 역할을 한다.

　　우리가 처한 외부 환경이 우리 몸 안의 생체 시계와 맞지 않을 때, 우리 몸은 곧바로 불편함을 드러낸다. 또한 **66** 우리의 생활 방식이 생체 시계와 편차가 생길 때 우리가 각종 질병에 걸릴 위험 역시 증가한다. 생체 시계가 균형을 잃으면 불면증, 몸살, 우울증, 면역 기능 저하를 유발하며 **66** 심지어 종양을 비롯한 각종 질환까지 발생한다. 연구에 따르면, 갑작스러운 심장병 발생, 천식 발작, 관절염 통증의 시간 등이 모두 24시간의 리듬을 나타내는 것을 발견했다. 현재 국제적으로 생체 리듬을 이용한 질병 치료와 신약 개발에 대한 연구가 활발히 진행되고 있으며, 많은 의미 있는 성과도 거두었다. 생체 리듬은 종양 치료를 지도하는 데에도 사용될 수 있다. **67** 암세포는 야간에 가장 활발히 활동하는데, 이때 정상적인 위장 세포는 대부분 정지되어 있다. 만약 야간에 화학 치료 약물을 사용하

时降低副作用。这一发现对肿瘤的临床治疗具有重要的指导意义。

另外对于长期在太空中逗留的宇航员来说，要到地球以外的星际空间去，也需要调整自己的生物钟，**68** 因为宇宙中可能没有一个星球拥有地球这样正好24小时的昼夜节律，而生活在地球上的生物体的生物钟是由于地球24小时昼夜自转而演化出来的系统，所以我们想去星空世界，还需要克服我们内置的生物钟。

면 효과를 증대시킴과 동시에 부작용은 감소시킬 수 있다. 이러한 발견은 종양의 임상 치료에 있어서 중요한 지도적 의의를 갖는다.

이 외에도 오랫동안 우주에 머물러 있는 우주 비행사의 경우, 지구 이외의 다른 행성 간의 우주 공간으로 가려면 자신의 생체 시계 역시 조정해야 한다. **68** 왜냐하면 우주에는 아마도 지구와 같이 정확히 24시간의 주야 리듬을 가진 행성이 없을 수 있기 때문이다. 하지만 지구에 사는 생물체의 생체 시계는 지구의 24시간 주야 자전으로 인해 진화된 시스템이다. 그러므로 우리가 별이 빛나는 세계에 가려면 우리에게 내장되어 있는 생체 시계를 극복할 필요가 있다.

酷 kù 휑 훌륭하다, 멋지다 | **生物钟** shēngwùzhōng 휑 생물 시계, 체내 시계 | **掌控** zhǎngkòng 동 통제하다, 지배하다 | **安然** ānrán 휑 무사하다, 평온하다 | **入睡** rùshuì 동 잠들다 | **饱满** bǎomǎn 휑 충만하다, 왕성하다 | **生物节律** shēngwù jiélǜ 휑 바이오리듬, 생체 시계 | **涵义** hányì 휑 내포된 뜻 | **规律** guīlǜ 휑 법칙, 규칙 | **有机体** yǒujītǐ 휑 유기체 | **犹如** yóurú 동 ~와 같다 | **星球** xīngqiú 휑 천체 | **脉搏** màibó 휑 맥박 | **昼夜** zhòuyè 휑 주야, 밤낮 | **涉及** shèjí 동 언급하다, 관련되다 | **基因** jīyīn 휑 근본 원인, 기본 요인 | **调节** tiáojié 동 조절하다, 조정하다 | **匹配** pǐpèi 동 매칭하다, 정합하다 | **偏差** piānchā 휑 편차, 오차, 오류 | **失调** shītiáo 동 균형을 잃다, 잘 조절하지 못하다 | **体乏** tǐfá 몸이 쇠약하다 | **抑郁** yìyù 휑 우울하다, 울적하다 | **免疫功能** miǎnyì gōngnéng 면역 기능 | **肿瘤** zhǒngliú 휑 종양 | **哮喘** xiàochuǎn 휑 천식 | **发作** fāzuò 동 발작하다 | **关节炎** guānjiéyán 휑 관절염 | **活跃** huóyuè 휑 활발히 하다, 활약하다 | **癌细胞** áixìbāo 휑 암세포 | **化疗药物** huàliáo yàowù 화학 치료 약물 | **疗效** liáoxiào 휑 치료 효과 | **临床治疗** línchuáng zhìliáo 임상 치료 | **逗留** dòuliú 동 머물다, 체류하다 | **宇航员** yǔhángyuán 휑 우주 비행사 | **星际空间** xīngjì kōngjiān 행성 간의 우주 공간 | **演化** yǎnhuà 동 진화하다 | **内置** nèizhì 동 내장되다

---

62 **A** 첫 단락에서 '그것은 생물체 내의 일종의 무형 '시계'로, 사실 생물체 생명 활동의 내재적 리듬이다'라고 했으므로 정답은 A이다.

生物体内的生物钟指的是什么?	생물체 내의 생체 시계는 무엇을 가리키는가?
A　内在节律	A　내재적 리듬
B　基因突变	B　유전자 돌연변이
C　遗传因子	C　유전 인자
D　器官发育	D　기관 발육

63 **A** 첫 단락에서 '그것은 생물체 내의 시간 구조 순서에 의해 결정된다'라고 했으므로 정답은 A이다.

生物钟是由什么决定的?	생체 시계는 무엇이 결정하는가?
A　时间结构顺序	A　시간 구조의 순서
B　地球自转周期	B　지구의 자전 주기
C　预测环境的能力	C　환경을 예측하는 능력
D　适应环境的能力	D　환경에 적응하는 능력

64 **B** 먼저 이 문장을 보면 '지구상의 모든 생명이 이 행성의 자전에 적응한 것과 같다'에서 문장의 마지막 어휘가 '一样'인 것을 알 수 있다. 그렇다면 고정격식인 '犹如……一样(마치 ~와 같다)'을 유추해 낼 수 있으므로 정답은 B이다. 보기 D는 답이 될 수 없는데, 왜냐하면 '似乎(마치)'는 일반적으로 비유를 나타내지 않으므로 뒤에 '一般' '一样'과 함께 쓰지 않는다.

根据上下文，第一段的空白处最适合填入的词语是什么？	앞뒤 문장에 따르면, 첫 번째 단락의 빈칸에 들어갈 가장 알맞은 단어는 무엇인가？
A 类似	A 유사하다
B 犹如	B 마치 ~와 같다
C 譬如	C 예를 들면
D 似乎	D 마치

65 **D** 두 번째 단락에서 '인체 내 생체 시계는 다양하며, 낮과 밤의 변화에 따라 주기적으로 변화한다'라고 했으므로 정답은 D이다.

人体的生物钟根据什么作周期性的变化？	인체의 생체 시계는 무엇에 근거하여 주기적으로 변화하는가？
A 作息规律	A 규칙적인 휴식
B 地球公转	B 지구 공전
C 饮食习惯	C 음식 습관
D 昼夜变化	D 주야 변화

66 **B** 세 번째 단락에서 '우리의 생활 방식이 생체 시계와 편차가 생길 때, 심지어 종양을 비롯한 각종 질환까지 발생한다'라고 했다. 이 문제의 질문은 '어떤 질병에 걸리는가'인데 '불면증, 몸살, 우울증, 면역 기능 저하'는 질병에 속하지 않고 또 '암'과 '종양'은 다른 종류의 질병이므로 정답은 B이다.

人类的生活方式与生物钟出现偏差时，会罹患哪些疾病？	인류의 생활 방식이 생체 시계와 편차가 생기면 어떤 질병에 걸릴 수 있는가？
A 癌症	A 암
B 肿瘤	B 종양
C 免疫力低下	C 면역력 저하
D 有抑郁情绪	D 우울한 기분이 든다

67 **C** 세 번째 단락에서 '암세포는 야간에 가장 활발히 활동하는데, 이때 정상적인 위장 세포는 대부분 정지되어 있다. 만약 야간에 화학 치료 약물을 사용하면 효과를 증대시킴과 동시에 부작용은 감소시킬 수 있다'라고 했다. 여기서 '活动高峰期'와 '活跃度高'는 같은 의미이고, 또 '处于静止期'와 '活跃度很低'의 뜻이 같으므로 정답은 C이다.

夜间使用化疗药物，可以加强疗效和降低副作用的原因有哪些？	야간에 화학 치료 약물을 사용하면 효능을 높이고 부작용을 감소시킬 수 있는 원인으로 어떠한 것들이 있는가？
① 夜间癌细胞处于休眠状态	① 암세포는 야간에 휴면 상태에 들어간다
② 夜间癌细胞活跃度高	② 암세포는 야간에 가장 활발히 활동한다

③ 夜间胃肠细胞活跃度很低

④ 夜间细胞更容易吸收

A ①②

B ①③

C ②③

D ②④

③ 위장 세포는 야간에 활동을 적게 한다

④ 세포는 야간에 더 쉽게 흡수한다

A ①②

B ①③

C ②③

D ②④

68 **D** 네 번째 단락에서 '왜냐하면 우주에는 아마도 지구와 같이 정확히 24시간의 주야 리듬을 가진 행성이 없을 수도 있기 때문이다'라고 했으므로 정답은 D이다.

对于宇航员来说，如果要去其它星际空间时，为什么要调整自己的生物钟？

A 为了更快地适应环境

B 为了自己的身体健康

C 预防心血管病和癌症

D 其它星球没有昼夜节律

우주 비행사가 다른 행성 간의 우주 공간으로 가려면 왜 자신의 생체 시계를 조정해야 하는가?

A 더 빨리 환경에 적응하기 위해서

B 자신의 몸 건강을 위해서

C 심혈관 질환과 암을 예방하기 위해서

D 다른 행성에는 주야 리듬이 없기 때문에

제2부분 **69~73** 다음 단락들을 순서에 맞게 배열하여 논리적이고 연관성 있는 문장으로 만드세요. 그중 한 단락은 연관성이 없는 것으로 제외시켜야 하며, 밑줄 친 단락은 고정된 위치이므로 재배치할 필요가 없습니다.

69~73

A 据统计，地球上每年大约发生500万次地震，人们能够感觉到的只有5万多次，破坏程度较强的地震近20次。虽然如此，从古至今，地震一直追逐着人类社会前进的脚步，并频频疯狂地破坏人类的美好家园地球。

B 不过，海底地震未必一定就会引发大海啸。中国地震局提供的统计资料显示，在1.5万次海底地震中，大约只有100次引起海啸。一些专家则认为，引发海啸的地震震级一般在里氏6.5级以上，震源深度在25公里以内。

C 此外，地震海啸的产生还会受海底地震震源断层、震源区水深条件、震级、震源深度等条件影响。比如，震源位于深水区比浅水区更易产生海啸。当震源断层表现为错动时，不会产生海啸，而如果震源断层表现为倾滑，就可能引起海啸。

A 통계로 보면, 지구상에는 매년 약 500만 번의 지진이 발생하는데 사람들이 느낄 정도의 지진은 5만 번에 불과하며, 파괴 정도가 비교적 강한 지진은 약 20번 정도이다. 그럼에도 불구하고 지진은 옛날부터 지금까지 인류 사회 발전의 발자취를 쫓고 있으며, 인류의 아름다운 정원인 지구를 빈번하게 마구 파괴하고 있다.

B 하지만 해저 지진이 반드시 쓰나미를 일으키는 것은 아니다. 중국 지진국이 제공한 통계 자료에 따르면, 1만 5천 번의 해저 지진 중 쓰나미를 일으킨 것은 약 100번뿐이었다. 일부 전문가들은 쓰나미를 유발하는 지진의 진도는 보통 규모 6.5급 이상이고, 진원 깊이는 25km 이내라고 여긴다.

C 이 외에, 지진 해일의 발생은 해저 지진의 진원 단층, 진원 구역의 수심, 진도, 진원 깊이 등 조건의 영향을 받는다. 예를 들어, 진원이 수심이 깊은 곳에 위치하면 얕은 곳보다 쓰나미가 더 쉽게 발생한다. 진원 단층에 위치 변동이 생기면 쓰나미가 발생하지 않으며, 만약 진원 단층에 경사가 생기면 쓰나미가 발생할 수 있다.

D 大多数海底地震发生在太平洋边缘地带，称为"亚延地带"。海底地震发生后，使边缘地带出现裂缝。这时部分海底会突然上升或下降。海水会发生严重颠簸，犹如往水中抛入一块石头一样会产生"圆形波纹"，故而引发海啸。

E 除了与地震震级等相关外，部分专家还表示，海啸的发生与全球气候变化也有关系。2004年的南亚大海啸发生后，中国国家气候中心有关专家进行相关分析后指出，这场由海底地震引起的大海啸与全球气候变化导致的海平面上升等因素密切相关。

F 海底地震引起的大海啸给人类造成的危害是难以估量的。巨浪呼啸着越过海岸线，越过田野，迅猛地袭击着岸边的城市和村庄，瞬时岸边的一切都消失在巨浪中。若海啸袭击港口，港口所有设施，将被席卷一空。事后，海滩上一片狼藉，很多人也因此失去了宝贵的生命。所以海啸的预警信息要及时提供给公众。要在全球地震多发的沿岸地区设置完善的地震监测网络，以保沿海地区居民的生命安全。

G 海啸是一种具有极强破坏力的海浪。海水剧烈的起伏形成强大的波浪，向前推进。有时海浪高达数十米。这种"水墙"内含极大能量，它以极快的速度运动，冲上陆地后会造成巨大破坏。1960年智利大海啸形成的波涛，就冲击了整个太平洋。海啸通常由风暴潮、火山喷发、水下坍塌滑坡和海底地震等引发。其中，海底地震是海啸发生的最主要原因，历史记录显示，特大海啸基本上都是海底地震所引起的。

D 대부분의 해저 지진은 태평양 가장자리 지대에서 발생하며, '야옌지대'라고 불린다. 해저 지진 발생 후 가장자리 지대에 균열이 생기고, 이때 일부 해저가 갑자기 상승하거나 하강한다. 해수가 심하게 요동쳐서 마치 물속에 돌을 던진 듯 '원형 파문'이 생기는데 이로 인해 쓰나미가 발생한다.

E 지진 진도 등과의 관련 이외에, 일부 전문가들은 쓰나미 발생이 지구의 기후 변화와도 관련이 있다고 말한다. 2004년 남아시아 쓰나미 발생 후, 중국 국가 기후 센터 관련 전문가들은 연관 분석을 통해 이 해저 지진으로 인한 쓰나미는 지구 기후 변화로 인한 해수면 상승 등 요인과 밀접한 관련이 있다고 지적했다.

F 해저 지진으로 인한 쓰나미가 인류에게 주는 피해는 헤아릴 수 없다. 거대한 파도가 울부짖으며 해안선을 넘고 들판을 넘어 해안가의 도시와 마을을 빠르게 덮쳐, 해안가의 모든 것이 순식간에 거대한 파도 속으로 사라진다. 만약 쓰나미가 항구를 강타하면 항구의 모든 시설이 모두 휩쓸릴 것이다. 그 후 해변은 아수라장이 되고 많은 사람들이 이로 인해 귀중한 목숨을 잃게 된다. 그러므로 쓰나미 조기 경보 정보는 대중에게 즉시 제공되어야 한다. 지진이 많이 발생하는 전세계 연안 지역에 완벽한 지진 감시망을 설치하여 연안 지역 주민들의 생명을 안전하게 지켜야 한다.

G 쓰나미는 파괴력이 아주 강한 파도이다. 바닷물이 세차게 넘실대면서 강한 파도를 만들어 앞으로 밀어낸다. 때로는 파도가 수십 미터에 달한다. 이런 '물장벽'은 엄청난 에너지를 내포하고 있는데, 매우 빠른 속도로 움직이며 육지로 돌진한 후 막대한 파괴를 야기한다. 1960년 칠레의 쓰나미가 만들어 낸 파도가 태평양 전체를 강타했다. 쓰나미는 일반적으로 해일, 화산 분화, 수중 붕괴 사태와 해저 지진 등으로 인해 발생한다. 그중에서도 해저 지진이 쓰나미 발생의 가장 주요한 원인이며, 역사 기록에 따르면 특대형 쓰나미는 거의 대부분 해저 지진으로 인한 것이라고 한다.

灾害 zāihài 몡 재해 | 追逐 zhuīzhú 통 추구하다, 쫓다 | 疯狂 fēngkuáng 혱 미치다, 실성하다 | 海啸 hǎixiào 몡 해소, 해일, 쓰나미 | 震级 zhènjí 몡 매그니튜드, 규모 진도 | 里氏 lǐshì 양 (지진의 규모를 나타내는) 리히터 | 震源深度 zhènyuán shēndù 진원 깊이 | 震源断层 zhènyuán duàncéng 진원 단층 | 错动 cuòdòng 통 움직이여 엇갈리다 | 边缘 biānyuán 몡 가장자리, 경계 | 裂缝 lièfèng 몡 갈라진 금, 균열, 틈 | 颠簸 diānbǒ 통 흔들리다, 요동하다 | 抛入 pāorù 통 던져 넣다 | 波纹 bōwén 몡 물결무늬 | 难以估量 nányǐ gūliang 예측할 수 없다, 헤아릴 수 없다 | 巨浪 jùlàng 몡 거대한 파도 | 呼啸 hūxiào 통 휙휙 소리를 내다 | 海岸线 hǎi'ànxiàn 몡 해안선 | 迅猛 xùnměng 혱 빠르고 맹렬하다, 날쌔고 사납다 | 袭击 xíjí 통 습격하다, 기습하다 | 岸边 ànbiān 몡 물가, 해안, 연안 | 村庄 cūnzhuāng 몡 마을, 촌락 | 瞬时 shùnshí 몡 일순간, 잠깐 동안 | 席卷一空 xíjuǎn yìkōng 몽땅 휩쓸다 | 海滩 hǎitān 몡 해변 모래사장 | 狼藉 lángjí 혱 난잡하게 어질러지다 | 预警 yùjǐng 통 경보를 미리 알리다 | 监测 jiāncè 측정하다, 검측하다 | 起伏 qǐfú 통 (산이) 기복을 이루다 | 智利 Zhìlì 칠레(Chile) | 波涛 bōtāo 몡 파도 | 冲击 chōngjī 통 세차게 부딪치다, 충돌하다 | 风暴潮 fēngbàocháo 몡 해일 | 喷发 pēnfā 통 (화산이 용암을) 분출하다 | 坍塌 tāntā 통 붕괴되다, 무너지다 | 滑坡 huápō 통 산사태가 나다

69	70		71	72	73
G →	D →	C →	B →	E →	F

모범 답안

69

G 海啸是一种具有极强破坏力的海浪。海水剧烈的起伏形成强大的波浪，向前推进。有时海浪高达数十米。这种"水墙"内含极大能量，它以极快的速度运动，冲上陆地后会造成巨大破坏。1960年智利大海啸形成的波涛，就冲击了整个太平洋。海啸通常由风暴潮、火山喷发、水下坍塌滑坡和海底地震等引发。其中，海底地震是海啸发生的最主要原因，历史记录显示，特大海啸基本上都是海底地震所引起的。

70

D 大多数海底地震发生在太平洋边缘地带，称为"亚延地带"。海底地震发生后，使边缘地带出现裂缝。这时部分海底会突然上升或下降。海水会发生严重颠簸，犹如往水中抛入一块石头一样会产生"圆形波纹"，故而引发海啸。

C 此外，地震海啸的产生还会受海底地震震源断层、震源区水深条件、震级、震源深度等条件影响。比如，震源位于深水区比浅水区更易产生海啸。当震源断层表现为错动时，不会产生海啸，而如果震源断层表现为倾滑，就可能引起海啸。

71

B 不过，海底地震未必一定就会引发大海啸。中国地震局提供的统计资料显示，在1.5万次海底地震中，大约只有100次引起海啸。一些专家则认为，引发海啸的地震震级一般在里氏6.5级以上，震源深度在25公里以内。

72

E 除了与地震震级等相关外，部分专家还表示，海啸的发生与全球气候变化也有关系。2004年的南亚大海啸发生后，中国国家气候中心有关专家进行相关分析后指出，这场由海底地震引起的大海啸与全球气候变化导致的海平面上升等因素密切相关。

73

F 海底地震引起的大海啸给人类造成的危害是难以估量的。巨浪呼啸着越过海岸线，越过田

해설

(1) 밑줄 친 단락인 C는 고정된 위치라고 했으므로 이 내용을 토대로 나머지 단락들의 순서를 결정하면 된다.

(2) 모든 단락을 대략 훑어보면 매 단락의 내용이 '해저 지진으로 인한 쓰나미'에 관한 것임을 알 수 있다. A 단락만 '인류에게 있어 지진은 일종의 재난'이라는 내용으로, 해저 지진을 언급하지 않았다. 그러므로 A를 제거해야 한다.

(3) 다음으로 각 단락의 주요 내용을 분석해 본다.

B 해저 지진이 반드시 쓰나미를 일으키는 것은 아니며, 데이터를 근거로 쓰나미 발생의 구체적인 조건을 설명했다.

C 해저 지진이 어떤 조건에서 진짜로 쓰나미를 일으킬 수 있는지에 대해 설명했다. (고정된 순서로 이동할 수 없음)

D 해저 지진이 쓰나미를 일으키는 원인을 설명했다.

E 쓰나미를 일으키는 조건에는 해저 지진의 진도와 관련된 것 이외에, 지구 기후 변화와도 관련이 있다는 것을 설명했다.

F 해저 지진으로 인한 쓰나미가 인류에게 가져다주는 피해와 어떻게 쓰나미를 예방할지에 대해 설명했다.

G 다음의 두 가지 내용을 설명했다 : ①쓰나미의 개념 ②쓰나미가 발생하는 원인, 그중에서도 쓰나미를 일으키는 주요 원인은 해저 지진이라는 것을 중점적으로 언급했다.

(4) 마지막으로 우리의 추측에 따라 문장의 논리 관계를 다음과 같이 가늠할 수 있다.

① 쓰나미의 개념과 쓰나미가 발생하는 원인, 그중에서도 쓰나미를 일으키는 주요 원인은 해저 지진이라는 것을 중점적으로 언급한다. → **G**

② 해저 지진은 쓰나미를 일으키는 원인이다. → **D**

③ 해저 지진은 어떤 조건에서 쓰나미를 일으킬 수 있는가 → **C** (고정)

④ 모든 해저 지진이 다 쓰나미를 일으키는 것은 아니라는 것을 데이터로 구체적인 조건을 설명한다. → **B**

⑤ 쓰나미를 일으키는 다른 원인은 지구의 기후 변화이다. → **E**

⑥ 해저 지진으로 인한 쓰나미의 위해성과 어떻게 쓰나미를 예방해야 하는가에 대해 설명한다. → **F**

野，迅猛地袭击着岸边的城市和村庄，瞬时岸边的一切都消失在巨浪中。若海啸袭击港口，港口所有设施，将被席卷一空。事后，海滩上一片狼藉，很多人也因此失去了宝贵的生命。所以海啸的预警信息要及时提供给公众。要在全球地震多发的沿岸地区设置完善的地震监测网络，以保沿海地区居民的生命安全。

74~80

74 世界上每个人的指纹都不相同。虽然唇纹、眼睛里的虹膜视网膜也人人不同，但指纹识别是生物识别技术中最常用最方便的一种。

指纹识别技术其实分警用和民用两大类，思路是很不同的。给犯罪嫌疑人录指纹，不但要十个指头都录，而且都要旋转180度，因为犯罪现场找的指纹往往只是残缺不全的小片，**75** 所以指纹算法上用残缺指纹在指纹库里找嫌疑人，往往会找到很多个"可能是"的结果，需要专家一一比对排除。民用指纹则不然，录指纹只录一个或两个平面指纹用于身份识别，**76** 用的时候也要求完整无缺的平面指纹，算法比对只有"是"或"不是"两种结果。但民用指纹库也可以为刑侦破案服务，因为罪犯改了名字改了相貌却改不了指纹。

77 指纹识别技术最核心的是算法，通过分析指纹的全局特征或局部特征，如指纹中的分叉点或分歧点，就可以从它们的特征中非常可靠地确认一个人的身份。指纹虽然从出生到老不变，**78** 但小时候的成长发育会使指纹变长，中年发福会使指纹变宽，所以指纹算法是一种高难度的技术。目前中国已经有了自主知识产权的指纹算法，在处理指纹变形等方面处于世界领先水平。

指纹识别技术的第二种方式也叫 **79** "活体指纹"，采集时你把手指头涂黑了，也一样可以取到清晰的指纹，**79** 但只能手和身体连着才会采集到，这是因为手和身体连着才会有生物电流，否则就无法采集到。前不久西安天气很冷，某单位装了这样的指纹系统做考勤，有个女员工骑单车上班，结果指纹仪不认她那"冰冷的小手"，后来

74 세상 모든 사람의 지문은 다 다르다. 비록 입술 무늬와 눈 안의 홍채 망막도 사람마다 다르지만 지문 인식은 가장 많이 사용되고 가장 편리한 바이오 인식 시스템 중 하나이다.

지문 인식 기술은 사실 경찰용과 민간용 두 가지로 나뉘는데 맥락은 많이 다르다. 용의자의 지문을 등록할 때는 열 손가락 다 등록해야 할 뿐 아니라 180도 돌리면서 진행한다. 왜냐하면 범죄 현장에서 찾은 지문은 종종 불완전한 작은 조각이기 때문에 **75** 지문 알고리즘 상에서 불완전한 지문으로 지문 데이터베이스에서 용의자를 찾을 경우 '아마도'라는 결과가 자주 나타날 수 있어서, 전문가가 하나하나 비교해서 배제해야 한다. 하지만 민간용 지문은 그렇지 않다. 지문을 등록할 때 한 개 또는 두 개의 평면 지문만 등록하여 신분 식별을 위해 사용되며, **76** 사용할 때 역시 완전하고 손상이 없는 평면 지문을 요구한다. 알고리즘에서 '일치' 또는 '불일치' 두 가지 결과를 비교 대조한다. 하지만 민간용 지문 데이터베이스도 범죄 수사를 위해 사용될 수 있는데, 범죄자가 이름을 바꾸고 외모를 바꿔도 지문은 바꿀 수 없기 때문이다.

77 지문 인식 기술의 가장 핵심적인 것은 알고리즘으로 지문의 전체적인 특징이나 국소적인 특징, 예를 들면 지문의 분기점(Bifurcation) 또는 분열점(Ridge Divergence)을 분석함으로써, 그것들의 특징에서 매우 확실하게 한 사람의 신분을 확인할 수 있다는 것이다. 지문은 비록 태어날 때부터 늙을 때까지 변함이 없지만 **78** 어린 시절의 성장 발육으로 지문이 길어지고, 중년에 살이 찌면 지문이 넓게 변하기 때문에 지문 알고리즘은 고난도 기술이다. 현재 중국은 이미 독자적인 지적 재산권의 지문 알고리즘을 가지고 있으며, 지문 변형 등을 처리하는 데 있어서 세계 선두 수준에 올랐다.

지문 인식 기술의 두 번째 방식은 **79** '활체 지문'이라고도 부르는데, 채집할 때 손가락을 검게 칠해도 마찬가지로 뚜렷한 지문을 얻을 수 있다. **79** 하지만 손과 몸이 연결되어 있어

用温水洗了洗手再来，指纹仪就认得她了，别人都笑她被冻得不是"活体"了。这种采集技术的设备比光学方式小了几十倍，甚至可以做进你的手机里，使用很方便。

现代人身上现金少了，因为信用卡得到了广泛应用。80 信用卡是采用密码和签名方式确认身份的，每年犯罪分子窃取信用卡号和密码造成卡主的损失非常惊人。现在指纹技术成了电子商务的"金钥匙"。现在很多银行开始为一些用户提供指纹识别服务，一些公司在进行交易时也正在积极试用指纹识别软件确认身份。所以我们要好好保护自己的指纹，因为指纹在未来社会用途将会越来越广泛。

야만 채집할 수 있는데, 왜냐하면 손과 몸이 연결되어 있어야 생물 전류가 발생하기 때문으로 그렇지 않으면 채집할 수 없다. 얼마 전 시안의 날씨가 매우 추웠는데, 이런 지문 시스템으로 출퇴근을 기록하는 한 회사에서 어느 여직원이 자전거로 출근한 후 지문 측정기가 그녀의 '차가운 손'을 인식하지 못하는 일이 있었다. 후에 따뜻한 물로 손을 씻고 나서야 지문 측정기가 그녀를 인식했고, 다른 사람들은 그녀가 너무 추워서 '살아 있는 몸'이 아닌 것이 되었다며 장난치며 웃었다. 이런 채집 기술의 설비는 광학 방식보다 수십 배 작으며, 심지어 당신의 핸드폰 안에 넣을 수도 있어서 사용이 매우 편리하다.

현대인들은 현금을 적게 소지하는데 이는 신용 카드가 널리 사용되고 있기 때문이다. 80 신용 카드는 비밀번호와 서명 방식을 사용해서 신분을 확인하는데, 매년 범죄자들이 신용 카드 번호와 비밀번호를 알아내서 카드 주인에게 주는 손실은 아주 놀라울 정도이다. 현재 지문 기술은 전자 상거래의 '황금 열쇠'가 되었다. 현재 많은 은행들은 일부 사용자에게 지문 인식 서비스를 제공하기 시작했고, 일부 회사들은 거래를 할 때 지문 인식 앱을 적극적으로 사용해서 신분을 확인하고 있다. 그러므로 우리는 자신의 지문을 잘 보호해야 한다. 왜냐하면 지문은 미래 사회에 점점 더 광범위하게 쓰일 것이기 때문이다.

指纹 zhǐwén 몡 지문, 손가락무늬 | 唇纹 chúnwén 몡 입술의 무늬 | 虹膜 hóngmó 몡 홍채 | 视网膜 shìwǎngmó 몡 망막 | 犯罪嫌疑人 fànzuì xiányírén 범죄 혐의자, 용의자 | 旋转 xuánzhuǎn 동 선회하다, 회전하다 | 残缺 cánquē 동 불완전하다, 모자라다 | 指纹算法 zhǐwén suànfǎ 지문 알고리즘 | 比对 bǐduì 동 비교 대조하다 | 排除 páichú 동 제거하다, 배제하다 | 刑侦 xíngzhēn 수사 요원, 형사 | 破案 pò'àn 동 형사 사건을 해결하다, 진범을 잡다 | 相貌 xiàngmào 몡 용모 | 分叉点 fēnchàdiǎn 분기점 | 分歧点 fēnqídiǎn 분열점 | 领先水平 lǐngxiān shuǐpíng 앞선 수준 | 采集 cǎijí 동 채집하다, 수집하다 | 清晰 qīngxī 동 뚜렷하다, 분명하다 | 考勤 kǎoqín 동 출근 상태를 기록하다 | 窃取 qièqǔ 동 절취하다, 훔치다 | 试用 shìyòng 동 시용하다, 시험 삼아 쓰다

74 眼睛里的虹膜视网膜 첫 번째 단락 첫 문장에서 '세상 모든 사람의 지문, 입술 무늬, 눈 안의 홍채 망막이 다르다'라고 했으므로 답은 '眼睛里的虹膜视网膜'이다.

除了指纹和唇纹，人体上还有什么纹络是每个人都不同的？	지문과 입술 무늬 이외에 인체의 또 어떤 무늬가 사람마다 다른가？
答：眼睛里的虹膜视网膜	정답: 눈 안의 홍채 망막

75 一一比对排除 두 번째 단락 두 번째 문장에서 '불완전한 지문으로 용의자를 찾을 경우 전문가가 하나하나 비교해서 배제해야 한다'라고 했으므로 '一一比对排除'를 답으로 써야 한다.

如果嫌疑人的指纹残缺不全的话，需要专家做什么？	용의자의 지문이 불완전할 경우 전문가는 어떻게 해야 하는가？
答：一一比对排除	정답: 하나하나 비교해서 배제해야 한다

76 **完整无缺** 두 번째 단락 세 번째 문장에서 '민간용 지문을 사용할 때는 완전하고 손상이 없는 평면 지문을 요구한다'라고 했으므로 답은 '完整无缺'이다.

民用指纹用的时候，对平面指纹有什么要求？ 答：完整无缺	민간용 지문을 사용할 때 평면 지문에 대한 어떠한 요구 사항이 있는가? 정답: 완전하고 손상이 없어야 한다

77 **全局特征或局部特征** 세 번째 단락 첫 문장에서 '지문 인식 기술의 가장 핵심적인 것은 알고리즘으로 지문의 전체적인 특징이나 국소적인 특징을 분석한다'라고 했다. 따라서 답으로 '全局特征或局部特征'을 써야 한다.

指纹核心技术是算法，算法是对指纹哪些部分进行分析？ 答：全局特征或局部特征	지문의 핵심 기술은 알고리즘인데, 알고리즘은 지문의 어떤 부분을 분석하는가？ 정답: 전체적인 특징이나 국소적인 특징

78 **高难度的技术** 세 번째 단락 두 번째 문장에서 '성장 발육이나 체중 증가로 지문이 변하기 때문에 지문 알고리즘은 고난도 기술이다'라고 했다. 따라서 답으로 '高难度的技术'를 써야 한다. 또는 '很难的技术' '难度很高的技术'라고 써도 무방하다.

指纹算法是一种怎样的技术？ 答：高难度的技术	지문 알고리즘은 어떠한 기술인가？ 정답: 고난도 기술

79 **手和身体连着** 네 번째 단락 첫 문장에서 '활체 지문은 손과 몸이 연결되어 있어야만 채집할 수 있다'라고 했다. 이 문장의 논리 관계에 대해 분석해 보면, '只A，才B'에서 A는 필연 조건이다. 즉, A라는 조건이 없으면 뒤의 B라는 결과가 생기지 못한다. 그러므로 A는 유일한 조건이다. 따라서 답으로 '手和身体连着'를 써야 한다.

采集"活体指纹"的唯一的条件是什么？ 答：手和身体连着	'활체 지문'을 채집할 때 유일한 조건은 무엇인가？ 정답: 손과 몸이 연결되어야 한다

80 **密码和签名** 마지막 단락 두 번째 문장에서 '신용 카드는 비밀번호와 서명 방식을 사용해서 신분을 확인한다'라고 했으므로 답은 '密码和签名'이다.

信用卡通常采用什么方式确认身份的？ 答：密码和签名	신용 카드는 일반적으로 어떤 방식으로 신분을 확인하는가？ 정답: 비밀번호와 서명

福建土楼，又称为"客家土楼"。客家人原本是中原黄河流域一带的汉族人，81 因战乱、饥荒等各种原因被迫南迁，从中原来到这个气候土壤都很利于生存的地方，成了这里的客人。渐渐地，这群自称客人的汉族人，变成了今天的客家人。82 福建土楼因其大多数为福建客家人所建，故又称为"客家土楼"。福建土楼，主要分布于福建和广东两省。其中龙岩市境内的永定土楼最具有代表性。

83 永定土楼产生于宋元时期，经过明代早中期的发展，83 明末已形成规模，清代、民国时期逐渐成熟，并一直延续至今。永定土楼造型独特，依山就势，布局合理，84 内敛的装饰和神奇的建造工艺实属罕见。它符合聚族而居的生活和防御的要求，巧妙地利用了山间狭小的平地和当地的生土、木材、山石等建筑材料，是一种自成体系又极富美感的高层建筑。

永定土楼历史悠久，是风格独特的客家民居建筑群，土楼分为圆楼和方楼两种，其中圆形土楼是客家民居的典范。圆楼由二三圈组成，由内到外，环环相套，外圈高十余米，四层，有一二百个房间，一层是厨房和餐厅，二层是仓库，三四层是卧室；二圈两层有几十个房间，一般是客房，当中一间是祖堂，是居住在楼内的几百人举行婚丧和庆典的场所。楼内还有水井、浴室、磨房等设施。土楼采用当地生土夯筑，不需钢筋水泥，墙的基础宽达三米，底层墙厚1.5米，向上依次缩小，85 顶层墙厚不小于0.9米。沿着圆形外墙用木板分隔成许多房间，其内侧为走廊。

永定土楼建筑具有防震、防火、防御多种功能，通风和采光良好，而且冬暖夏凉。客家土楼的墙体厚达1.5米左右，从而热天可以防止酷暑进入，冷天可以隔绝寒风的侵袭，楼内形成一个夏凉冬暖的小气候。更十分奇妙的是，厚实土墙还具有其他任何墙体无法相匹的作用。86 福建的年降雨量多达1800毫米，并且往往骤晴骤雨，室外干湿度变化太大，但在这种气候条件下，厚土却保持着适宜人体的湿度，环境太干时，它能够自然释放水分；环境太湿时，可吸收水分，这种调节作用显然十分益于居民健康。

永定土楼的结构还体现了客家人世代相传的团结友爱传统。试想几百人住在同一幢大屋内，和睦共居当然是非常重要的，87 客家人淳朴敦厚的秉性于此也可见一斑。一进入土楼，你立即就能感觉到那种深沉的历史感和温和的气氛。

푸젠 토루는 '객가 토루'라고도 한다. 객가인은 원래 중원 황허 유역 일대의 한족인데 81 전쟁과 기근 등 여러 이유로 어쩔 수 없이 남쪽으로 이주하여, 중원에서 기후와 토양 모두 생존에 유리한 이곳으로 와서 이곳의 손님이 되었다. 그리고 점차 스스로를 손님이라 칭하던 한족들이 오늘날의 객가인이 된 것이다. 82 푸젠 토루는 대부분 푸젠의 객가인에 의해 지어졌기 때문에 '객가 토루'라고도 불린다. 푸젠 토루는 주로 푸젠성과 광둥성에 분포되어 있다. 그중 룽옌시 내의 영정 토루가 가장 대표적이다.

83 영정 토루는 송원(宋元) 시대에 생겨났고 명나라 초·중기의 발전 과정을 거쳐 83 명나라 말기에 규모가 형성되어 청나라와 민국 시기에 점차 성숙해져서 지금까지 이어졌다. 영정 토루는 모양이 독특하고 산을 따라 지어졌으며 배치가 합리적이다. 84 함축적인 인테리어와 신비스러운 건축 공예는 무척 보기 드문 것이다. 그것은 함께 모여서 거주하는 생활과 방어에 부합하며, 산속의 좁은 평지와 현지의 생토, 목재, 바위 등 건축 재료를 절묘하게 이용한 일종의 스스로 체계를 세운, 동시에 미적 감각이 풍부한 고층 건축물이다.

영정 토루는 역사가 깊고 스타일이 독특한 객가 민가 단지이며, 토루는 원루와 방루 두 가지로 나뉘는데, 그중 원형 토루는 객가 민가의 전형이다. 원루는 두세 바퀴로 구성되어 있고 안쪽에서 바깥으로 겹겹이 둘러싸여 있으며 바깥 바퀴는 높이가 10여 미터이고 4층으로 되어 있으며 100~200개의 방이 있다. 1층은 주방과 식당이고 2층은 창고이며 3~4층은 침실이다. 두 번째 바퀴의 2층 건물에는 수십 개의 방이 있는데 보통 객실이고, 그중 방 하나는 조상당으로 건물 내에 거주하는 몇 백명의 사람들이 혼례와 장례 및 행사를 진행하는 곳이다. 건물 안에는 우물, 욕실, 방앗간 등의 시설도 있다. 토루는 현지 생토를 다져넣는 방식을 사용하고, 철근과 시멘트를 필요로 하지 않으며 벽의 기본 폭은 3m이고 바닥 벽의 두께는 1.5m로 위쪽으로 올라갈수록 축소되어 85 꼭대기 벽의 두께는 최소 0.9m이다. 원형 외벽을 따라 나무판으로 막아 많은 방으로 분리했고 그 안쪽은 복도이다.

영정 토루 건물은 방진, 방화, 방어 등 다양한 기능을 가지고 있고 통풍과 채광이 좋으며 겨울에는 따뜻하고 여름에는 시원하다. 객가 토루의 벽은 두께가 1.5m 정도에 달해서 더운 날에는 폭염을 막을 수 있고 추운 날에는 찬바람을 막아 주어 건물 안에 여름에는 시원하고 겨울에는 따뜻한 소기후가 형성된다. 더 신기한 것은 두꺼운 흙벽이 다른 어떤 벽과도 비교할 수 없는 역할을 한다는 것이다. 86 푸젠의 연간 강우량은 1800mm에 달하고 갑자기 맑아지거나 갑자기 비가 오는 경우가 많아서 실외의 건습도 변화가 매우 크다. 하지만 이런 기후 조건에서도 두꺼운 흙은 인체에 적합한 습도를 유지하여 환경이 너무 건조하면 자연적으로 수분을 방출하고, 환경이 너무 습할 때는 수분을 흡수할 수 있다. 이러한 조절 역할은 분명히 주민의 건강에 매우 유익하다.

영정 토루의 구조는 또한 대대로 내려오는 객가인의 단합과 우애의 전통을 보여 준다. 생각해 보면 수백 명이 같은 건물 내에 살려면 화목하게 함께 사는 것이 당연히 매우 중요한 일일 것이므로, **87** 객가인의 성실하고 인정이 많은 성품을 여기에서 짐작할 수 있다. 토루에 들어서면 당신은 바로 그 깊은 역사와 온화한 분위기를 느낄 수 있다.

流域 liúyù 명 유역 | 战乱 zhànluàn 명 전란 | 饥荒 jīhuang 명 기근, 흉작 | 被迫 bèipò 동 강요당하다, 핍박을 받다 | 延续 yánxù 동 계속하다, 연장하다 | 依山 yīshān 산을 등지다 | 布局 bùjú 명 배치, 구성 | 内敛 nèiliǎn 형 함축적이다 | 实属 shíshǔ 확실히 ~이다 | 罕见 hǎnjiàn 형 보기 드물다, 희한하다 | 防御 fángyù 동 방어하다 | 巧妙 qiǎomiào 형 교묘하다 | 狭小 xiáxiǎo 형 좁고 작다, 협소하다 | 生土 shēngtǔ 명 미개간지 | 典范 diǎnfàn 명 모범, 본보기 | 外圈 wàiquān 명 바깥쪽 코스 | 仓库 cāngkù 명 창고 | 祖堂 zǔtáng 명 선조에게 제사를 지내는 방 | 婚丧 hūnsāng 명 혼례와 장례 | 庆典 qìngdiǎn 명 축하 의식, 축전 | 水井 shuǐjǐng 명 우물 | 磨房 mòfáng 명 방앗간 | 夯筑 hāngzhù 동 흙을 틀에 넣고 다져서 담이나 집의 외곽선을 만들다 | 钢筋水泥 gāngjīn shuǐní 철근과 시멘트, 철근 콘크리트 | 依次 yīcì 부 순서에 따르다 | 缩小 suōxiǎo 동 축소하다, 줄이다 | 分隔 fēngé 동 갈라놓다, 사이를 두다 | 走廊 zǒuláng 명 복도 | 防震 fángzhèn 동 지진에 대비하다 | 防火 fánghuǒ 동 불을 막다 | 防御 fángyù 동 방어하다 | 酷暑 kùshǔ 명 혹서, 폭염, 심한 더위 | 无法相匹 wúfǎ xiāngpǐ 비교할 수 없다, 필적할 수 없다 | 隔绝 géjué 동 막히다, 끊어지다 | 寒风 hánfēng 명 찬바람, 한풍 | 侵袭 qīnxí 동 침입 습격하다, 침입하다 | 骤晴骤雨 zhòuqíng zhòuyǔ 갑자기 맑거나 비가 오다 | 释放 shìfàng 동 석방하다, 방출하다 | 世代相传 shìdài xiāngchuán 젱 대대로 전해지다 | 共居 gòngjū 동 공존하다 | 淳朴 chúnpǔ 형 성실하고 꾸밈이 없다, 순박하다 | 敦厚 dūnhòu 형 돈후하다 | 秉性 bǐngxìng 명 천성, 성품 | 可见一斑 kějiàn yìbān 젱 일부분을 통해 전체를 짐작할 수 있다 | 深沉 shēnchén 형 (정도가) 심하다, 깊다

81 战乱、饥荒 첫 단락 두 번째 문장에서 '전쟁과 기근 등 여러 이유로 어쩔 수 없이 남쪽으로 이주했다'라고 했으므로 답은 '战乱、饥荒'이다.

客家人原本是中原黄河流域一带的汉族人，因为什么而被迫南迁？	객가인은 원래 중원 황하 유역 일대의 한족이었는데, 어떤 이유로 어쩔 수 없이 남쪽으로 이주했는가?
答: 战乱、饥荒	정답: 전쟁과 기근

82 客家人所建 첫 번째 단락 네 번째 문장에서 '푸젠 토루는 대부분 푸젠의 객가인에 의해 지어졌기 때문에 '객가 토루'라고도 불린다'라고 했다. 따라서 답으로 '客家人所建'을 써야 한다.

福建土楼被称为"客家土楼"的原因是什么？	푸젠 토루가 '객가 토루'라고 불리는 이유는 무엇인가?
答: 客家人所建	정답: 객가인이 지었으므로

83 明末 두 번째 단락 첫 문장에서 '영정 토루는 명나라 말기에 규모가 형성되었다'라고 했다. '形成规模'는 '具有了一定的规模'와 같은 의미이므로 답으로 '明末'를 써야 한다.

永定土楼什么时候具有了一定的规模？	영정 토루는 언제 일정 규모를 갖추게 되었는가?
答: 明末	정답: 명나라 말기

84 **内敛** 두 번째 단락 두 번째 문장에서 '함축적인 인테리어와 신비스러운 건축 공예는 무척 보기 드문 것이다'라고 했고, 문제에서 인테리어 스타일을 물었으므로 답은 '内敛'을 써야 한다.

永定土楼的装饰风格是怎样的?	영정 토루의 인테리어 스타일은 어떠한가?
答: 内敛	정답: 함축적이다

85 **不小于0.9米** 세 번째 단락 세 번째 문장에서 '꼭대기 벽의 두께는 최소 0.9m이다'라고 했으므로 답은 '不小于0.9米'이다.

永定土楼的顶层墙厚应该是多少?	영정 토루의 꼭대기 벽의 두께는 얼마인가?
答: 不小于0.9米	정답: 최소 0.9m

86 **骤晴骤雨** 네 번째 단락 네 번째 문장에서 '푸젠의 연간 강우량은 1800mm에 달하고 갑자기 맑아지거나 갑자기 비가 오는 경우가 많다'라고 했다. 따라서 답으로 '骤晴骤雨'를 써야 한다.

福建地区降雨时，会有什么特征?	푸젠 지역에 비가 내릴 때, 어떠한 특징이 있는가?
答: 骤晴骤雨	정답: 갑자기 맑아지거나 갑자기 비가 온다

87 **淳朴敦厚** 다섯 번째 단락 두 번째 문장에서 '객가인의 성실하고 인정이 많은 성품을 여기에서 짐작할 수 있다'라고 했다. 따라서 '淳朴敦厚'를 답으로 써야 한다.

永定土楼的结构体现了客家人什么秉性?	영정 토루의 구조는 객가인의 어떤 성품을 나타내는가?
答: 淳朴敦厚	정답: 성실하고 인정이 많다

제1~2부분 **88~89** 다음의 자료에 근거하여 두 편의 문장을 쓰세요. 제한 시간은 55분입니다.

88~89

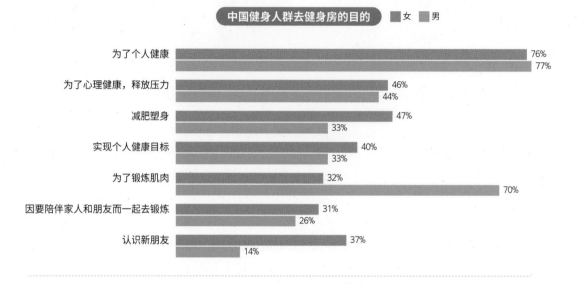

중국에서 운동하는 사람들이 헬스장에 가는 목적

1. 개인의 건강을 위해서   여 76%   남 77%
2. 정신 건강을 위해 스트레스를 해소하려고   여 46%   남 44%
3. 다이어트 및 몸매 관리를 위해서   여 47%   남 33%
4. 개인 건강 목표 달성을 위해서   여 40%   남 33%
5. 근육을 단련하기 위해서   여 32%   남 70%
6. 가족 및 친구들과 함께 운동하려고   여 31%   남 26%
7. 새로운 친구를 사귀기 위해서   여 37%   남 14%

释放压力 shìfàng yālì 스트레스를 해소하다 | **塑身** sùshēn 图 몸매를 잡아주다 | **肌肉** jīròu 图 근육 | **陪伴** péibàn 图 동반하다, 동행하다

도표 보고 작문할 때 쓰는 상용 표현 방법은 다음과 같다.

문장 서두의 표현 방법	**一项研究结果发现** 한 연구 결과에 의하면
	一项新发布的分析报告显示 새로 발표된 분석 보고서에 따르면
	对……因素进行了分析(调查/研究) ~에 대한 요소를 분석했다(조사했다/연구했다)
	有关研究机构就……进行了分析和调查，其结果显示 관련 연구 기관이 ~에 대해 분석 및 조사한 결과에 따르면
	分析报告中的数据来自……的调查 분석 보고서의 데이터는 ~의 조사에서 나온 것이다
비율을 나타내는 표현 방법	**AB各占的比例分别为……%和……%** A와 B가 차지하는 비율은 각각 ~%와 ~%이다
	AB所占的比例分别是……%和……% A와 B가 차지하는 비율은 각각 ~% 와 ~%이다
	A所占的比例略高，是……%，而B为……% A가 차지하는 비율이 다소 높아 ~%이고, B는 ~%이다
	A所占的比例明显高于B为……%，B仅为……% A가 차지하는 비율이 ~%로 B보다 현저히 높은 반면, B는 ~%에 불과하다
	比例各是……%和……% 비율은 각각 ~% 와 ~%이다
	在参与调查的……人中，超过几分之几的人…… 조사에 참여한 ~명 중, 몇 분의 몇을 초과한 사람은~
	A的比例达到……% A의 비율은 ~%에 달한다
	在……中，这一比例升至……% ~중, 이 비율은 ~%까지 올랐다
	在……中，这一比例更是攀升至……% ~중, 이 비율은 더 높이 올라 ~%가 되었다

88

모범 답안

　　一项有关去健身房健身意向的民意调查结果显示，在参与调查的人群中，为了个人健康而去健身房锻炼身体的人群中，男女各占的比例分别为77%和76%。其次是为了释放压力和保持心理健康，男女所占的比例分别是44%和46%。第三是为了减肥塑身，女性所占的比例略高一些是47%，而男性为33%。第四是为了实现个人健康目标，男女比例为33%和40%。而在为了锻炼肌肉这一项中，男性所占的比例明显高于女性为70%，女性仅为32%。接着是为了陪伴自己的家人和朋友，其比例各是26%和31%。最后是为了认识新朋友，其比例各为14%和37%。

　　헬스장에 가서 운동할 의향이 있는지에 대한 여론 조사 결과에 따르면, 조사에 참여한 사람들 중 개인의 건강을 위해 헬스장에 가서 운동을 한다는 남녀 비율은 각각 77%와 76%를 차지했다. 그 다음으로 스트레스 해소와 정신 건강 유지를 위해 운동을 한다고 답한 남녀 비율은 각각 44%와 46%였고, 세 번째로 다이어트 및 몸매 관리를 위해 운동한다고 답한 것은 여성의 경우 47%로 비율이 좀 높은 반면 남성은 33%였다. 네 번째로 개인의 건강 목표 달성을 위해 운동을 한다는 남녀 비율은 각각 33%와 40%였고, 근육 단련을 위해 운동한다는 대답은 남성 비율이 여성보다 현저히 높아 70%였으며 여성은 32%에 불과했다. 그리고 가족 및 친구들과 함께하기 위해 운동한다는 남녀 비율은 각각 26%와 31%로 나타났다. 마지막으로 새로운 친구를 사귀기 위해 운동한다는 남녀 비율은 각각 14%와 37%로 나타났다.

意向 yìxiàng 명 의향, 의도 | **民意 mínyì** 명 민의, 여론

주제 보고 작문하기를 잘하기 위해서는 실전에서 실력을 발휘하는 것 이외에 평소에 실력을 축적해 놓는 것이 중요하다. 그래서 주제 보고 작문을 할 때 전략이 중요한데, 평소에 축적해 놓은 좋은 소재들을 자신의 문장 속에 써 넣은 후 기술적으로 다듬는 것이다. 그래야만 좋은 문장을 써낼 수 있다.

89

▌주제

"合抱之木，生于毫末；九层之台，起于累土；千里之行，始于足下。"这句话出自于道家老子的《道德经》。这句话的意思是，一棵高大的树木是由细小的幼苗长成的，九层高的高台是由一筐又一筐的泥土堆积而成，千里远的行程需要从脚下开始。这句话告诉我们，做什么事情都要一步一步从头做起，日积月累，脚踏实地，事物必然会发生质的变化，一定会有所收获。请写一篇600左右的文章，谈谈你对"做事要脚踏实地"的认识，并论证你的观点。	'합포지목, 생어호말; 구층지대, 기어루토; 천리지행, 시어족하'이 말은 도가 노자의 『도덕경』에서 나온 것이다. 이 말은 아름드리 나무도 터럭 끝처럼 어린 모종에서 큰 것이고, 높디 높은 언덕도 한 줌 흙에서 비롯된 것이며, 천리 길도 한 걸음부터 시작된다는 뜻이다. 이 말은 우리에게 어떤 일을 하든 한 걸음 한 걸음 처음부터 시작해야 하며, 날을 거듭하며 착실하게 해 나가면 필연적으로 질적인 변화를 가져오며 반드시 성과를 얻게 된다는 것을 알려 준다. '일을 할 때는 착실하게 해야 한다'에 대한 당신의 생각을 600자 정도의 문장으로 이야기하고 당신의 관점을 논증하시오.

▌모범 답안

脚踏实地最重要	착실하게 하는 것이 가장 중요하다
中国哲学家老子说过，"合抱之木，生于毫末；九层之台，起于累土；千里之行，始于足下。"这句话的意思是，做什么事情都要一步一步从头做起，日积月累，脚踏实地，事物必然会发生质的变化，一定会有所收获。我对于这句话的理解就是做事要脚踏实地。 有人认为做人最重要的莫过于树立远大的目标，而我却认为"脚踏实地"才是至关重要的。远大目标固然重要，但更重要的还在于行动。在行动中若没有坚持不懈的努力，若没有脚踏实地的精神，那么随着岁月的流逝，你会发现，理想仍然是空中楼阁。由此可见，远大的理想和脚踏实地永远是不可分的，在梦想成真的道路上，没有捷径，只有脚踏实地，才能达到理想的彼岸。 意大利画家达芬奇画蛋的故事是一个人人皆知的故事。达芬奇从小就喜欢画画，在他十四岁的时候，跟一位非常杰出的画家学习绘画。为了让达芬奇早日掌握绘画技能，严格的老师就让达芬奇天天画鸡蛋。达芬奇画一天就觉得画鸡蛋并没有什么意义。于是他就请教老师，为什么让他画鸡蛋呢？老师告诉他，画鸡蛋是为了训练他的观察能力和绘画能力。每个	중국의 철학가 노자는 '합포지목, 생어호말; 구층지대, 기어루토; 천리지행, 시어족하'라는 말을 한 적이 있다. 이 말의 의미는 어떤 일을 하든 한 걸음 한 걸음 처음부터 시작해야 하며, 날을 거듭하며 착실하게 해 나가면 필연적으로 질적인 변화가 생기고, 반드시 성과를 거두게 된다는 의미이다. 나는 이 말이 일을 함에 있어 착실해야 함을 가리킨다고 생각한다. 어떤 사람은 인간에게 있어서 가장 중요한 것은 원대한 목표를 세우는 것이라고 생각하는데, 나는 '착실하게 하는 것'이야말로 가장 중요한 것이라고 생각한다. 원대한 목표도 물론 중요하지만 더 중요한 것은 행동이다. 만약 행동함에 있어서 꾸준한 노력이 없고 착실한 마음가짐이 없다면, 세월이 지남에 따라 이상이 공중누각에 지나지 않음을 발견하게 될 것이다. 이로써 원대한 꿈과 착실함은 불가분의 관계이며, 꿈을 실현하는 데에는 지름길이 없고 착실하게 해야만 이상에 다다를 수 있다는 것을 알 수 있다. 이탈리아 화가 레오나르도 다빈치가 달걀을 그린 이야기는 누구나 다 아는 이야기이다. 다빈치는 어렸을 때부터 그림 그리기를 좋아했고 열네 살 때 뛰어난 화가에게 그림을 배웠다. 다빈치가 하루빨리 그림 그리는 기술을 습득하도록 하기 위해, 엄격한 선생님은 다빈치에게 매일 달걀을 그리도록 했다. 다빈치는 하루 종일 그림을 그리면서 달걀 그리는 것이 무의미하게 느껴졌다. 그래서 그는 선생님에게

鸡蛋都是不同的，如果能够发现不同，他将会成为一个出色的画家。达芬奇觉得非常有道理，于是他开始认真画鸡蛋，一步一步地进行练习，脚踏实地，日积月累，最终成为大名鼎鼎的画家。这就是达芬奇画鸡蛋的故事。达芬奇的故事之所以能流传到今天，是因为这个故事代表了达芬奇学习绘画的一种精神，即脚踏实地的精神。

在中国有一句耳熟能详的成语，那就是"滴水穿石"，这句话的寓意也是，一步一个脚印地向前走，最终一定会有成果。所以说，脚踏实地才是走向成功的不二法宝！

왜 달걀을 그리도록 하는지 물었다. 선생님은 달걀 그리는 연습을 시키는 것은 그의 관찰력과 그리는 능력을 훈련시키기 위해서이며, 모든 달걀의 모양은 다 다른데, 만약 그 차이를 발견한다면 훌륭한 화가가 될 것이라고 말했다. 다빈치는 일리가 있는 말이라고 여겼고, 달걀을 열심히 그리기 시작했으며 차근차근 연습을 하며 착실하게 해나갔다. 시간이 쌓여 결국 그는 명성이 자자한 화가가 되었다. 이것이 다빈치의 달걀 그림 이야기이다. 다빈치의 이야기가 오늘날까지 전해 내려오는 이유는 이 이야기가 다빈치의 그림 배우는 정신, 즉 착실한 정신을 나타내기 때문이다.

중국에는 매우 익숙한 성어가 있는데, 바로 '적수천석(낙숫물이 댓돌을 뚫는다)'이다. 이 말의 함축된 의미도 한 걸음 한 걸음 앞으로 나아가면 반드시 성과를 거둔다는 것이다. 그러므로 착실하게 일을 하는 것이야말로 성공을 향한 유일한 방법이다!

道家 dàojiā 몡 도가 | 老子 Lǎozǐ 몡 노자 | 细小 xìxiǎo 혱 매우 사소하다, 작다 | 幼苗 yòumiáo 몡 어린 모종, 새싹 | 高台 gāotái 몡 고지, 언덕 | 筐 kuāng 몡 광주리, 삼태기 | 泥士 níshì 토사 | 堆积 duījī 동 쌓아 올리다, 쌓이다 | 行程 xíngchéng 몡 노정, 여정 | 脚下 jiǎoxià 몡 발 밑, 발 아래 | 日积月累 rì jī yuè lěi 솅 날을 거듭하다, 세월이 쌓이다 | 脚踏实地 jiǎo tà shí dì 솅 일하는 것이 착실하다 | 收获 shōuhuò 동 수확하다, 거두어들이다 | 论证 lùnzhèng 동 논증하다 | 莫过于 mòguòyú ~보다 더한 것은 없다 | 树立 shùlì 동 세우다, 수립하다 | 至关重要 zhìguān zhòngyào 매우 중요하다, 지극히 중요하다 | 固然 gùrán 젭 물론 ~지만 | 坚持不懈 jiānchí búxiè 솅 꾸준히 하다, 조금도 느슨하게 하지 않고 끝까지 견지해 나가다 | 流逝 liúshì 동 유수처럼 빨리 사라지다 | 空中楼阁 kōngzhōng lóugé 솅 공중누각, 신기루 | 捷径 jiéjìng 몡 빠른 길, 지름길, 쉬운 방법 | 彼岸 bǐ'àn 몡 이르고자 하는 경지, 동경하고 있는 경지 | 人人皆知 rénrén jiēzhī 솅 모두가 다 아는 사실임을 이르는 말 | 达芬奇 Dáfēnqí 몡 레오나르도 다빈치 | 杰出 jiéchū 혱 출중하다, 뛰어나다 | 大名鼎鼎 dàmíng dǐngdǐng 솅 명성이 높다, 이름이 높이 나다 | 耳熟能详 ěrshú néngxiáng 솅 여러 번 들어 귀에 익어 자세하게 말할 수 있다, 자주 들어 익히 알고 있다 | 滴水穿石 dīshuǐ chuānshí 솅 낙숫물이 댓돌을 뚫는다, 작은 힘이라도 끈기 있게 계속하면 성공한다 | 脚印 jiǎoyìn 몡 발자국 | 不二法宝 bú èr fǎbǎo 유일한 방법이다, 둘도 없는 무기이다

작문 비법

中国哲学家老子说过，"合抱之木，生于毫末；九层之台，起于累土；千里之行，始于足下。"这句话的意思是，做什么事情都要一步一步从头做起，日积月累，脚踏实地，事物必然会发生质的变化，一定会有所收获。我对于这句话的理解就是做事要脚踏实地。

- 먼저 주제가 무엇인지 본다.

주제: 일을 착실하게 해야 한다.

- 위의 주제에 대한 자신의 생각을 제시한다.

나는 일을 함에 있어서 착실해야 한다고 생각한다.

- 주의 사항: 일반적으로 첫 단락에서 먼저 주제를 이끌어 내는데, 이 방법은 명언이나 철학적인 이야기를 할 때 쓰인다. 그 후 명언이나 이야기의 중심 생각을 주제로 삼고, 마지막에 수험생들에게 이 주제에 대한 찬성 또는 반대 의견을 물어본다. 수험생들은 주제를 선택할 때 독창적인 주제인가가 아닌 제한된 시간에 쓸 수 있는가에 대한 고려를 해야 하며, 가장 중요한 것은 선택한 주제가 앞서 언급한 중심 생각과 밀접하게 연관되어 있어야 한다는 것이다.

有人认为做人最重要的莫过于树立远大的目标，而我却认为"脚踏实地"才是至关重要的。远大目标固然重要，但更重要的还在于行动。在行动中若没有坚持不懈的努力，若没有脚踏实地的精神，那么随着岁月的流逝，你会发现，理想仍然是空中楼阁。由此可见，远大的理想和脚踏实地永远是不可分的，在梦想成真的道路上，没有捷径，只有脚踏实地，才能达到理想的彼岸。	• '인과 관계로 논증하기'의 방법을 사용하여 자신의 관점을 설명한다. ① 원인 제시: 목표는 매우 중요하지만 착실한 행동이 더 중요하다. ② 결과 정리: 즉, 착실하게 임하는 정신이 있어야만 꿈을 실현할 수 있다. • 마지막으로 다시 자신의 관점으로 돌아가 일을 착실하게 해야 함을 언급한다. • 주의 사항: 인과 관계 논증 시, 부정문이나 반어문을 사용하여 논증의 어감을 더욱 강하게 할 수 있는데, 이렇게 하면 깊은 인상을 남길 수 있다.
意大利画家达芬奇画蛋的故事是一个人人皆知的故事。达芬奇从小就喜欢画画，在他十四岁的时候，跟一位非常杰出的画家学习绘画。为了让达芬奇早日掌握绘画技能，严格的老师就让达芬奇天天画鸡蛋。达芬奇画一天就觉得画鸡蛋并没有什么意义。于是他就请教老师，为什么让他画鸡蛋?老师告诉他，画鸡蛋是为了训练他的观察能力和绘画能力。每个鸡蛋都是不同的，如果能够发现不同，他将会成为一个出色的画家。达芬奇觉得非常有道理，于是他开始认真画鸡蛋，一步一步地进行练习，脚踏实地，日积月累，最终成为大名鼎鼎的画家。这就是达芬奇画鸡蛋的故事。达芬奇的故事之所以能流传到今天，是因为这个故事代表了达芬奇学习绘画的一种精神，即脚踏实地的精神。	• 인용의 방법으로 논증한다. 먼저 누구나 다 아는 다빈치의 달걀 그림 이야기를 인용하여 달걀 그림을 착실하게 연습하는 것의 중요성을 논증한다. 왜냐하면 다빈치의 착실함이 결국 성공으로 이어졌기 때문에, 일을 착실하게 해야 한다는 논점이 정확함을 증명했다. 마지막으로 다시 자신의 논점으로 돌아가 강조한다. • 주의 사항: 자신의 관점을 논증하기 위해 유명한 이야기들을 인용하여 자신의 관점을 논증할 수 있다. 하지만 주의할 것은 인용할 때 이야기를 하는 데 중점을 두어서는 안 되며, 이 이야기에서 나타내는 중심 생각, 즉 자신의 논점과 일치하는 중심 논점에 중점을 두어야 한다.
在中国有一句耳熟能详的成语，那就是"滴水穿石"，这句话的寓意也是，一步一个脚印地向前走，最终一定会有成果。所以说，脚踏实地才是走向成功的不二法宝!	• 마지막으로 다시 한번 성어를 인용하여 자신의 관점을 논증한다. • 주의 사항: 제목은 '착실하게 하는 것이 가장 중요하다'이고 결말의 마지막 구절은 '착실하게 일을 하는 것이야말로 성공을 향한 유일한 방법이다'이다. 시작과 끝이 서로 호응되고 구조가 완전하고 주제가 명확한 것이 주제 보고 작문하기의 가장 좋은 방법이다.

四、翻译 번역

제1부분 90~91 다음 자료를 중국어로 번역하세요. 제한 시간은 35분입니다.

90

제시문	모범 답안
많은 사람들이 밤에 초콜릿 먹는 것을 좋아하며, 소수의 사람들만이 오전에 초콜릿 먹는 것을 선택한다. 사실 초콜릿을 먹기 가장 좋은 시간은 점심 식사 전인 오전 11시쯤이다. 왜냐하면 초콜릿에 있는 카페인과 설탕이 점심 식사 전에 에너지를 잘 보충해 주기 때문이다. 이 밖에, 초콜릿을 먹는 방법에도 신경을 써야 한다. 　전문가들은 초콜릿을 먹는 가장 좋은 방법으로 우선 입에 잠시 머금고 있은 후 입안에서 천천히 녹이며 먹는 것이 좋은데, 이렇게 하면 초콜릿이 주는 감각적인 체험을 충분히 느끼고 즐길 수 있다고 말한다. 　초콜릿을 먹으면 우울감을 줄일 수 있고 사람을 흥분시킨다. 초콜릿은 정신을 집중시키고 기억력을 강화시키며 지능을 높이는 역할을 한다. 또한 초콜릿은 에너지를 보충할 수 있는데 이는 초콜릿에 탄수화물, 지방, 단백질 및 다양한 미네랄 성분이 풍부하게 함유되어 있기 때문이다. 마지막으로 초콜릿은 노화 방지 작용이 있는 항산화 효과가 좋은 식품이다.	很多人爱晚上食用巧克力，只有少数人却选择在上午食用巧克力。事实上，食用巧克力的最佳时间是午餐前，即上午11点左右。原因是，巧克力中所含的咖啡因和糖可在午餐前很好地为身体补充能量。此外，巧克力在吃法方面也有一定的讲究。 　专家表示，最佳食用巧克力的方法是，先在口中含一小会儿，然后再使其慢慢在口腔中融化掉，这样就可以充分地感知和享受到巧克力所带来的感官体验。 　食用巧克力还可以抑制抑郁，使人兴奋。巧克力起到聚精会神、增强记忆力和提高智力的作用。其次，还可以补充人体所需的能量，这是因为巧克力富含碳水化合物、脂肪、蛋白质和多种矿物质。最后巧克力有抗老化的作用，巧克力也是一种抗氧化效果不错的食物。

食用 shíyòng ⑧ 식용하다 | **巧克力** qiǎokèlì ⑲ 초콜릿 | **咖啡因** kāfēiyīn ⑲ 카페인 | **能量** néngliàng ⑲ 에너지 | **口腔** kǒuqiāng ⑲ 구강 | **融化** rónghuà ⑧ 녹다, 융해되다 | **感官** gǎnguān ⑲ 감각 기관 | **抑制** yìzhì ⑧ 억제하다, 억누르다 | **抑郁** yìyù ⑲ 우울하다, 울적하다 | **聚精会神** jùjīng huìshén ⑳ 정신을 집중하다, 열중하다 | **富含** fùhán ⑧ 다량 함유하다, 풍부하게 들어 있다 | **碳水化合物** tànshuǐ huàhéwù ⑲ 탄수화합물, 탄수화물 | **抗老化** kànglǎohuà ⑲ 항노화, 내노화성 | **抗氧化** kàngyǎnghuà 항산화

번역 비법

　많은 사람들이 밤에 초콜릿 먹는 것을 좋아하며, 소수의 사람들만이 오전에 초콜릿 먹는 것을 선택한다. 사실 초콜릿을 먹기 가장 좋은 시간은 점심 식사 전인 오전 11시쯤이다. 왜냐하면 초콜릿에 있는 카페인과 설탕이 점심 식사 전에 에너지를 잘 보충해 주기 때문이다. 이 밖에, 초콜릿을 먹는 방법에도 신경을 써야 한다.

~을 먹기 가장 좋은 시간은	① 食用……的最佳时间	② 吃……的最佳时间	③ 最佳食用……的时间
A에 있는 B와 C (食物)	① A中所含有的B和C	② A中的B和C	

초콜릿을 먹는 방법에도 신경을 써야 한다	① 巧克力在吃法方面很有讲究	'好好想想巧克力的吃的方法'와 같이 번역하는 것은 중국어 표현 방식에 부합되지 않으니 주의하도록 한다.
	② 巧克力在吃法上也有一定讲究	
	③ 巧克力的正确吃法很重要	

전문가들은 초콜릿을 먹는 가장 좋은 방법으로 우선 입에 잠시 머금고 있은 후 입안에서 천천히 녹이며 먹는 것이 좋은데, 이렇게 하면 초콜릿이 주는 감각적인 체험을 충분히 느끼고 즐길 수 있다고 말한다.

전문가들은 ~라고 말한다	① 专家指出	② 专家表示

초콜릿을 먹으면 우울감을 줄일 수 있고 사람을 흥분시킨다. 초콜릿은 정신을 집중시키고 기억력을 강화시키며 지능을 높이는 역할을 한다. 또한 초콜릿은 에너지를 보충할 수 있는데 이는 초콜릿에 탄수화물, 지방, 단백질 및 다양한 미네랄 성분이 풍부하게 함유되어 있기 때문이다. 마지막으로 초콜릿은 노화 방지 작용이 있는 항산화 효과가 좋은 식품이다.

우울감을 줄일 수 있다	① 减轻抑郁	② 抑制抑郁	
사람을 흥분시킨다	① 使人兴奋	② 让人兴奋	
정신을 집중시키고 기억력을 강화시키다	① 让人注意力集中，并提高记忆力		
	② 让人集中精力，并增强记忆力		
~역할을 하다	① 扮演……角色	② 发挥……作用	③ 起到……作用
노화 방지 작용이 있다	① 有抗老化的作用	② 起到抗老化的作用	
항산화 효과	① 抗氧化作用	② 抗氧化效果	

◈ 수준별 모범 답안

초급	很多人爱在晚上吃巧克力，只有少数人爱在上午吃巧克力。其实最好在午饭前11点左右吃巧克力。因为巧克力中的咖啡因和糖能在午饭前可以补充能量，还有，要注意巧克力的正确吃法。 专家表示，吃巧克力最好先在嘴里多含一会儿，再让它一点儿一点儿融化掉，最后还可以充分地感知和享受巧克力带来的感官体验。 吃巧克力能减轻抑郁，让人兴奋。巧克力有集中注意力、提高记忆力和智力的作用。其次，可以补充能量，巧克力含有碳水化合物、脂肪、蛋白质和多种矿物质。最后巧克力是一种抗老化和抗氧化效果都很好的食物。
중급	很多人喜欢在晚上吃巧克力，只有少数人选择上午吃巧克力。实际上，吃巧克力的最佳时间大概是午饭前11点。原因是，巧克力中的咖啡因和糖会在午餐前很好地补充能量。此外，正确的食用巧克力的方法很重要。 专家指出，食用巧克力时，最好在口中含一段时间，使其在口腔中慢慢融化，进而可以充分地感知和享受巧克力带来的感官体验。 吃巧克力还能减轻抑郁，使人兴奋。巧克力对于集中精力、增强记忆力和提高智力都有作用。其次，还可以补充能量，巧克力含有丰富的碳水化合物、脂肪、蛋白质和多种矿物质。最后，巧克力有抗老化的作用，同时抗氧化效果也不错。

고급	很多人爱晚上食用巧克力，只有少数人却选择在上午食用巧克力。事实上，食用巧克力的最佳时间是午餐前，即上午11点左右。原因是，巧克力中所含的咖啡因和糖可在午餐前很好地为身体补充能量。此外，巧克力在吃法方面也有一定的讲究。 专家表示，最佳食用巧克力的方法是，先在口中含一小会儿，然后再使其慢慢在口腔中融化掉，这样就可以充分地感知和享受到巧克力所带来的感官体验。 食用巧克力还可以抑制抑郁，使人兴奋。巧克力起到聚精会神、增强记忆力和提高智力的作用(巧克力在集中精力、增强记忆力、以及提高智力方面起到重要的作用)。其次，还可以补充人体所需的能量，这是因为巧克力富含碳水化合物、脂肪、蛋白质和多种矿物质。最后巧克力有抗老化的作用，巧克力也是一种抗氧化效果不错的食物。

91

제시문

여행은 사람마다 의미가 다르지만, 가족 여행은 부모와 아이의 감정을 키워 주는 가장 좋은 방법이다. 가족 여행은 단거리든 장거리든, 동행과 공유를 통해서 서로의 감정을 증진시킬 수 있다.

많은 사람들이 가족 여행은 번거롭다고 생각하지만 실제로 가족 여행은 생각보다 복잡하지 않다. 길 위에서 생길 수 있는 여러 문제와 비교했을 때, 중요한 것은 용기를 내어 자신의 아이를 데리고 출발할 수 있는가에 있다.

사실 여행 시간과 일정을 잘 잡고 아이들의 생필품만 챙긴다면 바로 출발할 수 있다!

모범 답안

旅行对于每个人的意义都是有所不同的，而培养父母和孩子之间感情的最佳方法就是亲子游。全家出游，不管是短程，还是长途，通过相互的陪伴与分享，从而可以增进彼此的感情！

很多人认为亲子游会很麻烦，但事实上，亲子游并没有想象中的那么复杂，与路上可能会产生的种种问题相比，关键在于能否拿出勇气带着自己的孩子出发。

事实上，只要事先把旅游时间安排好，把旅游行程安排好，接着再整理好孩子们的生活必需品就可以出发啦！

亲子游 qīnziyóu 가족 여행, 아이 동반 여행 | **出游** chūyóu 图 여행하러 가다 | **分享** fēnxiǎng 图 (행복·기쁨 따위를) 함께 나누다

번역 비법

여행은 사람마다 의미가 다르지만, 가족 여행은 부모와 아이의 감정을 키워 주는 가장 좋은 방법이다. 가족 여행은 단거리든 장거리든, 동행과 공유를 통해 서로의 감정을 증진시킬 수 있다.

사람마다 ~이 다르지만	① 每个人的……不同	② 每个人的……不一样
감정을 키우다	① 培养感情	
서로의 감정을 증진시키다	① 促进彼此的感情	② 增强相互的感情

많은 사람들이 가족 여행은 번거롭다고 생각하지만 실제로 가족 여행은 생각보다 복잡하지 않다. 길 위에서 생길 수 있는 여러 문제와 비교했을 때, 중요한 것은 용기를 내어 자신의 아이를 데리고 출발할 수 있는가에 있다.

생각보다 복잡하지 않다	① 没有想的那样麻烦	② 没有想象中的那么复杂
길 위에서 생길 수 있는 여러 문제	① 在路上发生的种种问题	② 在路上遇到的各种问题

용기를 내다	① 有勇气	② 拿出勇气	③ 鼓起勇气
사실 여행 시간과 일정을 잘 잡고 아이들의 생필품만 챙긴다면 바로 출발할 수 있다!			
시간과 일정을 잘 잡다	① 安排好时间和行程		
생필품을 챙기다	① 收拾好生活必需品	② 整理好生活必需品	③ 准备好生活必需品

◈ 수준별 모범 답안

초급	旅行对每一个人的意义都是不一样的，亲子旅行就是培养父母和孩子感情的最好方法。全家一起去旅行，不管是路短，还是路远，通过陪伴与分享，从而促进彼此的感情！ 很多人认为亲子旅行很麻烦，但其实亲子旅行没有想的那样麻烦，比起路上会遇到的种种问题，关键是有没有勇气带着自己的孩子一起去旅行。 其实，只要安排好时间和行程，再带好孩子们的生活必需品就可以出发啦！
중급	对于旅行所带来的意义，每个人的想法是不同的，亲子旅行则是培养父母和孩子感情的最好方法。全家出游，不管是短程，还是长途，通过陪伴与分享，都可以增强相互的感情！ 很多人认为亲子旅行会很麻烦，但事实上，亲子旅行并没有想象中的那么复杂，与路上会发生的种种问题比起来，能否鼓起勇气带着自己的孩子上路才是关键。 其实，只要安排好时间，安排好行程，最后再收拾好孩子们的生活必需品就可以出发啦！
고급	旅行对于每个人的意义都是有所不同的，而培养父母和孩子之间感情的最佳方法就是亲子游。全家出游，不管是短程，还是长途，通过相互的陪伴与分享，从而可以增进彼此的感情！ 很多人认为亲子游会很麻烦，但事实上，亲子游并没有想象中的那么复杂，与路上可能会产生的种种问题相比，关键在于能否拿出勇气带着自己的孩子出发。 事实上，只要事先把旅游时间安排好，把旅游行程安排好，接着再整理好孩子们的生活必需品就可以出发啦！

92

제시문	모범 답안
인터넷 신조어는 두 가지가 있는데, 하나는 인터넷이 빠르게 발전하면서 인터넷상에서 유행하게 된 신조어이고, 다른 하나는 인터넷에서 유행하기 시작한 신조어이다. 인터넷 신조어는 일정 부분 사람들의 사회 심리를 반영하고 있고, 사람들의 사상적 자유의 표현이며, 더 중요한 것은 사람들의 생활에 편리함을 가져왔다는 것이다.	网络新词有两种，一种是随着网络的迅猛发展而流行在网络上的新词语，另一种是从网络上开始流行的新词语。网络新词在一定程度上反应了人们的社会心理，体现了人们的思想上的自由，更重要的是，给人们的生活带来了便利。

反应 fǎnyìng 통 반응하다, 응답하다 | 体现 tǐxiàn 통 구현하다, 체현하다

통역 비법

인터넷 신조어는 두 가지가 있는데, 하나는 인터넷이 빠르게 발전하면서 인터넷상에서 유행하게 된 신조어이고, 다른 하나는 인터넷에서 유행하기 시작한 신조어이다. 인터넷 신조어는 일정 부분 사람들의 사회 심리를 반영하고 있고, 사람들의 사상적 자유의 표현이며, 더 중요한 것은 사람들의 생활에 편리함을 가져왔다는 것이다.

인터넷 신조어	① 网络流行语	② 网络新词	
빠르게 발전하다	① 快速发展	② 迅速发展	③ 迅猛发展
인터넷상에서 유행하다	① 流行在网络上	② 在网络上流行	
일정 부분	① 在一定程度上	② 在某种程度上	③ 某种程度
더 중요한 것은	① 更重要的是		

◆ **수준별 모범 답안**

초중급	网络新词是指随着网络的快速发展而流行在网络上或自网络上开始流行的新词语。也在某种程度反应了人们的社会心理，同时也是思想自由的一种体现，更重要的是，便利了人们的生活。
고급	网络新词有两种，一种是随着网络的迅猛发展而流行在网络上的新词语，另一种是从网络上开始流行的新词语。网络新词在一定程度上反应了人们的社会心理，体现了人们的思想上的自由，更重要的是，给人们的生活带来了便利。

제시문	모범 답안
많은 직장인들이 매일 컴퓨터 앞에 앉아 있는데, 그중 절반 이상이 시각 피로를 경험한다. 일반적으로 보통 사람은 1분에 15번 눈을 깜빡이지만, 컴퓨터 화면을 볼 때는 눈 깜빡임 횟수가 절반으로 줄어드는데, 이것이 시각 피로가 생기는 원인이다.	很多上班族每天都坐在电脑前工作，其中半数以上的人都会出现视疲劳。一般来说，人类正常的眨眼频率是每分钟十五次，但在看电脑屏幕时，眨眼的次数会减少一半儿，这就是视疲劳的原因。

视疲劳 shì píláo 눈이 피로한 것, 눈 피로 ｜ **眨眼** zhǎyǎn 图 눈을 깜박거리다 ｜ **频率** pínlǜ 图 빈도 ｜ **屏幕** píngmù 图 (모니터의) 스크린

통역 비법

많은 직장인이 매일 컴퓨터 앞에 앉아 있는데, 그중 절반 이상이 시각 피로를 경험한다. 일반적으로 보통 사람은 1분에 15번 눈을 깜빡이지만, 컴퓨터 화면을 볼 때는 눈 깜빡임 횟수가 절반으로 줄어드는데, 이것이 시각 피로가 생기는 원인이다.

그중 절반 이상	① 其中半数以上	② 其中一半以上
일반적으로	① 一般来说	② 一般的情况下
깜빡임 횟수	① 眨眼的次数	
절반으로 줄어들다	① 减少一半	② 减半

'시각 피로를 경험한다' 이 문장을 '体验视觉疲劳'로 번역하지 않도록 주의해야 한다. 일반적으로 '体验' 뒤에는 생활 또는 어떠한 감정을 가리키는 단어가 오는데, ((예) 体验生活 생활 체험, 体验生活中的艰辛和痛苦 생활 속 어려움과 고통을 체험하다) 시각 피로는 생리적인 반응이므로 '体验'을 사용하여 번역할 수 없다.

◈ 수준별 모범 답안

초중급	很多上班族每天都坐在电脑前，其中一半以上的人都会有视疲劳。正常人平均每分钟眨眼十五次，但在看电脑屏幕时，眨眼的次数会减半，这是视疲劳的原因。
고급	很多上班族每天都坐在电脑前工作，其中半数以上的人都会出现视疲劳。一般来说，人类正常的眨眼频率是每分钟十五次，但在看电脑屏幕时，眨眼的次数则会减少一半，这就是视疲劳的原因。

五、口语 말하기

제1부분 **94** 응용해서 읽고 말하세요. (준비 시간 3분, 대답 시간 3분)

상황 설명하기와 같은 유형의 구술시험은 다음과 같은 절차에 따라 진행하는 것이 가장 좋다.

준비 단계

주어진 자료를 자세히 읽고 분석해야 한다. 하지만 단순히 자료의 내용을 기억하는 것이 아니라, 어떻게 하면 제공된 자료를 한 편의 완벽한 문장으로 편집할 것인가가 중요하다. 문장을 편집할 때에는 순서가 분명하고 구조가 완전해야 한다.

서술 단계

① 서술 시작: 무엇에 대해 설명할 것인지 단도직입적으로 제시한다.

② 서술 순서: 사건 발생의 시간과 장소에 따라 순서를 나눈다.

③ 서술 마무리: 제공된 자료 속 인물이 되어 그 인물과 관련된 형식적인 말로 마무리한다.

주의 사항

① 자신을 잊고 인물에 몰입해서 제공된 자료를 중심으로 설명한다.

② 발음은 정확하게, 속도는 빠르거나 느리지 않게 하며, 글자를 정확하게 내뱉어야 한다.

③ 모든 것을 다 말하려고 하지 말고, 자신이 정확하게 말할 수 있는 내용을 골라서 설명한다.

④ 평소에 많이 말하고 많이 기억하고 연습해야 한다.

94

你是一名去宁夏地区开展医疗公益义诊活动的负责人，在出发去宁夏地区之前，你应该向同去的其他参加活动的成员说明以下情况:

당신은 닝샤 지역으로 무료 진료 봉사 활동을 가는 책임자이다. 닝샤 지역으로 출발하기 전, 당신은 동행하는 다른 참가자들에게 다음 상황을 설명해 주어야 한다.

行程安排 **일정**	3月1日~3月2日 3月4日~3月5日 3月6日~3月7日	同心镇 海原镇 隆德镇	举办专家学术交流活动。 开展防治高血压、糖尿病等疾病的义诊活动。 在社区举办健康讲座普及疾病预防知识。
	3월 1일~3월 2일 3월 4일~3월 5일 3월 6일~3월 7일	퉁신진 하이위안진 룽더진	전문가 학술 교류 활동 개최. 고혈압, 당뇨병 등 질병 예방 진료 활동 전개. 지역 사회에서 건강 강좌 개최하여 질병 예방 지식 전파.
注意事项 **주의 사항**	① 按照行程已定好的时间进行义诊工作，如有特殊情况需要提前申请。 ② 熟悉门诊室的位置和活动场所。 ③ 如发生突发事件，需要与当地的保卫科联系。 ④ 需要了解和遵守所在社区的规定。		
	① 일정에 맞춰 정해진 시간에 진료 업무 진행, 특수 상황 발생 시 사전 신청 필요함. ② 외래 진료실 위치와 활동 장소 숙지해야 함. ③ 돌발 상황 발생 시 현지 경비과에 연락해야 함. ④ 현지 지역 사회의 규정을 이해하고 준수해야 함.		

补充说明 보충 설명	① 交通费和住宿费可报销。 ② 为每位志愿者购买相应的保险。 ① 교통비와 숙박비는 청구 가능함. ② 모든 지원자에게 상응하는 보험 가입해 줌.

开展 kāizhǎn 图 넓히다, 전개하다 | **公益** gōngyì 명 공익 | **义诊** yìzhěn 图 무보수로 진찰하다 | **保卫科** bǎowèikē 경비과 | **报销** bàoxiāo 图 정산하다, 청구하다

94

▌모범 답안

　各位朋友们好！我是此次医疗公益义诊活动的负责人，现在由我来介绍一下此次活动的行程和内容，以及注意事项。首先，此次活动时间为3月1日到3月7日，共分为三个阶段：第一阶段的时间是3月1日到3月2日，地点在同心镇，活动内容为举办专家学术交流活动。第二阶段的时间是3月4日到3月5日，地点在海原镇，活动内容为开展防治高血压、糖尿病等疾病的义诊活动。第三阶段的时间是3月6日到3月7日，地点在隆德镇，内容是在隆德镇所在的社区举办健康讲座，向社区居民普及疾病预防知识。其次，各位朋友一定要遵守行程已定好的时间，如有特殊情况要提前通知。要熟悉活动场所。发生突发事件时，需要与当地的保卫科联系。还要了解和遵守所在社区的规定。最后，此次活动的交通费和住宿费可以报销，同时也会为参加活动的每位朋友购买相应的保险。以上便是此次活动的行程安排和注意事项，各位朋友如果还有什么问题，请尽管问我，我会尽力帮助大家，谢谢各位！

　여러분 안녕하세요! 저는 이번 무료 진료 봉사 활동의 책임자입니다. 지금부터 제가 이번 활동의 일정과 내용 및 주의 사항에 대해 말씀드리겠습니다. 우선 이번 활동 기간은 3월 1일부터 3월 7일까지로, 세 단계로 나뉘어 진행됩니다. 첫 단계는 3월 1일부터 3월 2일까지로, 장소는 퉁신진이며 활동 내용은 전문가 학술 교류 행사 개최입니다. 두 번째 단계는 3월 4일에서 3월 5일까지로, 장소는 하이위안진이며 활동 내용은 고혈압과 당뇨병 등 질병을 예방하는 진료 활동을 합니다. 세 번째 단계는 3월 6일부터 3월 7일까지로, 장소는 룽더진이며 내용은 룽더진의 지역 사회에서 건강 관련 강좌를 열어 지역 사회 주민들에게 질병 예방 지식을 전파하는 것입니다. 다음으로, 여러분 모두는 일정이 정해진 시간을 반드시 준수해야 하며 만약 특수 상황이 발생하면 미리 알려 주셔야 합니다. 또한 활동 장소를 숙지하시고 돌발 상황이 발생하면 현지 경비과에 연락해야 하며, 현지 지역 사회의 규정을 이해하고 준수해야 합니다. 마지막으로, 이번 활동에서 발생한 교통비와 숙박비는 청구 가능하며, 활동에 참가한 분들에게 상응하는 보험을 가입해 드립니다. 이상 이번 활동의 일정과 주의 사항이었습니다. 궁금한 점이 있으시면 언제든지 물어보세요. 제가 최선을 다해 도와드리겠습니다. 감사합니다!

제시된 내용을 바탕으로 말하기에서 가장 중요한 것은 다음 사항들이다.

① 내용을 들을 때 가능한 빨리 내용의 핵심을 잡아야 한다. 다시 말해 내용이 무엇에 대해 설명하는지를 듣고, 내용의 관점이 무엇인지 자세히 들어야 한다. 만약 분명히 듣지 못했다면 상식에 근거해서 판단하고 문제에 답한다.

② 원문을 기초로 질문에 답해야 한다. 특히 자료에 근거하여 자신의 관점을 서술할 때, 가능한 자료에 대한 이해를 바탕으로 자신의 경험을 더해서 대답한다. 주의해야 할 것은 관점을 서술할 때 반드시 자신의 관점에 대해 설명해야 하며, 두서없이 여러 가지를 말하지 않도록 한다. 그렇게 하면 주제와 구조가 분명하지 않아 무슨 말을 하는지 알 수 없게 된다.

③ 제시된 내용을 바탕으로 말하기와 같은 유형의 문제를 잘 풀기 위해서는 평소의 노력이 매우 중요하다. 화제성이 있는 문장을 보게 되면 정리를 해 보고 일부 중요한 단어 배합 및 관점 서술에 대한 문장을 기억해 두도록 한다.

95~97

大家所熟知的表情包已经迎来了自己的40岁生日。众所周知，交流是一个多维度的行为，除了所说内容外，表情、神态、动作都可以起到辅助表达与理解的作用。相较于线下的生动性的交流，线上文字交流会造成误解，所以表情包起到很大的作用，这也是我们离不开表情包的原因。比如，单纯的文字表达时常让人分不清是在开玩笑还是进行严肃表达，而一旦加上"狗头"表情包，立场与情感就会清晰很多。

经历了40年的发展，与其说表情包是互联网语言表达的助手，不如说它们已经成了一种特殊的语言。一方面，很多网友在聊天时只发图不说话就可以聊很久，图片拥有文字表达所难以发挥的直观特性，因此除了纯粹的沟通作用外还兼具娱乐意义。

另一方面，表情包自身也成了一个文化系统，并且衍生出了所谓的"表情包文化"。比如，众多明星表情包、萌宠表情包、影视表情包，通过生动的视觉感应再搭配精准的文字描述，让不少网友久久沉浸在制作表情包、收集表情包的过程当中。

当然，表情包在为交流带来快乐与便利的同时，也造成了一些阻碍。当发送"微笑"表情时，很多中老年朋友想表达的可能是友好、欢迎，而在年轻人的话语体系中，这却是鄙视、生气的象征。所以表情包的使用要慎重，一旦发生误解，很可能"有理说不清"。

사람들에게 잘 알려진 이모티콘이 벌써 40번째 생일을 맞이했다. 모두가 잘 알고 있듯이 교류는 다차원적인 행동으로, 말하는 내용 이외에도 표정, 태도, 동작 등이 모두 표현과 이해의 보조 역할을 한다. 오프라인의 생동감 있는 의사소통에 비해 온라인 문자 소통은 오해를 불러일으킬 수 있기 때문에 이모티콘은 큰 역할을 할 수 있다. 이것이 우리가 이모티콘을 멀리할 수 없는 이유이기도 하다. 예를 들어, 단순히 문자로 표현할 때는 농담을 하는지 진지한 표현인지 헷갈리는 경우가 있는데, 일단 '도그헤드' 이모티콘을 붙이면 입장과 감정이 훨씬 더 명확해진다.

40년의 발전을 거친 이모티콘은 인터넷 언어 표현의 보조 수단이라기보다는 이미 특수한 언어가 되었다고 말할 수 있다. 한편으로 많은 네티즌들이 채팅할 때 말 없이 그림만으로도 오랜 소통이 가능한 경우가 있는데, 그림은 문자 표현이 갖기 어려운 직관적인 특성을 가지고 있다. 그러므로 그림은 순수한 의사소통 역할 이외에도 오락적인 의미도 겸하고 있다.

다른 한편으로, 이모티콘은 그 자체로 하나의 문화 시스템이 되어 이른바 '이모티콘 문화'를 탄생시켰다. 예를 들면, 수많은 연예인 이모티콘, 귀여운 반려동물 이모티콘, 영상 이모티콘 등 생생한 시각적 반응에 정확한 문자 묘사를 배합함으로써 많은 네티즌들로 하여금 이모티콘 제작과 수집에 빠져들게 한다.

물론 이모티콘은 의사소통에 즐거움과 편리함을 주는 동시에 장애 요소도 야기했다. '미소' 이모티콘을 발송했을 때, 많은 중노년들이 표현하고자 했던 것은 친절이나 환영일 수 있음에도 젊은이들의 언어 체계 내에서는 오히려 무시나 짜증을 상징할 수 있다. 그러므로 이모티콘을 사용할 때는 신중해야 하며, 일단 오해가 발생하면 '말로 분명히 설명하기 힘들' 수 있다.

表情包 biǎoqíngbāo 이모티콘 | 多维度 duōwéidù 다차원 | 神态 shéntài 圐 표정과 태도, 기색과 자태 | 辅助 fǔzhù 圐 거들어 주다, 도와주다 | 线下 xiànxià 오프라인 | 单纯 dānchún 圐 단순하다 | 严肃 yánsù 圐 엄숙하다, 근엄하다 | 清晰 qīngxī 圐 뚜렷하다, 분명하다 | 助手 zhùshǒu 圐 조수 | 直观 zhíguān 圐 직관적이다 | 纯粹 chúncuì 圐 순수하다, 깨끗하다 | 兼具 jiānjù 동시에 갖추다, 겸하다 | 衍生 yǎnshēng 圐 파생하다 | 萌宠 méngchǒng 귀여운 반려동물 | 感应 gǎnyīng 圐 감응하다, 반응하다 | 精准 jīngzhǔn 圐 정확하다 | 描述 miáoshù 圐 묘사하다, 서술하다 | 沉浸 chénjìn 圐 몰두하다, 빠지다 | 阻碍 zǔ'ài 圐 방해하다, 지장이 되다 | 鄙视 bǐshì 圐 경멸하다, 경시하다, 깔보다 | 慎重 shènzhòng 圐 신중하다, 엄숙하다 | 有理说不清 yǒu lǐ shuō bù qīng 도리가 있어도 설명이 안 된다, 입이 열 개라도 할 말이 없다

95

질문

| 人们在交流时，离不开表情包的原因是什么? | 사람들이 교류할 때 이모티콘을 멀리할 수 없는 이유는 무엇인가? |

모범 답안

| 和生动的面对面交流相比，在网上用文字交流会造成误解，而表情包可以起到很大的作用，所以人们在线上交流时，离不开表情包。 | 생동감 있는 대면 교류에 비해 인터넷상에서의 문자 교류는 오해가 발생할 수 있는데, 이모티콘이 큰 역할을 할 수 있다. 그래서 사람들은 온라인에서 교류할 때 이모티콘을 멀리할 수 없다. |

96

질문

| 为什么说表情包已经成为了一种特殊的语言? | 이모티콘은 이미 하나의 특수한 언어가 되었다고 말하는 이유는 무엇인가? |

모범 답안

| 网友在聊天时只发图不说话就可以聊很久，这是因为表情包已经成为一种特殊的语言，原因是表情包有直观特性还兼具娱乐意义，这是文字不曾具有的优势。 | 네티즌들이 소통할 때 말 없이 그림만으로도 오랜 시간 이야기할 수 있는데, 이는 이모티콘이 이미 특수한 언어가 되었기 때문이다. 원인은 이모티콘이 직관적인 특징과 오락적인 의미를 겸하고 있기 때문인데, 이는 문자에는 없는 장점이다. |

97

질문

你在跟他人进行交流时，喜欢用表情包吗？为什么？	당신은 타인과 의사소통할 때 이모티콘을 즐겨 쓰는가? 그 이유는 무엇인가?

모범 답안 1

在线上和他人进行交流时，我个人还是比较喜欢用表情包的。原因是：①不仅能够增加聊天的趣味性，而且还能够更好地表达我自己的心情，让对方能快速明白我的心意。②在交流时，有的时候会遇到尴尬的问题，过去往往要用大量文字来说明，现在只用几个表情包再加上一小段文字就能说清楚了，这样可以节省大量的时间。所以，我比较喜欢用表情包。

온라인에서 타인과 의사소통할 때 개인적으로 이모티콘을 즐겨 쓰는 편이다. 그 이유는 ①대화의 재미를 더할 뿐만 아니라 자신의 기분을 더 잘 표현할 수 있어서 상대방이 나의 마음을 더 빨리 이해하도록 해 주기 때문이다. ②의사소통을 할 때 가끔 난감한 문제에 직면하게 되는데, 과거에는 많은 문자를 사용해서 설명해야 했지만, 지금은 이모티콘 몇 개에 짧은 문자를 넣어 분명하게 전달할 수 있어서 많은 시간을 절약할 수 있게 되었다. 그래서 나는 이모티콘을 즐겨 쓰는 편이다.

모범 답안 2

我个人还是不太喜欢用表情包的。表情包给人的感觉只是能增加聊天的趣味性，但缺乏一定的严肃性，如果我跟对方聊天的内容比较正式的话，对方频发表情包的话，我会很不舒服。表情包的使用，虽然会拉进年轻人之间的距离，但是也会让年轻人和老年人产生误解。所以我认为可以使用表情包，但要适度，也要分场合，否则会让人产生反感。

개인적으로 이모티콘 사용하는 것을 별로 좋아하지 않는다. 이모티콘은 단지 대화의 재미를 더할 뿐이지, 진지함이 부족하다는 느낌을 준다. 만약 상대방과의 대화가 비교적 진지한 경우인데 상대방이 이모티콘을 자주 보내면 나는 불편함을 느낀다. 이모티콘의 사용은 젊은이들 사이의 관계를 가깝게 할 수는 있지만, 젊은층과 노년층 간에 오해를 불러일으킬 수도 있다. 그러므로 나는 이모티콘을 사용할 수는 있지만 적정선을 지켜서 상황에 맞게 사용해야 한다고 생각한다. 그렇지 않으면 사람들에게 반감을 줄 수 있다.

모범 답안 3

我个人认为，表情包是网络时代发展的产物，必然会有它存在的原因。根据我自己的经历，我觉得使用表情包时，最重要的是要看对方是一个怎样的人，如果对方和自己年龄相似，那么就可以自由地使用。但对方是自己的长辈或老师，就需要慎重使用，以免造成误会。所以喜欢不喜欢使用表情包不重要，重要的是怎么使用。

개인적으로 이모티콘은 인터넷 시대 발전의 산물로, 필연적인 존재의 이유가 있다고 생각한다. 나의 경험에 비추어 볼 때, 이모티콘 사용 시 가장 중요한 것은 상대방이 어떤 사람인지를 봐야 한다고 생각한다. 만약 상대방이 자신과 나이가 비슷하다면 자유롭게 사용해도 되지만 상대방이 연장자이거나 선생님이라면 오해가 생기지 않도록 신중하게 사용할 필요가 있다. 그렇기 때문에 이모티콘 사용을 선호하는지 여부보다는 어떻게 사용하는지가 중요하다.

尴尬 gāngà 혱 난처하다, 곤란하다 | 适度 shìdù 혱 적당하다, 적절하다 | 反感 fǎngǎn 몡 반감 혱 반감을 가지다

제시된 내용을 바탕으로 자신의 관점을 말할 때는 다음 사항들에 주의해야 한다.

① 우선, 자료의 핵심 사상을 명확히 들어야 한다.

② 다음, 예를 들어 핵심 사상을 설명한다.

③ 마지막으로, 질문에 답하기 전 우선 핵심 사상을 주제로 어떻게 자신의 관점을 설명할 수 있을지에 대해 생각해 본다. 명심할 것은 반드시 핵심 사상을 중심으로 논술해야 하며, 만약 자료에서 제시한 예를 알아들었다면 자신의 견해를 논술할 때 인용하는 것이 좋다.

98

"己所不欲，勿施于人。"这句话出自《论语》，也是中国古代思想家教育家孔子的名言。而"大禹治水"的故事就是"己所不欲，勿施于人"的崇高典范。大禹接受治水任务时，刚刚和一个姑娘结婚。当他想到有人被水淹死时，心里就像自己的亲人被淹死一样痛苦、不安，于是他告别了妻子，带领众人，夜以继日地进行疏导洪水的工作。在治水过程中，大禹三过家门而不入，经过13年的奋战，疏通了9条大河，使洪水流入了大海，消除了水患，完成了流芳千古的伟大业绩。

到了战国时期，有个叫白圭的人，跟孟子谈起这件事，他夸口说："如果让我来治水，一定能比大禹做得更好。只要我把河道疏通，让洪水流到邻近的国家去就行了，那不是省事得多吗？"孟子很不客气地对他说："你错了！你把邻国作为聚水的地方，结果也会使洪水倒流过来，造成更大的灾害，有仁德的人是不会这样做的。"

大禹治水和白圭谈治水完全是基于两种不同的思想，白圭只为自己着想，不考虑别人，这种"己所不欲，要施于人"的错误思想是难免要害人害己的。大禹把洪水引入大海，虽然费工费力，但这样做既消除了本国人民的灾害，又消除了邻国人民的灾害。这种"己所不欲，勿施于人。"的精神，是值得钦佩和效仿的。所以，大禹治水自然成了千古佳话。

'기소불욕, 물시어인'은 『논어』에서 나온 말이며, 중국 고대 사상가이자 교육가인 공자의 명언이기도 하다. '대우치수(大禹治水: 우임금이 물을 다스린다)' 이야기는 '기소불욕, 물시어인'의 가장 대표적인 모범이다. 대우가 치수 임무를 맡았을 때, 그는 한 아가씨와 결혼한 지 얼마 되지 않았다. 그는 누군가 물에 빠져 죽는 생각을 하면 마치 자신의 가족이 익사한 것처럼 마음이 아프고 불안했다. 그래서 그는 아내에게 작별을 고하고 사람들을 인솔하여 밤낮으로 홍수를 처리하는 일을 했다. 물을 다스리는 과정에서 대우는 세 번이나 자신의 집 앞을 지났지만 들어가지 않았다. 13년의 분투를 거치며 9개의 큰 강을 통하게 했고, 홍수가 바다로 흘러가게 하여 수해를 없애고 길이 남을 위대한 업적을 완성했다.

전국 시대에 백규라는 사람이 맹자에게 이 이야기를 하면서, '내가 치수를 하면 대우보다 더 잘할 수 있을 것이오. 수로의 물을 터서 홍수가 이웃나라로 흘러가게 하면 되잖소. 그렇게 하면 많은 수고를 덜지 않겠소?'라며 과장스럽게 이야기했다. 맹자는 그에게 '틀렸소! 당신이 이웃나라를 물이 모이는 곳으로 삼는다면 결국 홍수가 역류되어 더 큰 피해를 일으킬 것이오. 어진 사람은 이렇게 하지 않을 것이오.'라고 직언했다.

대우의 치수와 백규가 말하는 치수는 완전히 다른 사상에 근거한 것으로, 백규는 자신만을 생각하고 남을 배려하지 않았다. 이런 '기소불욕, 물시어인'의 잘못된 사상은 남도 해치고 자신도 해치기 마련이다. 대우는 홍수를 바다로 끌어들여 비록 비용과 힘이 들었지만 이렇게 함으로써 자국민의 피해를 없앴을 뿐만 아니라 이웃나라의 재해도 없앴다. 이런 '기소불욕, 물시어인'의 정신은 탄복하고 본받을 만한 것이다. 그렇기 때문에 대우의 치수는 자연스럽게 오랜 시간 미담으로 전해진다.

论语 Lúnyǔ 논어 | 大禹治水 dàyǔ zhìshuǐ 우임금이 물을 다스리다 | 崇高 chónggāo 혱 숭고하다, 고상하다 | 典范 diǎnfàn 몡 모범, 본보기 | 淹死 yānsǐ 동 익사하다, 물에 빠져 죽다 | 夜以继日 yè yǐ jì rì 셍 밤낮없이, 낮과 밤이 따로 없이 계속하다 | 疏导 shūdǎo 동 막힌 물을 터서 통하게 하다 | 洪水 hóngshuǐ 몡 홍수, 큰물 | 奋战 fènzhàn 동 분전하다, 분투하다 | 疏通 shūtōng 동 소통시키다, 손을 써서 해결하다 | 消除 xiāochú 동 제거하다, 없애 버리다 | 水患 shuǐhuàn 몡 수해, 수재 | 流芳千古 liúfāng qiāngǔ 명성이 천년만년 길이 남다 | 业绩 yèjì 몡 업적 | 夸口 kuākǒu 동 허풍을 떨다 | 灾害 zāihài 몡 재해 | 仁德 réndé 몡 인덕, 어진 덕 | 害人害己 hàirén hàijǐ 다른 사람도 해치고 자신도 해치다 | 费工 fèigōng 동 품이 들다, 잔손이 많이 들다 | 费力 fèilì 동 애쓰다, 힘을 소모하다 | 钦佩 qīnpèi 동 경복하다, 우러러 탄복하다 | 效仿 xiàofǎng 동 모방하다, 본받다 | 千古佳话 qiāngǔ jiāhuà 천고의 미담, 오랜 시간 미담으로 남다

질문

材料讲的故事中有一句话"己所不欲，勿施于人"是出自《论语》，"己所不欲，勿施于人"的意思是自己不喜欢的东西或者不愿意做的事，也不要强加给对方。请问你对这句话有何感想？	이야기 속 '기소불욕, 물시어인'은 『논어』에서 나온 말이다. '기소불욕, 물시어인'은 자신이 싫어하는 것이나 하기 싫은 일을 상대방에게 강요하지 말라는 뜻이다. 당신은 이 말에 대해 어떻게 생각하는가?

모범 답안

首先，我觉得这句话可以说是处理人际关系的重要原则。如果连自己都不喜欢的东西或者不愿意做的事，就不要强加给对方。因为这样做，不仅会破坏与他人的关系，也会让对方感到自己受到了某种程度的蔑视。人与人之间的交往应该坚持这种原则，这是尊重他人，平等待人的体现。人与人之间是平等的，一定不要把自己都不喜欢的事物给予别人，不能只顾及自身的感受，而忽略了他人的感受。

其次，要学会换位思考，即使想给对方，也要在不伤害对方自尊心的情况下，征求一下对方的意见。如果对方是真的需要，那么就可以给对方，因为为他人着想，他人也会为你着想，真心才能换真心。

最后，要明白的一点是，当你把自己也不喜欢面对的事物强推给别人时，事实上是让别人来代替你处理棘手的情况，这种行为是不道德的，是不可取的行为。以上就是我对这句话的想法。

우선, 이 말은 인간관계를 처리하는 데 있어서 중요한 원칙이라고 생각한다. 만약 자신도 싫어하는 것이나 하기 싫은 일이라면 상대방에게 강요하지 말아야 한다. 이렇게 하면 다른 사람과의 관계를 훼손할 뿐만 아니라 상대방은 자신이 어떠한 멸시를 받았다고 생각할 수도 있다. 사람과 사람 사이의 교류는 이러한 원칙이 있어야 하며, 이는 타인을 존중하고 평등하게 대함을 보여 주는 것이다. 사람과 사람의 관계는 평등하다. 자신이 싫어하는 것을 남에게 주어서는 안 되며, 자신의 감정만 돌보고 타인의 감정을 소홀히 해서는 안 된다.

다음은, 입장을 바꾸어 생각하는 것을 배워야 한다. 설령 상대방에게 주고 싶더라도 상대방의 자존심을 상하게 하지 않는다는 전제 하에서, 상대방의 의견을 구해야 한다. 만약 상대방이 정말 필요로 한다면 상대방에게 줄 수 있다. 타인을 배려해 주면 타인 역시 당신을 배려해 줄 것이다. 진심만이 진심과 바꿀 수 있기 때문이다.

마지막으로 한 가지 알아야 할 것은, 자신도 대면하고 싶지 않은 것을 타인에게 강제적으로 미루는 것은 사실 다른 사람에게 자신 대신 까다로운 상황을 처리하게 하는 것으로, 이런 행동은 부도덕하고 취해서는 안 될 행동이다. 여기까지가 이 말에 대한 나의 생각이다.

3 회

强加 qiángjiā 图 강압하다, 강요하다 | 蔑视 mièshì 图 멸시하다, 깔보다 | 忽略 hūlüè 图 소홀히 하다, 등한히 하다 | 换位思考 huànwèi sīkǎo 상대방의 입장에서 생각하다 | 征求 zhēngqiú 图 널리 구하다, 모집하다 | 强推 qiángtuī 억지로 밀다, 강추하다 | 棘手 jíshǒu 图 (처리하기가) 곤란하다, 까다롭다, 난처하다 | 可取 kěqǔ 图 칭찬할 만하다, 배울 만하다

다락원 홈페이지에서 MP3파일
다운로드 및 실시간 재생 서비스

HSK 7~9급
최강적중 모의고사 해설집

지은이 왕러(王樂)
펴낸이 정규도
펴낸곳 (주)다락원

제1판 1쇄 발행 2023년 4월 20일
제1판 2쇄 발행 2024년 1월 4일

기획·편집 오혜령, 이상윤
디자인 김나경
조판 최영란
녹음 王樂, 朴龙军, 허강원

다락원 경기도 파주시 문발로 211
전화 (02)736-2031(내선 250~252 / 내선 435, 430)
팩스 (02)732-2037
출판등록 1977년 9월 16일 제406-2008-000007호

ISBN 978-89-277-2316-5 13720

www.darakwon.co.kr
다락원 홈페이지를 방문하시면 상세한 출판 정보와 함께 동영상 강좌, MP3 자
료 등 다양한 어학 정보를 얻으실 수 있습니다.

HSK

HSK 7~9급

왕러 저

최강적중
모의고사

문제집

다락원

HSK 7~9급
최강적중
모의고사

문제집

다락원

모의고사 1~3회

汉语水平考试
HSK (七-九级)

第一套

注　意

一、HSK (七-九级)分五部分：

笔试	一、听力	40题，约30分钟	
	二、阅读	47题，60分钟	
	休息10分钟		
	三、书写	2题，55分钟	
	四、翻译	2题，35分钟	
	休息50分钟		
口试	四、翻译	2题，6分钟	
	五、口语	5题，约24分钟	

二、全部考试约210分钟。

第一部分

第1~10题：请根据听到的内容，判断下列句子是否符合原文，符合原文的请画"√"，不符合的请画"×"。

1. 科技水平的提高突破了冰雪活动的地域局限性。
   (   )**A** √
   (   )**B** ×

2. 作为举办双奥的北京，掀起了冰雪运动的高潮。
   (   )**A** √
   (   )**B** ×

3. 与北京共同举办冬奥会的张家口也提出了"以运动员为中心、可持续发展、节俭办赛"理念。
   (   )**A** √
   (   )**B** ×

4. 高山滑雪凝聚着滑雪运动的精华，不过动作过于惊险，专业人才可以参加。
   (   )**A** √
   (   )**B** ×

5. 每年的11月到来年4月是冰雪旅游的淡季。
   (   )**A** √
   (   )**B** ×

6. 上海国家会展中心的外形类似"四叶草"。
   (   )**A** √
   (   )**B** ×

7. 本届上海进博会既有题材的创新，又有服务的创新。

　　(　　　　　)A √

　　(　　　　　)B ×

8. 上海进博会重复使用会员证件，理由在于实现环保和收益的双赢。

　　(　　　　　)A √

　　(　　　　　)B ×

9. 本届上海进博会得到了众多志愿者的支持和帮助。

　　(　　　　　)A √

　　(　　　　　)B ×

10. 本届上海进博会的科技应用更为先进。

　　(　　　　　)A √

　　(　　　　　)B ×

第11~22题：请选出或填上正确答案。

11. A 山地车
    B 电动儿童车
    C 混合型自行车
    D 城市通勤自行车

12. A 山地车
    B 通勤车
    C 混合型
    D 直立型

13. A 每辆368元，购1000辆优惠85%
    B 每辆368元，购2000辆优惠85%
    C 每辆368元，多购每辆优惠60元
    D 每辆368元，多购每辆优惠85%

14. A 每个零售商的进货价格不同
    B 订购价格低是因为订购量大
    C 很多零售商都从他们公司进货
    D 市场假货太多，无法保证品质

15. A 品质不如其他供应商
    B 运输费用较高增加成本
    C 批发价格应该低于零售价格
    D 给出的价格远远高于其他零售商

16. 通勤车车架的设计是直立型的，非常_____，但不能变速。

17. A 在威海举行
    B 设立了20个项目
    C 吸引了众多人才
    D 涉及了三个领域

18. A 耐高温
    B 怕低温
    C 耐老化
    D 电气绝缘

19. A 可用于多种领域
    B 多用于新兴行业
    C 只用于半导体芯片
    D 多用于汽车、纺织类

20. A 后端应用不足
    B 前端设计不够
    C 产品开发太快
    D 资金供应不足

21. A 提高国内产品价格
    B 有机硅新材料的研发
    C 加大对国内市场的投入
    D 短期目标是高新技术的研发

22. 陈循军一直专注于_____硅新材料的研究。

第三部分

第23~40题：请选出或填上正确答案。

23. A 创新能力
    B 创新品质
    C 学习知识
    D 兴趣爱好

24. 对于孩子能力的培养是基于了解幼儿的_____与_____。

25. A 培养创造力
    B 培养集中力
    C 学到各种知识
    D 让孩子更活泼

26. A 能够更好地学习
    B 对短期学习有益
    C 对长期学习有益
    D 让孩子变得更聪明

27. A 科技创新
    B 大脑的研究
    C 儿童教育学
    D 社会心理学

28. A 有利有弊
    B 变化多端
    C 人为造成的
    D 有百害而无一利

29. A 面积200多万平方公里
    B 由第三纪冰期下形成
    C 黄土高原原本是海洋
    D 世界上面积最大的高原

30. A 冬暖夏凉的建筑
    B 易耕种的土壤
    C 土地面积广阔
    D 适宜的气候条件

31. A 清澈洁净
    B 能见度低
    C 酸雨增加
    D 污染严重

32. A 灾难
    B 营养
    C 鱼虾
    D 水气

33. A 挖掘其潜力
    B 完善其缺点
    C 关注其成分
    D 多角度研究

34. A 已经被人们遗忘
    B 体现出社会的进步
    C 传统文化的组成部分
    D 改变了人们的生活方式

35. A 影响传统工艺的传承

B 促进传统工艺的传承

C 提高传统工艺的水平

D 扩大传统工艺的范围

36. A 云锦

B 宋锦

C 蜀锦

D 苏绣

37. 因传统手工艺存在的各种问题，使得传统手工艺从业人员_____。

38. A 令人堪忧

B 前程似锦

C 潜力巨大

D 平稳发展

39. 传统工艺的衰微，其根源还是因为_____的衰微。

40. A 对手工艺传承人要求高

B 传统手工技艺濒临危险

C 经济发展促进手工艺进步

D 社会的发展带动手工艺技术

二、阅读

第一部分

第41~68题：请选出或填上正确答案。

41~47.

  深度伪造是深度学习与伪造二者的组合词，顾名思义，出现于人工智能和机器学习技术时代。这一概念最早出现在2017年底，一开始专指基于人工智能，尤其是深度学习的人像合成技术。随着技术的进步，深度伪造技术已经发展为包括视频伪造、声音伪造、文本伪造和微表情合成等多模态视频欺骗技术。

  深度伪造技术的兴起是人工智能发展到一定阶段的产物，主要依赖人工神经网络参考，特别是生成对抗网络。基于每次判决迭代的结果，生成对抗网络，不断调整参数以创建越来越逼真的数据，直到不断优化的生成器使判决器无法再区分真实数据和伪造数据。因此这一技术生动诠释了"<u>眼见不一定为实</u>"。

  深度伪造不同于以往相对简单的PS图像篡改或是其他的视频、音频篡改技术，而是基于训练样本进行人工智能的深度学习。样本数据越多，计算机对目标对象的模拟越真实，最后达到以假乱真的地步。深度伪造还结合目标对象的脸型、语音、微表情、笔迹等生物特征进行综合学习，这是以往任何伪造技术所不能比拟的。

  随着技术的扩散和程序化，制作深度伪造产品的门槛也在不断降低。同时，深度伪造涵盖假视频、音频、文本、微表情等，产品逼真而多元，识别难度大。此外，很容易与社交媒体结合，借助脸谱网、推特、微信、微博等社交媒体的效力，在全世界迅速传播。深度伪造技术初露雏形时，国家安全部门、著名智库、研究机构就敏锐察觉到该技术存在着威胁国家安全的巨大隐患，＿＿＿＿＿＿自该概念出现以来就开始在政策层面、法律层面和技术层面加大了研究和限制力度，以防止该技术被恶意滥用。

41. 深度伪造技术的兴起体现了什么？

 A 爱学习的体现

 B 人类社会的进步

 C 人工智能的发展

 D 骗人的现象增多

42. 深度伪造技术包括哪些方面？

 ① 视频伪造 ② 颜色伪造

 ③ 微表情合成 ④ 声音伪造

 A ① ②

 B ① ③

 C ② ③

 D ② ④

43. 画线句子"眼见不一定为实"是什么意思?

    A 看到的事物都是假的

    B 不能相信没看到的事物

    C 眼睛看到的不一定是真的

    D 只有亲眼看到的才是真的

44. 如何使深度伪造技术更好地达到以假乱真的地步?

    A PS的对象简单

    B 样本数据够多

    C 提高计算机速度

    D 操作人员更专业

45. 如今深度伪造的产品有何特点?

    A 前景广阔

    B 价格低廉

    C 大受欢迎

    D 传神而多元

46. 如今深度伪造技术面临什么问题?

    A 监管力度不够

    B 技术还不够成熟

    C 缺乏国家相关的法律

    D 给国家带来安全隐患

47. 根据上下文,最后一段的空白处最适合填入的词语是什么?

    A 同时

    B 而且

    C 尽管

    D 因而

48~54.

　　黄宗羲先生曾为天一阁作《藏书记》，其开篇感叹："读书难，藏书尤难，藏之久而不散，则难之难矣。"要说能躲过重重厄运，至今完好的藏书楼，就不能不提明代藏书家宁波范钦的"天一阁"了。作为中国历史最悠久的私人藏书楼，也是亚洲最大的私人图书馆，更是世界最早的三大家族图书馆之一。天一阁是一座以"藏书文化"为核心，集藏书保护、研究、陈列、教育及旅游参观为一体的专题性博物馆，且是国家一级博物馆，其规模也是十分庞大，占地约26000平方米。

　　天一阁坐落在宁波市海曙区，为全国重点文物保护单位、全国古籍重点保护单位、国家5A级旅游景区。天一阁的历史非常悠久，最早可追溯至明嘉靖年间，至今已有400多年历史，为当时隐退的明朝兵部侍郎范钦主持建造的藏书楼，并命名为"天一阁"。范钦是个爱书之人，其程度可以说达到了痴迷，他四处收集名书古典，在当时藏书总量达到7万余册。明代文献独步天下。其中包括二百七十一种明代方志、科举时代各科进士的履历、四百六十余种明代科举录。其中五十四种明代政书在明代的学籍、漕运、土地、赋税、户口管理等方面做出了详细地说明。这些古籍都是世界上独一无二的，换句话说，如果没有天一阁的收藏，世人就无缘得见。

　　私人藏书，无论收藏如何之富，管理如何之严，"久"则有之，"不散"则难。范钦一生对丰氏万卷楼失火一直铭刻于心。好友丰坊回家秉烛上万卷楼临摹古人书法，酒性渐发，忘吹蜡烛导致万卷楼失火。因此，为了能把收集的藏书保存下来，范钦想出了诸多办法。天一阁的名字来源于《易经》，意为天一生水，而火是藏书最大的威胁，以水克火，天一阁由此而来，并在楼外筑水池以防火，"以水制火"。同时，采用各种防蛀、驱虫措施保护书籍。天一阁还有着非常严格的藏书管理制度，如"代不分书，书不出阁"，钥匙由各房共同掌管，非各房齐集不得开锁，外姓人不得入阁，不得私自领亲友入阁，不得无故入阁，不得借书与外房他姓，女性不能入阁等，违反者将受到严厉的处罚。

　　范钦去世前，将家产分为藏书和其他家产两部分。长子范大冲自愿放弃其他家产的继承权，而继承了父亲收藏的7万余卷藏书，这也形成了天一阁"代不分书，书不出阁"的祖训。正是有这些严苛的家规，才使得天一阁能历经风雨，保留至今。

48. 《藏书记》，其开篇感叹："读书难，藏书尤难，藏之久而不散，则难之难矣。"这里的"散"是什么意思？

　　A 散开

　　B 离去

　　C 损坏

　　D 分散

49. 天一阁迄今为止已经有＿＿＿＿＿＿的历史了。

50. "明代文献独步天下"中的"独步天下"
    是什意思?

    A 锦上添花

    B 独一无二

    C 数量众多

    D 凝聚精华

51. 天一阁的名字寓意是什么?

    A 楼阁庭院

    B 以水克火

    C 大家族制

    D 皇帝钦定

52. 天一阁有哪些管理藏书的制度?

    ① 建筑三层楼阁

    ② 无故入阁不可

    ③ 各房共同管理钥匙

    ④ 外姓借书需申报

    A ① ②

    B ① ③

    C ② ③

    D ② ④

53. 第三段的主要内容是什么?

    A 范钦的治家方法

    B 范钦好友的遭遇

    C 藏书阁名字的起源

    D 藏书阁保存藏书的办法

54. 藏书阁"天一阁"保留至今的重要原
    因是什么?

    A 历史久远

    B 严格的家规

    C 国家给予资助

    D 各界人士的努力

55~61.

在中国的内陆，由于地理环境多样，在很多是干旱和半干旱的地区，会因为当地的风貌，显现出自然环境中有一类罕见的湖泊，它的湖面上远远看去是粉红色的。与以往我们印象中的青绿色以及蔚蓝色不同，在高处往下看，仿佛是大地上的一颗粉钻，而这种湖泊亲切地被大家称为"玫瑰湖"。它生存的地理环境是干旱半干旱地区。玫瑰湖是盐湖的一种，在地理上是500毫米的降水量，小于500毫米的地区容易出现这样的现象。

巴丹吉林沙漠是我国的八大沙漠之一，位于内蒙古自治区西部的银额盆地底部，总面积约为4.9万平方千米，这里由于深居内陆，距海遥远，年降水量不足40毫米，是一个极度干旱的地区。但是，在干旱的巴丹吉林沙漠中却分布着大大小小100多个湖泊，大多数都是盐水湖。气候如此干旱，这些沙漠中的湖泊是怎样得到补给水源的呢？原来，巴丹吉林沙漠所在的盆地底部分布着多条东西走向的断裂带，断层的存在，使得地下水顺着断裂带出露到地表，在低洼处汇聚形成湖泊。由于气候干旱，湖水不断蒸发，而盐分留在湖泊内，从而形成盐水湖，达格图湖就是一个这样形成的盐水湖。

达格图湖位于巴丹吉林沙漠深处，是一个湖水呈粉红色的盐水湖，当地人称为"红海子"。达格图湖之所以呈粉红色，与湖泊中含有红色色素的卤虫大量生长有关。卤虫以盐沼为食，能够忍耐高盐度，随着水体盐度的升高，卤虫体内的虾青素也不断增多，体色就会变成红色，从而使得整个湖泊呈现粉红色。

每年夏季季节，由于气温升高，湖水的蒸发更加旺盛，湖水盐度升高，促使盐藻大量繁殖，为卤虫的生长提供了丰富的饵料。大量卤虫的生长，使得夏季湖水颜色更深。卤虫是水产养殖业的优质生物饵料，被称为"金沙子"和"软黄金"。然而随着捕捞加剧，卤虫资源面临枯竭。为了能够看到美丽的"玫瑰湖"，应该制定法律法规，打击非法捕捞，加强宣传，提高民众的保护意识，也可以利用特色景观资源，发展旅游业加以保护。

55. 为什么叫"玫瑰湖"？

A 颜色

B 成分

C 位置

D 产物

56. 玫瑰湖出现的条件有哪些？

① 降水量小于500毫米

② 地处干旱半干旱地区

③ 风沙较大

④ 人迹罕至

A ① ②

B ① ③

C ② ③

D ② ④

57. 第二段的主要内容是什么?

    A 达格图湖是盐水湖

    B 巴丹吉林沙漠降水少

    C 巴丹吉林沙漠的成因

    D 巴丹吉林沙漠湖泊形成的原因

58. 达格图湖为什么呈粉红色?

    A 与卤虫有关

    B 与降水量有关

    C 与含盐量有关

    D 与地理位置有关

59. 关于卤虫,下列哪项错误?

    A 耐高盐

    B 产虾青素

    C 产量逐减

    D 以盐沼为食

60. 卤虫是水产养殖业的_____,被称为"金沙子"和"软黄金"。

61. 最后一段,告诉我们什么?

    A 气候影响湖水

    B 如何保护玫瑰湖

    C 玫瑰湖的经济价值

    D 水产养殖业的重要性

三星堆文明遗址位于四川广汉市南兴镇，总面积约十二平方公里，文明形态从新石器晚期延续发展至商末周初，曾为古蜀国都邑。迄今为止三星堆文明遗址是四川发现范围最大，延续时间最长，出土文物最精美，文明内涵最丰富的古蜀文化遗址。而发现这文化遗址的却是民国时期当地一位姓燕的农民，他用一把普通的锄头打开了这一宝藏，无意之中他手中的锄头成为了打开文明大门的钥匙，一个辉煌文明在消失和尘封千年之后，终于重现于世。在历经二十世纪二十年代末期的发现，三十年代的调查发掘，八十年代之后规范化的考古勘探之后，现代学者基本上把握了该遗址的纵向演变过程，并提出了三星堆文明的命名。

作为20世纪中国乃至世界伟大考古发现之一，三星堆遗址是一个拥有青铜器、城市建筑、文字符号和大型礼仪设施的灿烂古代文明汇聚地。它昭示长江流域与黄河流域一样同属中华文明的母体，古蜀文明既有自己悠久而独立的始源，又受到中华文明不同地域文化，乃至东方文明不同区域文化直接或间接的影响。三星堆文化的青铜铸造技术和玉石工艺，就是中原夏商文化与蜀文化交往交流、互补互融的产物。不过，古蜀人在文化的互通融汇中又有自己的独到创造，如在接受中原礼器、酒器等铸造技艺的同时，又生产出自身独特造型的祭祀神器，在一定程度上堪称具有鲜明个性特色的文化形态。

随着发觉和研究的深入，三星堆文明的面纱在被揭开的同时，更多的神秘与未知也不断出现。地球的北纬30度的神奇和文化遗存的富集历来为世人和学者所关注，三星堆文化的辉煌除去纬度这一影响因素外，也得益于其独特的自然地理环境。河流在文明和文化发源、发展过程中有着极其重要的作用。身处平原之中的古代蜀地先民在取得文明加速发展之际，也要面对一个新的问题，那就是——河流与水患。在当时条件下生活的延续和文明的发展都离不开河流，水患对高原地区的威胁并不十分明显。但在平原地区水患的威胁不可小觑，同时河流也是孕育文明的不可获取的自然因素。因此，当时的古蜀先民选择了三星堆这一水资源丰富、河流纵横但同时水患并不突出的地区建立国都并通过长久的文化积淀而成为当时地区文明的中心。三星堆文明的长期存在也充分地证明这一自然因素的长期存在以及古蜀先民的智慧。三星堆文明的存在时间约公元前2800年一约公元前800年。甚至在今天相关专家仍然没有发现洪水对文明消亡的威胁证据。不得不说三星堆的先民用智慧处理好了人与自然的关系，也使得文化得以长久地存在与发展并逐渐走向繁荣，这或许有助于我们理解三星堆文明为何能够形成如此高度的文明形态。这一文明特征在世界文明和文化的发展进程中是非常少见的，其同时也影响和决定了三星堆文明的特征和高度以及时间的跨度。

62. 下列哪项是对三星堆文明遗址的评价?

    A 古蜀文化遗址最大

    B 开采持续时间最长

    C 国内出土文物最美

    D 古代文明内涵最丰富

63. 发现这文化遗址的是民国时期当地一位姓燕的农民,他用_____打开了这一宝藏。

64. 三星堆遗址受到什么文化的影响?

    ① 中华文明   ② 亚洲文明

    ③ 东方文明   ④ 西方文明

    A ① ②

    B ① ③

    C ② ③

    D ① ④

65. 三星堆文化的青铜铸造技术和玉石工艺是什么的产物?

    A 古蜀文明自身独创

    B 中华文明与世界文明

    C 东方文明与西方文明

    D 中原夏商文化与蜀文化

66. 随着发觉和研究的深入,三星堆文明的面纱在被揭开……,这里的"揭开面纱"是什么意思?

    A 掀开新娘的头巾

    B 拉上家里的窗帘

    C 围上脸上的纱巾

    D 发现真实的情况

67. 对于平原文明来说,什么威胁更大?

    A 火灾

    B 水患

    C 疾病

    D 地震

68. 关于三星堆文明遗址,哪项正确?

    A 位于中国巴蜀地区

    B 起源于新石器早期

    C 地处地球北纬40度

    D 是21世纪最重要的考古发现

第二部分

第69~73题：请将下列语段按正确的顺序排列。

69~73. 下列语段的顺序已被打乱，请将它们重新排序，组成一篇逻辑连贯的文章。注意其中一个段落为干扰项，需排除；画线段落的位置已固定，无需排序。

A 所谓鲸落(Whale Fall)是指鲸鱼死去后沉入海底的现象。当鲸在海洋中死去，它的尸体最终会沉入海底，生物学家赋予这个过程以鲸落的名字。一座鲸的尸体可以供养一套以分解者为主的循环系统长达百年。

B 其实，远洋深海并不是很多人想象中的富饶乐土，相反，由于海水的阻隔，海面下几百米深的地方漆黑一片，没有一丝阳光。这种情况下，一条重达十几吨、甚至几十吨的鲸落所带来的营养物质和能量，其重要性不言而喻。

C 第三阶段是大量厌氧细菌进入鲸骨和其它组织，分解其中的脂类，使用溶解在海水中的硫酸盐作为氧化剂，产生硫化氢，而与化能自养细菌共生的生物也因此有了能量补充。

D 在鲸尸下沉至海底过程中，盲鳗、鲨鱼、一些甲壳类生物等以鲸尸中的柔软组织为食。这一过程可以持续4至24个月。

E 鲸落进入到第二阶段后，一些无脊椎动物特别是多毛类和甲壳类动物，能够以残余鲸尸作为栖居环境，一边生活在此，又一边啃食残余鲸尸，不断改变它们自己的所在环境。

F 如果说海底是一片没有阳光眷顾的荒漠，那么"鲸落"便是深海的绿洲。鲸落用其温柔而强大的力量，滋养着在黑暗中艰难维生的生物。于是便有了这句话："一鲸落，万物生。"

G 当残余鲸落当中的有机物质被消耗殆尽后，鲸骨的矿物遗骸就会作为礁岩成为生物们的聚居地。不知又过了多久，鲸鱼的躯体已经不复存在，留下的是一具冰冷的白骨。直到最后白骨也不复存在，无人能证明这个鲸鱼曾经存在过。可即便如此，它的逝去还是给万物带来了新生。

H 由于鲸鱼的皮肤能够承受很大的压力，因此这些气体会在鲸鱼的体内逐渐积累，而随着鲸鱼身体的腐败，最终这些气体会冲破鲸鱼尸体，发生"鲸爆"。如果在海边遇到鲸鱼尸体搁浅，一定要远离，等待专业人员进行妥善处理，处理不当可能会引起爆炸。

69   70   71   72   73

☐ → B → ☐ → ☐ → ☐ → ☐ → G

69. **A**   **B**   **C**   **D**   **E**   **F**   **G**   **H**

70. **A**   **B**   **C**   **D**   **E**   **F**   **G**   **H**

71. **A**   **B**   **C**   **D**   **E**   **F**   **G**   **H**

72. **A**   **B**   **C**   **D**   **E**   **F**   **G**   **H**

73. **A**   **B**   **C**   **D**   **E**   **F**   **G**   **H**

第三部分

第74~87题：请回答下面的问题，注意答案控制在十个字以内。

74~80.

中国江南地区的手工业历来较为发达，江南手工业的突出优势在于丝织业，尤其是嘉靖隆庆年间至万历年间的一百年是江南丝织业增长最快速的一段时期。明代后期，江南逐渐成为全国丝织业中心，各府县基本都有代表性丝织品品类出产，其主要原料为绸、绉、绢，而作为这些原料桑蚕的成本也是昂贵的。

其实在明代，丝织业已呈现大面积衰退局势的，造成这一局势的原因，是另外一项主要经济作物棉花的普遍种植。由于种植棉花利润要高于桑蚕，很多原本种桑的地区都改种棉花，桑蚕在全国的种植呈现一片衰退之势。

而棉花种类之一的鸡脚棉，则是中国内地棉花中最优秀的品种。100多年前，张謇兴办大生纱厂，在沿海地区种植鸡脚棉作为其工厂的纺织原材料，而鸡脚棉也在历史上赢得过力韧丝长、冠居亚洲的美誉。鸡脚棉非常适合地方土机(=土织布机)织造粗纱，其生产出来的棉布则是畅销国内市场。鸡脚棉腰身(棉花杆)细，叶子酷似鸡脚而得名。鸡脚棉的叶面小、透光性强，有较强的抗病虫害能力。鸡脚棉的棉绒短适合做棉花絮，保暖性能好，也适合做药水棉花等工业用棉。但是鸡脚棉棉绒短、产量低，织不了细布，只能织粗布，这是它的缺点，也是当年被逐步淘汰的原因。后来，纺织业向精纺细纱生产发展，鸡脚棉逐渐退出历史舞台。

机缘巧合的是，近日，在通州区三余镇的棉花田里，发现了一株鸡脚棉。经专家鉴定，这株棉花的确为销声匿迹多年的鸡脚棉。鸡脚棉作为一种比较原始的棉花基因，其品质好、产量高、适应性强、应用价值广，可以与现在的棉花品种进行杂交，改良现有的棉花品种，因此有较高的科普价值，并具备长足的发展空间。

74. 中国江南地区的手工业历来较为发达，其突出优势在于什么行业？

    答: _____

75. 明代后期，江南代表性丝织品品类,其主要原料是什么？

    答: _____

76. 明代时丝织业呈现大面积衰退局势的原因除了原料昂贵，另一个原因是什么？

    答: _____

77. 鸡脚棉得名的原因是什么？

    答: _____

78. 鸡脚棉当年为什么被逐步淘汰？

    答: _____

79. 鸡脚棉的优点是什么？

    答: _____

80. 鸡脚棉的发展前景如何？

    答: _____

81~87.

对于机器人，我们都已不再陌生。不管是成果迭出的机器人比赛，还是形形色色的以机器人为主角的文艺作品，我们对机器人的陌生感逐渐降低。随着科技的发展，机器人也不断推陈出新，出现了不少有意思、有创新的种类。

目前问世的一种身段柔软灵活的机器人，它的个子虽小，仅有2厘米长、0.3克重，但是其功能却让人大开眼界，能在人们的指示下前往既定目标，以小小的身躯承担重物，翻越陡坡，无论是在严寒还是酷暑中都能正常使用。

这种迷你的软体机器人以其极强的综合性能受到广泛关注，人们期盼着未来它可以在废墟狭缝、生物体内完成各种复杂作业，它的面世也唤起了人们对软体机器人的好奇，它与传统的刚性机器人之间有着怎样的区别呢？

机器人是指有独立的自动控制系统、可以改变工作程序和编程、模仿人体某些器官的功能，并能完成某些操作或移动作业的机器。它们的出现可以代替人们的工作，在恶劣的自然环境或枯燥的重复性劳作中发挥作用。但是，很多时候，传统的刚性机器人的应用情景有限，因此科学家们将目光转向软体动物，从它们的运动特性上获得灵感，制造出具有更大自由度和变形能力的软体机器人。制造软体机器人首先以自然界的软体动物为原型，模仿自然界中的生物软体结构设计，章鱼、象鼻、尺蠖、水蛭等动物的仿生软体机器人先后被成功研制出来。其次就是制作材料，软体机器人由弹性材料制成，并依靠自身形状在空间上的连续变化来实现运动。

目前，人们还在探寻更多关于软体机器人的应用可能，如在太空中的运用，科学家们希望依靠软体机器人实现针对空间碎片、废弃卫星等空间目标的捕获，发挥其在狭窄空间操作的长处，在航天器内部设备维护、空间站舱内操作等任务中解决难题，利用大尺寸软体机器人实现空间设施的长距离搬运。

总的来说，软体机器人是一种科技含量高、前景良好的创新型机器人，它以材料科学、机构学和控制科学为基础，利用软体材料的物理特性使机器人进行更简单的高效运动。近年来，软体机器人研究与开发作为一个新兴的领域，也越来越受到关注，也许未来我们在生活中的方方面面都可以看到软体机器人的作用。

81. 我们对机器人的感觉有了怎样的变化?

    答: _____

82. 这种迷你的软体机器人因什么而受到广泛关注?

    答: _____

83. 机器人的自动控制系统是怎样的?

    答: _____

84. 传统的刚性机器人的应用情景有限, 所以科学家们将目光转向了哪儿?

    答: _____

85. 软体机器人由什么材料制成?

    答: _____

86. 总的来说, 软体机器人是一种什么样的创新型机器人?

    答: _____

87. 机器人能进行高效运动是利用了软体材料的什么特性?

    答: _____

三、书写

第88~89题：请根据下列材料写两篇文章，限时55分钟。

低碳生活，就是指生活作息时所耗用的能量要尽力减少，从而减低碳，特别是二氧化碳的排放量，从而减轻对大气的污染，减缓生态恶化。低碳生活主要是从节电、节气和回收三个环节改变生活细节来减缓生态恶化。

节电	节气	垃圾分类和回收工作
1. 空调调高一度 2. 电视屏幕暗一点 3. 用完电器拔插头	1. 做饭尽量用大火 2. 烹饪时巧用微波炉等厨具	1. 拒绝过度包装 2. 少用一次性餐具 3. 充分利用白纸，尽量使用再生纸 4. 垃圾分类处理并回收

第一部分

88. 请对图表进行描述与分析，写一篇200字左右的文章，限时15分钟。

第二部分

89. 话题作文：限时40分钟。

有人认为，践行低碳生活将会影响生活质量，让生活感到不便，你认为这句话有道理吗？请给出理由。文章不少于600字。

四、翻译

第一部分

第90~91题：请将下列材料译写成中文，限时35分钟。

90.

비행 자동차는 말 그대로 지상에서는 자동차처럼 달리고 하늘에서는 비행기처럼 나는 교통 수단이다. 생활 수준이 높아지면서 자동차는 이미 우리의 필수적인 이동 수단이 되었다. 하지만 그로 인해 발생하는 교통 문제가 날로 심각해지고 있다.

우리가 잘 알고 있듯 하늘에서는 위와 같은 교통문제가 발생하지 않지만, 항공 노선과 시간표 등의 제약으로 언제 어디서든 가고 싶은 곳을 갈 수 없다.

만약 민간 비행기로 단거리 여행을 갈 때 걸리는 대기 시간, 공항 안전 검사, 공항까지의 왕복 시간을 고려한다면 이는 우리의 귀중한 시간을 낭비하는 선택이라고 할 수 있다.

자동차나 비행기와 비교했을 때, 비행 자동차는 이러한 단점이 없다. 비행 자동차가 있다면 우리는 가고 싶은 곳을 가고 싶을 때 갈 수 있다.

91.

　요즘, 한창 자랄 나이의 어린이들이 불면증에 시달리고 있다. 잠을 제대로 자지 못하면 성장 발육이 더뎌지고 면역력이 약해지기 쉽다. 더 방치하면 우울증이 생기고 학습 장애와 행동 장애에도 시달릴 수 있다.

　0~9세 어린이 불면증 환자는 2019년 193명, 2020년 178명에서 2021년 244명으로 급격히 늘어났다. 올 상반기에도 146명이 불면증으로 진료를 받았다. 10~19세 청소년도 지난해보다 7.2% 늘었다.

　어린이 불면증 환자가 증가한 이유로는 잠들기 전 스마트폰을 사용하거나 TV를 시청하는 등 잘못된 수면 환경이 꼽혔다. 야간 스마트폰 사용은 수면 호르몬인 멜라토닌 분비를 저해하는 것으로 알려져 있다. 성장기에 불면증에 걸리면 성장 저하는 물론 집중력 저하, 우울증을 야기할 수 있다.

　어릴 때 불면증을 겪었던 어린이는 성인이 된 후에도 불면증에 시달릴 가능성이 크다. 미국 연구팀이 어린이 502명을 대상으로 실시한 불면증 조사에 따르면, 불면증 증상이 있던 어린이의 43%는 성인이 되어서도 불면증을 겪었으며 이들의 19%는 오히려 병세가 악화되기도 했다. 정상적으로 잠을 잔 어린이와 비교했을 때, 하루 평균 수면 시간이 7시간 이하인 어린이는 성인이 된 후 불면증에 걸릴 확률이 2.5배 이상 높았다.

第二部分

第92~93题：口译。

92.

　　최근 성인의 독서 습관에 대한 조사에 따르면, 2020년 중국 성인 10명 중 3명 이상이 듣는 독서 습관을 가지고 있는 것으로 밝혀졌다. 오디오북은 우리의 두 손을 구속하지 않을 뿐만 아니라, 동시에 사람의 두 눈을 해방시켜 우리의 생활을 더욱 편리하게 해 주었으며, 듣기 좋은 소리를 통해 책의 내용에 대해서도 한층 더 잘 이해할 수 있게 되었다. 그러나 오디오북의 질적인 측면에서 봤을 때 여전히 발전과 추가적인 규범이 필요하다.

草稿区（不计分）

93.

　　'실크로드'는 중앙아시아, 서아시아, 유럽을 연결하는 중요한 통로로써 중국 고대사에서 다리와 같은 역할을 했다. 실크로드를 통해 중국의 비단, 도자기, 차 등이 중앙아시아와 유럽으로 수출되었으며, 이와 마찬가지로 중국 또한 '실크로드'를 통해 타국의 특색 있는 상품을 자국으로 가져왔다.

草稿区（不计分）

五、口语

第一部分

第94题：应用读说。

一、预约时段

选择参观日期   2022. 10

一	二	三	四	五	六	日
10 闭馆	11 闭馆	12 已满	13 已满	14 有票	15 有票	16 有票
17 闭馆	18 闭馆	19 有票	20 不可预约	21 不可预约	22 不可预约	23 不可预约

入馆时段

09:00~12:00 已满	13:00~16:00 有票

二、注意事项：

1. 预定下午1点~4点的门票
2. 需要实名订票
3. 登录健康宝
4. 携带身份证
5. 体温超过37.5摄氏度或健康宝异常时不可入场
6. 参观时必须戴口罩

    朋友14日将来北京游玩儿，15日计划去参观北京故宫博物馆。但15日我却没空陪朋友。首先向朋友说明自己不能陪同的原因，其次告诉朋友如何预约参观门票。最后向朋友说明参观博物馆时，要注意的事项。

94.
草稿区（不计分）

第二部分

第95~97题：听材料回答问题。

95.

草稿区（不计分）

96.

草稿区（不计分）

97.

草稿区（不计分）

第三部分

第98题：听材料回答问题。

98.
草稿区（不计分）

汉 语 水 平 考 试

HSK (七-九级)

第二套

注　　意

一、HSK (七-九级)分五部分：

笔试	一、听力	40题，约30分钟	
	二、阅读	47题，60分钟	
	休息10分钟		
	三、书写	2题，55分钟	
	四、翻译	2题，35分钟	
	休息50分钟		
口试	四、翻译	2题，6分钟	
	五、口语	5题，约24分钟	

二、全部考试约210分钟。

一、听力

第一部分

第1~10题：请根据听到的内容，判断下列句子是否符合原文，符合原文的请画"√"，不符合的请画"×"。

1. 心目影院的电影讲解员的工作是义务性的。
   (   ) **A** √
   (   ) **B** ×

2. 无障碍电影是对电影中的人物情绪和动作进行说明的。
   (   ) **A** √
   (   ) **B** ×

3. 中国的无障碍电影主要采取讲解者现场讲述方式。
   (   ) **A** √
   (   ) **B** ×

4. 视障人士通过交流来了解电影内容的。
   (   ) **A** √
   (   ) **B** ×

5. 无障碍电影院是视障人士融入社会的一个渠道。
   (   ) **A** √
   (   ) **B** ×

6. 年轻人的超前消费理念和独特的文化消费需求是潮流产业发展的基础。
   (   ) **A** √
   (   ) **B** ×

7. 潮玩的兴起使很多企业获得了利益。

    （   ）A √

    （   ）B ×

8. 潮玩产品设计风格中的本土元素在海外受到了冷遇。

    （   ）A √

    （   ）B ×

9. 潮玩市场的二手交易必须是现场交易。

    （   ）A √

    （   ）B ×

10. 潮流文化的商业模式是与众不同的，也是标新立异的。

    （   ）A √

    （   ）B ×

第二部分

第11~22题：请选出或填上正确答案。

11. A 目标越好，进步越快
    B 完美主义者能快速决定
    C 追求完美是人类后天形成的
    D 完美主义者目标很多不切实际

12. A 完美主义者都是失败的
    B 完美主义者更容易成功
    C 完美主义者的成就都很高
    D 完美主义者的董卿获得了认可

13. A 让人犹豫不决
    B 容易骄傲自大
    C 过于相信自己
    D 太过理性思维

14. A 增加成功的运气
    B 百分百掌控机会
    C 让人更加用心做事
    D 是成功的必要条件

15. A 人的能力有限
    B 快乐和痛苦并行
    C 无法真正达到完美
    D 得到的多，失去的也多

16. 完美主义者成功的原因在于他们做每一件事之前，都会准备得＿＿＿＿＿，竭尽全力找到最佳的解决办法。

17. A 减少了送货时间
    B 降低了人工成本
    C 可以低价邮寄大件
    D 支持手机查询快递

18. 无人驾驶的核心技术体系主要可分为感知、＿＿＿＿＿、执行三个层面。

19. A 人类的误操作
    B 复杂的交通状况
    C 自然灾害的发生
    D 驾驶技术的退步

20. A 负责数据整合
    B 负责汽车的加速
    C 负责记录行驶轨迹
    D 负责感知四周的环境

21. 无人驾驶技术是未来汽车工业发展的趋势，也是＿＿＿＿＿的重要一环。

22. A 从商用领域到工业发展再到民用领域
    B 从民用领域到工业发展再到商用领域
    C 从工业发展到民用发展再到商用领域
    D 从工业发展到商用发展再到民用领域

第三部分

第23~40题：请选出或填上正确答案。

23. **A** 坚持科技创新
    B 坚持生态优先
    C 坚持开放合作
    D 坚持完善制度

24. 航运业作为_____的重要组成部分，在服务世界经济发展、畅通全球贸易中发挥着不可替代的重要作用。

25. **A** 坚持不断加强基础建设
    B 加强各国之间真挚合作
    C 重视经济和环境的利益
    D 加快使用绿色安全燃料

26. **A** 提供加载绿色燃料的设备
    B 让航运公司合作有法可依
    C 鼓励航运公司多研发技术
    D 促使航运公司开发新港口

27. **A** 货船
    B 货物
    C 货场
    D 货主

28. **A** 艺术的突破
    B 作品的风格
    C 历史的意义
    D 文化的精神

29. 《美术里的中国》对美术作品_____呈现上的创新性探索，也赢得了观众的认可。

30. **A** 多角度跟拍画面
    B 多镜头切换画面
    C 多元的摄影风格
    D 多种的拍摄技巧

31. **A** 色彩和线条
    B 质感和纹路
    C 材质和笔触
    D 肌理和布局

32. **A** 俯视拍摄
    B 延时拍摄
    C 水下拍摄
    D 微距拍摄

33. **A** 重叠复合
    B 反复呈现
    C 重复对接
    D 反复分割

34. **A** 回收处理难
    B 分类降解难
    C 固体垃圾多
    D 液体垃圾多

35. 传统的建筑垃圾处理方法主要有_____、填埋、回填等。

36. A 侵入土壤表层
　　B 浸入土壤深层
　　C 改变土壤结构
　　D 改变土壤湿度

37. A 粉粹筛选
　　B 分拣加热
　　C 碾碎加热
　　D 分类筛选

38. A 天然木材
　　B 回收材料
　　C 天然骨料
　　D 金属材料

39. A 投资工程
　　B 海上工程
　　C 地下工程
　　D 水务工程

40. 近年来，建筑垃圾_____成为一种新尝试。

二、阅读

第一部分

第41~68题：请选出或填上正确答案。

41~47.

在倡导发展可持续能源的今天，人们越来越重视海洋的作用，以便探索更多新能源，在浩瀚的海洋中寻得持续前进的动力。海洋资源包括海水、海洋生物、海洋能源以及海底矿物资源等等，这些资源的开发利用具有非常大的潜力，海洋能源是其中非常引人注目的部分。

海洋，_____蕴藏着丰富的矿产资源，还有巨量的能源资源：潮汐能、波浪能、海水温差能、海流能及盐度差能等都是可再生能源，开发潜力大、低碳环保。

海洋所接受的太阳能，除了一小部分直接反射到空气中以外，大部分会被海水吸收。海水吸收了太阳能，水分子运动速度加快，水温升高。这样，太阳光的辐射能就被转化为海水水分子热运动的动能贮存起来。海水贮存的太阳能，就是人们常说的海洋热能。

经过长期观测计算，科学家发现到达水面的太阳辐射能大约有60%透射到1米的水深处，有18%可以到达海面以下10米深处，少量的太阳辐射能甚至可以透射到水下100米的深处。在低纬度海域，海水温度随水深而变化，一般深海区大致可以分为三层：第一层是从海面到深度约60米左右的地方，称为表层，该层海水一方面吸收着太阳的辐射能，一方面受到风浪的影响使海水互相混合，海水温度变化较小，约在25~27℃；第二层水深60~300米，海水温度随着深度加深急剧递减，温度变化较大，称为主要温跃层；第三层深度在300米以下，海水因为受到从极地流来的冷水的影响，温度降低到4℃左右。表层海水和深层海水之间存在着20℃以上的温差，是巨大的能量来源，也就是温差能产生的根源。

温差能具有可再生、清洁、能量输出波动小等优点。目前海洋温差能利用技术已趋于成熟，正从小型试验研究，向大型商用化方向发展。

中国海洋温差能在低纬度海域具有广泛的应用前景。特别是在中国南海的岛屿、海上石油平台上，通过海洋温差能发电，完全能够解决能源供应问题，增强海洋开发能力。除发电外，深层冷海水还可同时进行空调制冷、水产品及作物养殖、海水淡化等附属开发，有效调节运行成本。

41. 海洋资源不包括:

    A 海岸线

    B 海洋生物

    C 海洋能源

    D 海底矿物质

42. 根据上下文，第二段的空白处最适合填入的词语是什么?

    A 因为

    B 并且

    C 尽管

    D 不仅

43. 海洋热能是怎么产生的?

    A 来自于温度较高的太阳光

    B 来自于水分子的快速运动

    C 来自于较大的海水温度差

    D 来自于太阳光线的辐射能

44. 深海表层区域，海水温度变化小的原因是什么?

    ① 吸收太阳辐射能

    ② 海水含氧度高

    ③ 海水相互混合

    ④ 极地环境影响

    A ① ②

    B ① ③

    C ② ③

    D ② ④

45. 海洋温差能产生的原因是?

    A 早晚太阳光强度差异大

    B 海洋四季温度差异较大

    C 表深层海水温度差异大

    D 早晚太阳辐射强度不同

46. 下列哪项不属于温差能的优点?

    A 可再生

    B 波动小

    C 能量大

    D 清洁性

47. 下列哪项是深层冷海水的附属开发?

    A 海水净化

    B 作物养殖

    C 空气制冷

    D 海水制能

48~54.

　　贡院，是古代会试的考场，_____开科取士的地方。贡院的设置，最早开始于唐朝。在古代，凡是送给皇帝的物品都叫贡品，唯独"贡院"贡献的是人才，所以贡院就是通过考试选拔人才贡献给皇帝或国家的意思。现存有江南贡院、北京贡院、定州贡院、川北道贡院等遗址，其中江南贡院作为中国古代最大的科举考场最为出名。

　　江南贡院，位于南京秦淮区夫子庙学宫东侧，中国历史上规模最大、影响最广的科举考场，又称南京贡院、建康贡院。据资料记载，江南贡院始建于南宋乾道四年(1168)，经历代扩建，明清时期达到鼎盛。清光绪三十一年(1905)，科举被废停，江南贡院便结束了历史使命。江南贡院在历经沧桑后，无一遗存。为再现历史原貌，2012年，有关部门在江南贡院的基础上，建设了中国科举博物馆。2014年8月11日，中国科举博物馆一期工程正式开放。江南贡院在科举发展史上有着十分重要的地位。游客们在中国科举博物馆内参观时，可以感受科举文化。中国科举博物馆以其深厚的文化内涵、丰富的展品、独特的展陈方式和人性化的全方位服务，面向世界讲好秦淮故事、介绍好秦淮河畔的科举文化，现已成为南京秦淮文化的一张新名片。

　　贡院既然是中国古代科举考试时会试使用的考场，那么考试时监考自然很严格，考生进贡院大门时，要进行严格地搜身，以防考生身上藏有"夹带"。所谓"夹带"，即是把与考试相关的资料、答案等藏在身上。如有夹带，则送刑部严办。当考生进入考场后，就要锁门，称之为"锁院贡试"。因贡院的四周是用荆棘围圈起来的，所以又叫"锁棘贡试"。考生每人一间房间、一盆炭火、一支蜡烛。试题发下，明远楼上响起鼓声，考生们就苦思冥想做起文章来。

　　"锁院贡试"最怕着火，贡院着火的事件也很多，如在明朝天顺七年(1463)，春试的第一天夜晚，贡院考场发生了严重的火灾，被大火烧死的考生有九十多人。明英宗很痛心，特恩赐死者每人一口棺材，将他们埋在朝阳门外，并立了一块"天下英才之墓"石碑，<u>民间称之为举人冢</u>。由于贡院屡屡失火，所以历朝不断改建。如清朝乾隆时期，又把贡院修葺一新，竣工时，乾隆皇帝还亲临视察，并高兴地赋诗一首，诗中有"从今不薄读书人"之句，可见当时的政府很重视贡院的修建。

48. 根据上下文，第一段的空白处最适合填入的词语是什么？

　　A 仅

　　B 即

　　C 亦

　　D 愈

49. 下列哪项是江南贡院的别称？

　　A 川北贡院

　　B 定州贡院

　　C 建康贡院

　　D 金陵贡院

50. 中国科举博物馆为何会成为南京秦淮文化的新名片？

① 展陈方式多样

② 独特的全方位服务

③ 浓厚的文化内涵

④ 丰富多彩的展品

A ① ②

B ① ③

C ② ③

D ③ ④

51. 如果考生把与考试相关的资料藏在身上，将会面临什么？

A 遣送回家

B 罚以重金

C 送刑部严办

D 再也不能参加考试

52. "锁院贡试"为什么又叫"锁棘贡试"？

A 用荆棘围起贡院

B 用荆棘装饰贡院

C 贡院四周是灌木

D 贡院的主人喜欢

53. 画线句子"民间称之为举人冢"其中"举人塚"是什么意思？

A 引以为戒

B 缅怀逝者

C 贡院的仓库

D 考生的坟墓

54. 乾隆皇帝所写的诗，其中一句"从今不薄读书人"，请问这里的"不薄"是什么意思？

A 善待

B 重视

C 照顾

D 担心

55~61.

　　智能手机和电脑让用户可采用拼音输入法，然后从列出的选项中挑出正确的字。结果呢？提笔忘字成了普遍现象，造成这种现象的原因是什么，以及如何在手机和电脑日益普及的时代继续传承和弘扬汉字文化。这一问题其实已引起社会各界的广泛关注，所以类似《汉字英雄》、《中国汉字听写大会》等看上去应该没有什么收视率的电视节目一经推出，马上掀起了收视高潮。

　　这些节目的制作和播出，对传承汉字书写和弘扬汉字文化起到了积极作用。但电视节目毕竟不能完全代表现实生活，在奖金和大赛名次的刺激之下，电视节目上的激烈角逐与精彩表现，并不能掩盖汉字在当代人的现实生活中书写的式微。

　　汉字既是中华民族祖先的一项伟大发明，又是一种文化传承的工具，同时也代表着中华民族丰富无比的传统文化。＿＿＿＿＿＿＿是作为象形文字来说，汉字每个字从古至今的演变，都有一段属于它自己独一无二的故事，都包含着文化、文明与历史。所以传承汉字，也就是在传承文化、文明与历史。而要想完成这种传承，则主要通过书写的方式，因为只有在一笔一画勾勒这个汉字的过程中，人们才能深切体悟出蕴含其中的文化与文明。

　　而现在各种智能输入法唯一的追求就是速度和效率，其代价则是剥夺了我们在一笔一画书写汉字过程中品味的机会，自然也就谈不上文化与文明的传承。这才是汉字书写之所以引起各界广泛关注的原因。有人也许会说，汉字书写式微的真正原因在于它"没用了"。问题果真如此吗？即便你可以打印文字，但是一张手写的便条、留言，必定能够带给人不一样的感觉，让人觉得你更加真诚与友善。更别说一封手写家书给远方亲人所带来的温暖与慰藉，是任何打印字体都无法替代的。即便从功利的角度看，当别人的求职信都千篇一律用打印稿，而只有你用漂亮书法来书写，它必然能够更加打动人心。

　　这么说，并不是要人们放弃电脑和打印机，而只是想告诉大家，在工作和生活中有意识地拿起笔来，写下一段文字，其实是件很美好，很"走心"的事情。

55. 《汉字英雄》、《中国汉字听写大会》等电视节目掀起收视高潮的原因是什么？

　　A 弘扬汉字文化

　　B 符合观众心理

　　C 构思非常巧妙

　　D 主题别出心裁

56. 电视节目为什么不能掩盖现实生活中书写的式微？

　　A 主次不分

　　B 没有新意

　　C 争名夺利

　　D 表演夸张

57. 领悟汉字所含有的文化与文明的方法是什么?

    A 写汉字的过程

    B 学习书法艺术

    C 临摹汉字字帖

    D 多练习象形字

58. 根据上下文,第三段的空白处最适合填入的词语是什么?

    A 还有

    B 而且

    C 所以

    D 尤其

59. 智能输入法带来的代价是什么?

    ① 让人类的记忆力衰退

    ② 难以传承文化和文明

    ③ 失去品味书写汉字的机会

    ④ 朋友之间的交流时间越来越少

    A ① ②

    B ① ③

    C ② ③

    D ② ④

60. 作者认为手写文字可以传递什么?

    A 温暖和感动

    B 自信和热情

    C 尊重和理解

    D 认真和努力

61. 画线句子"走心"是什么意思?

    A 很心疼

    B 很用心

    C 很疲惫

    D 很辛苦

2
회

62~68.

放眼古今和中外，人类在社会各领域中的发展几乎都包含着科学技术所起到的促进作用。科学技术的不断进步为人们创造了巨大的物质财富与精神财富，为社会发展开拓了更大的空间。科学技术也为竞技体育的发展带来了巨大的影响，其影响包括竞技体育的评判更加完善和公平、使运动员选材更加科学、使赛事传播更加广泛。自1896年第一届现代奥运会起至今，在这一百多年间竞技体育飞速发展，而科学技术的进步也使得体育竞赛的社会影响力越来越大。

科学技术与竞技体育的发展可谓息息相关。随着科学技术的不断进步，竞技体育水平也在不断提高，与此同时，赛事举办能力、赛事影响力以及竞技体育的公平性也得到了大幅提高。随着科学技术的发展，其在诸多方面都深刻影响了竞技体育的发展。现代科学技术为竞技体育的发展带来的影响主要有_____三个方面。

一是，运动员选材方面，运动员选材是运动训练的起始阶段，是要根据运动项目挑选出具有运动专项天赋以及潜在竞技能力的人才，这是提高专项竞技体育能力水平的关键环节。这个环节必然需要科学技术的支撑。过去，我们主要是依靠教练的经验或根据项目特点的一两项重要指标来选材。到了现如今，随着科学技术的发展，则开始根据不同的运动专项从运动员的机能、身体素质、心理素质、体态等多个不同层面来挑选基础条件优秀的运动员。

二是，提升了竞技体育的社会影响力。互联网是现代科学技术的结晶，随着竞技体育赛事和互联网的融合不断深入，大众观看和获取竞技体育赛事信息的渠道也越来越多样化。特别是，随着AI智能的发展，其在体育产业中的很多方面也得到了很好的应用，如AI智能健身教练，其通过科学的健身需求分析，根据目标提供最优的健身计划，如此不仅能够方便大众的体育参与，更能有效地将体育融入社会。

三是，促进了竞技体育的评判公平，科学技术的进步提高了竞技体育的公平程度，其主要就是依靠高科技手段来对比赛的关键裁决进行辅助评判。其中"鹰眼"系统是最被人们所熟知的，也被称为"即时回放系统"。该系统由多个高速摄像头、电脑和大屏幕组成，并利用各个方位的高速摄像头全方位同时捕捉球的运动轨迹等数据，再通过电脑的计算将数据生成立体的三维视频，通过大屏幕输出画面呈现出球的运动轨迹和落点。这一技术大大提高了球类运动的裁决准确性，使得过去一些肉眼难以判断的情况一目了然。

我们不能否认科学技术的迅猛发展对竞技体育发展的影响所带来的益处。竞技体育的魅力不仅仅是激烈的竞争，更是公开公平公正的正面较量，竞技体育也能不断激发人类身体能力的潜力。我们一定要合理运用现代科技力量，保证竞技体育的正向发展，使体育事业更上一层楼。

62. 科学技术也为竞技体育的发展带来哪些影响？

① 选拔人才更加科学
② 训练更有效果
③ 评判更加公正
④ 赛场更加环保

A ① ②
B ① ③
C ② ③
D ② ④

63. 科技的进步促使竞技体育在赛事方面有了提高，下列哪项不属于其中？

A 赛事的公平性
B 赛事的准确性
C 赛事的影响力
D 赛事举办能力

64. 提高专项竞技体育能力水平的关键环节是什么？

A 运动员的心理素质
B 运动员的拼搏精神
C 要有良好的身体素质
D 按运动项目选拔人才

65. 随着科学技术的发展，挑选运动员时重视的是什么？

A 非常热爱运动
B 有虚心的态度
C 基础条件优秀
D 不受环境影响

66. 文中举AI智能健身教练的例子是为了说明什么？

A 可合理地接受教练的训练
B 可科学性地分析身体状况
C AI智能已应用在体育产业
D 可边训练边接受教练指导

67. 根据上下文，第二段的空白处最适合填入的词语是什么？

A 例如
B 总之
C 如下
D 从而

68. "鹰眼"系统为什么可以提高了球类运动的裁决准确性？

A 能捕捉到球的落点
B 能发现室温的变化
C 能检验到风向变化
D 能捕捉到球的方向

第69~73题：请将下列语段按正确的顺序排列。

69~73. 下列语段的顺序已被打乱，请将它们重新排序，组成一篇逻辑连贯的文章。注意其中一个段落为干扰项，需排除；画线段落的位置已固定，无需排序。

A 多年来一直折磨着科学家们的问题是这种"生物罗盘"的工作原理。1975年，研究人员发现一组能够准确地朝北极方向移动的微生物。动物体内所寄居的这些微生物含有微量的磁铁成分，随后在鸽子等许多动物体内都找到了这种成分。科学家在人脑的灰色物质中也找到了这种磁铁成分。科学家认定，这种磁铁就是"生物罗盘"的奥妙所在。

B 动物迁徙是指动物由于繁殖等原因而进行的一定距离的迁移。此外，还有其他原因，例如发生严重自然灾害或动物大量繁殖后，就会引起动物大规模迁移。

C 科学家们早就开始研究人类是否具有辨识方向的天赋。古时已有人思考，既然信鸽能够准确无误地找到回家的路，那么人类行不行？通过对动物跟踪研究发现，动物身上有某种类似罗盘或导航仪的"仪器"，能够帮助它们准确地确定方位。这种"仪器"被称作"生物罗盘"。

D 持有反对意见的研究者认为，如果一个生物生长在一个固定的地点，无需移动，则事实上也就不需要知道方向。只有必须从A点到B点时，才需要"罗盘"。也就是说，只有在移动时定向系统才需要启动。

E 那么，人类的方向辨别能力是否也如动物一样是天生的？对此，研究者认为，人类天生就没有"生物罗盘"。人的辨向是"有意识的"，而动物是"无意识的"。有的人辨别方向的能力强，有的人弱。研究者认为这很正常，和有的人语文学得好，有的人则学得差一样。

F 此外，研究者还找到动物体内记录和解读有关方向信息的专门器官。而这个专门器官就是动物的前庭，即那个所谓的"生物罗盘"。无论从角度、精度，还是稳定性来说，它都远远高于"磁罗盘"。任何磁场或其他障碍物都不会对它造成任何影响。

G 但这一说法未能得到证实，而且，"动物和人之所以能够确定方位，是因为磁极的存在"，这种说法本身也引起了研究者们强烈的反对。

69	70	71	72	73
☐ →	☐ →	☐ → D →	☐ →	☐

69. **A**　　**B**　　**C**　　**D**　　**E**　　**F**　　**G**

70. **A**　　**B**　　**C**　　**D**　　**E**　　**F**　　**G**

71. **A**　　**B**　　**C**　　**D**　　**E**　　**F**　　**G**

72. **A**　　**B**　　**C**　　**D**　　**E**　　**F**　　**G**

73. **A**　　**B**　　**C**　　**D**　　**E**　　**F**　　**G**

2
회

第三部分

第74~87题: 请回答下面的问题, 注意答案控制在十个字以内。

74~80.

　　近年来, 无人超市大热, 各个电商纷纷推出自家的无人超市。不需要收银员, 也无需人值守, 从一定程度上降低了人工成本。二十四小时开放, 随拿随走, 不用排队等候, 极大地方便了消费者。无人超市的出现是近年来移动支付方式与计算机视觉等技术逐渐成熟的产物, 无人超市里面具体用到了哪些高科技呢? 我们一起来了解一下。

　　多年之前, 无人售货这个概念就已经出现, 很多公共场所都可以见到自助式贩卖机。那时候移动支付方式还没有兴起, 人们可以通过投币的方式选择购买贩卖机中的商品。但受体积等各种因素影响, 贩卖机中的商品仅仅局限在饮料、零食这些小食品上面。如今的无人超市, 真正意义上实现了无人化经营。

　　无人超市的运营需要解决三个核心问题: 购买者的身份、所购买的商品以及付款的方式。在刚开始进店的时候, 超市一般会有一次对会员身份的认证识别, 以确定进入者具有购买资格。这一环节有的超市是通过手机扫码实现的, 有的超市则通过人脸识别这一更为高级的认证方式。当认证通过后, 消费者便可以顺利进入超市。这时候相应的付款账户也已经被验证, 也为后期商品购买后的结账付款做好了准备。

　　从进入超市的那一刻起, 你的身份已经被店家所获知。遍布超市的各个摄像头, 更是记录下你在其中的每一个足迹, 可以说每个人在超市里的行为都是透明的。这种记录方式同时也方便人们对超市实时的客流量、日均停留时间、回头率等各种运营数据进行统计, 进而形成消费者行为分析报告, 为超市的运营提供数据支持。

　　对于购买商品的判断, 有几种较为流行的方式。一种是通过无线射频识别(RFID (Radio Frequency Identification))技术, 每种商品中都嵌入电子芯片, 芯片中记录商品的名称及价格等信息。消费者在通过自助收银区时, 会有感应设备读取芯片中的信息, 从而确定所购买的商品。另一种是通过图像识别技术, 采集消费者拿取与退回商品的动作, 以及货架中商品的变化状态来判断商品是否被购买。同时依靠红外传感器、压力传感器等设备确定商品的重量等信息。这样超市不仅仅知道消费者买了什么, 也同样知道买了多少。

　　大数据时代, 无人超市的运营更为高效与合理。货架商品的实时检测, 方便及时完成补货等操作, 同时也记录下消费者的购买喜好。实时的客流量、日均停留时间、回头率等各种运营数据的检测与分析, 让超市更加了解消费者。未来, 无人超市也许会成为一种趋势。

74. 近年来移动支付方式与计算机视觉等技术逐渐的成熟，给超市带来怎样的变化？

　　答：＿＿＿＿＿＿＿＿＿＿＿＿＿＿＿＿＿＿＿＿＿＿＿＿＿＿＿＿＿

75. 无人贩卖机贩卖哪些商品？

　　答：＿＿＿＿＿＿＿＿＿＿＿＿＿＿＿＿＿＿＿＿＿＿＿＿＿＿＿＿＿

76. 无人超市确定会员身份时，采用的更高级的认证方法是什么？

　　答：＿＿＿＿＿＿＿＿＿＿＿＿＿＿＿＿＿＿＿＿＿＿＿＿＿＿＿＿＿

77. 无人超市统计实时的客流量的方法是什么？

　　答：＿＿＿＿＿＿＿＿＿＿＿＿＿＿＿＿＿＿＿＿＿＿＿＿＿＿＿＿＿

78. 无人超市通过什么技术确定所购买的商品？

　　答：＿＿＿＿＿＿＿＿＿＿＿＿＿＿＿＿＿＿＿＿＿＿＿＿＿＿＿＿＿

79. 芯片中记录商品的什么信息？

　　答：＿＿＿＿＿＿＿＿＿＿＿＿＿＿＿＿＿＿＿＿＿＿＿＿＿＿＿＿＿

80. 无人超市的运营会有哪些优势？

　　答：＿＿＿＿＿＿＿＿＿＿＿＿＿＿＿＿＿＿＿＿＿＿＿＿＿＿＿＿＿

81~87.

湘西地处武陵山脉腹地，这里山峦起伏、地形复杂，气候潮湿多雨而且炎热，为了通风避潮和防止野兽，人们依山就河建起了传统民居吊脚楼，这种干栏式建筑在武陵山区广泛分布。但是，在湘西一处交通闭塞的深山里，却有这么一座不同于吊脚楼的独特建筑，并且还有一个奇怪的名字"冲天楼"。

湘西冲天楼这座纯木建筑立于半山之上，楼的顶部两个并排的阁楼高高耸立，直插半空，因此，当地人把这座建筑称为"冲天楼"。它占地面积约1000平方米，楼阁高达10余米，而冲天楼的建筑年代更是非常久远。

冲天楼与很多南方的建筑大不相同，南方的建筑中间往往建有天井，天井便于采光和排水，又能蓄积雨水，叫做四水归塘，暗含聚财之意。但冲天楼一反常态，不建天井。从前堂到后厅，从火铺到卧房，偌大的空间里没有天井，相反，它用三层阁楼罩住了厅堂，为什么采用这样的工艺呢？专家认为，其实，冲天楼在天井的位置盖上了两个三层阁楼，阁楼的作用除了避免雨水直接冲到屋内外，它实用的价值就是用来采光。阁楼升高的部分与屋面之间形成了高差，阳光可以通过它照射进来。在采光上，它与南方建筑的天井有着异曲同工之妙。科考专家说，武陵山一带山多地少，在这种自然环境中，这里的居民吸收了汉族建筑的精华，利用当地丰富的林木资源，在平地上用木柱支撑起房屋，采用了独有的排水装置以及屋顶三层楼阁采光的独特方式，创造出融土家单体民居与合体民居为一体的冲天楼。

"冲天楼"建造在深山而不是码头和历经数百年耸立至今的原因很大程度上是由桐花山成就的。据专家考察，"冲天楼"地处大山之中，地势隐蔽，既能避免水患之忧又紧靠窑厂，位置隐蔽，利于人们依靠制陶业积聚财富。但是古代陶器生产成本高且利润并不丰厚。不过，据史料记载，清末民初，桐油曾一度取代丝绸，成为中国最大宗的出口产品，而这桐油就在距离冲天楼不远处的桐花山，每年的4月，万亩桐花怒放，非常壮观。"冲天楼"主人在收获季节便会组织村民炼制桐油，并依托村口附近的窑厂，制造陶器，再把这些物资运往码头，进行频繁的水上贸易。经过数代人的努力，"冲天楼"主人们完成了财富的积累。最终在湘西能工巧匠的精心打造下，一座气势恢宏、巧夺天工的"冲天楼"在大山里矗立起来。

专家认为，湘西是土家族聚居的地方，而湘西大多处于亚热带季风湿润气候带，雨量充沛，空气湿度大，而以木构建的冲天楼和吊脚楼不仅移动灵活，适应高低错落的山区环境，而且适应了这里特殊的气候条件，它是人们合理利用地形条件和生存空间的智慧结晶。

81. 建造传统民居吊脚楼的原因是什么？

   答：＿＿＿＿＿＿＿＿＿＿＿＿＿＿＿＿＿＿＿＿＿＿＿＿

82. 南方的天井为何有"四水归塘"之名？

   答：＿＿＿＿＿＿＿＿＿＿＿＿＿＿＿＿＿＿＿＿＿＿＿＿

83. 阁楼的实用的价值是什么？

   答：＿＿＿＿＿＿＿＿＿＿＿＿＿＿＿＿＿＿＿＿＿＿＿＿

84. 武陵山一带居民用木柱可以支撑起房屋的有利条件是什么？

   答：＿＿＿＿＿＿＿＿＿＿＿＿＿＿＿＿＿＿＿＿＿＿＿＿

85. "冲天楼"虽位置隐蔽，但利于人们聚集财富的原因是什么？

   答：＿＿＿＿＿＿＿＿＿＿＿＿＿＿＿＿＿＿＿＿＿＿＿＿

86. 清末民初，中国最大宗的出口产品是什么？

   答：＿＿＿＿＿＿＿＿＿＿＿＿＿＿＿＿＿＿＿＿＿＿＿＿

87. "冲天楼"主人用哪些商品进行水上贸易？

   答：＿＿＿＿＿＿＿＿＿＿＿＿＿＿＿＿＿＿＿＿＿＿＿＿

三、书写

第88~89题：请根据下列材料写两篇文章，限时55分钟。

微笑是正能量的原因

陌生人对自己的一个微笑像一天被表扬3次那么开心 ☺☺☺☺☺ 68%
别人的微笑会让自己更自信 ☺☺☺☺ 60%
亲朋好友的微笑会让自己感到更快乐 ☺☺☺ 52%
觉得收到笑容比收到礼物更有意义 ☺☺ 28%，
认为微笑比表扬还重要 ☺ 26%

一项针对大学生的调查显示，微笑具有感染力，常常微笑会传递正能量。

第一部分

88. 请对图表进行描述与分析，写一篇200字左右的文章，限时15分钟。

第二部分

89. 话题作文：限时40分钟。

　　美国短篇小说《最后一片叶子》描写了一个让人潸然泪下的故事，一位穷女画家得了肺炎，生命危在旦夕，她把生存的希望寄托于窗外的最后一片叶子上。她认为当最后的一片树叶飘落下来时，此时也是她生命结束的时候。为了帮助穷画家战胜病魔，一位老画家在一个风雨交加的夜晚，爬到高处的砖墙上画了一片永不凋零的树叶，这片树叶给了穷画家"生"的意志，新的生命。有人认为善意的谎言是美丽的，当我们为了他人的幸福和希望适度地说一个小谎的时候，谎言会具有神奇的力量。而有人认为谎言终究是谎言，是一种道德失范的行为。请写一篇600字左右的文章，谈谈你对"善意的谎言"的认识并论证你的观点。

四、翻译

第一部分

第90~91题：请将下列材料译写成中文，限时35分钟。

90.

　　오늘날 '불안'과 '사회 공포'는 이미 유행어가 되었다. 불안은 인간이 환경에 적응하는 과정에서 형성되는 일종의 스트레스 정서적 반응이고, 어느 정도의 불안은 위험한 상황에서 적절한 경각심을 갖게 하지만, 과도한 불안 반응은 불안 장애를 형성한다.

　　불안은 종종 다양한 회피 행동을 유발하는데, 예를 들어 한 사람이 불안함을 느낄 때, 그 사람은 외출하려 하지 않고 다른 사람과 소통하기를 꺼린다. 불안 장애가 있는 환자는 종종 자신의 행동을 조절하지 못하고, 게다가 사교 능력의 저하까지 동반한다.

　　불안을 극복하는 가장 좋은 방법은 매일 마음을 편안하게 하고 화를 자주 내지 않으며, 자신을 많이 웃게 하는 것이다. 음식 측면에서도 영양이 풍부한 음식을 많이 섭취하면 몸에 필요한 영양소가 증가하여 신체 기능을 향상시킬 수 있다. 동시에 반드시 과로하지 않도록 해야 하는데, 심각한 과로는 더 심한 불안 장애를 초래할 수 있다.

91.

    음식이 식어야 냉장고에 넣을 수 있는가? 이 점에 대해서 오래전부터 논란이 있었다. 그러나 식품 위생의 관점에서 말하면, 음식이 뜨겁든 차갑든 제때 냉장고에 넣어 두는 것이 좋다.

    왜냐하면 정상적인 실온은 사실 세균이 번식하기 좋은 조건을 만들어 주고, 특히 날씨가 더울 때는 음식물을 식히는 과정에서 세균의 양이 두 배가 될 수 있기 때문이다! 비록 뜨거운 음식을 냉장고에 넣어 두면 부담이 약간 증가하지만, 모두 냉장고의 정상 작동 범위 내에 있다.

    만약 당일 남은 음식이 있다면, 즉시 밀봉하여 냉장실에 보관하고, 나중에 꺼낼 때는 반드시 완전히 데워서 먹어야 한다.

第二部分

第92~93题：口译。

92.

오렌지는 맛이 좋을 뿐만 아니라 전체가 모두 보물이다. 오렌지의 껍질은 한약재로 만들 수 있을 뿐만 아니라 요리의 조미료로 사용할 수도 있다. 황금색 과즙은 음료로 만들 수 있으며, 과육 또한 우리에게 인체가 필요로 하는 많은 비타민을 보충해 줄 수 있다.

草稿区（不计分）

93.

교통 소음은 자동차·기차·비행기·기선 등의 교통수단이 이동 중에 내는 소리를 말하며, 환경에 미치는 영향이 가장 두드러진다. 도시의 교통이 점점 더 발달함에 따라 도시의 차량 보유량은 계속 증가하고, 교통 소음 공해도 나날이 심각해지고 있다.

草稿区（不计분）

五、口语

第一部分

第94题：应用读说。

　　作为一个旅游团的导游，不仅要维护各位游客的利益，而且还要向游客提供优质服务。简单地说，除了要负责向游客介绍、讲解目的地的地方文化和旅游资源，还需要向各位游客说明在旅程中要注意的事项，以保证游客的安全和利益。如果你是一位导游，你如何向各位游客介绍注意事项，现在请按照提供的材料进行说明。

注意事项：

① 不可擅自离开团队单独活动，晚上或自由活动期间外出应结伴而行，并告知导游你的行踪。
② 车厢是我们的临时小家，请大家不要乱扔杂物，自觉爱护车厢内的设施。同时记下我们车的车牌号，遵守归队时间，掉队及时与我联系。
③ 切记保管好您的贵重物品，谨防丢失。
④ 购物时要慎重，防止上当。
⑤ 参加漂流、探险、蹦极、登山、缆车等危险性较大的旅游项目时，应严格遵守有关安全注意事项。
⑥ 如酒店发生火警时，切勿使用电梯，应迅速从最近的安全通道撤离。
⑦ 外出旅游时，遇到雨天、山路、险坡等危险情况时，应注意行路安全。听从导游安排。

94.

草稿区（不计分）

第二部分

第95~97题：听材料回答问题。

95.

草稿区（不计分）

96.

草稿区（不计分）

97.

草稿区（不计分）

第三部分

第98题：听材料回答问题。

98.
草稿区（不计分）

汉 语 水 平 考 试

HSK (七-九级)

第三套

注　　意

一、HSK (七-九级)分五部分：

笔试	一、听力	40题，约30分钟	
	二、阅读	47题，60分钟	
	休息10分钟		
	三、书写	2题，55分钟	
	四、翻译	2题，35分钟	
	休息50分钟		
口试	四、翻译	2题，6分钟	
	五、口语	5题，约24分钟	

二、全部考试约210分钟。

一、听力

第一部分

第1~10题：请根据听到的内容，判断下列句子是否符合原文，符合原文的请画
"√"，不符合的请画"×"。

1. 白居易是中国历史上伟大的浪漫主义诗人。
   (   )**A** √
   (   )**B** ×

2. 白居易的诗歌题材广泛，许多诗篇反映百姓生活中的艰辛和困苦。
   (   )**A** √
   (   )**B** ×

3. 白居易的诗歌运用了白描的手法描写人物。
   (   )**A** √
   (   )**B** ×

4. 白居易的诗歌成就大于政治成就。
   (   )**A** √
   (   )**B** ×

5. 白居易选择墓址的目的有利于子孙为官。
   (   )**A** √
   (   )**B** ×

6. 工业遗产是记录小到个人、中到企业、大到国家发展的珍贵载体。
   (   )**A** √
   (   )**B** ×

7. 一些地区把废弃矿坑打造成酒店、把老旧厂房改造成科学展览馆。

     (   )A √

     (   )B ×

8. 对于老旧厂区，最简单的处理方法是先拆掉，然后再充分利用原地址进行改造。

     (   )A √

     (   )B ×

9. 保护工业遗产应具有多样性。

     (   )A √

     (   )B ×

10. 就工业遗产而言，应该在当今社会展现出自己最有魅力的一面。

     (   )A √

     (   )B ×

第二部分

第11~22题：请选出或填上正确答案。

11. A 内存
    B 外观
    C 价格
    D 硬件

12. A 每台电脑为1540元
    B 每台电脑为1390元
    C 每台电脑为1450元
    D 每台电脑为1930元

13. 对于其他公司的产品，采购方的态度是：技术不是很顶尖，但两家供应商的差距也不大，此外_____还在改进中。

14. A 有技术高招的维修人员
    B 维修速度快且态度良好
    C 在业界具有最高的声誉
    D 在业界具有良好的口碑

15. A 理性消费
    B 售后服务
    C 环保效益
    D 设计美观

16. A 维修费用
    B 利润分配
    C 风险承担
    D 效益回收

17. A 热带气旋
    B 高温酷暑
    C 高温暴雨
    D 洪水台风

18. A 大气环流异常
    B 季风环流异常
    C 局部环流异常
    D 热力环流异常

19. A 减少高碳能源的使用
    B 倡导理性的消费习惯
    C 采取清洁低碳的措施
    D 大面积种植绿色植物

20. A 全球人口持续剧增
    B 持续使用化石燃料
    C 海平面上升速度很快
    D 气候系统的滞后效应

21. 全球变暖加剧了全球整个气候系统的_____。

22. A 做好灾害预报的警报
    B 加强气候灾害的预测
    C 普及预防灾害的知识
    D 采取措施以节约能源

第三部分

第23~40题：请选出或填上正确答案。

23. A 在海外受到欢迎
    B 得到专家的关注
    C 掀起科普的热潮
    D 被誉为经典小说

24. A 如何在虚拟世界生存
    B 如何延长人类的寿命
    C 如何在太空扩大生存空间
    D 如何在毁灭性的灾难中生存

25. A 在海外多做宣传
    B 培养专业写作人才
    C 加强整体创作水平
    D 吸取西方写作经验

26. A 没有受众群体
    B 重特效轻剧本
    C 情节荒诞无趣
    D 制作资本不足

27. A 丰富的想象力
    B 启迪孩子的智慧
    C 有趣的故事情节
    D 唤起孩子的求知欲

28. A 羌笛是民族乐器
    B 要发掘文化遗产
    C 要保护非物质遗产
    D 羌笛做工精巧无比

29. 世代传承性就是把祖先创造的灿烂文化完整地_____给我们子孙后代。

30. A 成为社会发展的共同的记忆
    B 建造更多的文化遗产保护区
    C 民众参与到保护文化遗产工作中
    D 民众和政府共同制定保护的措施

31. A 人们只关注文物
    B 故宫可以启迪心灵
    C 人们对故宫充满好奇
    D 不能满足人们对文化的渴求

32. A 宗教的基础
    B 美学的概念
    C 核心价值理念
    D 社会的治理思想

33. A 代表着皇权文化
    B 承载智慧和传统
    C 凝聚中华民族的智慧
    D 呈现出传统建筑的美学

34. A 为了快速制造

    B 为了个性设计

    C 为了批量生产

    D 为了提高质量

35. 金属3D打印机和铸造、锻造等传统工艺相比，也具备一定的_____。

36. A 制造方法简洁

    B 设计自由度较高

    C 制造复杂的形状

    D 提高物件可塑性

37. A 可以快速分析结构

    B 生成式设计的作用

    C 能进行数字化设计

    D 可以掌控切割速度

38. A 原材料便宜

    B 设计很简单

    C 制作成本低

    D 生产时间短

39. A 制作精度不够

    B 制作质量不高

    C 组装工序的要求

    D 技术达不到标准

40. 金属3D打印机制作物件时，物件的表面光洁度相对传统工艺要粗糙一些，这是无法_____的遗憾。

3
회

二、阅读

第一部分

第41~68题：请选出或填上正确答案。

41~47.

古城，一般是指有着百年以上历史，可供集中居住的建筑群。中国历史悠久，广阔土地上有着很多文化底蕴深厚的古城。其中有一部分已经被联合国教科文组织列入世界文化遗产。据不完全统计，中国古镇多达220个，其中平遥古城是中国保存最为完好的四大古城之一。它既具有历史文化价值、建筑和艺术价值，还具有实用价值，至今还居住着城市居民。对于喜欢旅游的人来说，平遥古城是一个不错的选择。

平遥古城_____山西省中部，是一座具有2700多年历史的文化名城。平遥古城始建于西周宣王时期(公元前827~782年)，为西周大将尹吉甫驻军于此而建。自公元前221年中国实行"郡县制"以来，延续至今。平遥古城一直是"县治"的所在地，也是中国最基层的一级城市。现在保存的古城墙是明洪武三年(公元1370年)扩建时的原状，城内现存六大寺庙建筑群和县衙署、市楼等历代古建筑均是原来的实物，城内有大小街巷100多条，还是原来的历史形态，街道两旁的商业店铺基本上是17~19世纪的建筑，城内有3797处传统民居，其中400多处保存价值较高，其地方风貌很独特。

平遥古城历尽沧桑、几经变迁，成为国内现存最完整的一座明清时期中国古代县城的原型。平遥古城素有"中国古建筑的荟萃和宝库"之称，文物古迹保存之多、品位之高实为国内所罕见。这些文物古迹中，有始建于西周，扩建于明洪武3年(1370年)，规模宏大，气势雄伟的国内保存最完整的城墙；有始建于北汉天会七年(963年)被列入中国第三位的现存最珍贵的木结构建筑镇国寺万佛殿；殿内的五代彩塑堪称珍品，是研究中国早期彩塑的样本。同时，平遥古城是中国古代民居建筑的荟萃中心之一。古城内现存的4000处古、近代民居建筑中，有400余处典型地体现着中国古、近代北方民居建筑的风格和特点。

平遥古城自明洪武三年(公元1370年)重建以后，基本保持了原有格局，有文献及实物可以查证。平遥城内的重点民居，系建于公元1840~1911年之间。民居建筑布局严谨，轴线明确，左右对称，主次分明，轮廓起伏，外观封闭，大院深深。精巧的木雕、砖雕和石雕配以浓重乡土气息的剪纸窗花，惟妙惟肖，栩栩如生，是迄今汉民族地区保存最完整的古代居民群落。

1997年联合国教科文组织特派专家田中淡考察平遥古城时欣然题词"平遥古城甲天下"。联合国教科文组织对平遥古城的评价是："平遥古城是中国汉民族城市在明清时期的杰出范例，平遥古城保存了其所有特征，而且在中国历史的发展中为人们展示了一幅非同寻常的文化、社会、经济及宗教发展的完整画卷。"

41. 平遥古城为什么具有实用价值?

    A 仍有人居住

    B 蕴含文化内涵

    C 拥有人文旅游资源

    D 古代民居保存完好

42. 根据上下文,第二段的空白处最适合填入的词语是什么?

    A 分布

    B 容纳

    C 位于

    D 坐落

43. 为什么说平遥古城是属于中国最基层的一级城市?

    A 城市人口密度低

    B 经济发展很缓慢

    C 基础设施很简陋

    D 一直实行郡县制

44. 下列哪座古建筑是属于平遥古城的原来的实物?

    A 寺庙

    B 街巷

    C 店铺

    D 民居

45. 为什么平遥古城会有"中国古建筑的荟萃和宝库"之称?

    ① 建筑技术精湛

    ② 文物古迹多

    ③ 建筑布局严谨

    ④ 文物古迹品位高

    A ① ②

    B ① ③

    C ② ③

    D ② ④

46. 如何知道平遥古城保持了原有的格局?

    A 有文献可查证

    B 考古家的发现

    C 当地居民的证实

    D 虚拟技术的应用

47. 下列哪项不属于平遥古城民居中的建筑雕刻?

    A 石雕

    B 铜雕

    C 木雕

    D 砖雕

48~54.

阿尔茨海默病俗称"老痴"，该病听起来似乎离年轻人十分遥远，然而某家《医学杂志》近期刊发的医学论文却给人们敲响了警钟，30~64岁人群中每10万人就有119人患有"老痴"。而且，与认知能力下降相关的风险因素，对脑部的损害在青少年时期就开始累积了。但目前有关脑健康的研究大多停留在儿童和老人两大群体上，对年轻人的关注较少，也未引起足够重视。

虽然少数患者在青年期就罹患了阿尔茨海默病，但事实上年轻人更有可能罹患其他类型的痴呆，如脑血管病所致的血管性痴呆，以及感染性、中毒性、代谢性、肿瘤、外伤等疾病所引起的认知障碍，往往进展非常快速。这与年轻人高油高盐高脂的饮食、熬夜、缺乏运动、精神压力过大、滥用药物、吸烟酗酒、过度暴露于噪音环境中，以及血压、血糖、血脂、体重等身体指标控制不佳有极大关系。因此，有关专家呼吁，应该在年轻人中发动一场"脑健康运动"，积极主动地监测和记录潜在的风险，保护脑功能，提高脑部的认知储备。具体来说，可从以下几方面做起：

首先，积极地管理风险因素。风险因素包括心血管风险与认知功能下降。而两者之间密切相关，建议年轻人家中也要常备一台血压仪，定期测量，尽量将血压控制在130/80毫米汞柱以下。另外，每年还要定期体检，发现血脂、血糖异常，及时就医进行控制，以免发展为糖尿病等一些严重疾病。

其次，抽出一定时间运动。运动不足是目前所有人群面临的普遍问题，特别是年轻人工作忙、压力大，很少有充分的时间锻炼身体。有关研究显示，年轻时没有进行中高强度体育锻炼的人，25年后大脑发生病变的风险高出47%。如果时间紧，_____利用碎片时间多锻炼，比如吃完午饭后散散步，工作间隙做做拉伸运动，下班回家最后一公里骑车或步行，久而久之就会形成良好的运动习惯。

第三，保证睡眠时间。研究发现，睡眠不足会导致认知能力显著受损。因此，年轻人即便工作再忙，每天也要保证7~8小时睡眠，不要熬夜玩游戏、看手机，午间也要抽时间小憩一会儿。

最后，重视社交活动。如今，"一人独居、两眼惺忪、三餐外卖、四季网购、五谷不分"是很多年轻独居者的真实写照。一个人很容易凑活过，饥一顿饱一顿，饮食营养质量低，宅在家运动少，长期这样生活，不与他人进行沟通，会感到压抑，大脑功能也会衰退。因此，建议年轻人要定期与家人、朋友联络，不要过分依赖网络社交，尽量面对面交流，通过对眼神、动作的观察以及双方的互动，能让大脑更兴奋。其中最重要的是，学习一项技能，年轻人更要积极储备新知识和新技能。刺激认知可延缓认知功能的衰退。

48. 30~64岁的阿尔茨海默病患者在青少年时期会遇到什么问题？

A 视力下降

B 记忆力下降

C 脑部受到损害

D 焦躁症的困惑

49. 年轻人更有可能患有哪些痴呆症？

① 帕金森病导致的痴呆

② 血管性痴呆

③ 阿尔茨海默病

④ 认知障碍性痴呆

A ① ②

B ① ③

C ② ③

D ② ④

50. 年轻人应该发动一场"脑健康运动"，脑健康运动指的是什么？

A 饮食需要营养均衡

B 主动监测潜在危险

C 多和医生进行商谈

D 随时进行脑部检查

51. 糖尿病的确诊条件是什么？

A 血糖异常

B 血脂过低

C 身体消瘦

D 挑食偏食

52. 根据上下文，第四段的空白处最适合填入的词语是什么？

A 以便

B 以致

C 以免

D 不妨

53. 画线句子"两眼惺忪"是什么意思？

A 眼睛不舒服

B 总是想睡觉

C 刚睡醒的样子

D 每天糊里糊涂

54. 让大脑更兴奋的方法是什么？

A 多看电视剧

B 面对面交流

C 学习表演技术

D 多做激烈运动

55~61.

目前中国已有酒泉、太原、西昌、文昌四处陆地发射场，为什么还要到海上去发射？从茫茫的荒漠戈壁到浩瀚的汪洋大海，海上发射又要克服哪些难题？

细心的人会发现，陆地发射场基本上都是靠近地球赤道的位置，这是因为被发射卫星的飞行速度是由运载火箭的速度与地球的转动速度叠加起来形成的。在运载火箭的速度一定的情况下，发射场的纬度越低，地球的转动速度越大，从而可使被发射卫星的轨道速度越大。如果从赤道向东发射卫星，则能最大限度地利用地球的转动能量，这实质上是借助地球的自转力来提高卫星的飞行速度。另外，从赤道或靠近赤道的发射场向东发射卫星时，可使卫星的飞行轨道与最终轨道处于或靠近同一平面内，这样可以节省卫星所需要的大量能量，大大延长卫星运行寿命。所以，在选择发射场时，应当尽量选择在低纬度地区，最好是建在赤道附近，这样既能借力，又可省力。

在海上发射火箭，与陆地发射场发射_____，火箭发射对稳定性有相当高的要求。因此海上发射时，通常需要海况较好，而且发射平台也要具备较强的抗风浪能力。在海上发射火箭前，需要从港口运输到发射海域并进行组装，会较长时间处于海洋环境之中，海上潮湿、盐雾的环境将直接影响火箭和卫星等载荷的元器件。为尽量减少这些影响，发射平台最好具备封闭船舱，为火箭创造一个防盐防湿的无尘环境。但海上发射也有着陆地发射不具有的优势。

首先是发射成本更低。若在临近赤道的海上发射卫星，不仅能节省卫星调姿变轨的燃料，还能最大限度地利用地球自转的力量，为火箭省力，进一步提高火箭的运载能力，有效降低火箭发射和卫星运营成本。

此外，海上发射同时带来的还有经济性。中国四大航天发射场的位置都是固定的，而在海上进行发射就能够自由选择火箭发射的纬度，有效节省燃料。在海上发射携带固体燃料的运载火箭在运送到发射平台之前就可以完成固体燃料添加和封装，不需要临时加注，较传统的液体燃料具有很大的优势，可以省下很多燃料。

最后，海上发射还解决了火箭残骸的落区安全问题。过去火箭从内陆发射场发射前，为防止残骸掉落造成安全事故，需要提前将落区内的百姓疏散到安全地带，不但给当地百姓带来极大的不便，也增加了火箭发射的经济成本和工作难度。而海上发射时，可以确保火箭残骸远离人口稠密地区，掉落在广袤无人的公海海域。

55. 被发射卫星的飞行速度是由哪些因素叠加形成的?

① 地球的转动速度

② 运载火箭的速度

③ 固体燃料燃烧的速度

④ 液体燃料的加注量

A ① ②

B ① ③

C ② ③

D ② ④

56. 提高卫星的飞行速度的方法是什么?

A 在海上进行发射

B 借助地球的自转力

C 一次性加完液体燃料

D 缩短运载火箭的距离

57. 根据上下文,第三段的空白处最适合填入的词语是什么?

A 如出一辙

B 毫无特点

C 有所不同

D 完全相反

58. 海上发射时,对发射平台有什么要求?

A 要在深海域区

B 抗风浪能力强

C 周围没有岩石

D 面积符合标准

59. 哪些因素会影响火箭和卫星等载荷的元器件?

A 海上的风向不定

B 海上多变的温度

C 固体燃料的重量

D 盐雾和潮湿的环境

60. 在临近赤道的海上发射卫星,成本更低的原因是什么?

A 节省火箭发射的时间

B 充分利用地球自转力

C 不需要加注任何燃料

D 海上发射安全事故少

61. 固体燃料和液体燃料相比,其优势是什么?

A 携带方便

B 燃烧速度慢

C 无需临时加注

D 制作时间较短

62~68.

　　每个人的体内都有一个很酷的时钟——生物钟，它掌控着我们每天生活的节奏：什么时候安然入睡，什么时候精神饱满地醒来。生物钟或者说生物节律、生物周期都有一个相似的涵义，即生物甚至自然万物的行为都按一定的周期和规律在运行。它是生物体内一种无形的"时钟"，实际上是生物体生命活动的内在节律。它是由生物体内的时间结构顺序所决定的，大多数生物有机体对于环境变化会作出预测和适应。就_____地球上的所有生命都适应了这颗星球的自转一样，包括人类在内的各种生物都拥有一个内在的生物钟来帮助其预测和适应一天的规则节律。

　　人类体内的生物钟就是人体内随时间作周期变化的生理生化过程。人体内的生物钟多种多样，人体的各种生理指标，如脉搏、体温、血压、体力、情绪、智力等，都会随着昼夜变化作周期性的变化。生物钟涉及我们复杂生理机制的多种方面。我们的大部分基因都受到生物钟的调节。因此，生物钟的正常工作对人的健康起着重要作用。

　　当我们所处的外部环境与我们体内的生物钟出现不匹配的情况时，我们的身体状况就会马上反应出不适。此外，当我们的生活方式与生物钟出现偏差时，我们患各种疾病的风险也会随之增加。生物钟失调会导致失眠、体乏、抑郁、免疫功能低下，甚至产生包括肿瘤在内的各种疾病。研究还发现，人类的心脏病突发、哮喘发作和关节炎疼痛的时间等都呈现了24小时的节律。目前，国际上利用生物节律治疗疾病和开发新药的研究十分活跃，也获得很多重要进展。生物节律还可以用于指导肿瘤治疗，癌细胞的活动高峰期在夜间，此时正常的胃肠细胞大多处于静止期，如果夜间使用化疗药物，可以加强疗效，同时降低副作用。这一发现对肿瘤的临床治疗具有重要的指导意义。

　　另外对于长期在太空中逗留的宇航员来说，要到地球以外的星际空间去，也需要调整自己的生物钟，因为宇宙中可能没有一个星球拥有地球这样正好24小时的昼夜节律，而生活在地球上的生物体的生物钟是由于地球24小时昼夜自转而演化出来的系统，所以我们想去星空世界，还需要克服我们内置的生物钟。

62. 生物体内的生物钟指的是什么？

　　A 内在节律

　　B 基因突变

　　C 遗传因子

　　D 器官发育

63. 生物钟是由什么决定的？

　　A 时间结构顺序

　　B 地球自转周期

　　C 预测环境的能力

　　D 适应环境的能力

64. 根据上下文，第一段的空白处最适合填入的词语是什么？

   A 类似

   B 犹如

   C 譬如

   D 似乎

65. 人体的生物钟根据什么作周期性的变化？

   A 作息规律

   B 地球公转

   C 饮食习惯

   D 昼夜变化

66. 人类的生活方式与生物钟出现偏差时，会罹患哪些疾病？

   A 癌症

   B 肿瘤

   C 免疫力低下

   D 有抑郁情绪

67. 夜间使用化疗药物，可以加强疗效和降低副作用的原因有哪些？

   ① 夜间癌细胞处于休眠状态

   ② 夜间癌细胞活跃度高

   ③ 夜间胃肠细胞活跃度很低

   ④ 夜间细胞更容易吸收

   A ① ②

   B ① ③

   C ② ③

   D ② ④

68. 对于宇航员来说，如果要去其它星际空间时，为什么要调整自己的生物钟？

   A 为了更快地适应环境

   B 为了自己的身体健康

   C 预防心血管病和癌症

   D 其它星球没有昼夜节律

第二部分

第69~73题：请将下列语段按正确的顺序排列。

69~73. 下列语段的顺序已被打乱，请将它们重新排序，组成一篇逻辑连贯的文章。注意其中一个段落为干扰项，需排除；画线段落的位置已固定，无需排序。

A 据统计，地球上每年大约发生500万次地震，人们能够感觉到的只有5万多次，破坏程度较强的地震近20次。虽然如此，从古至今，地震一直追逐着人类社会前进的脚步，并频频疯狂地破坏人类的美好家园地球。

B 不过，海底地震未必一定就会引发大海啸。中国地震局提供的统计资料显示，在1.5万次海底地震中，大约只有100次引起海啸。一些专家则认为，引发海啸的地震震级一般在里氏6.5级以上，震源深度在25公里以内。

C 此外，地震海啸的产生还会受海底地震震源断层、震源区水深条件、震级、震源深度等条件影响。比如，震源位于深水区比浅水区更易产生海啸。当震源断层表现为错动时，不会产生海啸，而如果震源断层表现为倾滑，就可能引起海啸。

D 大多数海底地震发生在太平洋边缘地带，称为"亚延地带"。海底地震发生后，使边缘地带出现裂缝。这时部分海底会突然上升或下降。海水会发生严重颠簸，犹如往水中抛入一块石头一样会产生"圆形波纹"，故而引发海啸。

E 除了与地震震级等相关外，部分专家还表示，海啸的发生与全球气候变化也有关系。2004年的南亚大海啸发生后，中国国家气候中心有关专家进行相关分析后指出，这场由海底地震引起的大海啸与全球气候变化导致的海平面上升等因素密切相关。

F 海底地震引起的大海啸给人类造成的危害是难以估量的。巨浪呼啸着越过海岸线，越过田野，迅猛地袭击着岸边的城市和村庄，瞬时岸边的一切都消失在巨浪中。若海啸袭击港口，港口所有设施，将被席卷一空。事后，海滩上一片狼藉，很多人也因此失去了宝贵的生命。所以海啸的预警信息要及时提供给公众。要在全球地震多发的沿岸地区设置完善的地震监测网络，以保沿海地区居民的生命安全。

G 海啸是一种具有极强破坏力的海浪。海水剧烈的起伏形成强大的波浪，向前推进。有时海浪高达数十米。这种"水墙"内含极大能量，它以极快的速度运动，冲上陆地后会造成巨大破坏。1960年智利大海啸形成的波涛，就冲击了整个太平洋。海啸通常由风暴潮、火山喷发、水下坍塌滑坡和海底地震等引发。其中，海底地震是海啸发生的最主要原因，历史记录显示，特大海啸基本上都是海底地震所引起的。

69		70				71		72		73
☐	→	☐	→	C	→	☐	→	☐	→	☐

69. A   B   C   D   E   F   G

70. A   B   C   D   E   F   G

71. A   B   C   D   E   F   G

72. A   B   C   D   E   F   G

73. A   B   C   D   E   F   G

3
회

第三部分

第74~87题：请回答下面的问题，注意答案控制在十个字以内。

74~80.

　　世界上每个人的指纹都不相同。虽然唇纹、眼睛里的虹膜视网膜也人人不同，但指纹识别是生物识别技术中最常用最方便的一种。

　　指纹识别技术其实分警用和民用两大类，思路是很不同的。给犯罪嫌疑人录指纹，不但要十个指头都录，而且都要旋转180度，因为犯罪现场找的指纹往往只是残缺不全的小片，所以指纹算法上用残缺指纹在指纹库里找嫌疑人，往往会找到很多个"可能是"的结果，需要专家一一比对排除。民用指纹则不然，录指纹只录一个或两个平面指纹用于身份识别，用的时候也要求完整无缺的平面指纹，算法比对只有"是"或"不是"两种结果。但民用指纹库也可以为刑侦破案服务，因为罪犯改了名字改了相貌却改不了指纹。

　　指纹识别技术最核心的是算法，通过分析指纹的全局特征或局部特征，如指纹中的分叉点或分歧点，就可以从它们的特征中非常可靠地确认一个人的身份。指纹虽然从出生到老不变，但小时候的成长发育会使指纹变长，中年发福会使指纹变宽，所以指纹算法是一种高难度的技术。目前中国已经有了自主知识产权的指纹算法，在处理指纹变形等方面处于世界领先水平。

　　指纹识别技术的第二种方式也叫"活体指纹"，采集时你把手指头涂黑了，也一样可以取到清晰的指纹，但只能手和身体连着才会采集到，这是因为手和身体连着才会有生物电流，否则就无法采集到。前不久西安天气很冷，某单位装了这样的指纹系统做考勤，有个女员工骑单车上班，结果指纹仪不认她那"冰冷的小手"，后来用温水洗了洗手再来，指纹仪就认得她了，别人都笑她被冻得不是"活体"了。这种采集技术的设备比光学方式小了几十倍，甚至可以做进你的手机里，使用很方便。

　　现代人身上现金少了，因为信用卡得到了广泛应用。信用卡是采用密码和签名方式确认身份的，每年犯罪分子窃取信用卡号和密码造成卡主的损失非常惊人。现在指纹技术成了电子商务的"金钥匙"。现在很多银行开始为一些用户提供指纹识别服务，一些公司在进行交易时也正在积极试用指纹识别软件确认身份。所以我们要好好保护自己的指纹，因为指纹在未来社会用途将会越来越广泛。

74. 除了指纹和唇纹，人体上还有什么纹络是每个人都不同的?

    答: _____

75. 如果嫌疑人的指纹残缺不全的话，需要专家做什么?

    答: _____

76. 民用指纹用的时候，对平面指纹有什么要求?

    答: _____

77. 指纹核心技术是算法，算法是对指纹哪些部分进行分析?

    答: _____

78. 指纹算法是一种怎样的技术?

    答: _____

79. 采集"活体指纹"的唯一的条件是什么?

    答: _____

80. 信用卡通常采用什么方式确认身份的?

    答: _____

81~87.

　　福建土楼，又称为"客家土楼"。客家人原本是中原黄河流域一带的汉族人，因战乱、饥荒等各种原因被迫南迁，从中原来到这个气候土壤都很利于生存的地方，成了这里的客人。渐渐地，这群自称客人的汉族人，变成了今天的客家人。福建土楼因其大多数为福建客家人所建，故又称为"客家土楼"。福建土楼，主要分布于福建和广东两省。其中龙岩市境内的永定土楼最具有代表性。

　　永定土楼产生于宋元时期，经过明代早中期的发展，明末已形成规模，清代、民国时期逐渐成熟，并一直延续至今。永定土楼造型独特，依山就势，布局合理，内敛的装饰和神奇的建造工艺实属罕见。它符合聚族而居的生活和防御的要求，巧妙地利用了山间狭小的平地和当地的生土、木材、山石等建筑材料，是一种自成体系又极富美感的高层建筑。

　　永定土楼历史悠久，是风格独特的客家民居建筑群，土楼分为圆楼和方楼两种，其中圆形土楼是客家民居的典范。圆楼由二三圈组成，由内到外，环环相套，外圈高十余米，四层，有一二百个房间，一层是厨房和餐厅，二层是仓库，三四层是卧室；二圈两层有几十个房间，一般是客房，当中一间是祖堂，是居住在楼内的几百人举行婚丧和庆典的场所。楼内还有水井、浴室、磨房等设施。土楼采用当地生土夯筑，不需钢筋水泥，墙的基础宽达三米，底层墙厚1.5米，向上依次缩小，顶层墙厚不小于0.9米。沿着圆形外墙用木板分隔成许多房间，其内侧为走廊。

　　永定土楼建筑具有防震、防火、防御多种功能，通风和采光良好，而且冬暖夏凉。客家土楼的墙体厚达1.5米左右，从而热天可以防止酷暑进入，冷天可以隔绝寒风的侵袭，楼内形成一个夏凉冬暖的小气候。更十分奇妙的是，厚实土墙还具有其他任何墙体无法相匹的作用。福建的年降雨量多达1800毫米，并且往往骤晴骤雨，室外干湿度变化太大，但在这种气候条件下，厚土却保持着适宜人体的湿度，环境太干时，它能够自然释放水分；环境太湿时，可吸收水分，这种调节作用显然十分益于居民健康。

　　永定土楼的结构还体现了客家人世代相传的团结友爱传统。试想几百人住在同一幢大屋内，和睦共居当然是非常重要的，客家人淳朴敦厚的秉性于此也可见一斑。一进入土楼，你立即就能感觉到那种深沉的历史感和温和的气氛。

81. 客家人原本是中原黄河流域一带的汉族人，因为什么而被迫南迁？

    答：_____

82. 福建土楼被称为"客家土楼"的原因是什么？

    答：_____

83. 永定土楼什么时候具有了一定的规模？

    答：_____

84. 永定土楼的装饰风格是怎样的？

    答：_____

85. 永定土楼的顶层墙厚应该是多少？

    答：_____

86. 福建地区降雨时，会有什么特征？

    答：_____

87. 永定土楼的结构体现了客家人什么秉性？

    答：_____

三、书写

第88~89题：请根据下列材料写两篇文章，限时55分钟。

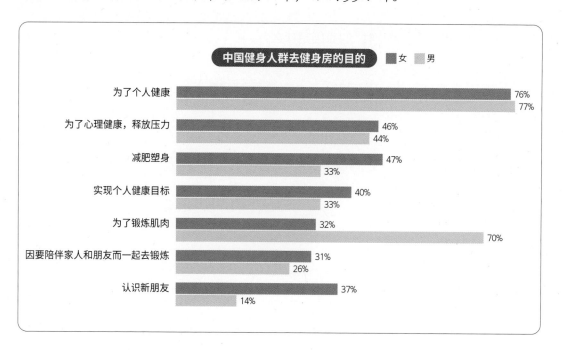

第一部分

88. 请对图表进行描述与分析，写一篇200字左右的文章，限时15分钟。

第二部分

89. 话题作文：限时40分钟。

　　"合抱之木，生于毫末;九层之台，起于累土;千里之行，始于足下。"这句话出自于道家老子的《道德经》。这句话的意思是，一棵高大的树木是由细小的幼苗长成的，九层高的高台是由一筐又一筐的泥土堆积而成，千里远的行程需要从脚下开始。这句话告诉我们，做什么事情都要一步一步从头做起，日积月累，脚踏实地，事物必然会发生质的变化，一定会有所收获。请写一篇600字左右的文章，谈谈你对"做事要脚踏实地"的认识，并论证你的观点。

四、翻译

第一部分

第90~91题：请将下列材料译写成中文，限时35分钟。

90.

　　많은 사람들이 밤에 초콜릿 먹는 것을 좋아하며, 소수의 사람들만이 오전에 초콜릿 먹는 것을 선택한다. 사실 초콜릿을 먹기 가장 좋은 시간은 점심 식사 전인 오전 11시쯤이다. 왜냐하면 초콜릿에 있는 카페인과 설탕이 점심 식사 전에 에너지를 잘 보충해 주기 때문이다. 이 밖에, 초콜릿을 먹는 방법에도 신경을 써야 한다.

　　전문가들은 초콜릿을 먹는 가장 좋은 방법으로 우선 입에 잠시 머금고 있은 후 입안에서 천천히 녹이며 먹는 것이 좋은데, 이렇게 하면 초콜릿이 주는 감각적인 체험을 충분히 느끼고 즐길 수 있다고 말한다.

　　초콜릿을 먹으면 우울감을 줄일 수 있고 사람을 흥분시킨다. 초콜릿은 정신을 집중시키고 기억력을 강화시키며 지능을 높이는 역할을 한다. 또한 초콜릿은 에너지를 보충할 수 있는데 이는 초콜릿에 탄수화물, 지방, 단백질 및 다양한 미네랄 성분이 풍부하게 함유되어 있기 때문이다. 마지막으로 초콜릿은 노화 방지 작용이 있는 항산화 효과가 좋은 식품이다.

91.

　여행은 사람마다 의미가 다르지만, 가족 여행은 부모와 아이의 감정을 키워 주는 가장 좋은 방법이다. 가족 여행은 단거리든 장거리든, 동행과 공유를 통해 서로의 감정을 증진시킬 수 있다.

　많은 사람들이 가족 여행은 번거롭다고 생각하지만 실제로 가족 여행은 생각보다 복잡하지 않다. 길 위에서 생길 수 있는 여러 문제와 비교했을 때, 중요한 것은 용기를 내어 자신의 아이를 데리고 출발할 수 있는가에 있다.

　사실 여행 시간과 일정을 잘 잡고 아이들의 생필품만 챙긴다면 바로 출발할 수 있다!

第二部分

第92~93题：口译。

92.

　　인터넷 신조어는 두 가지가 있는데, 하나는 인터넷이 빠르게 발전하면서 인터넷상에서 유행하게 된 신조어이고, 다른 하나는 인터넷에서 유행하기 시작한 신조어이다. 인터넷 신조어는 일정 부분 사람들의 사회 심리를 반영하고 있고, 사람들의 사상적 자유의 표현이며, 더 중요한 것은 사람들의 생활에 편리함을 가져왔다는 것이다.

草稿区（不计分）

93.

　　많은 직장인들이 매일 컴퓨터 앞에 앉아 있는데, 그중 절반 이상이 시각 피로를 경험한다. 일반적으로 보통 사람은 1분에 15번 눈을 깜빡이지만, 컴퓨터 화면을 볼 때는 눈 깜빡임 횟수가 절반으로 줄어드는데, 이것이 시각 피로가 생기는 원인이다.

草稿区（不计分）

五、口语

第一部分

第94题：应用读说。

你是一名去宁夏地区开展医疗公益义诊活动的负责人，在出发去宁夏地区之前，你应该向同去的其他参加活动的成员说明以下情况：

行程安排	3月1日~3月2日 3月4日~3月5日 3月6日~3月7日	同心镇 海原镇 隆德镇	举办专家学术交流活动。 开展防治高血压、糖尿病等疾病的义诊活动。 在社区举办健康讲座普及疾病预防知识。
注意事项	① 按照行程已定好的时间进行义诊工作，如有特殊情况需要提前申请。 ② 熟悉门诊室的位置和活动场所。 ③ 如发生突发事件，需要与当地的保卫科联系。 ④ 需要了解和遵守所在社区的规定。		
补充说明	① 交通费和住宿费可报销。 ② 为每位志愿者购买相应的保险。		

94.

草稿区（不计分）

第二部分

第95~97题：听材料回答问题。

95.
草稿区（不计分）

96.
草稿区（不计分）

97.
草稿区（不计分）

第三部分

第98题：听材料回答问题。

98.

草稿区（不计分）

다락원 홈페이지에서 MP3파일
다운로드 및 실시간 재생 서비스

HSK 7~9급
최강적중 모의고사 문제집

지은이 왕러(王樂)
펴낸이 정규도
펴낸곳 (주)다락원

기획·편집 오혜령, 이상윤
디자인 김나경
조판 최영란
녹음 王樂, 朴龙军, 허강원

다락원 경기도 파주시 문발로 211
전화 (02)736-2031(내선 250~252 / 내선 435, 430)
팩스 (02)732-2037
출판등록 1977년 9월 16일 제406-2008-000007호

www.darakwon.co.kr
다락원 홈페이지를 방문하시면 상세한 출판 정보와 함께 동영상 강좌, MP3
자료 등 다양한 어학 정보를 얻으실 수 있습니다.

HSK 7~9급
최강적중
모의고사

실제 시험을 보는 듯한 리얼 모의고사 3회분
왜 정답인지 꼼꼼하게 짚어주는 해설과 수준 맞춤형 모범 답안
네이티브 중국인 저자가 시험 속도에 맞춰 직접 녹음한 음원

MP3 파일 다운로드 및
실시간 재생 서비스